1.5
ASEO

Nuevo
D18

...ción al exterior

Nuevo

Nuevas puertas a paño
en marcos encajados

Nevera

Paredes de yeso para
electrodomésticos

...de piedra

Conexión para iluminación superior

..., de fibra de densidad media, barnizados, con base de
..., de 30 mm de espesor, inferior de puertas a paño de bar-
circular en la base

...oculta para
...re el mostrador

Vidriera de 150 mm para el mostrador

1.1
SALA DE ESTAR

...la escalera y el vestíbulo,
...8, 019 y 020.

Tablones de roble (detalle
pendiente del aprobación)

Tabla de zócalo de roble de 100 mm

LA CASA: DISEÑO

TERENCE CONRAN

Dirección: Elizabeth Wilhide
Colaboradores: Elizabeth Wilhide, Dinah Hall, Deborah Morant y Gareth Parry

LEOPOLD
BLUME

LEOPOLD BLUME

Título original:
The Essential Housebook

Traducción:
Ursel Fischer
Maite Rodríguez Fischer

Revisión técnica de la edición en lengua española:
Judith Sala Gamero
Interiorista
Profesora de la Escuela DIAC
(Diseñadores, interioristas, arte de Cataluña)
Estilista de telas para decoración

Coordinación de la edición en lengua española:
Cristina Rodríguez Fischer

Primera edición en lengua española 1995
Reimpresión 1996
Reimpresión 1997

© 1995 ART BLUME, S.L.
Av. Mare de Déu de Lorda, 20
08034 Barcelona
Tel. 205 40 00 Fax 205 14 41
E-mail: Blume@globalcom.es
© 1994 Conran Octopus Limited, Londres

I.S.B.N.: 84-89396-01-9

Impreso en China

Consulte el catálogo de publicaciones *on line*
Internet: http:/www.globalcom.es/blume

Autores de las secciones de esta obra:
Primera parte: Terence Conran
Segunda parte: Elizabeth Wilhide
Tercera parte: Dinah Hall
Cuarta parte: Deborah Morant
Quinta parte: Gareth Parry

Colaboradores:
Segunda y quinta parte: John McGowan
Segunda parte: Robin Hillier

Agradecimientos:
El editor desea dar las gracias a las siguientes personas por su valiosa colaboración:
Craig Allen, Bridget Bodoano, Chris Vercoe y los empleados de The Conran Shop, Londres; Anderson-Schwartz, arquitectos; Amanda Baker; Antoine Bootz; Alison Cathie; Peter Cook; Fundación para la habitabilidad en los hogares de minusválidos *(Disabled Living Foundation)*; Dr. Jonathan Fisk; Kate Fontana y Tony Niblock; Louise Hillier; Kiss + Zwigard, arquitectos; Richard Lavenstein; Sabine Léon-Dufour; Nadia Mackenzie; Rick Mather, arquitectos; Brain Mindel; Jasper Morrison; Munkenbeck + Marshall, arquitectos; Ted Muehling; John Newman; Paxton-Locher, arquitectos; Michael y Jo Peters; Yanni Petsopoulos; Nico Rensch; Ben Richardson; Amanda Robinson; Robin Rout; Paul Ryan; Christian Sarramon; Ron Smith; Jessica Walton; Deborah Weintraub; Jonathan Woolf.

Las guardas se basan en un diseño de Terence Conran en colaboración con el estudio de arquitectos James Lambert

CONTENIDO

En un principio estaba previsto que esta obra, *La casa: diseño e interiorismo*, se titulara *Retorno a lo básico,* pero algunos políticos ingleses empezaron a utilizar esta expresión en sus discursos electorales, y la convirtieron en ¡una expresión humorística! No obstante, ambas versiones del título pretenden dar a entender que esta obra intenta ser mucho más que una simple guía del interiorismo. Al contrario, es un intento exhaustivo para describir el funcionamiento básico de su casa, del mismo modo que un médico le explica las funciones de su organismo y la interrelación entre los diversos sistemas.

Esto no quiere decir que el estilo sea irrelevante, sino todo lo contrario; sin él disfrutaríamos mucho menos de nuestra vida hogareña. No obstante, ningún estilo resultaría totalmente satisfactorio si no le dedicáramos la atención necesaria a los elementos fundamentales, con frecuencia ocultos, como el armazón estructural, el diseño, los soportes y las uniones. Por ello, este libro se concentra en gran parte en el diseño y en la arquitectura en lugar de dedicarse a la decoración. A pesar de que el aspecto visual del espacio que se ocupa es de vital importancia, nunca se podrá disfrutar plenamente del decorado si los elementos básicos de la casa no cumplen satisfactoriamente sus funciones y si no proporcionan el entorno adecuado para disfrutarlo.

El objetivo de este libro es ayudarle a comprender las miles de opciones posibles de las que dispone para diseñar y decorar su vivienda. Espero que le plantee cuestiones que le induzcan a analizar qué es lo que realmente desea y necesita de su entorno, aparte de ofrecerle una amplia gama de soluciones alternativas a tener en cuenta y llevar a la práctica.

La preparación y confección de esta obra me ha proporcionado un enorme placer. Deseo expresar mi agradecimiento a los propietarios de casas en todo el mundo por habernos permitido, a nuestro equipo e incluso a nuestros fotógrafos, adentrarnos en la intimidad de sus hogares para investigar las estructuras funcionales de cada uno de ellos. Sin su colaboración, nuestra labor no se hubiera podido llevar a cabo.

Terence Conran.

El hogar es el centro de la vida. A diferencia de una oficina, de un taller o de una escuela, que se definen categóricamente por una limitada gama de funciones, el lugar donde se vive debe adaptarse a una amplia gama de actividades, ya sea dormir o cocinar, lavar o descansar. Para que su rutina diaria resulte cómoda y agradable, cada una de esas esferas debe funcionar bien. Además de ser un centro de actividades diversas, la casa es el lugar donde se guardan toda clase de equipos, provisiones y propiedades personales, un almacén de pertenencias, todas ellas acumuladas bajo un mismo techo, que compiten de forma constante por el espacio y la facilidad de acceso. También existen lugares privados para el retiro individual, y otros comunes para las reuniones familiares y de amigos. Con el transcurso de los años las necesidades cambian, por lo que se producirá una alteración en el uso y en el énfasis. Para poder responder a estos requisitos a tan largo plazo, se precisa una planificación cuidadosa, un servicio eficaz y una organización sensible y flexible.

Sin embargo, un hogar es mucho más que la mera suma de las habitaciones disponibles; conseguir una funcionalidad práctica es sólo una parte del proceso. Para la mayoría de las personas, el significado de «hogar» se encuentra a un nivel más profundo. El hogar es el lugar en el que nos sentimos a gusto, al que pertenecemos, donde podemos crear un ambiente que refleje nuestros gustos y aficiones. La creación de un hogar tiene mucho que ver con el descubrimiento de los elementos que transmiten una sensación de lugar.

Al profundizar en este concepto básico, el «estilo» queda relegado a un término secundario. La moda de la decoración cambia cada temporada, mientras que las nociones de comodidad e intimidad se remontan a siglos de historia. Esto no quiere decir que el estilo no sea divertido, o incluso útil. Pero, en última instancia, resulta más importante descubrir qué es lo que realmente le gusta, la combinación exclusiva de espacio, luz, color y elementos que seguirá estimulando su estado de ánimo incluso mucho después de que el último grito de la moda haya pasado a la historia.

Pasado y presente

1 En esta serena habitación, con un suelo embaldosado en piedra, una mesa de refectorio en madera vista y paredes enlucidas de yeso se percibe la presencia del pasado. Al mismo tiempo, la simplicidad del decorado y los objetos esculturales la definen como un lugar contemporáneo.

1 En esta serena habitación, con un suelo embaldosado en piedra, una mesa de refectorio en madera vista y paredes enlucidas de yeso se percibe la presencia del pasado. Al mismo tiempo, la simplicidad del decorado y los objetos esculturales la definen como un lugar contemporáneo.

2

3

2 Esta escalera de piedra a la catalana conduce la vista hacia la parte superior del recibidor de una vieja casa de campo. El techo con vigas de madera, el suelo con pavimento de tobas y las urnas de terracota transmiten la sensación de continuidad tanto en la tonalidad como en la textura.

4

3 Los sencillos muebles de estilo rústico americano en el interior de una casa en Long Island le confieren la nota característica a este moderno espacio. Las tonalidades suaves y neutras forman un fondo ideal para una combinación decorativa de lo antiguo y lo moderno.
4 La madera pintada de un brillante color azul enmarca la vista de la zona de la sala de estar de una casa francesa en la isla de Ré. La frescura del sencillo esquema de color enfatiza el detalle arquitectónico sin tener que recurrir al pastiche de la época.

No existen normas objetivas para el diseño y la decoración. Lo que a uno le parece amplio y airoso, a otro le da la sensación de espartano y brutal; un cómodo rincón favorito puede causarle una «indigestión visual» a otro. Lo que sí compartimos todos, a pesar de nuestras diferencias, es el vocabulario de la proporción, de la colocación y de la práctica decorativa. Estas tradiciones familiares desarrolladas durante siglos forman nuestro criterio para observar lo que nos rodea y afectan nuestras expectativas, aunque de modo inconsciente; de hecho, no resultan fáciles de ignorar. Aunque pueda parecer tentador relacionar las repeticiones populares de los estilos «de época» como simple ejercicio nostálgico, en el fondo de todo permanece el deseo de estar en contacto con los ideales convencionales de la arquitectura y de la decoración que han sobrevivido al paso del tiempo.

Los historiadores sociales fijan la fecha del comienzo del interior doméstico, como lo entendemos en la actualidad, en las casas burguesas de Holanda del siglo XVII. A pesar de los esfuerzos de Hollywood, resulta casi inimaginable concebir la vida en un castillo normando o encontrar una relación entre la forma de vida actual y una progresión ceremonial por las grandes *suites* de una casa barroca. Sin embargo, los tranquilos interiores y las escenas íntimas que se observan en las pinturas de Vermeer, De Witte o De Hooch, tienen un aspecto notablemente hogareño, humano, tanto en proporción como en distribución.

El arquitecto y autor del libro *Home*, Witold Rybczynski, comenta que los holandeses fueron los primeros en considerar la casa como un lugar especial e independiente; debido a su desarrollo comercial y a las transacciones financieras que llevaban a cabo, este concepto se convirtió en un ideal que se extendió por el resto del continente europeo y algunas colonias norteamericanas. Rybczynski enumera muchas cualidades de los interiores holandeses que aún resultan familiares. Todas ellas, la conciencia del espacio, el placer del juego con luces y sombras, la preferencia por los muebles sencillos, la cómoda belleza de los suelos de mármol, el latón, el estaño, las porcelanas y el lino blanco, son características que se observan en las pinturas holandesas de esa época. Las casas holandesas lucían siempre impecablemente limpias y tenían forma de barco; la cocina constituía siempre una parte muy importante y, el jardín, un dominio privado que se atendía con tierna dedicación.

Cada época ha contribuido a conformar el concepto actual de «interior». A finales del siglo XVII nació, en Francia, la idea de la unidad decorativa; se empleaban decorados, particularmente telas, para crear composiciones armoniosas. Por primera vez se empezaron a coordinar los cortinajes en los ventanales, los revestimientos para paredes y muros, y las tapicerías. Los salones en la corte de Luis XV lucieron los primeros intentos de fabricar muebles verdaderamente cómodos para el descanso y el placer, del modo en que lo entendemos actualmente.

Los arquitectos y los diseñadores de inspiración clásica de la Inglaterra de la época de Jorge I transformaron la ordinaria casa urbana en un modelo de orden, simetría y elegancia. Las proporciones, la escala y los detalles de las habitaciones del siglo XVIII, inspirados en el orden clásico del mundo antiguo, son considerados, aún hoy en día, cómodos y apropiados. Para aquellos diseñadores, la «belleza» y la «utilidad» eran nociones inseparables.

A principios del siglo XIX se empezó a relacionar una habitación con sus funciones. El comedor se convirtió en un elemento fijo a finales del siglo XVIII; en el siglo XIX, los dormitorios eran siempre privados, y las salas de estar se convirtieron en las más prestigiosamente decoradas. Al incrementarse el número de empleados que trabajaban en fábricas y oficinas, la vivienda se fue considerando como el bastión familiar, un santuario que reflejaba los gustos y las aspiraciones personales.

Con el movimiento estético de finales del siglo XIX se introdujo el concepto de que la decoración, especialmente el color, podía crear un determinado ambiente, una noción que los promotores de las gamas de pintura moderna consideran un hecho. Durante esa misma época, William Morris y sus seguidores, del Movimiento de Artes y Artesanías, retaron a la mediocridad de la producción masiva promoviendo las formas tradicionales y fomentando las artes manuales, la génesis de lo que hoy denominamos «estilo rústico». Promocionaron el uso «honesto» de los materiales y rechazaron el ornamento derivado. Morris anticipó numerosos principios del diseño moderno.

En los últimos cien años, los avances en la tecnología doméstica, la luz eléctrica y el gran número de aparatos auxiliares, la calefacción central y las instalaciones modernas de tuberías, han permitido crear disposiciones completamente nuevas de los espacios interiores. Los diseñadores extremistas del movimiento moderno expresan estos cambios mediante una racionalización del hogar y aplican principios de producción industrial para conseguir una «máquina habitable». El hecho de que el modernismo en su forma más pura cuente con un entusiasmo minoritario no ha menguado su impacto sobre nuestras ideas de cómo un hogar debe funcionar en la realidad.

El alcance del impacto que ha producido la tecnología en nuestra vida cotidiana se puede medir parcialmente con lo que aceptamos hoy como hecho normal. A mediados de la década de los treinta, para encender el fuego se requería llevar a cabo un trabajo casero equivalente a unas diez horas semanales, tiempo que hoy ha quedado eliminado gracias a la calefacción central. La electricidad supuso que las viviendas fueran más limpias, más frescas y estuvieran mejor iluminadas.

1

2

3

Cuando escogemos colores suaves y claros para el dormitorio, imitamos un estilo que se inició con Madame de Pompadour. Cuando construimos un dado o friso a la altura de un tercio de la pared, conservamos las proporciones básicas del siglo XVIII. Pero cuando organizamos la cocina para convertirla en un eficiente lugar de trabajo, recurrimos inevitablemente a la modernidad. La expectativa de que el hogar debe ser cómodo y adecuado a un nivel mucho más amplio es la única contribución importante de este siglo. Tan sólo unos cuantos decoradores, fanáticos de épocas pasadas, tendrían el valor de querer revivir las instalaciones sanitarias del siglo XVIII o los sistemas de calefacción del siglo pasado; quizá buscarían un modo conciliador para disimular la instalación de radiadores, teléfonos y televisores en habitaciones «históricas».

Por otra parte, un reciente estudio llevado a cabo en Estados Unidos reveló que más de un 90 % del total de encuestados sobre la instalación de una chimenea en su casa respondió que desearía tener una chimenea incluso en las regiones en las que el clima es templado durante todo el año. Evidentemente, las razones no pueden ser muy prácticas. Cualquier chimenea, como bien saben nuestros ancestros, son una fuente de calor poco eficaz, además de que causan polvo y suciedad; actualmente, por otra parte, en muchos lugares del mundo la leña y otros materiales combustibles están sujetos a un estricto control ecológico. Pero la relación entre el brasero y el hogar data de tiempos remotos, y ha demostrado ser tan firme que ni la tecnología puede quebrantarla.

No es necesario ser un historiador social para tener algunas preconcepciones sobre el aspecto de las habitaciones y sus funciones. En la actualidad hay disponible un sinfín de información e imágenes en libros de interiorismo y decoración, en revistas ilustradas, en películas y programas de televisión, que presentan todas las variaciones posibles de la decoración de interiores, desde la casa en la playa hasta el apartamento urbano, y desde la lujosa villa hasta la casa de campo. Gracias a la prolífica industria de productos útiles para mejorar la casa, el consumidor actual dispone de una amplia variedad de colores, diseños, materiales y muebles.

4

De la casa al hogar

La amplia gama de posibilidades disponible para la decoración y el amueblado puede inspirar o confundir; comprensiblemente, muchas personas aún «crean» su hogar por etapas o fragmentos, y compran un sofá aquí y una pantalla para lámpara allí, sin tener una idea coherente sobre el conjunto global. El propósito de esta obra es simplificar y orientar su decisión mediante un análisis del espacio, de la estructura y de la organización en relación con toda la casa; así como mediante la determinación de las actividades comunes que se desarrollarán bajo el mismo techo y las diferentes maneras de ubicarlas; y con el suministro de una agenda de direcciones puesta al día para facilitar la selección.

Sin embargo, hay algo que un libro no puede hacer, que es informarle cómo desea vivir. Antes de que empiece a estudiar planos, necesidades de armarios, o mesas y sillas, es vital que descubra sus gustos y preferencias. Cuando tenga una idea clara de su proyecto, le resultará relativamente fácil llevarlo a término.

Crear un hogar es una forma de creatividad que se halla al alcance de todo el mundo. Sin embargo, a veces el temor a hacer el ridículo, la falta de confianza, o simplemente un exceso de alternativas puede causar inhibición. Esperamos ser capaces de «interpretar» una habitación y de averiguar el carácter de una persona, e incluso algo más, de su modo de vivir; este nivel de exhibicionismo puede obligar a cualquiera que tenga confianza en sí mismo a recurrir a las soluciones convencionales para evitar la crítica de sus vecinos; sin embargo, eso no hará nada para mejorar su estilo de vida.

El concepto de que un hogar puede ser un vehículo de autoexpresión es relativamente nuevo, y las maneras de realizarlo son más nuevas aún. Cuando se analiza el tiempo que se pasa en un hogar y el dinero que se puede invertir en mejoras, resulta evidente que aquél debe ser algo trascendente y significativo. Los interiores exitosos poseen algo definido muy especial, una vitalidad inconfundible que deja translucir la personalidad de su dueño. Las viviendas «anónimas» son deprimentes precisamente por su falta de individualidad o por carecer de la sensación de ser habitadas por personas reales.

1

1 Este montaje «pop» en un apartamento de Nueva York se ha realizado inspirándose en el reciclaje y utilizando desechos urbanos. La separación entre la cocina y la sala de estar se ha creado a base de cajas de embalar y maderos viejos, y en el ingenioso bastidor se han instalado aparatos modernos.

2 El aspecto natural e intransigente de esta cocina combina los tonos blanqueados de la madera de deriva y de la piedra con muebles básicos construidos, sencillamente, con tablas y tablones decapados.

2

3 Auténtica y sin pretensiones, la decoración que armoniza con el clima crea una poderosa sensación de lugar. El suelo fresco, de baldosas de cerámica; el techo blanqueado, y los muebles sencillos en esta casa de **Córcega** son un equivalente visual a una ráfaga de aire fresco.

3

Muchas personas sólo consiguen disfrutar plenamente de su entorno una vez al año cuando, finalmente durante la época vacacional, relajadas y fuera del ambiente familiar, pueden prestar atención a los colores, a la textura, a la forma y a la luz. Otras impresiones pueden ser idénticamente valiosas. Las casas de veraneo nos pueden volver a familiarizar con las virtudes de la vida sencilla, una época en la que descubrimos, con sorpresa, que nos las arreglamos fácilmente con un mínimo de equipo y tecnología; un lugar en el que los muebles son robustos y económicos, y donde el énfasis se centra en la diversión y en disfrutar de las pequeñas alegrías de cada día. No obstante, más allá de adquirir recuerdos típicos y de grabar algunos momentos en película, muy pocos se plantean aplicar estas inspiraciones en el contexto de su casa. Sin embargo, se trata de una oportunidad ideal para analizar qué es lo que realmente se necesita y de qué es posible prescindir. Si al terminar las vacaciones toda la familia desea ver la televisión, pues adelante; pero, si casi no se ha echado de menos, considere la posibilidad de colocarla en un lugar más discreto cuando vuelva a casa.

Un buen punto de partida para determinar qué es lo que realmente le gusta consiste en confeccionar una lista de los detalles de las casas, las habitaciones, las tiendas o incluso los restaurantes que le hayan llamado la atención en el pasado. Sin importar la razón. Escudriñe en su memoria, permítase el placer de realizar un pequeño sueño diurno e intente recordar no únicamente su aspecto sino también la sensación que ha experimentado, el sonido o el aroma. Una casa de su infancia, un lugar cerca del mar o en el campo, en el que pasó el verano, un hotel maravilloso, o una habitación envidiable en casa de un amigo. Aunque su relevancia no parezca ser obvia de inmediato, al analizar con exactitud el por qué de la evocación y de su significado puede empezar a analizar los elementos que tal vez deseara para su hogar actual.

Personalmente puedo relatar la experiencia de hallarme en un agradable invernadero, con un aroma a tierra húmeda, para disfrutar del espacio que actúa como transición entre el interior y el exterior, para acercarme más a la naturaleza y apreciarla con relativa comodidad. Las casas de la playa presentan una característica elemental similar, una «apariencia» que puede sugerirse mediante colores brillantes y texturas naturales, incluso si el ruido del tráfico y las sirenas de los coches de bomberos son el desagradable equivalente urbano al relajante sonido de las olas del mar que rompen en la playa.

4 El simple placer que producen los colores fuertes y brillantes bajo la vibrante luz del sol es universal.
5 Abandonarlo todo no resultó nunca más atractivo. Este lugar de descanso estival, construido con tablillas de madera sobre zancos de soporte, es un irresistible escondite para un breve retiro contemplativo.

4

5

Disfruto enormemente del lujo del espacio; mi ideal sería una gran habitación abierta que se pudiera subdividir siempre que se me antojara, que contara con la misma flexibilidad de las casas japonesas, con sus pantallas de separación deslizantes. En esta misma línea, me encantan los interiores que se confunden con su entorno inmediato, en los que no existen duros contrastes entre el interior y el exterior, con vistas que enfatizan el sentido de expansión. Me gustan los objetos sólidos y bien acabados, nada endebles o futiles, sino fabricados con materiales que «maduren» bien, que envejezcan con gracia y que desarrollen una belleza propia con el uso y el paso del tiempo. No me molesta que los bordes de una alfombra en la escalera muestren señales de desgaste, que las cortinas queden descoloridas a causa del sol o que los techos se tornen oscuros o amarillentos. No obstante, la alegría y el optimismo sí son importantes para mí, el frescor de una habitación después de una buena limpieza en primavera, la vitalidad de las flores, el modo de cambiar la dinámica de una habitación con una sutil redistribución para reflejar la estación. Y, finalmente, me encantan las casas reconfortantes y acogedoras, con un buen almacén de provisiones.

Cuando se trata de crear su propio hogar, trate de inspirarse en una amplia variedad de fuentes. Tanto si son casas que haya visto o visitado, decorados de teatro o películas, libros, exposiciones o revis-

1 En este escenario tan elemental, Tigre del Mar, realizado por el diseñador mexicano Gian Franco Brignone y el arquitecto Jean-Claude Galibert, se desdibuja la separación entre interior y exterior. Los pigmentos naturales mezclados con el revoco exterior confunden los muros con el horizonte.

2 Las paredes de color ocre y el suelo machihembrado de madera crean una atmósfera de tranquilidad que saca el máximo partido a la luz natural. La línea sencilla de los muebles complementa los ángulos y planos de las paredes y del techo.

cuos, los cuartos de baño a la vista desde la puerta de entrada, las tuberías visibles y un mantenimiento deficiente son negativos. La solución para evitar estas características depresivas y desagradables consistiría en la colocación de espejos para aumentar la iluminación y el sentido del espacio, el cultivo de plantas de interior, los biombos y los juegos de viento. Tal vez resulte difícil aceptar ese punto de vista —de que un espejo bien colocado ahuyenta a los malos espíritus de las casas— pero *feng shui* concentra su respuesta universal en el aire fresco, en la luz y en la armonía del interior.

Lo que yo he denominado «la sensación de lugar» es una característica abstracta, casi indefinible, una combinación de factores que genera una atmósfera específica. El resto del capítulo se dedica a la exploración de algunos de esos factores. En la práctica nunca se perciben de forma aislada y, aunque sería útil considerar cada uno individualmente, si mantiene presente todo el conjunto global del cuadro podrá combinarlos en una unidad armoniosa.

3 Un pequeño apartamento-estudio en Londres supera la restricción de sus dimensiones con un mínimo de muebles y una especial atención a los detalles arquitectónicos. La base de la pared presenta un acabado de moldura metálica que marca un canto gráfico nítido.

tas, todos ellos son útiles para seleccionar colores, diseños, texturas y materiales para su nuevo entorno; algunos de los planos interioristas más originales y satisfactorios han surgido de una inspiración combinada de varias disciplinas. Tenga siempre a mano un cuaderno de bocetos y recoja páginas de revistas, postales o muestras de tejidos, cualquier cosa que le sirva para inspirarse o estimular su creatividad. Todo forma parte del mismo proceso para descubrir qué es lo que le gusta.

El identificarse con el lugar en el que se vive es un proceso instintivo. En el análisis de los sueños, normalmente la casa se interpreta como símbolo del cuerpo humano. Los artistas y los escritores han hecho amplio uso de este concepto psicológico para retratar y describir interiores que evoquen estados de ánimo o rasgos del carácter. La artista Leonora Carrington considera que las casas adquieren una «configuración psíquica», cuya forma, después de un cierto tiempo, se amolda como un recipiente alrededor de sus habitantes.

A un nivel más superficial, puede resultar interesante profundizar en la metáfora. Al igual que el cuerpo humano, una casa tiene su propio sistema físico de ventilación, de energía y de fontanería. Por ello, la casa también se puede vestir y decorar, mejorar «estéticamente» y poner a la moda. El modo en el que los estilos de muebles han imitado los cambios de la moda ha sido descrito por numerosos historiadores de interiores: los

vestidos de talle alto de línea «imperial» se imitaban en los delicados cortinajes; las capas victorianas de tapicería y pasamanería encontraban su equivalente en las capas intrincadas y elaboradas con todo detalle de los vestidos de moda del siglo XIX.

La antigua disciplina china *feng shui*, la ciencia del viento y del agua, también establece una relación entre la casa y el cuerpo humano: la casa cuenta con un metabolismo propio que hace que *ch'i* (la fuerza vital) otorgue salud, prosperidad y buena suerte a sus habitantes. Incluso los más escépticos se ven obligados a reconocer que los seres humanos funcionamos mejor en ambientes agradables, a menos que ignoren el gran sentido común, instruido y culto, de muchas de las normas *feng shui,* basadas en siglos de estudio y observaciones de las reacciones humanas ante un entorno. Algunas prácticas *feng shui* tienen por objeto conservar la vitalidad de una casa mediante la luz, el movimiento del aire, la orientación, la forma y la proporción —elementos que ejercen su influencia sobre los sentidos, no la vista.

En la sociedad china, se acude a los expertos en *feng shui* para consultarlo casi todo, desde cómo colocar una silla hasta la ubicación de un nuevo restaurante. Entradas amplias y relucientes, escaleras grácilmente curvadas, ventanas amplias y salas de estar ordenadas son positivas desde el punto de vista *feng shui*; en cambio, las vigas bajas, las puertas y los muros obli-

3

Espacio y luz

El espacio es el mayor lujo del siglo XX. Debido a que la mayor parte de la población vive amontonada en grandes capitales y ciudades en una lucha cotidiana para desplazarse por transitadas calles o para encontrar un hueco en el autobús o en el metro, surge la aguda necesidad de poder relajarnos cómodamente y en relativa intimidad en nuestro ambiente personal.

El espacio, expresado en metros cuadrados, es caro. Para mucha gente el cambiarse de casa para disponer de un dormitorio adicional o de una cocina más grande resulta imposible desde el punto de vista económico. La respuesta reside en encontrar otras formas de incrementar el sentido del espacio. «La remodelación» (*véanse* págs. 30-113) describe las formas estructurales, técnicas y organizativas para aprovechar al máximo el espacio disponible; los cambios físicos también le permiten hacer mejor uso de los metros cuadrados disponibles o ampliar la casa de forma relativamente económica.

Sin embargo, también es preciso tener en cuenta la *calidad* del espacio disponible y cómo afecta a la percepción del mismo. Existen muchos pisos de tamaño reducido o cabañas que ofrecen una sensación de ser espaciosos, simplemente porque están bien organizados y apropiadamente preparados, o tal vez por su decorado sensible y agradable que disipa cualquier sensación de encierro o agobio. Por otro lado, también hay muchas casas grandes cuyo amplio espacio se derrocha con una distribución y una planificación deplorables. Las habitaciones de gran tamaño pueden ser igualmente un triste espacio «muerto» si están mal diseñadas o decoradas.

Un elemento importante es la unidad. La casa resulta desagradable si se mezclan diversos estilos y demasiados detalles llamativos. Si se utiliza una sola gama de colores y texturas en la zona de «comunicación», como en los pasillos y en las escaleras, si se emplean materiales básicos del mismo tipo para superficies y acabados, y si se evitan abruptas cabriolas estéticas de un estilo a otro, se establece un sentido de coherencia en una secuencia de habitaciones y se logra definir la esencia del hogar.

Otro concepto vital a considerar es la cuestión de las proporciones. Una solución común para el problema de las habitaciones demasiado pequeñas es la de eliminar una pared divisoria y abrir el espacio para obtener uno más grande. En muchos casos, el resultado es una mejora inmediata, particularmente si la nueva habitación cumple dos funciones complementarias, como, por ejemplo, la de cocina y comedor. Sin embargo, la imposición de una nueva distribución en una casa planificada según conceptos convencionales no siempre resulta exitosa. Las proporciones, que parecían correctas cuando las dos habitaciones estaban separadas, pueden verse afectadas de forma negativa cuando se eliminan las paredes. Las puertas, las ventanas, la chimenea y demás detalles arquitectónicos parecen estar repentinamente fuera de escala. Una solución consistiría en conservar algún detalle de la separación dentro del nuevo espacio, y diferenciar las zonas según sus correspondientes actividades; otra consistiría en colocar muebles y accesorios de modo que faciliten la definición y ofrezcan un peso visual equilibrado.

Si decide aceptar las limitaciones impuestas por el espacio de una habitación pequeña y trabajar con ellas se podrá beneficiar de las particulares ventajas del espacio reducido —comodidad e intimidad, la cómoda sensación de tener todo al alcance de la mano— sin desventajas. Analice otros espacios pequeños, como los camarotes de un barco y las caravanas, que son lugares atractivos por ser tan enormemente útiles y estar bien considerados. Un lugar pequeño con poco contenido siempre le recordará lo reducido de sus dimensiones, pero uno elegantemente equipado y conveniente y proporcionalmente amueblado tiene su propio carácter y atmósfera.

La calidad de espacio tiene relativamente poca relación con la dimensión de la casa. El estudio de toda la casa como un conjunto, la relación entre las habitaciones, y de éstas con el entorno exterior y, más crucialmente, la consideración de las necesidades de cada uno de sus ocupantes es el objetivo primordial de este libro. El espacio es más bien dinámico que estático. Esto se aprecia mediante el movimiento, el uso, el sonido y la luz, todos ellos aspectos fundamentales que no se pueden sencillamente reducir al hecho empírico de un suelo y cuatro paredes.

Siempre, y en cualquier casa, existe la necesidad de establecer un equilibrio entre la intimidad y la estancia en común; deben existir grandes zonas en las que se reúnan varias personas y habitaciones particulares para retirarse de forma individual. Posiblemente parezca evidente, pero en las casas en las que cada uno de los espacios interfiere en otro, la vida puede resultar agotadora; el sonido se amplifica, resulta casi imposible mantener una conversación íntima y las diversas actividades obligan a competir por las diferentes habitaciones disponibles. Por otra parte, cuando todas las habitaciones son idénticamente pequeñas, no hay ningún lugar en el que celebrar las reuniones o acontecimientos festivos sin experimentar una sensación de claustrofobia.

Al igual que existen variaciones en las dimensiones y en las proporciones de las habitaciones, también debe haber lugares que deleiten y sorprendan. Las alcobas, un banco en la ventana o un amplio pasillo con un rincón para la lectura posiblemente parezcan superfluos en el sentido funcional más estricto, pero son características que se suelen disfrutar precisamente porque son una opción diferente e inesperada dentro de las normas comunes de distribución del espacio.

1 Este pequeño estudio presenta un reto muy particular: ¿cómo se puede disponer de diferentes zonas de actividad dentro de un mismo espacio sin sacrificar ni la luz ni la sensación de apertura? Se ha instalado un gran panel de madera maciza en forma de pantalla para separar la cocina del «dormitorio».
2 Una habitación con vistas es intrínsecamente espaciosa. Las paredes de paneles machihembrados, la cama baja y los muebles decorativos no distraen la mirada hacia el exterior.

3
4

3 Las ventanas interiores aportan luz al interior de la casa. Un gran ventanal ofrece una vista estimulante al interior de la cocina de esta casa italiana y establece una valiosa conexión con el exterior. El diseño en cuarterones unifica las diferentes dimensiones y crea un efecto particular.
4 Mediante la cuidadosa colocación y el detalle de las paredes internas se consigue un interesante juego de luz y de espacio. La suave curvatura de la pared que divide la sala de estar del comedor se acentúa con un techo suspendido y atrae la vista hacia el eje principal de la casa. Las aberturas en las paredes laterales permiten ver la parte contigua.

1

2

1 La luz moteada que se filtra a través del follaje presenta una vitalidad mágica. Las casas que mantienen una relación con el exterior son instintivamente atractivas.

2 Simulando un vapor de línea amarrado, el diseño náutico de esta resplandeciente extensión de una casa de campo de la Bretaña es una referencia arquitectónica notable debido a su ubicación. Los «ojos de buey» (ventanas) de luz, las paredes revestidas de metal y la cubierta superior completan la metáfora visual.

3 Dentro de esta misma extensión, las luces de mampara, los accesorios compactos y las originales superficies evocan la eficacia del interior de un buque. La luz natural incide sobre el espacio como un elemento dinámico positivo.

Otra consideración básica tiene que ver con la relación entre el interior y el exterior. Lo que se ve más allá de las ventanas, portones y zonas contiguas tiene la misma importancia que el contenido de la propia habitación. En algunas obras sobre diseño, de Christopher Alexander, así como de otros autores, se incluye un capítulo sobre lo que los autores denominan la vista «Zen», que hace referencia a los breves vistazos al mundo exterior desde los «puntos de transición»: en la entrada, en las escaleras y a lo largo del pasillo. Estas vistas crean una fascinación especial que sólo se experimenta durante un brevísimo momento, al trasladarse de un lugar a otro.

En este contexto suelo referirme muchas veces a la obra de sir John Soane. Sus interiores, especialmente los del museo de Londres que fueron creados para albergar su colección de antigüedades, son auténticas obras maestras. En Lincoln's Inn Fields, las proporciones relativamente modestas de una casa consistorial de regencia se han transformado mediante una serie de proyectos visuales ingeniosos. No se trata de engañar al ojo sino de deleitarlo, utilizando una serie de vistas ocultas, cambios repentinos de escala e intrigantes reflejos. En las ventanas, Soane empleaba derrames con paneles finos de espejo para reflejar la luz y las vistas; además, bajaba los techos y recurría a crear pequeñas entradas a los grandes y espaciosos salones. En todas partes se percibe un maravilloso sentido del contraste. «Casualidad y sorpresa» es el lema de Soane para el diseño: una buena receta para la vitalidad que no depende de un gran entorno.

3

4 Una gran cristalera entre la cocina y el amplio salón comedor aporta una enorme luminosidad al centro de esta casa ubicada a orillas de un lago. El techo de cristal con vistas a ambos lados permite contemplar todo lo que rodea a la estancia. La estructura de madera y los muros cubiertos de ripia son complementos naturales del entorno boscoso.

4

Gran parte de lo que realmente anima un lugar es la luz: los conceptos de espacio y luz son inseparables. La luz natural incrementa el carácter de amplitud de una habitación, hace que los detalles aparezcan en relieve, crea cálidos puntos soleados que atraen la vista y forma decorativos diseños moteados allí donde sólo se filtra de forma difuminada. Por otra parte, la iluminación artificial uniforme causa la sensación de que se trata del pasillo de un hospital. Mucha gente considera la iluminación artificial como un medio práctico necesario, sin pensar en el aspecto estético; los resultados son ambientes que se resisten a cualquier intento de infundirles vida.

La luz natural cambia constantemente; a diferentes horas del día y según las estaciones del año, cambia su tono, su color y su intensidad. Una parte del placer que nos proporciona el sentarnos en el exterior durante un día de verano nos lo proporcionan esos cambios infinitesimales. La luz artificial no sustituye a la natural, pero con un sistema de iluminación moderno, con buenas instalaciones y accesorios, se puede filtrar, dirigir y modular la luz para conseguir contraste y variedad.

El auténtico placer de la luz natural, de las vistas y de la diversidad espacial forma parte de un mismo conjunto. No se trata simplemente de un intento de acercarse más a la naturaleza, sino de una cuestión de convertir la casa en un lugar más natural, en consonancia con las formas instintivas, para que el hombre se encuentre a gusto, cómodo, saludable y feliz.

5

5 La iluminación es uno de los medios más efectivos para decorar un interior. Dos tramos de escaleras estrechas y encerradas sorprenden por las pequeñas luces situadas en sus peldaños; la luz del techo forma una emocionante transición entre los niveles.

Color

El color, el diseño y la textura son los elementos decorativos que expresan la sensación de lugar, en cierto sentido, el «maquillaje» aunque a un nivel más profundo. El modo de decorar la casa y el material a aplicar sobre el esqueleto desnudo de la estructura básica pueden ser tan fácil y económicamente cambiables como la propia pintura; también pueden consistir en elementos más integrales, como la cobertura del suelo. No obstante, el primer enfoque debería ser holístico, dedicado al uso y a la combinación de materiales, en lugar de tomar una serie de decisiones aisladas cuyo efecto global se ignora.

La decoración debería constituir un auténtico placer, una oportunidad de dar vía libre a su creatividad. Lamentablemente, muchas personas se estancan durante el difícil proceso de la selección y terminan por conformarse con lo que se emplea de forma habitual con la falsa presunción de que es lo más práctico o lo más

adecuado para la vida actual. En realidad, resulta mucho más fácil convivir con algo que realmente disfrute que con una cosa que tolere con dificultad.

Antes de enfrentarse a las muestras de colores o de consultar el muestrario de tejidos, reflexione sobre el tipo de habitaciones que le gustan. ¿Las prefiere claras y amplias, acogedoras y repletas, ricas en diseño, o tranquilas y neutras?

Elabore un diseño mental con los tipos de materiales que se pueden combinar para crear el efecto que se imagina. Un suelo de madera ya cuenta con un diseño debido a su fibra, posee textura en su acabado así como color; una tabla de trabajo de granito es fría, dura, lisa y moteada. No obstante, en la práctica no separamos esas características, sino que todas ellas se combinan. Antiguamente se relacionaba la naturaleza del material con el color: con frecuencia, la madera se pintaba y veteaba de color marrón para enfatizar sus características. Merece la pena volver a considerar esta relación básica para analizar por qué reaccionamos más a ciertos colores, diseños y texturas, que a otros. Por ejemplo, una preferencia por las costas y las playas se puede expresar con la utilización de una gama de colores azul grisáceo, acuamarino, color ante y blanco, y con texturas arenosas; con la introducción de llamativos detalles de color brillante frente a fondos neutros y nebulosos; con franjas de estilo náutico o materiales como madera descolorida o pintada, sisal o henequén y fibra de coco.

El color es uno de los factores más subjetivos de la decoración; no existe forma posible de predecir la reacción de dos personas ante un mismo tono. Además, casi cualquier generalización que se haga con respecto a un determinado color puede resultar diferente en la práctica. No obstante, es preciso establecer un punto de partida. Aunque no tenga un color predilecto, indudablemente habrá una serie de colores que le atraigan más, por ejemplo los que predominen en su vestuario o en sus cuadros, y también otros que aborrezca.

Con estas referencias, inicie una selección para sus interiores, y no se deje desanimar por los decretos populares que dictaminan que el azul debe ser frío o el amarillo cálido. Las sutiles variaciones en el tono pueden producir diferencias enor-

mes. Si le encanta el rojo, no es necesario que pinte las paredes de su salón de carmesí, pero puede conseguir un resultado satisfactorio en ese tono con detalles como la tapicería del sofá. Naturalmente, los colores presentan una dinámica muy distinta cuando se combinan con otros: en pares de opuestos o de complementarios; en grupos de tonos suavemente modulados; combinados con colores frescos; con el refrescante blanco o en gráfico contraste con negro.

Se necesita tiempo para percibir el efecto que produce el color; al igual que todo lo demás, es cuestión de ampliar el horizonte visual. Si no desea correr ningún riesgo,

1 La naturaleza ofrece numerosos ejemplos de armonía de colores: una buganvilla en flor ofrece un bello contraste con la pintura desgastada de la vieja puerta de un cobertizo y el encanto rústico del muro y de la valla.

2 Los objetos sencillos y utilitarios pueden encajar perfectamente en el decorado. Las pinturas en polvo en frascos de cristal incrementan su efecto por su disposición *ad hoc*.

5

3 Las flores son un medio sencillo para crear cambios en la decoración. Este arreglo de margaritas constituye un punto focal vibrante frente al fondo turquesa.

4 Una gran ventana inunda esta habitación con luz natural y proporciona el espacio necesario para una colorida colección de objetos diversos.

8

6

7

empiece con un fondo neutro, como una pared blanca y suelos lisos, y experimente con el color en objetos y muebles que puede cambiar de lugar con facilidad. La decoración de grandes superficies produce un efecto determinante en toda la habitación, por lo que tómese su tiempo para vivir en ese espacio y acostúmbrese a sus características. Cuestiónese sobre el uso concreto de la habitación, qué aspecto tendrá por la mañana, o por la noche, qué características conviene enfatizar y cuáles disimular. Es fácil pintar las paredes más tarde, o colocar alfombras, cortinas o celosías cuando su sentido decorativo esté más desarrollado.

9

5 Los planos de color atrevido captan la atención y delinean el espacio de la casa.

6 Con un detalle de color contrastante en la moldura del zócalo se infunde vida al rellano de una estancia.

7 El tono verde claro es sencillo y elegante.

8 El tiempo y la naturaleza han inspirado este bodegón.

9 Un espejo incrementa aún más la intensidad del color naranja de la paredes.

Diseño y textura

Los fondos neutros le permiten la libertad de concentrarse en otra dimensión importante de la decoración de una casa: la textura. La combinación de texturas utilizando diversos materiales y acabados le dan mayor profundidad e interés a la habitación; por esta razón, los materiales artificiales, uniformemente suaves, parecen exánimes. Las pinturas granuladas mates, los tablones de suelo rayados, restregados o encerados, los calicós robustos y las telas nudosas de lino resultan, a pesar de tener un mismo tono, intrínsecamente vivos cuando se combinan, simplemente debido a sus distintas texturas.

Lo que resulta tan evocador y estimulante de este concepto es la forma mediante la que estas texturas establecen la unión con la naturaleza, la cual ha sido la fuente de inspiración decorativa durante muchos siglos. No existe mejor camino para volver a lo elemental que recrearse con la simplicidad de la madera, de la piedra y de las fibras naturales, como, por ejemplo, el algodón natural sin blanquear: materiales de una belleza natural que combinan sin necesidad de esfuerzo. Los materiales naturales no tienen edad y van más allá de distinciones convencionales entre diversos

estilos; más aún, envejecen bien: en ellos se produce un desgaste a causa del uso y del tiempo que incrementa más su atractivo. Los materiales sintéticos carecen de esta ventaja: cualquier cambio de su condición original empeora inevitablemente su calidad. No obstante, esto no quiere decir que se menosprecie la gran utilidad práctica y los beneficios de los materiales artificiales; simplemente pretende recordarle que los naturales pagarán su inversión inicial con creces al mejorar con los años, se tornarán más suaves y adquirirán la pátina del uso, características que, más que cualquier otra, contribuyen a la sensación de lugar.

El diseño en la decoración es inherente. Tan sutil como una tela de damasco o tan atrevido como la tapicería oriental de un sofá, el diseño transforma nuestra percepción de color y textura añadiendo ritmo y movimiento, que intrínsecamente sugieren orden y tranquilidad. Un estampado bien equilibrado es una buena forma de convivir con la intensidad de colores fuertes y una excelente influencia mediadora entre formas agresivas y superficies planas. El diseño rompe la expansión de grandes superficies, les proporciona profun-

1 El color pálido de las paredes y las escaleras revocadas presenta una sutil diferenciación de tonos y enfatiza un acabado gredoso.
2 El diseño se conforma de modo natural conforme se disponen los objetos. Una colección de objetos de cristal de color contrasta frente a una obra gráfica abstracta, lo que combina dos elementos diferentes de un modo vivaz.
3 La variedad textural confiere profundidad y presencia física a un fondo neutro. Debido a la ausencia de un color fuerte, el metal, la piedra, la alfombra y la pintura proporcionan el contraste esencial por su forma de reflejar la luz.

4

5

4 Una de las formas más sencillas de utilizar el diseño es como punto focal decorativo. La alfombra es la pieza central de esta sala de estar en una casa de Grecia. La suavidad de sus colores se acentúa con el brillante azul de la madera pintada.
5 El lino de rayas blancas y azules de la ropa de cama enfatiza el ambiente fresco y frágil de este espacio de líneas limpias.
6 La característica lineal de las celosías, los respaldos de tablillas de las sillas y el camino de mesa rayado añaden un discreto sentido de diseño a un interior moderno, al mismo tiempo que actúan como contrapeso eficaz para las superficies lisas.

didad y carácter: el éxito de las técnicas de pintura de color roto demuestra la efectividad de los estampados de tono sobre tono, que revelan las marcas del pincel, de la esponja o del tejido, que conducen la vista más allá de la superficie bidimensional.

Naturalmente los diseños y la textura no son exclusivos de los tejidos, de las alfombras y de los acabados de las paredes. Una colección de artículos de cristal, una estantería con libros, un grupo de fotografías familiares, todos ellos crean una dinámica propia y añaden un toque de textura a la casa. Aunque, en cierto sentido, se pueden considerar como una pincelada de acabado final, nunca subestime su efecto. Si tiene previsto colocar un mueble especial o una pintura o una escultura en determinada habitación, éste puede ser un buen punto de partida para establecer su esquema decorativo.

Durante el siglo XIX se toleraban ampliamente los diseños ricos y cargados; éstos producían un nivel de distracción visual que la mayoría de la gente de hoy en día consideraría incompatible. Al igual que ocurre con los demás elementos decorativos, la forma en que se utiliza el diseño es tan importante como su aspecto aislado.

El diseño se puede utilizar para definir o delimitar —como ocurre con el borde de un trabajo de cuadros de azulejos— o para añadir un detalle o un punto focal —como en un *kilim* profusamente decorado de un interior moderno, un contraste eficaz de un ambiente o estilo. Aunque no seamos partidarios de la decoración del siglo XIX, de calidad envolvente, en la que las superficies se tapizaban con tejidos, se utilizaban papeles decorativos para las paredes y los recubrimientos de los suelos eran intrincadamente elaborados, la mezcla de diseños con cierta afinidad elemental le confiere a la casa una característica cálida y acogedora, que nos hace sentir cómodos y, además, nos alegra la vista.

6

La distribución y el detalle

1 Esta disposición simétrica de vasijas y candeleros de cristal adorna la pared del comedor. Se aprecia un delicado equilibrio entre el detalle y la sencillez de los objetos; las velas con llamas, situadas al nivel de los ojos, evitan crear un efecto estático o de austeridad.

Aparentemente la gente se divide en dos grupos distintos, uno que adora la acumulación de objetos y el otro que la detesta. En algunas casas se puede percibir el ambiente de una «guerra» continua entre una persona que siempre está recogiendo y otra que, a su paso, deja siempre una estela de propiedades.

Debo admitir que prefiero lo escaso y lo sencillo en lugar de las habitaciones en las que las cualidades elementales de luz y espacio se hallan invadidas de objetos y muebles. Aún así, no me considero austero, y existen individuos con un concepto mucho más riguroso que se encuentran cómodos en espacios casi vacíos, con sólo unos cuantos accesorios a la vista.

Cualquiera que sea el grupo al que pertenezca, lo que en verdad cuenta es su propia convicción. Muchas personas terminan compartiendo su vida con cosas no deseadas e inútiles, simplemente porque no saben qué hacer con ellas o porque no desean deshacerse de ellas: barahúnda por defecto o negligencia. Hace más de cien años, William Morris formuló la siguiente «regla de oro»: «No guardes nada en tu casa si ignoras si va a resultarte útil o si no lo consideras hermoso», un mensaje que aún hoy en día conserva su relevancia.

Aprenda a evaluar todo lo que vea. Cuestiónese lo que verdaderamente piensa de cada una de sus propiedades: ¿realmente le gusta? Si es así, ¿por qué? ¿Qué es lo que aporta? ¿Es práctico? ¿Es hermoso? ¿O es un recuerdo de un momento de felicidad o de un determinado lugar? Mucha gente ha experimentado una fuerte impresión al volver a casa después de una prolongada ausencia y, de repente, observa su entorno hogareño con una perspectiva nueva y crítica. Aproveche esta sensación para mejorar las cosas.

Actúe de modo similar cuando se trate de nuevas adquisiciones. Es mejor esperar a encontrar lo que busca en lugar de comprar algo parecido o de menor calidad. Si esto equivale a posponer la compra hasta contar con el dinero suficiente o hacer un esfuerzo mayor para elegir el material adecuado, merecerá la pena. La sensación de lugar se desarrolla con el tiempo, conforme se acomodan los diversos elementos hasta que todo armonice.

Ninguna habitación que despierte un interés real se puede decorar en un día. No obstante, una casa nunca se «termina»: las diferentes etapas en la vida imponen sus necesidades y nos obligan a adaptar nuestra forma de vida. También el gusto puede cambiar, a veces incluso radicalmente. En lugar de sentirnos frustrados o disgustados, deberíamos sentirnos satisfechos e iniciar el cambio, ya que es precisamente esto lo que mantiene vivas a las casas.

2

2 Un plato de brillante porcelana china colocado sobre un anaquel contrasta con la pared blanca de una habitación casi vacía. Esta composición posee la tensión y la precisión de un dibujo técnico.
3 Objetos cotidianos dispuestos en el rincón de una pequeña cocina componen este escenario.
La comodidad y los objetos familiares son parte de lo que conforma un hogar.

Las dimensiones y la forma de la habitación dictaminan con frecuencia una disposición óptima de accesorios, servicios y también de los muebles más importantes. Sin embargo, normalmente existe la posibilidad de cambiar algunos elementos, aunque tan sólo se trate de una redisposición de objetos menores o de retirar temporalmente unos y reemplazarlos por otros. Mantener una habitación de la misma manera que se amuebló y decoró desde un principio, con muebles que no se cambian y permanecen año tras año, quitando el polvo de los objetos para después volver a colocarlos exactamente en la misma posición, significa que llegará el momento en el que ya no los aguante.

Incluso los cambios más insignificantes aportan un aire renovador. Intente renovar su casa durante una limpieza general a fondo o con el cambio de estación. Hace unos cien años, al llegar el verano, en la mayoría de las casas se retiraban las alfombras, la pesada tapicería se cubría con telas ligeras y las gruesas cortinas se reemplazaban por otras de algodón: todo ello para conseguir una mayor luminosidad en las diferentes estancias durante el verano. Hay muchas y buenas razones para revivir esta práctica, pero tal vez la más persuasiva sea el hecho de que nos volvamos a dar cuenta de nuestro entorno.

Naturalmente, la distribución tiene mucha relación con los detalles: éstos pueden parecer pequeños, como unas flores frescas o un toque gracioso, caprichoso o muy personal que cause un impacto desproporcionadamente grande sobre el conjunto de una habitación. Además, muchas veces la importancia de un detalle reside en lo que oculta. Desde un principio es importante reflexionar sobre la forma de disimular los cables largos, los enchufes, las gruesas juntas entre acabados y suelos, los rodapiés poco atractivos o las manijas baratas. El detalle es el punto focal en el sentido más reducido, el complemento necesario para el conjunto en toda su amplitud.

La creación de un hogar es un proceso complejo, pero no posee ningún misterio. Hacerlo bien no es, de ningún modo, una cuestión de ajustarse a unas reglas establecidas o seguir una línea marcada por la moda —sencillamente es descubrir lo que se desea y cómo se quiere vivir.

LA REMODELACIÓN

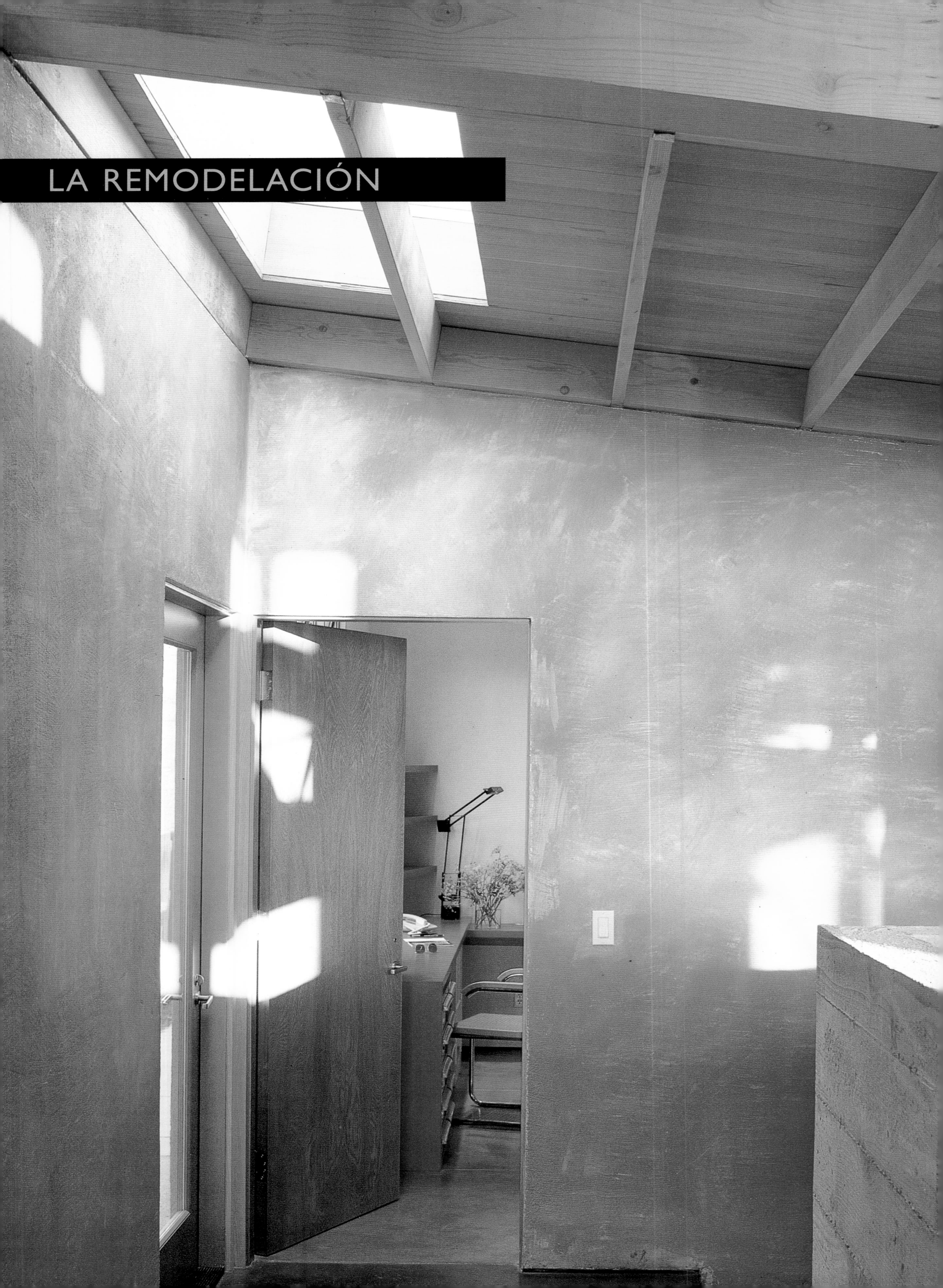

Nuestras vidas nunca se detienen. Los horarios de trabajo, las circunstancias familiares y la forma de ocupar nuestro tiempo libre varían considerablemente de año en año. Un bebé recién nacido altera, sin duda, el orden establecido en cualquier casa. La llegada de los hijos inicia una secuencia de cambios de rutina que se suceden uno tras otro. Con o sin hijos, los objetos se acumulan y los gustos se redefinen. El entorno que antes nos parecía tan adecuado para nuestras necesidades ya no cumple ni con los requisitos más elementales.

En un momento dado, la mejor solución puede ser el cambio de vivienda. Pero no resulta práctico ni factible mudarnos cada vez que surjan problemas de acomodación y adaptación a nuevas circunstancias. Además, lo más probable es que incluso una nueva casa sólo cumpla con una parte de las nuevas exigencias y que sea necesario hacer arreglos adicionales para adecuarla.

Esta sección describe cómo enfocar el potencial del cambio del espacio. En este contexto es muy importante contemplar la casa como un conjunto y no como una agrupación de varias partes. El simple cambio de los tejidos de la casa puede conseguir un efecto sorprendente y aportar mejoras que nunca se hubiera imaginado.

Los cambios espaciales de mayor envergadura requieren siempre la intervención de un profesional. Si es consciente del abanico de posibilidades y de los riesgos potenciales, y además domina los procedimientos comunes, su trabajo con los profesionales del ramo se convertirá en una agradable colaboración en lugar de convertirse en un salto al vacío.

Incluso si todavía no ha llegado a un momento crítico, siempre hay formas de mejorar la vivienda para lograr una mayor comodidad y efectividad en la vida cotidiana. En las siguientes páginas se ilustra cómo, con un pequeño reto a sus prejuicios, se puede dar un aspecto nuevo y fresco a la casa e incluso descubrir posibilidades de cambios en las propias cuatro paredes.

EL DESCUBRIMIENTO DEL POTENCIAL

Uno de los términos de los que más abusan las agencias inmobiliarias, o tal vez el más útil, en función del punto de vista de cada uno, es «potencial», que generalmente hace referencia a una propiedad en la que no se aprovechan todas las posibilidades. No obstante, ni el «cambio de habitación» ni el «descubrimiento del potencial» equivalen a que realmente deba enfrentarse a la terrible idea de una renovación total. Todas y cada una de las casas tiene su potencial, si lo sabe encontrar. Si usted es uno de los pocos que se sienten bastante satisfechos con las cosas tal como están, aun así puede haber detalles que se pueden mejorar, que posiblemente se le hayan escapado.

1 Las vistas a través de una casa —desde una habitación a la otra, de un piso al siguiente, desde el interior hacia fuera— contribuyen notablemente a conformar la calidad espacial. Los colores fomentan el sentido de transición.
2 El contraste de materiales define las diferentes estancias en un interior escasamente amueblado. En las habitaciones casi vacías, el punto focal se centra en detalles como las tomas de corriente, el zócalo o la unión entre acabados y recubrimientos del suelo.

Tal vez tenga la impresión de que aún no está aprovechando todo el espacio disponible, pero ignora cómo podría mejorar la decoración de su hogar.

Por lo general, la gente estudia numerosos planes y proyectos cada vez que cambia de casa; sin embargo, muchas veces les resulta difícil determinar qué solución aporta el mayor beneficio a largo plazo y representa la mejor inversión de tiempo y dinero. Poco tiempo después, cuando se han instalado y han vivido una temporada en su nuevo hogar, se acostumbran al *status quo* e, incluso, aprenden a tolerar las imperfecciones e inconvenientes más pequeños. Una vez pasados los primeros meses de entusiasmo, empiezan a surgir los primeros problemas, demasiado notorios como para ignorarlos. No obstante, las soluciones siempre son menos evidentes. Probablemente las modificaciones de espacio, de estructura y de organización resulten complejas, quebrantadoras y caras; resulta comprensible que muchas personas se limiten a llevar a cabo remiendos «chapuceros» sin hacer frente al auténtico problema.

En este capítulo se describen los medios necesarios para realizar un análisis profundo de su hogar: desde la identificación de lo que le gusta y de lo que quiere cambiar, con explicaciones de las distintas opciones disponibles; desde la simple redecoración hasta los esquemas más ambiciosos que implican una modificación estructural. Si es capaz de contemplar su vivienda de forma objetiva, analizando su uso en función de su vida cotidiana para determinar cuáles de las habitaciones cumplen o no las exigencias, todas las posibilidades surgirán por sí solas. Prepare el presupuesto y planifique el trabajo cuidadosamente; con toda seguridad conseguirá llevar a cabo cambios que mejoren su calidad de vida y que, además, con toda probabilidad, incrementen el valor de reventa de su casa.

3 Las entradas determinan la escena. Una escalera abierta crea un notable sentido de amplitud y facilita la vista a todas direcciones. El suelo de madera a lo largo de toda la vivienda enfatiza el efecto expansivo.

4

4 La división del espacio no implica, necesariamente, una disminución de la luminosidad. La cocina queda nítidamente definida gracias a dos separaciones de media altura; un gran salón abierto ofrece su espacio para llevar a cabo diversas actividades.

5

5 Un amplio espacio abierto con pocas separaciones entre las diferentes estancias o incluso niveles altera notablemente la percepción del interior. No obstante, es importante incorporar secciones privadas para conservar el equilibrio y la flexibilidad.

La evaluación de la casa

1 La cocina es la estancia donde se lleva a cabo el trabajo más duro de la casa. Para integrar todos los elementos necesarios y para aprovechar al máximo este espacio se requiere una perfecta planificación: las mejoras necesarias posiblemente consuman una parte sustancial de su presupuesto, pero un resultado efectivo merece la pena.

Para confeccionar una lista de las características positivas y negativas de una casa se requiere una cierta objetividad y un ojo crítico no empañado por el exceso de familiaridad. Para encontrar la perspectiva adecuada, imagínese que está enseñando su casa a un posible comprador, o bien, si el interior es realmente poco atractivo, a un buen amigo que no haya estado nunca en su casa, que tenga una mente abierta, que no comparta automáticamente su estima por su vivienda, y que no esté acostumbrado a ignorar el estado del zócalo o la desgastada alfombra de la escalera.

Inicie el recorrido por la puerta de entrada y vaya pasando por cada una de las estancias. ¿Cómo presentaría lo que está viendo? Seguramente hay más de una habitación que cerraría enseguida, alegando alguna excusa; sin duda, también habrá características extraordinarias, detalles decorativos y hermosas vistas que le gustaría enfatizar. Imagínese todas las preguntas que el posible comprador le podría

hacer con respecto a los servicios, las cuestiones técnicas o sobre la construcción. ¿Existen deficiencias en el funcionamiento de los sistemas físicos? ¿Qué características espaciales intrínsecas intentaría destacar, elementos que tal vez no son tan evidentes pero que ha llegado a apreciar con el tiempo?

El siguiente paso consiste en identificar, de forma precisa, lo que necesita cambiar. Repase cuidadosamente su estilo y hábitos de vida, y cómo desarrolla su día en la casa. Consulte también a los que conviven con usted para conocer sus puntos de vista, de modo que obtenga una imagen global que reúna las diferentes perspectivas.

- ¿Qué es lo que más le gusta de su casa o piso?
- ¿Qué es lo que más le molesta?
- ¿Hay algún «cuello de botella» en el que se presenten problemas de convivencia?
- ¿Se desplaza por toda la casa? ¿Existen puertas o entradas que no utiliza nunca?
- ¿Tiene que desplazarse demasiado entre las estancias clave? ¿Hay algún tramo notablemente incómodo?
- ¿Dónde se acumula el desorden a pesar de todos sus esfuerzos para evitarlo?
- ¿Para qué se utiliza cada una de las habitaciones? ¿Hay algún conflicto en cuanto a intereses o actividades?
- ¿En cuál de las habitaciones se encuentra más a gusto y por qué?
- ¿En qué habitaciones se celebran las reuniones con amigos y familiares?
- ¿Cree que sus invitados se encuentran a gusto en su casa?
- ¿Hay alguna habitación que casi no se utiliza o que se tiende a evitar?
- ¿Qué estancias son demasiado pequeñas para responder a sus necesidades actuales?
- ¿Tiene suficiente luz natural? ¿Se ajusta la iluminación eléctrica a sus necesidades?
- ¿Le molesta el ruido de los demás miembros de la familia o el de la calle?
- ¿Considera su casa físicamente cómoda, con suficiente calor en invierno y agradablemente fresca en verano?
- ¿Tiene suficientes tomas de corriente e interruptores?
- ¿Se le corta la luz con frecuencia?

- ¿Necesita reparar los servicios principales con frecuencia, como la calefacción o el suministro de agua? ¿El mantenimiento de su casa le resulta costoso?
- ¿Hay garantía de seguridad en su hogar, tanto para niños como para los mayores u otros miembros con necesidades especiales?
- ¿Tienen las superficies más utilizadas, un acabado práctico, como, por ejemplo, la cocina, los cuartos de baño o las habitaciones infantiles?

Si tiene previsto vivir en su casa durante un tiempo prolongado, intente imaginarse sus respuestas dentro de dos, cinco o diez años. ¿En qué sentido cree que puede variar su estilo de vida?

Este ejercicio general de consulta y análisis pretende ser una introducción básica para emprender un cambio importante en la casa. Es fundamental mantener la mente abierta e identificar cualquier estancia que sea preciso arreglar. A estas alturas no se preocupe por cómo

3

4

2 Un dormitorio, al lado de una sala de estar, en una casa francesa amueblada con los elementos más sencillos. El marco metálico desnudo de la cama crea la sensación de una habitación dentro de otra.
3 La chimenea central se abre hacia ambos lados, estableciendo una conexión visual entre el dormitorio y la sala de estar, con una agradable doble vista del fuego.
4 Los dormitorios en los que dominan los armarios roperos no suelen ser acogedores. En este pequeño dormitorio, el vestidor se encuentra justo detrás de la puerta de cristal, una solución práctica y lógica para espacios limitados.

poder llevarlo a cabo. No intente anular todas las modificaciones previstas por considerarlas demasiado caras o difíciles de realizar; tal vez no lo sean. Simplemente impóngase la tarea de visualizar el entorno más cómodo y más adecuado para usted y su familia, y enumere cada obstáculo que normalmente se interpone para alcanzar esa meta.

Además, es muy importante que escuche los puntos de vista de los que conviven con usted; tal vez se vea agradablemente sorprendido al descubrir que todos comparten sus reservas con respecto a la condición del cuarto de baño, o se deprima al enterarse de que alguien más cuenta con un diseño para una determinada estancia que no se ajusta al suyo. Más tarde podrá llegar a un acuerdo; ahora es tiempo de contemplar la casa con un mínimo de pasión, tan sólo como una entidad, con dos fuerzas que se deben maximizar y debilidades a superar.

5 Los servicios, como la calefacción, la electricidad, la fuerza y el agua, constituyen la infraestructura de la casa. A menudo, al efectuar cambios espaciales también se deben modificar las instalaciones situadas detrás del decorado para garantizar el buen funcionamiento del nuevo diseño.

5

Un perfil para el cambio

1

1 Una ventana interior ofrece una vista de la cocina y contrarresta cualquier sensación de encierro. El color articula los elementos arquitectónicos.
2 En este apartamento de París se ha prestado mucha atención a los materiales: las paredes estucadas de color blanco y los grandes tablones de madera de roble dan una sensación de espacio. Las viguetas de acero envejecido delimitan el hogar que se extiende, como una pieza escultórica moderna, por toda la pared.

2

Una vez que haya terminado la evaluación inicial de su casa, se pueden analizar los diversos puntos detectados y determinar el tipo y la magnitud de los cambios necesarios. Probablemente la lista preliminar incluya observaciones específicas, como «se necesita un nuevo suelo en el cuarto de baño», «enchufes sobrecargados en la sala de estar», «pintura en mal estado en el pasillo», y otras menos tangibles, como «la cocina da sensación de agobio», «hermosa vista desde la ventana de la sala», «ningún lugar donde poder escribir tranquilamente». Los siguientes pasos le ayudarán a traducir estas impresiones a un plano para proceder a la acción.

En primer lugar examine sus respuestas y trate de establecer si existe una pauta concreta para las respuestas. Si muchas de ellas se relacionan con la necesidad de almacenaje y con la facilidad de realizar diversas funciones, tal vez encuentre la solución en una redistribución o reorganización. Si fundamentalmente le falta espacio, la respuesta correcta puede ser la conversión o la extensión. Si falta calidad espacial se puede considerar la modificación de la estructura. Si hay una carencia fundamental de servicios, tal vez necesite sistemas técnicos nuevos. O bien, si se presentan varios problemas a la vez, analice y determine cuáles son las prioridades.

Los tipos de cambio que se hallan a su alcance se dividen en varias categorías distintas, ampliamente determinadas por la extensión del impacto que producirán en su hogar y por su presupuesto. En la práctica, muchos cambios suponen mejoras a diferentes niveles —si una pared necesita una nueva capa de yeso, también precisará una nueva mano de pintura, etc.—, pero es esencial ser consciente de lo que le pueda aportar cada uno de ellos.

REDECORACIÓN

Técnicamente, el nivel más superficial del cambio, la redecoración, no es necesariamente la de menor importancia. No mejorará su casa desde el punto de vista estructural con una nueva capa de pintura, aunque, evidentemente, aparecerá mejor decorada y realzará sus características positivas. La decoración consiste en poner énfasis en lo que tiene para lucir las carac-

3

terísticas agradables, aprovechar al máximo la luz natural y las vistas, y crear una sensación de armonía y comodidad. Pero también significa escoger los acabados y los materiales más apropiados y, al mismo tiempo, más resistentes al desgaste, para cada objetivo.

Si no se presenta ningún problema destacable en la estructura básica o en la distribución de las habitaciones, pero sigue descontento con la casa, la solución probablemente se encuentre en su presentación. En este sentido, el término «presentación» engloba todas las superficies principales de las paredes, los techos y los suelos, así como la iluminación y los muebles en general. La buena iluminación es un elemento vital para crear un ambiente agradable, seguro y adecuado para el trabajo, y nunca se debe infravalorar.

Un gran número de opciones que se incluyen en esta categoría son relativamente baratas y fácilmente realizables; además, implican un menor trastorno que el trabajo de albañilería u otras reparaciones. Sobre todo si se trata de una vivienda de alquiler, si su presupuesto es bastante escaso o si solamente tiene previsto habitar la casa durante un período corto, la redecoración es lo más aconsejable; los

muebles que compre se adaptarán a cualquier otro lugar. Pero si sus auténticos problemas son más complejos y rectificarlos está a su alcance, la redecoración es realmente irrelevante hasta que aquéllos no estén resueltos, e incluso puede malgastar su tiempo y su dinero.

TRABAJOS DE REPARACIÓN

La condición física de su hogar es de importancia primordial. Si éste es de su propiedad, la salud estructural estará inextricablemente unida a su situación financiera. El trabajo de reparación no es una opción creativa, pero sirve de medida preventiva para cambios obligatorios caros e inesperados, que detienen el deterioro antes de que se convierta en un verdadero desastre.

Los grandes defectos de construcción requieren una intervención inmediata y tal vez deba consultar con profesionales para determinar la naturaleza del problema y su solución. Hay diferentes factores adversos que atacan a la construcción, desde el asentamiento del suelo hasta la carcoma o las plagas. Los síntomas no son siempre evidentes, pero los crujidos sin fundamento, las manchas de humedad, el olor a moho, las goteras, los suelos

bamboleados y los pandeos en la capa de yeso son señales de que algo anda mal en alguna parte. Aunque a cualquier propietario le horrorice la posibilidad de descubrir un desperfecto importante, el retraso empeorará aún más la situación. Las reparaciones a gran escala son caras y molestas, pero una situación desagradable puede aprovecharse para realizar una obra necesaria e introducir cambios que efectivamente mejoren el hogar, en lugar de limitarse a restaurar los desperfectos.

Obviamente, siempre será necesario contar con un presupuesto y el tiempo para realizar las reparaciones menores y el mantenimiento. Las superficies que muestran un aspecto pobre no son, necesariamente, indicadoras de defectos en la capa inferior. No obstante, su efecto influye en cualquier otra mejora que lleve a cabo; una mano de pintura en una capa de yeso deteriorada servirá como renovación superficial, pero no ocultará el problema básico. Y, en cuanto al mantenimiento, si se arreglan los desperfectos menores sin retraso, se reduce el riesgo de sufrir calamidades más importantes con el paso del tiempo.

3 En esta casa de San Francisco, diseñada por un arquitecto, las paredes de separación que no llegan hasta el techo crean una habitación que aísla la cocina de la sala de estar. El hogar con fuego, que infunde calor y vitalidad, sirve de punto focal natural, una tradición establecida con un notable atractivo en todos los interiores contemporáneos similares.

REORGANIZACIÓN

Algunos de los cambios más inmediatos y que producen un mayor efecto se pueden conseguir con la organización. Con una buena reorganización se pueden hacer milagros en el espacio disponible y transformar las irritantes rutinas diarias en modelos de eficacia. De hecho, numerosas soluciones son asombrosamente sencillas.

Mucha gente es sorprendentemente convencional cuando se trata de decidir el uso de cada habitación. No obstante, en numerosas casas y apartamentos hay varias opciones, y haciendo caso omiso de las disposiciones tradicionales se puede lograr un espacio útil considerablemente mayor. No hay razón, por ejemplo, por la cual la habitación más grande se deba destinar al dormitorio de los padres si, en realidad, son los niños los que más aprovecharían este espacio. Siempre y cuando no deba realizar cambios en las instalaciones y servicios, éste es uno de los cambios más sencillos. Las alteraciones que requieren una reorganización de la «circulación» o de los pasillos que conducen de una habitación a otra son más complejas. Cerrar portones o abrir nuevas entradas (*véase* pág. 91) puede simplificar notablemente el uso de las habitaciones y facilitar enormemente el desplazamiento durante la vida cotidiana.

Naturalmente, la organización de la casa tiene mucha relación con cómo y dónde se guardan las cosas. Con el paso del tiempo se acumulan las propiedades y el espacio para el almacenamiento se descuida muchas veces hasta que se produce un caos. Un adecuado sistema de almacenaje, bien planificado y accesible, es vital para un funcionamiento fluido de una casa; además, le ahorra un espacio importante.

EL CAMBIO DE LAS INSTALACIONES/SERVICIOS

Los sistemas que utilice en su casa para la calefacción, electricidad, desagüe y ventilación son básicos para su salud, su comodidad y el bienestar general. Las instalaciones deficientes y los desperfectos son, en el mejor de los casos, inconvenientes y antieconómicos, y, en el peor, suponen un verdadero peligro para usted y su hogar. La complejidad y los gastos del cambio de las instalaciones varían según las nuevas necesidades de espacio; sin embargo, es preciso mencionar que la mayor parte de este tipo de obras requiere la intervención de profesionales especializados y, además, se deben llevar a cabo cuanto antes en el programa de remodelación.

Las personas que muestran preocupación por las cuestiones ecológicas tienen un criterio más amplio con respecto a la salud y a la eficacia de las instalaciones, que se basa en los efectos producidos a largo plazo sobre la comunidad y el planeta, sobre todo en lo que se refiere al consumo de energía y la eliminación de desechos. El altruismo personal se ha visto considerablemente reforzado por la nueva legislación, de modo que, actualmente, los cambios en el diseño del interior tienen una importancia mayor.

LA MODIFICACIÓN DEL ESPACIO

Para conseguir una auténtica mejora de la calidad espacial, un cambio fundamental en la iluminación, en el volumen y en la escala general, es preciso modificar la estructura base de la casa: desplazar muros y paredes, levantar separaciones, crear aperturas, cambiar niveles o transformar el espacio. Los planes de una reestructuración importante suelen ser motivo de preocupación para todos, dadas las múltiples odiseas que suelen contar los «supervivientes» de este tipo de obras. Pero cuanto mayor sea el riesgo, más notables serán los beneficios, y si está bien preparado y es consciente de todas las trampas, menor será la probabilidad de caer en alguna de ellas.

Una buena parte de la complejidad y, consecuentemente, de los gastos de las obras depende de si implican alteraciones estructurales o no. Perforar una simple pared interna no supondrá cambios en la estructura pero, con toda probabilidad, un muro exterior sí. Consulte a un arquitecto, a un ingeniero u otro especialista para que le informe sobre esos cambios. Algunos cambios requieren una autorización oficial, mientras que, para la mayoría, deberá contratar un constructor cualificado.

LA CREACIÓN DE ESPACIO

Para conseguir un incremento notable en la superficie disponible la única opción es aumentar la extensión de la casa mediante la construcción de una o varias habitaciones, de un piso adicional, o mediante la

1

1 Las separaciones de madera contrachapada dividen un apartamento en Nueva York. Una plataforma a escasa altura cubierta de cuero define la zona del dormitorio; una lámina de plástico grueso sirve de persiana para reflejar el espacio. La zona de la sala de estar se ha decorado con losetas de corcho y tablones de madera pintada.
2 Un almacén italiano se ha convertido en el estudio de un diseñador de moda; los grandes muebles colocados separadamente son prácticos para guardar objetos y, a la vez, son un medio para el anclaje visual y la demarcación del espacio.

2

3 Estos escalones dobles con cajones y escondrijos aprovechan al máximo el espacio para guardar objetos cotidianos.
4 Esta imponente librería de gran altura, dividida por una estructura metálica, es una gran resolución arquitectónica para almacenar objetos.

ampliación de las habitaciones ya existentes. Los beneficios directos que ofrece un mayor espacio son fácilmente imaginables, pero las implicaciones van mucho más allá de una superficie de suelo más grande. Cualquier extensión afectará a sus vecinos (existen leyes que le prescriben lo que está permitido y lo que no); puede afectar a la estructura y a la estabilidad de la casa (por este motivo, necesita el asesoramiento de un profesional); afectará al aspecto exterior de la casa y, posiblemente, reduzca la superficie de su jardín, e influirá en el valor de su propiedad.

En última instancia, la decisión final depende de si está dispuesto a permanecer en la misma casa y llevar a cabo la obra, o prefiere mudarse y comprar una nueva. Si evalúa todas las opciones clara y objetivamente, y si contrata los servicios de profesionales para la realización de las obras, los resultados compensarán ampliamente su inversión de tiempo y dinero.

La construcción improvisada

El último reto en el ámbito de la arquitectura es la propia construcción de la casa. Las ventajas son evidentes, considerables y muy reales. No existe ninguna otra opción que le permita expresar tan plenamente sus propias preferencias. Si lo desea, puede especificar cada uno de los elementos del diseño, de los materiales y de los acabados, desde la forma de las ventanas hasta el tipo de manivela de las puertas; además, podrá conocer las técnicas más innovadoras del campo de la construcción así como de los materiales. En todas las regiones en las que se puedan adquirir terrenos preparados, y a buen precio, la construcción de su casa puede resultar muy efectiva en cuanto a inversión económica, siempre y cuando no se exceda demasiado.

En muchas partes del mundo, la construcción de una casa nueva, en lugar de mudarse a una de segunda mano, es bastante frecuente y habitual. En Escandinavia, por ejemplo, la construcción de la propia casa ha constituido una práctica común durante años gracias al apoyo por parte del gobierno. Lamentablemente, en otros países las ayudas económicas para lo que se podría denominar «autoconstrucción» son generalmente muy limitadas, pero existen.

El término «autoconstrucción» evoca la imagen de una cabaña de pioneros con troncos gruesos y cantos rodados. No obstante, este nombre hace referencia a toda clase de casas fuera de serie, desde la choza más sencilla hasta la impresionante obra maestra de estilo modernista construida según planos detallados que se pueden adquirir en compañías especializadas. En la mayoría de los casos se requiere la supervisión de un arquitecto, maestro de obra o similar. El diseño de una casa particular es una tarea que gusta a los arquitectos. Si usted y su arquitecto están bien compenetrados en cuanto a términos de utilidad y estética, ambos se beneficiarán de la libertad creativa.

Sin embargo, la combinación de rigurosas planificaciones urbanísticas y elevados precios de los terrenos dificultan la localización de un lugar adecuado. Las parcelas más atractivas en la periferia de las ciudades o de los pueblos son costosas, y las tierras de los campos de cultivo no son ade-

1

cuadas. A veces existe la ocasión de comprar una propiedad que debe ser derruida; el trabajo consiste en demolerla y reemplazarla por su casa de ensueño. Pero, posiblemente descubra que es preciso seguir las «huellas» de la edificación original, lo que, en efecto, obstaculizará la realización de sus planes. En la ciudad le obligarán a diseñar la fachada de su vivienda según las características ya existentes en la misma calle; ello no afecta únicamente al aspecto exterior, sino que también influirá en el diseño del interior.

Si quiere evitar el riesgo de comprar tierras sobre las cuales es posible que no le autoricen la construcción, la forma más segura es consultar una agencia inmobiliaria para adquirir un terreno ya delineado y con permiso para la construcción. A continuación, las autoridades locales le informarán ampliamente sobre los materiales que puede emplear, así como sobre el aspecto exterior, las dimensiones y estilo a seguir.

Si está dispuesto a superar todos estos obstáculos, las oportunidades a su alcance sólo quedarán limitadas por su imaginación y su presupuesto.

2 Crear un edificio nuevo en una zona urbana vincula la sensibilidad con el contexto arquitectónico. La estructura de línea A de este diseño moderno en París refleja la proximidad de una iglesia; la forma repite la vista del capitel a través de la pared acristalada. Un nivel de estructura metálica con el suelo acristalado conserva el sentido del espacio abierto del interior.

2

1 Un atractivo ejemplo de una casa, a modo de árbol, de grandes dimensiones; esta construcción australiana es una brillante muestra del empleo imaginativo de los materiales más simples. El tejado de chapa ondulada con forma de vela sigue las líneas del paisaje y de los rayos de sol. La estructura base de madera y los paneles expansivos de cristal forman una torre de tres pisos de una sola habitación —un diseño con fuerza que refleja al máximo el entorno natural.

3

3 Enclavada en un saliente del valle Napa de California, esta pequeña casa ofrece una gran vista. En el ático se ha instalado un amplio dormitorio con grandes buhardillas que decoran el tejado y ofrecen espectaculares vistas a través de los árboles cercanos.
4 En medio de un bosque de robles y pinos, la fachada sur de esta casa consiste, en la planta baja, casi exclusivamente en grandes ventanales, con una serie de ventanas más estrechas en la parte superior, todo bajo la protección de un amplio tejado piramidal.

4

La Casa Smith, Nueva York

Esta casa nueva, situada en las montañas Catskill, Nueva York, tiene una estructura pequeña aunque de gran renombre. Es de una simplicidad rigurosa y está formada por tres elementos básicos que convergen para formar el conjunto de la casa: un muro de hormigón en forma de L, vaciado en el lugar para constituir el muro del jardín y la casa; una bóveda dolioforme de estructura de madera de dos pisos que incorpora las funciones de servicio (recibidor de entrada, habitación, escaleras, baños y cocina); y un muro perforado, con bastidor de madera, revestido de metal ondulado, igualmente en forma de L.

Para llegar a la casa ubicada en la cima de una pequeña montaña se sube un camino inclinado que lleva a un terreno circular a modo de aparcamiento, que crea una relación formal y geométrica entre la casa y el jardín. Ésta es la cara del edificio que se presenta al público. En el lado norte, un largo muro de hormigón se presenta decorado con una ventana «imagen», que enmarca una vista de la parte posterior de la casa y adyacentes, mediante el escaso ritmo de ventanas altas y delgadas, hacia el interior. El «granero» en forma de bóveda dolioforme corta esta pared en un ligero ángulo.

La parte posterior orientada hacia el sur ofrece una vista espectacular sobre las montañas, una pista de esquí y un pequeño pueblo en el valle. Esta fachada privada se abre hacia la luz y está formada casi exclusivamente de ventanales.

El diseño interior está predominantemente influenciado por la claridad formal de la arquitectura. Aunque la casa no sea muy grande, su diseño orientado hacia el exterior trata el interior como una extensión complementaria, utilizando una gama de materiales sencillos. Los armarios de la cocina, por ejemplo, fabricados de la misma madera de caoba contrachapada para buques, como en

1 Una imagen de la perspectiva de la casa y del terreno: desde la parte posterior, las ventanas se abren hacia el valle y a las montañas; al final del muro de hormigón se obtiene una vista a través de la ventana «imagen»; la fachada que aparece al público se sitúa en la parte frontal de la construcción.
2 El muro de chapa ondulada metálica en la parte posterior de la casa se acentúa mediante grandes ventanales; algunas son, de hecho, puertas. La sala de estar presenta una decoración sencilla para no distraer la sensación de simplicidad.

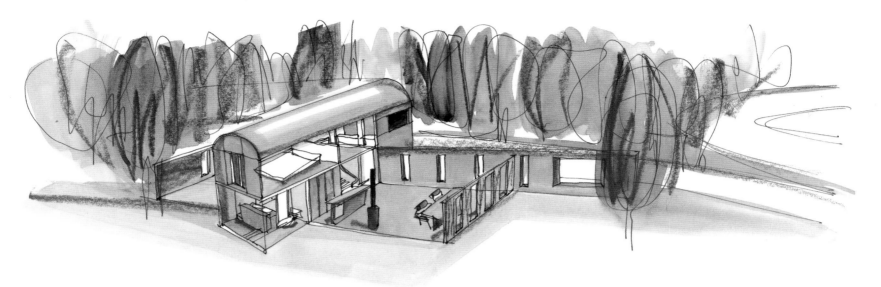

3

el exterior, están todos instalados a lo largo de una pared de la bóveda. Esto crea una superficie continua, tanto interior como exterior, y la cocina desaparece detrás de la pared cuando no se utiliza. El dormitorio de la planta baja, con grandes puertas correderas, hace juego con el conjunto de madera, hormigón y cristal. Cuando está cerrado, las puertas confieren intimidad, mientras que, cuando se abren, se deslizan para formar parte integral de la pared, enmarcando la entrada al cuarto de baño. Toda la casa cuenta con una iluminación integral para dar énfasis a la propia arquitectura y a los acabados. El color se utiliza como mediador arquitectónico en lugar de ser un medio decorativo, lo que unifica el interior con el exterior y la casa con su entorno.

4

5

3 Una detallada vista de la casa muestra la ubicación de las habitaciones principales y los servicios e instalaciones.
4 Una gran ventana en el muro de hormigón permite disfrutar de una vista espectacular sobre la campiña.
5 Los tres elementos básicos de la casa crean una yuxtaposición de formas y materiales que es, a la vez, atrevida y armoniosa.

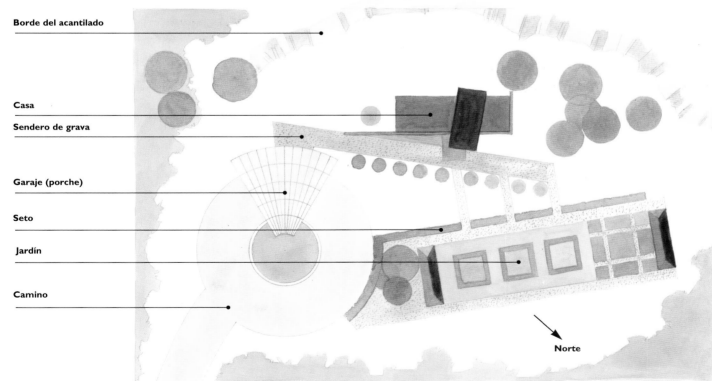

Borde del acantilado

Casa

Sendero de grava

Garaje (porche)

Seto

Jardín

Camino

Norte

6

6 Este plano del terreno fue realizado por otra empresa de arquitectos cuando la casa principal ya estaba construida, e imita las formas geométricas de la estructura como punto inicial para el diseño de los alrededores. Un camino circular que incluye un garaje con un tejado en tonos claros nos lleva a un sendero de grava que conduce a la casa o al jardín formal; ésta es la vista que se ofrece a los visitantes y a los vecinos. Gran parte de este diseño está aún sin terminar.

1 El salón principal, con mucha luz natural, cuenta con un suelo de nogal brasileño. La estufa de leña sirve de complemento a la calefacción por aire a presión y de energía solar.

2 En la parte superior de esta escalera, la plataforma acristalada sirve de enlace con el dormitorio y el cuarto de baño. Los peldaños de madera, la barandilla metálica y la plataforma acristalada unifican los tres materiales empleados en la construcción principal.

1

2

3

3 Desde el dormitorio de la planta baja, las puertas se abren sobre un gran recibidor de mármol blanco, el cual, a su vez, conduce a la sala de estar principal. La vista también llega hasta la parte trasera de la escalera, a la plataforma acristalada en la parte superior.

4 Además del fregadero colocado en el centro, todos los demás elementos de la cocina se hallan en la bóveda dolioforme. Después de utilizarlos, se ocultan detrás de la pared con puertas de madera de caoba.

4

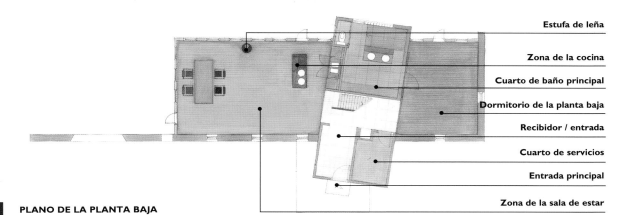

PLANO DE LA PLANTA BAJA

Estufa de leña

Zona de la cocina

Cuarto de baño principal

Dormitorio de la planta baja

Recibidor / entrada

Cuarto de servicios

Entrada principal

Zona de la sala de estar

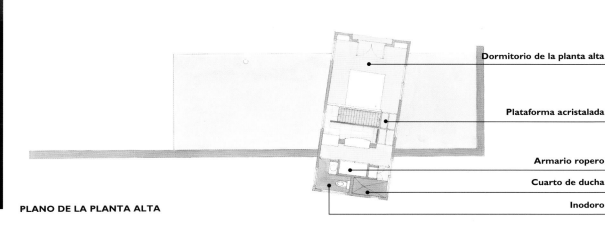

PLANO DE LA PLANTA ALTA

Dormitorio de la planta alta

Plataforma acristalada

Armario ropero

Cuarto de ducha

Inodoro

5

5 La ducha del cuarto de baño principal se ha instalado detrás del lavabo; para acceder a ella se baja un peldaño. El muro, confeccionado con pavés limpiado con chorro de arena, inunda el cuarto de luz natural, pero conserva la sensación de intimidad.

6 Grandes azulejos de pizarra de Vermont en el suelo y en las paredes complementan los dos lavabos fundidos en bronce. La pared de espejos aumenta la sensación de espacio y de luz en la estancia. Las puertas correderas de estilo japonés conducen al retrete.

6

7

7 El dormitorio de la planta alta enfatiza el techo abovedado. Al igual que en la planta baja, las puertas tipo armario se deslizan por todo el ancho de la habitación y cumplen una doble función. Tal como se observa aquí, sirven de puerta para el armario ropero; pero cuando se deslizan hacia los lados cubren la entrada al cuarto de baño.

Arquitectos: Deborah Weintraub, A.İ.A. y Scott Lane; detalles adicionales del interior: Richard Lavenstein; planes posteriores del terreno y propuesta de paisajismo: Kiss + Zwigard.

CONOZCA SU CASA

Una condición previa para realizar un cambio es conocer exactamente de lo que se dispone para empezar. Tal vez crea conocer todos los detalles de su hogar ya que hace tiempo que lo habita y, seguramente, está muy familiarizado con él; pero, ¿realmente comprende su funcionamiento y las relaciones entre las diferentes habitaciones en términos de escala, forma y orientación? ¿Conoce las dimensiones de las diferentes habitaciones, la altura del techo y las medidas de las ventanas? ¿Sabe el año de construcción de la casa o qué materiales se emplearon? Si conoce la antigüedad, la distribución y el entorno de su casa es probable que llegue a concretar un mejor esquema de los cambios a realizar, que satisfagan la mayoría de sus proyectos, que si se arriesga con un diseño superficial basado en la eliminación de todas las paredes de separación posibles para, simplemente, ampliar la antigua cocina de reducido tamaño. De forma similar, si su presupuesto actual sólo le permite emprender una obra esencial, merece la pena elaborar una lista de objetivos a cumplir a largo plazo en lugar de embarcarse en trabajos parciales a llevar a cabo según la disponibilidad de fondos.

Una parte del proceso de autoasesoramiento consiste en establecer un plan base para poner a prueba sus ideas. Probablemente haya determinado los lugares en los que realizar las mejoras, pero antes de que encargue la obra, es importante verificar si concuerdan y se complementan con las condiciones existentes. Esto puede llevarlo a cabo tomando medidas, dibujando planos del suelo y confeccionando modelos a escala; también puede consultar y solicitar consejos a profesionales. Esta labor preliminar también le ayudará a averiguar hasta qué punto lo puede hacer usted mismo. Mucha gente, injustificadamente, desconfía de los arquitectos, de los diseñadores y de los constructores —profesionales cualificados que, en realidad, deberían facilitarle la tarea. Si asume una tarea excesivamente ambiciosa habrá tomado el camino más seguro a la ruina. Arreglar el daño le costará más aún, e incluso implicará más reparaciones; es preferible solicitar consejos profesionales, inspeccionar ejemplos de trabajos ya realizados y encargar la obra a técnicos cualificados para que conviertan sus planes en realidad. Si conoce los costes reales, la escala y las posibles trampas, no le podrán engañar.

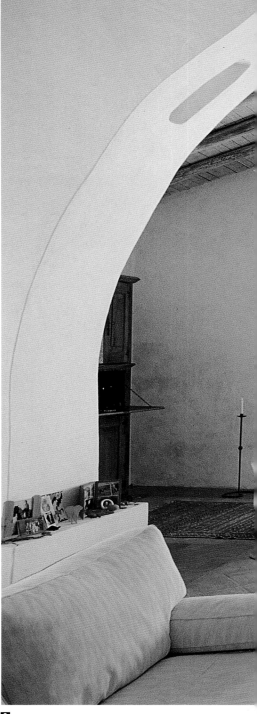

1 Parte del proceso de asesoramiento consiste en identificar los detalles y las características de su casa que son intrínsecamente atractivos. Este tramo de escalones curvados no requiere ninguna mejora.
2 La prístina conversión de una vieja granja portuguesa permite conservar la estructura original sin comprometer la comodidad y la intimidad.

3 Una casa de un suburbio americano ha sido sometida a una atrevida conversión; el muro posterior se ha sustituido por una pared de cristal. En la sala de estar, el hogar, decorativamente instalado en medio de la pared se convierte en el punto focal.

4

4 Un cuidadoso estudio de la disposición del espacio resulta esencial para el buen funcionamiento de un diseño multifuncional. Este pequeño comedor separa la sala de estar de la cocina, colocada frente a la pared del fondo.

5

5 El detalle estructural de este tramo de escaleras, dispuesto en forma de abanico como un juego de cartas, confiere una fuerte nota arquitectónica. Si desea iniciar cambios en su casa es tan importante identificar lo que le gusta como decidir qué es lo que quiere cambiar.

La preparación de un plano en planta

1 El diseño de una cocina convencional, en forma de L, se ha invertido para aprovechar la vista sobre un patio interior de una casa en París.

Preparar un plano en planta le requerirá mucho tiempo, pero no le resultará difícil. Empiece dibujando un boceto aproximado de la habitación en cuestión; después tome medidas y marque todas las dimensiones para elaborar con ellas un plano a escala sobre papel milimetrado. Los planos de las paredes (alzados) se preparan exactamente de la misma manera; en primer lugar se dibuja un boceto aproximado, al cual se transfieren las dimensiones; después se realiza un plano a escala sobre papel milimetrado.

Todos podemos dibujar un plano de nuestra casa. Con los detalles plasmados sobre el papel, la proyección del espacio disponible y las proporciones son mucho más claras. Es fácil equivocarse si calcula las dimensiones y la forma de las habitaciones según la evidencia visual y estableciendo comparaciones; no surgirá ninguna duda si trabaja con dimensiones exactas.

La preparación de un plano en planta es un ejercicio de objetividad que le ayudará a ver su casa desapasionadamente. Los planos también son un valioso medio para comunicar sus deseos a otros y para prevenir importantes malentendidos a la hora de dar instrucciones a los constructores, arquitectos o proveedores. Además, son

esenciales para comprobar las características de sus esquemas y propuestas.

Empiece dibujando un boceto de un esquema del suelo o de la superficie de cada habitación, indicando la forma y la dimensión aproximadas, junto con el pasillo y la posición de las puertas, las ventanas y otros elementos como chimeneas, radiadores, armarios empotrados, etc. Si no está acostumbrado a pensar de forma esquemática, tal vez al principio le resulte difícil, pero con un poco de perseverancia obtendrá un diseño representativo bastante claro.

A continuación deberá tomar medidas exactas con una cinta métrica o un metro extensible de madera. No mida con pasos: debe conseguir un máximo de precisión.

Utilice el sistema métrico que más le plazca, pero no lo cambie. Mida la longitud y la anchura de cada una de las habitaciones, así como la dimensión del saliente de la chimenea o de un nicho; también deberá medir el espesor de los muros y las paredes, el ancho de las puertas y las ventanas, y las dimensiones de los diferentes elementos de la cocina. Transfiera cada una de las medidas a la posición correspondiente del boceto.

Es probable que las medidas le indiquen inexactitudes en el boceto. Ahora debe usar las medidas para convertir el borrador en un perfecto plano de diseño a la escala apropiada. Esta tarea es más fácil de lo que se cree, siempre y cuando se trabaje de forma metódica. Trabaje con una buena regla, una escuadra de dibujo, papel milimetrado y una calculadora.

El dibujo a escala se elabora con una relación determinada que traduce las dimensiones reales en otras de proporciones más manejables. En otras palabras, se determina una escala de conversión, por ejemplo, 2 cm para cada metro, para utilizarla como base para convertir todas las dimensiones de su dibujo. Los arquitectos trabajan con diferentes escalas, en función de la precisión de detalles que requiere el plano. Tal vez desee doblar la escala anteriormente indicada para representar algunas zonas de diseño más complicado, como, por ejemplo, la cocina o el cuarto de baño. Pero no combine dos escalas diferentes en un mismo dibujo. Recuerde que si trabaja con el sistema métrico debe comprar papel milimetrado dividido en centímetros cuadrados (si prefiere utilizar pies y pulgadas, deberá comprar papel gráfico con pulgadas cuadradas).

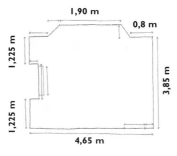

BOCETO DEL SUELO (PLANTA)

PLANO A ESCALA DEL SUELO (PLANTA)

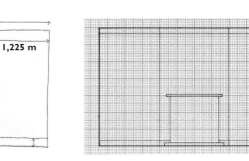

BOCETO DE LA PARED (ALZADO)

PLANO A ESCALA DE LA PARED (ALZADO)

Trace las líneas de las paredes y de los ángulos rectos en las esquinas, siempre y cuando existan, con un lápiz afilado y duro. Marque todos los elementos en su posición correcta. Existen símbolos convencionales que posiblemente desee utilizar para destacar detalles como la dirección de apertura de la puerta, la posición de los interruptores, los radiadores y las tomas de corriente. Incluya todos los detalles relevantes, siempre con la debida precisión. También puede hacer un apunte sobre la altura del techo, la orientación principal de cada habitación y las horas que inciden los rayos del sol.

Cuando esté satisfecho con sus planos, haga fotocopias de cada uno de ellos para empezar a proyectar sus ideas. Tal vez desee introducir el diseño de los muebles; recuerde que deberá trabajar siempre con la misma escala y medir cada uno de los objetos con suma precisión. Una alternati-

2

2 Este hueco en el que se ubica la cocina ha sido rigurosamente planeado para aprovechar al máximo el espacio disponible. Las estanterías colgantes, suspendidas del techo, ofrecen un amplio espacio para diversos objetos; el mostrador sirve de barra para el desayuno y como elemento divisor. Tomar medidas con precisión es elemental para integrar los electrodomésticos.

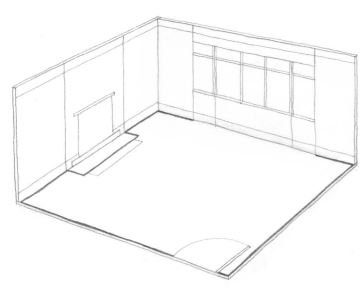

Con el plano en planta y los de los alzados, a escala, se puede confeccionar un modelo de cada una de las habitaciones que tenga previsto cambiar.

va consistiría en recortar las formas de los muebles previstos y mover las piezas sobre el plano, probando colocaciones diferentes. No olvide usar siempre la misma escala; marque cada pieza con un nombre y déle color, si le resulta útil. Puede comparar los diversos diseños si coloca papel vegetal sobre el dibujo original y traza bocetos alternativos. Conserve un juego de fotocopias para marcar los detalles de los defectos y las reparaciones esenciales.

OTRAS AYUDAS VISUALES

Esta misma técnica básica que se utiliza para preparar un plano en planta se puede aprovechar para construir una imagen tridimensional de una habitación que desee cambiar o redecorar. Para este fin, deberá tener en cuenta los elementos verticales de la construcción, opuestos a las características horizontales representadas en el plano. Lo que en términos arquitectónicos se expresa como «alzado» es, básicamente, un plano de cada una de las paredes vista de frente, representada esquemáticamente y con una escala exacta.

Emplee el método anteriormente descrito para, después, proyectar los dibujos a escala sobre cada una de las zonas, indicando las posiciones de las ventanas, de las puertas y demás aperturas, así como el resto de elementos incorporados a la construcción, como chimeneas o accesorios de cocina. Pegue los dibujos, con su correspondiente plano en planta, sobre láminas de cartulina o de plástico duro, y recorte las piezas con cuidado. Al unir las piezas con cinta adhesiva, podrá montar un modelo a escala de cualquier habitación o una secuencia de varias zonas.

A muchas personas les resulta más sencillo interpretar los modelos que los dibujos,

ya que ofrecen una imagen más clara del volumen y de la proporción. No obstante, si aún tuviera dificultades para visualizar el efecto de las modificaciones o arreglos, trate de trabajar con dimensiones reales. Compre varios rollos de papel de embalar y dibuje las características a añadir o cambiar, como una nueva puerta o ventana, o una apertura entre dos habitaciones; adhiera el papel en la pared, en la posición apropiada. Al igual que en el caso de los planos, cuanto más exactas sean las dimensiones más concreta y útil será su labor. A la inversa, también puede utilizar el papel de embalar para cubrir las aperturas que pretende ocultar. En este caso, redistribuya los muebles de la habitación para estudiar el cambio planificado y deje pasar unos días con esta nueva decoración para averiguar el impacto que produce sobre su hogar.

También se pueden fabricar patrones de muebles de tamaño real con varias piezas de madera o con otros muebles que tenga previsto comprar; distribúyalos en la habitación. Indudablemente, esta alternativa le ahorrará un gran esfuerzo físico y le ayudará a determinar si las entradas son lo suficientemente grandes como para acomodar muebles de gran tamaño como sofás, camas y mesas.

El análisis de la estructura

1

1 Un fuerte color rojo terroso delinea el muro de separación del cuarto de baño; la pared tiene la suficiente altura como para proporcionar intimidad, pero acaba poco antes de llegar al techo para dejar entrar la luz a través de las ventanas en el tejado.

2

Poca gente se preocupa por la forma en que está construida su casa hasta que se enfrenta a un proyecto de cambio. La mayoría sólo tiene una vaga noción sobre cómo los edificios se mantienen de pie; los conceptos son incluso más vagos cuando se trata del tema de desplazamiento de paredes o del cambio de ventanas y puertas. Conociendo un poco más los elementos principales de la estructura nos resultará más fácil calcular los costes y conocer más soluciones para ganar espacio.

Las casas poseen muchas formas y tamaños, pero, en general, todas están construidas según un sistema básico. No es preciso ser un licenciado en ciencias físicas o en ingeniería para comprender los principios de la construcción; si alguna vez ha construido una casa de naipes o de arena en la playa, se habrá percatado, instintivamente, de que lo más importante es la manera de poder aguantar el peso de la construcción. Si sobrecarga la estructura o la debilita en un cierto punto, los naipes se doblan o el castillo de arena se derrumba.

Todas las casas tienen cimientos, muros exteriores e interiores provistos de aperturas, uno o varios pisos y un techo que lo cubre todo. Empezando por la parte superior, el peso del tejado —la pizarra, las tejas, la madera y, tal vez, el cristal— descansa en su mayor parte sobre los muros exteriores de la casa. Estos muros también aguantan los suelos intermedios, aunque cuentan con la ayuda de otras paredes en su interior para soportar la carga. Todo este peso descansa sobre los cimientos o fundamentos. El tejado y los pisos superiores no son meras cargas pasivas, sino que actúan a modo de anclaje de toda la estructura, para conferir rigidez y estabilidad.

Existe una serie de variantes en el funcionamiento de los sistemas de soporte en los diferentes edificios. En las estructuras grandes, en las que los muros exteriores se hallan muy distanciados y el tejado es muy ancho, posiblemente se haya introducido una columna interna como apoyo adicional para el tejado o, posiblemente, se hayan incluido unas vigas-tirantes o vigas armadas entre las paredes para mantenerlas juntas. A escala doméstica, las variantes principales dependen de si las paredes internas desempeñan o no funciones de apoyo.

Muchas de las paredes interiores sólo sirven de separación, para dividir el espacio, pero no son paredes de soporte. Otras forman parte integral de la estructura ya que sirven de apoyo al suelo superior. Otras son semiestructurales, ya que se encuentran directamente debajo de las paredes del piso superior y, consecuentemente, actúan como soporte para ese peso. Si en su casa tiene un suelo de madera puede determinar qué paredes son estructurales simplemente observando la dirección de las tablas de madera. Las viguetas o los perfiles laminados que aguantan el suelo se encuentran en ángulo recto en relación a las tablas del suelo del piso superior, que generalmente se colocan a través del ancho de la casa. Cualquiera de las paredes que sujete las viguetas es estructural: normalmente son las que se extienden de un lado al otro de la casa.

Aunque puedan existir dudas sobre la función que desempeña una pared interior, no habrá absolutamente ninguna sobre los muros exteriores. Cualquier cambio importante en un muro exterior afectará, invariablemente, a todo el sistema estructural de la casa. Lo mismo se puede decir de los cambios importantes en los pisos superiores, en el tejado y en los cimientos.

2 Gran parte del atractivo que ejercen los cambios en almacenes y en apartamentos se basa en la exposición de los principales componentes estructurales. Identificar los elementos de soporte en las construcciones domésticas a veces no resulta tan sencillo.

Si eliminara uno de los muros exteriores, su casa se derrumbaría. Del mismo modo, si elimina una parte del muro para introducir un portón, por ejemplo, ello afectará a la capacidad del muro para cumplir su tarea esencial de soporte. La forma de llevar a cabo ese tipo de cambios consiste en compensar el punto débil introduciendo un elemento de refuerzo, por ejemplo, una jácena con una vigueta de acero laminado sobre la nueva apertura. No obstante, asegúrese de que el muro que queda y el cimiento aguantan la carga adicional.

También es posible detectar cómo ciertos defectos se convierten en una amenaza. La putrefacción o podredumbre, que ataca a las vigas y las viguetas de madera, y el hundimiento, que afecta a los cimientos, figuran entre los factores más peligrosos causantes del debilitamiento de los elementos estructurales (*véase* pág. 248)

3 Un nuevo nivel con un soporte de vigas de acero, que alberga un dormitorio y un espacio de juego para dos niños, se ha introducido en un viejo almacén de doble altura. La ventana de cristal templado plano pulido está orientada hacia la sala de estar y la cocina.

3

ESTRUCTURA SUSPENDIDA DE UN SUELO DE MADERA

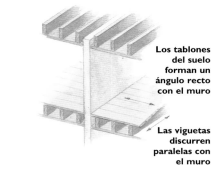

Capa impermeabilizante

Vigueta

Placa de apoyo

Muro medianero de carga o muro calado

ESTRUCTURA SÓLIDA DE UN SUELO

Capa impermeabilizante

Lecho de grava

Maestra (para enrasar enlucidos)

Placa de piso

IDENTIFICACIÓN DE LAS MEDIANERAS SIN CARGA

Los tablones del suelo forman un ángulo recto con el muro

Las viguetas discurren paralelas con el muro

IDENTIFICACIÓN DE LOS MUROS DE CARGA

Los tablones del suelo discurren paralelos con el muro

Las viguetas forman un ángulo recto con el muro

Esta información general le será de gran ayuda para solucionar cuestiones implicadas en los cambios en el espacio. Cualquier trabajo que mantenga relación con la estructura debe ser aprobado por un arquitecto o un ingeniero antes de llevar a cabo los cambios precisos en los soportes; su consejo también le informará de los posibles sustitutos y medidas de seguridad.

A continuación se indican las obras que, probablemente, conlleven implicaciones estructurales:

- Apertura de una nueva ventana, puerta o vidriera en un muro exterior. Esto también es aplicable a las aperturas destinadas a una nueva extensión, por ejemplo, un invernadero.
- Ampliación de una apertura ya existente en un muro exterior, especialmente si se amplía su anchura, por ejemplo, al convertir una simple puerta en una vidriera. (Al aumentar el tamaño de una apertura extendiéndola hacia la parte inferior —por ejemplo, eliminando una sección baja del muro bajo una ventana para transformarla en una puerta—, las implicaciones estructurales son menores.)
- Eliminación total o parcial de las paredes internas de soporte, por ejemplo, al unir dos habitaciones y crear un espacio más grande.
- Eliminación del antepecho de una chimenea.
- Eliminación de una parte del suelo para crear un espacio de doble altura.
- Desplazamiento de una escalera.
- Excavación de un sótano.
- Conversión de un desván en una vivienda habitable, sobre todo si deben reforzarse las viguetas del techo.
- Recorte del tejado para introducir una buhardilla o un tragaluz.
- Construcción de un nuevo piso a nivel del tejado o sobre una extensión ya existente.
- Renovación del tejado incrementando el peso al emplear un material diferente, por ejemplo, al reemplazar la pizarra por tejas de hormigón.

LA INSPECCIÓN DE LA CONSTRUCCIÓN

Si compra una casa nueva o si pretende realizar cambios importantes es conveniente realizar una inspección exhaustiva de la construcción para determinar sus condiciones elementales. Si se presentaran graves problemas subyacentes, éstos se deberían solucionar antes de que continúe gastando dinero en mejoras. Incluso si aparentemente no existe ningún desperfecto, una buena inspección le indicará con precisión qué elementos son estructurales; de ese modo podrá, si es preciso, ajustar sus planes. El inspector, además, debería proporcionarle información sobre las condiciones de las instalaciones, como la calefacción, la tubería en general y el sistema de conexiones eléctricas.

Debido a que, últimamente, en algunos países europeos los inspectores son legalmente responsables de su asesoría, la gran mayoría tiende a ser precavida e incluso pesimista en cuanto a los factores potenciales de riesgo. Sin embargo, no desespere si el informe es excesivamente sombrío o innecesariamente vago y no comprometido; solicite un segundo criterio para asegurarse de que le han dado un informe exacto del estado actual de su vivienda. Si realmente existieran defectos estructurales graves, probablemente le recomendarán que consulte a un buen arquitecto o un constructor que le indicará con exactitud cómo arreglarlo.

DATOS Y FECHAS DE SU CASA

Cuantos más datos tenga de su casa, tanto mejor; y si ésta se construyó hace décadas, conviene ahondar en su historia. La mayoría de la gente siente curiosidad por sus anteriores ocupantes y por su forma de vida; de hecho, de muchas casas antiguas se cuentan historias fascinantes sobre el desarrollo de su estilo y sus usos. El proyecto de reforma se convierte en algo más que un interés superficial por renovar una casa si intenta revivir un cierto estilo o incluso restaurar determinadas características que se perdieron tiempo atrás a causa de remodelaciones poco acertadas.

Los archivos documentales, en forma de mapas, escrituras y registros, le pueden proporcionar información sobre las casas que se han construido durante los últimos doscientos años. La oficina de registro local o el archivo pertinente le podrán indicar fechas exactas y otros detalles de antiguos propietarios y, eventualmente, planos originales de la casa.

1

1 Un dormitorio interior con cama nido en un apartamento de Nueva York se define por sus vigorosos colores. La instalación de paredes divisorias no afecta a la estructura del edificio.
2 La cocina, un escalón más abajo de la sala de estar, destaca por el cambio en el nivel del suelo. Un mismo tipo de suelo en la vivienda unifica la superficie.

La información sobre propiedades que antiguamente pertenecían a grandes fincas tal vez sólo figure en escrituras antiguas o archivos que encontrará en una oficina de archivo local. De la misma forma, también las propiedades que antiguamente formaban parte del patrimonio eclesiástico están plenamente documentadas. Las últimas voluntades, los inventarios y las devoluciones de impuestos son otras fuentes de información escrita, y con ellos logrará reconstruir una imagen detallada de la decoración, de las dimensiones y de la utilización de las diferentes habitaciones.

Si sólo consiguiera averiguar una parte de la información o los datos fueran contradictorios, o incluso no encontrara nada, se vería obligado a buscar referencias en el estilo arquitectónico de la propia casa o en otras parecidas a la suya situadas en los alrededores. A veces resulta difícil determinar la fecha de construcción de un edificio que posee una larga historia ya que, a lo

largo de los años, se habrá reconstruido o modificado. No es extraño que algunas chozas viejas o granjas antiguas tengan una fachada falsa, añadida mucho después de su construcción original. En algunos casos, la auténtica fecha de origen de tales casas sólo se descubre cuando una reforma o modificación de mayor envergadura aporta la evidencia de una construcción más temprana.

No obstante, las técnicas de construcción y el estilo arquitectónico no son un punto de referencia infalible, ya que en las regiones más apartadas, alejadas de las ciudades que seguían siempre la última moda, las innovaciones se adoptaban mucho más tarde por lo que se continuaban usando las técnicas de construcción tradicionales. Lo más importante es encontrar una forma adecuada de amoldar la renovación y la redecoración a las características de la casa, a la cual, si estuviera bajo protección patrimonial, solamente se le podrían llevar a cabo remodelaciones muy restringidas.

2

3

4

3 La característica desgastada de las tobas y el acabado en aparente mal estado de la pared son simpáticos indicadores del paso del tiempo y del uso. El desgaste de los materiales naturales resulta, en cierta forma, atractivo, y les confiere una nota característica.
4 Una buena base arquitectónica requiere poca decoración. Las paredes blancas y el lino son expresivos.

La planificación del cambio

A veces incluso los planes mejor preparados se vienen abajo, pero intentar cambiar la casa sin planificación alguna es un camino infalible para enfrentarse a problemas. Para algunas personas, la planificación es un proceso imaginativo natural, mientras que otras se sienten frustradas al tener que frenar su ímpetu. Si usted es de estos últimos, trate de consolarse con la idea de que, al calmar sus ánimos y al enfocar el proyecto con orden y método, evitará un posible desastre. Facturas astronómicas, meses de polvo, desorden e inconvenientes y, finalmente, una obra mal hecha son el resultado de los que se lanzan al proyecto sin reflexionar, sin haber estudiado cuidadosamente todas las alternativas, sin hacer contingencias de problemas imprevistos y sin planificar la obra para que cause un mínimo de trastornos.

La planificación es el arte de lo posible. Ésta implica la reconciliación de la imaginación con la realidad para obtener un resultado final óptimo. No crea que puede elaborar un plan perfecto en una sola sesión; el proceso se desarrolla de forma gradual, conforme se estudian las necesidades, se recolecta información y se evalúan las opciones posibles, hasta saber con certeza qué es lo que realmente quiere, para iniciar la obra.

Al principio del proceso, el tipo de modificaciones que desea introducir pueden integrar todo un programa coherente o sencillamente puede tratarse de una lista de cambios, algunos más complicados, sin relación aparente. Pero cualquiera que sea la reforma imaginada, éste es su punto de partida, que representa un 50 % del total de la planificación. El 50 % restante incluye una serie de conclusiones vitales determinantes del procedimiento. Más tarde o más temprano alcanzará un punto límite, que puede ser el presupuesto disponible, el tiempo o lo que es legal o técnicamente realizable. Estos parámetros definen la forma y la dirección del plan e indican el mejor modo de proseguir. Sin estas restricciones, todo el plan sería vago y descentrado.

LA PREPARACIÓN DEL PRESUPUESTO
El dinero es, probablemente, el factor más determinante en cualquier proyecto de obras de reforma. A nadie le gustan las

sorpresas desagradables y, debido a que algunos tipos de modificación implican un riesgo de gastos imprevistos, su planificación económica debe ser circunspecta y conservadora.

Los consejos que se detallan a continuación parten de la base de que es usted el propietario de la casa; si se trata de una vivienda de alquiler, las consideraciones serán diferentes. Como arrendatario puede solicitar una colaboración económica al dueño de la casa en función del importe del alquiler. Cualquier arreglo que intente llevar a cabo no debe nunca exceder sus posibilidades económicas; además, debe valer la pena para el tiempo que tiene previsto habitar la vivienda. Solicite el permiso al arrendador. Si no está seguro de que va a vivir en la casa alquilada durante un período prolongado, es aconsejable que invierta su dinero en muebles y objetos de decoración que pueda llevarse a otra casa cuando se mude.

En primer lugar, debe calcular cuánto puede gastar. Mucha gente acepta la necesidad de elaborar un presupuesto para llevar a cabo proyectos a gran escala, como la transformación o la ampliación, pero rehú-

3

1 Las habitaciones amplias y abiertas son estimulantes y versátiles. Un matrimonio dedicado al mundo de la moda convirtió este garaje abandonado situado en el corazón de París en un taller, transformando todo el espacio, abriéndolo a la luz y decorándolo con muebles y accesorios adquiridos en mercadillos y liquidaciones de viviendas.
2 En un rincón del dormitorio se ha instalado una cabina con ducha, decorada con azulejos azules; ello ha sacrificado unos cuantos metros cuadrados de la habitación, pero ofrece una enorme ganancia práctica.
3 Los armarios totalmente blancos de la cocina, colocados bajo una gruesa tabla de madera, son un detalle discreto pero agradable para una vieja casa.

sa hacer previsiones para los posteriores detalles, como la decoración y los muebles. No obstante, aunque sólo prevea realizar cambios a menor escala, si no guarda un importe específico para hacer frente a los gastos previstos, posiblemente se encuentre, en breve, con una obra inacabada sin disponer del dinero necesario para continuar.

Consulte a un asesor financiero o a otro profesional del ámbito de las finanzas para conocer la forma más segura y más sensata de disponer de los fondos necesarios. Los asesores le ayudan a comparar los costes de diversas opciones y le aconsejan sobre la posible reducción de impuestos u otras ayudas.

Las diferentes opciones para la financiación son:
- Disponer de una suma global importante, como todos o parte de sus ahorros, una herencia o el beneficio de la venta de una propiedad. Tal vez constate que, a largo plazo, resulta más económico solicitar un préstamo, aunque disponga de capital propio, el cual puede invertirse de otro modo y cuyo rendimiento deberá comparar con los

beneficios de toda la operación financiera.
- Créditos a corto plazo, giros en descubierto o préstamos con la tarjeta de crédito. Esta solución suele ser cara y es mejor reservarla únicamente para financiar compras de muebles u objetos de decoración a menor escala.
- Préstamos para realizar reformas en el hogar. Para ello debe calcular el importe que podrá devolver cada mes a la entidad financiera y saber si sus ingresos cubren el adeudo adicional durante un período prolongado.
- Refinanciación de la hipoteca. Si la hipoteca es inferior al valor de reventa de la casa, el remanente, la «equidad», puede formar la base de un préstamo adicional. El riesgo de esta solución radica en que fluctúe el valor de la propiedad; si esto ocurre, estar hipotecado «hasta el cuello» le resultará una situación bastante incómoda en un mercado en declive. Debe tener la seguridad de que las mejoras previstas realmente incrementarán el valor real de la casa, de modo que exista la posibilidad de recuperar la inversión al vender.

- Donativos. A veces el gobierno otorga donativos o ayudas a las casas ubicadas en zonas de protección especial o a las que poseen un «interés histórico». Sin embargo, estos donativos suelen ser un arma de dos filos, y normalmente implican una serie de cláusulas sobre el tipo de obra a realizar.
- Ahorro. Para ahorrar pequeñas cantidades de dinero lo mejor es disminuir los gastos en otros conceptos, privarse de unas vacaciones o abstenerse de comprar un coche nuevo, por ejemplo, o simplemente aumentar los ingresos alojando un inquilino o trabajando horas extras.

Una vez que haya establecido una cantidad realista que refleje tanto aquello de lo que dispone como lo que tiene previsto gastar, el siguiente paso consiste en calcular los costes de las previsiones y analizarlos. Es en este momento cuando mucha gente se pierde; la mayoría se inclina por un vago optimismo y no por hechos fríos y duros. Algunos constructores y otros proveedores sin escrúpulos suelen incluso fomentar esa postura, sabiendo que, una vez haya iniciado la obra, usted será más vulnerable a cualquier solicitud de pagos adicionales y se mostrará más dispuesto a sacar más fondos de sus bolsillos.

Para conocer el total del presupuesto, termine en primer lugar sus cálculos. Investigue los precios de mercado. Si compra usted mismo los materiales y los muebles, compare los precios y la calidad en distintos establecimientos. Si, en cambio, tiene previsto llevar a cabo una obra de construcción, averigüe lo que costará. Consulte también a sus vecinos y amigos que han hecho obras parecidas, lo que les han costado. Pida, al menos, dos presupuestos detallados por escrito a constructores recomendados u otros profesionales. Asegúrese de que incluyan tanto el material como la mano de obra, así como los pequeños «extras», como los pomos de las puertas, las cerraduras, las piezas de unión y otros accesorios. Recuerde añadir el coste del acabado. El verdadero coste total de la reforma de la instalación eléctrica incluye, por ejemplo, un nuevo enlucido de yeso y la pintura, además de lo que le cobra el electricista por su trabajo y todo el material eléctrico nuevo.

1

1 Al dividir el espacio se crea la oportunidad de establecer una estructura imaginativa como ésta, con un revestimiento de madera contrachapada y un nivel de estructura metálica, que se utiliza como dormitorio.

Éstos son los costes directos del proyecto. No obstante, además existen los ocultos, y éstos pueden incluir:

- Gastos de financiación, como los intereses sobre los préstamos o créditos. También se debe considerar la forma en que las mejoras afectarán el potencial de inversión de la casa. ¿Realmente se incrementará su valor? Es posible que una modificación idiosincrática dificulte la futura venta de la casa.
- Honorarios de asesoría, de gestores, arquitectos, constructores u otros profesionales a los que se consulta antes de iniciar la obra.
- Su propio tiempo, si tiene previsto realizar parte o todo el trabajo. Incluso si delega el trabajo en un constructor, necesitará tiempo para supervisar y administrar.
- Un cierto margen de tolerancia para imprevistos o inconvenientes. No se puede establecer un precio para los problemas imprevistos, pero sí se pueden tener en cuenta los gastos por comer fuera de casa mientras la cocina está en proceso de restauración, o de los desembolsos para la limpieza de alfombras y cortinas por haberse ensuciado demasiado.
- Gastos generales adicionales. ¿Incrementará su consumo de calefacción, luz o seguro cuando haya terminado la obra? ¿O aumentará el impuesto sobre propiedades?

La vida sin sorpresas sería poco emocionante, y en algunas ocasiones las reformas de la casa sorprenden con lo más inesperado. Si existe la posibilidad de que el gasto total resulte mayor al crédito obtenido o a la suma prevista, separe una buena parte del dinero como reserva para una emergencia. Normalmente este margen de contingencia se sitúa en un 10 % en el caso de reformas mayores, pero cada caso es diferente, y depende de la extensión de la obra. La decoración, los cortinajes, las superficies y los acabados nuevos, bien planificados, normalmente son relativamente predecibles, pero las demás reformas y remodelaciones, reparaciones grandes y construcciones a veces pueden hacer surgir problemas imprevistos. Cuando los albañiles le comunican la mala noticia de que han descubierto una zona de humedad, el golpe se aguanta mejor sabiendo que cuenta con una pequeña reserva económica para esos casos. Una sobrevaloración del presupuesto le permite disfrutar de una cierta flexibilidad conforme avanza la obra, como ocurriría en el caso de que, por ejemplo, un material seleccionado no se halle disponible y sea preciso recurrir a una alternativa más cara. No obstante, no actúe con euforia aumentando el valor de la obra conforme se va ejecutando: aún existe la posibilidad de arruinarse.

LA ECONOMÍA: VERDADERO Y FALSO
Al llegar a este punto deberá saber cuánto desea gastar y cuánto costará la reforma. Sólo en el caso de que sus ambiciones sean relativamente modestas, estas dos cifras no suelen concordar; por tanto, deberá estudiar la forma de reducir los costes para cuadrar con su presupuesto. La manera más sencilla, y tal vez la más sensata, es la de emprender en primer lugar las reformas más elementales y posponer el resto para el futuro. Esto le permite completar correctamente una fase, cosa que en última instancia resulta más satisfactoria que conformarse con más cantidad y menor calidad. Es importante estudiar cada uno de los pasos hasta su finalización; los pro-

2

2 Los pequeños interiores pulidos requieren detalles soberbios y una planificación rigurosa. Solamente los estantes con libros de cocina delatan que se trata de una cocina, instalada en un espacio abierto detrás de un mostrador a media altura.
3 Para conseguir una perfecta organización, con todos los accesorios necesarios, en un cuarto de baño se precisa una planificación meticulosa. En los espacios pequeños unos cuantos centímetros en una dirección u otra pueden significar la diferencia entre la funcionalidad del diseño y la falta de ella.

para una fase de la obra, hágalo e intente encontrar otras formas de economizar. Recuerde que su tiempo también vale dinero y el «hágalo usted mismo» no es sinónimo de «gratis». Los materiales básicos le costarán más, ya que no le aplicarán ningún descuento. También deberá comprar herramientas especiales para algunas etapas de la obra. Si carece de experiencia, también corre el riesgo de estropear el material, dañar la casa o incluso sufrir un accidente, sin mencionar que seguramente tardará el doble de tiempo para completar la obra. ¿Realmente merece la pena?

Otra forma de economía falsa es la realización de la reforma sin asistencia profesional. Evidentemente, existe un gran número de mejoras que no necesitan ayuda técnica, pero los grandes y complejos proyectos que afectan a las instalaciones y a la estructura exigen la intervención de un especialista. Únicamente los políticos y los abogados gozan de menos simpatía que

yectos semiacabados tienden a permanecer así indefinidamente.

Un exceso de coste significa que es preciso simplificar los planes. Repase el proyecto con el arquitecto o el diseñador para estudiar las posibilidades de conseguir el mismo resultado con menos dinero. Los elementos y las técnicas de construcción estándar resultan siempre más baratos que los diseños exclusivos: una pared de separación sencilla y recta cuesta menos que una redondeada, por ejemplo. Si el diseño se basa en dimensiones de unidades estándar, como tramos de escaleras, muebles para la cocina, ventanas y puertas, su realización puede resultar más fácil y más económica. Este tipo de economía puede ser bastante creativo e incluso puede redundar en una solución más adecuada y más elegante que el modelo original.

Las economías falsas son aquellas que tienen un doloroso resultado final. Conseguir abaratar el proyecto utilizando materiales de baja calidad, trabajando sin asistencia profesional o llevando a cabo un trabajo para el cual no está cualificado le puede causar enormes dolores de cabeza y, en última instancia, muchos gastos adicionales.

Normalmente el precio de los materiales constituye una parte sustancial del coste de cualquier reforma, por lo que es una gran tentación para reducir el presupuesto. Si ha especificado acabados de lujo, posiblemente exista otra opción igualmente válida pero a menor precio. No obstante, no se incline nunca por esta solución. Habitualmente los productos de baja calidad funcionan mal desde un principio, y tal vez sea necesario repetir toda la obra. La pintura barata, por ejemplo, cubre tan poco que se precisan varias manos para conseguir un acabado decente, que, además, no durará mucho y se deberá volver a pintar con mayor frecuencia. Si al final compara el pequeño ahorro inicialmente previsto con la mayor cantidad de pintura empleada y el tiempo extra invertido verá que el ahorro ha desaparecido.

Otra tentación en la que se puede sucumbir es la de reducir los gastos de los operarios, haciendo el trabajo usted mismo; hágalo sólo si realmente es consciente de sus habilidades y capacidades. No se sobreestime tratando de imitar un plan diseñado por un profesional experimentado. Si originalmente había previsto contratar los servicios de un buen profesional

3

1 En una casa de dos pisos incide ampliamente la luz natural a través de ventanales introducidos desde el tejado hasta las habitaciones de la planta baja y la cocina, lo que incrementa notablemente la percepción de voluminosidad. Sobre la cocina se ha construido un pasillo, a base de acero perforado, que establece una llamativa conexión entre las diferentes zonas de la casa, une las habitaciones del primer piso y ofrece una vista dinámica; además, el pasillo permite observar la amplitud del hogar está colocado en un conducto de aire acondicionado fabricado de lámina de acero galvanizado, que cuelga desde el techo para enfatizar la altura y maximizar el potencial del espacio abierto.

los profesionales de la construcción. Casi todo el mundo teme sus exorbitantes honorarios, cree que le van a imponer soluciones indeseadas, se confunde con su terminología técnica y se siente incapaz de comunicar sus deseos. Éstos pueden ser argumentos persuasivos para trabajar sin asesoría cuando se trata de «ajustar el cinturón» de la economía.

Sin embargo, estas objeciones se deben a un concepto equivocado de lo que realmente hacen los profesionales del diseño. Al racionalizar sus proyectos, el arquitecto, el perito o el diseñador deberían ahorrar tiempo, problemas y dinero, además de anticipar posibles dificultades y negociar los permisos legales.

Un profesional debidamente acreditado, con experiencia en el tipo de trabajo encomendado, realmente se gana sus honorarios, que no suelen ser demasiado elevados, especialmente si sólo se trata de consultas. Si no queda satisfecho con la obra, puede presentar su queja ante la institución, gremio o asociación pertinente. Por ello, asegúrese de que todos los obreros que emplee en su hogar procedan de una firma acreditada.

PRIORIDADES
Con toda seguridad, una simple mirada a los precios que le hayan cotizado bastará para decidir cuáles son los cambios esenciales y de cuáles puede prescindir. Si su economía es precaria, haga prevalecer las reparaciones sobre las remodelaciones de diseño.

En caso de que tenga que decidir entre dos opciones para un mismo espacio, establecer la prioridad resulta más difícil. Si usted necesita un estudio y los niños dormitorios separados, debe ser consciente de que alguien debe perder. Lo mejor es optar por el cambio que mayor beneficio aporte a la casa durante el período de tiempo más prolongado y para todos. Tal vez un estudio no es necesario para una persona que ya tiene una oficina en otra parte, pero es imprescindible para aumentar el rendimiento de alguien que trabaja exclusivamente en casa; los dormitorios separados para niños en crecimiento se traducirá en un ambiente familiar más pacífico. Después de volver a analizar el problema, tal vez se replantee todo el pro-

yecto y encuentre una mejor solución para organizar el espacio.

EL TIEMPO
El tiempo equivale a dinero; en términos de construcción, el tiempo también equivale a interrupción y desorden. Los costes de la reforma pueden parecer insignificantes en comparación con el precio emocional de vivir en un «terreno en construcción» durante semanas. Antes de iniciar la obra, averigüe cuánto tiempo durará, y decida si usted y su familia están dispuestos a aceptarlo.

Al igual que su presupuesto cuenta con un margen de contingencia, también debe ser generoso con el tiempo establecido para la realización del proyecto. Todo tipo de obra inicia una compleja secuencia de sucesos que conlleva un potencial de interrupción en cualquier momento. La planificación cuidadosa minimiza estos estancamientos, aunque siempre surgen factores imprevisibles.

La certeza de que la reforma se desarrolla en el orden correcto es vital para evitar costes y retrasos frustrantes. Ésta es la faceta más difícil de organizar y, además, varía ampliamente según la complejidad de la obra. Existen algunos procedimientos combinables, y otros que no lo son. Puede haber obras que precisen una inspección y aprobación oficial antes de pasar a la siguiente fase.

También debe asegurarse de que la fecha de la obra se ajusta a su tiempo y demás compromisos. No la emprenda cuando vea que va a encontrarse sobrecargado de trabajo en su frentes, para evitar una batalla en dos frentes; tampoco lo haga si acaba de tener un hijo, cambiar de empleo o cuando alguien de su familia esté preparando exámenes o recuperándose de una enfermedad. No hay una época perfecta, pero definitivamente hay unas más adecuadas que otras.

Además, conviene considerar la estación del año. Si se trata de ampliaciones o modificaciones estructurales que impliquen trabajos en el exterior, escoja una época en la que el clima esté de su parte; el invierno no es el momento adecuado para cambiar el tejado o abrir el muro posterior. No obstante, si vive en una región en la que el clima es impredecible, donde los

inviernos son suaves y los veranos lluviosos y tormentosos, no merece la pena posponer la obra hasta primavera. Generalmente los constructores tienen menos trabajo fuera de temporada, por lo que le ofrecerían un precio más favorable y terminarían en un menor plazo de tiempo que durante la temporada alta.

LA PRACTICABILIDAD
El resto de necesidades concierne a la practicabilidad de realizar lo previsto, incluyendo las cuestiones legales. No debe resultar demasiado difícil determinar si lo que tiene en mente resulta físicamente posible. Déjese aconsejar y sea flexible en cuanto a la modificación de sus ideas. Es posible que la obra resulte más compleja y más costosa de lo que había pensado, a causa de desafortunadas implicaciones estructurales, o que por razones técnicas no resulte factible. Normalmente, si consulta a un profesional éste le confirmará la practicabilidad de su proyecto, aunque posiblemente surja alguna complicación no prevista.

Generalmente las reformas a gran escala y las obras de ampliación precisan ciertos requisitos legales para garantizar que los trabajos a ejecutar sean seguros, adecuados y aceptables para la comunidad. La legislación posiblemente determine la dimensión y la forma de la ampliación, así como los materiales a utilizar y su relación con las casas de los alrededores. Si la casa es de interés histórico, las reglamentaciones sobre lo que se permite o prohíbe hacer dependen de los programas municipales de conservación de la integridad arquitectónica del edificio original, y suelen ser estrictas y muy específicas.

Aunque los requisitos específicos se indican con mayor detalle en las secciones pertinentes de este libro, las restricciones legales afectan a los siguientes elementos y características principales:

- Apariencia externa. Existen reglamentaciones para las dimensiones, la forma y el perímetro de remodelación de las casas; también está legislada la forma en que el aspecto general de las modificaciones propuestas afecta al carácter general de la vía pública y las propiedades de los alrededores. No obstante, es posible que se pueda llevar a cabo

2 Una división a tres cuartos de altura de la casa separa el vestíbulo sin obstruir la entrada de la luz natural.

una remodelación no autorizada en la fachada posterior de la casa, fuera del alcance de la vista pública.

- Posición. La construcción en un muro que se comparte con la casa vecina (pared medianera) siempre está sujeta a un acuerdo previo. Además, es preciso garantizar que el proyecto no obstruya la iluminación natural de otras casas de la zona. No obstante, no existe ningún derecho legal a una «vista».
- Densidad. Si se incrementa la superficie construida, la casa registrará un nuevo nivel de densidad (número de estancias habitables por hectárea) que no debe superar los límites establecidos.
- Estructura. Todas las alteraciones estructurales deben ser aprobadas y garantizar que la casa se mantendrá en pie.
- Salud. Las nuevas habitaciones o el nuevo diseño deben cumplir ciertas normas en cuanto a dimensiones, altura, ventilación, aislamiento térmico y acústico, y luz natural.
- Protección contra incendios. Tanto la protección contra incendios como las escaleras de emergencia se controlan rigurosamente.
- Herencia. Los cambios en el material, en la apariencia y en el diseño de los edificios históricos están estrechamente vigilados.
- Probablemente se precisen permisos específicos de las compañías de gas, de electricidad y de agua.

La ejecución de un trabajo

1

1 Las plantas bajas son notablemente oscuras y cerradas. Esta extensión de vidrieras, medio nivel inferior al jardín, ilumina el dormitorio de la planta baja, al mismo tiempo que sirve de nexo de unión con el mundo exterior.

Existen diferencias notables y obvias entre el proyecto de pintar un dormitorio durante una tarde lluviosa, el de ampliar la cocina incluyendo un nuevo invernáculo y el de construir un dormitorio adicional en el tejado. En el primer caso puede actuar por impulso, dejar el pincel cuando esté cansado y seguir más tarde; pero el segundo proyecto precisa de una planificación cuidadosa y de disciplina si no quiere cometer un desastre.

Las cosas se complican infinitamente cuando se requiere ayuda externa. Incluso antes de levantar la primera herramienta, debe dedicar tiempo y esfuerzo para asegurarse de que todo está adecuadamente organizado. La contratación del personal adecuado es el único medio seguro y sensato para realizar trabajos que requieran conocimientos técnicos, habilidad y equipo, pero encontrar la ayuda profesional correcta implica mucho más que marcar un número de teléfono correcto de las páginas amarillas. La investigación del mercado mediante informes y consultas, así como una previsión eficaz no garantizan un resultado satisfactorio, pero indudablemente inclinan la balanza a su favor.

¿QUIÉN HACE QUÉ?
Antes de contratar a nadie, debe determinar con exactitud cuáles son los servicios que precisa. Cuanto más complicada sea la

obra, mayor será la necesidad de asesoría. La mayoría de los encargos se pueden dividir en tres fases: planificación y diseño; supervisión y administración; y el trabajo de la obra en sí. Posiblemente necesite ayuda para los tres conceptos con objeto de llevar sus planes a un final satisfactorio.

PLANIFICACIÓN Y DISEÑO
Los arquitectos, los diseñadores y los peritos intervienen para conseguir una buena ejecución de la obra; más importante aún, ellos determinan lo que se debe hacer. Los arquitectos, por lo general, suelen producir controversias; al misticismo del proceso de su diseño se le imputa más de una crítica negativa en la prensa. No obstante, por cada diseñador de renombre, de alguna finca contenciosa, hay centenares que trabajan felizmente en los proyectos a escala doméstica, y que ejecutan obras apropiadas y sensatas en casas normales. Entre ellos podrá usted contratar a la persona adecuada sin preocuparse por los honorarios estratosféricos, las soluciones futuristas (a no ser que las solicite expresamente) u otro tipo de arrogancias profesionales. Lo que debe ofrecer un buen arquitecto es una nueva forma de solventar un problema espacial, conocimientos sobre los materiales y las técnicas de construcción y sobre cuestiones legales, y soluciones a problemas estructurales. Su trabajo puede variar desde una consulta de una hora hasta la realización de un diseño completo y detalladamente especificado que sirva de guía a un constructor o de unos planes para solicitar permiso para la reforma a las autoridades competentes. El arquitecto también se puede encargar de contratar al constructor más indicado para la obra. Los honorarios suelen ir en función del trabajo realizado.

Es posible que para la fase inicial necesite los servicios de un perito o un aparejador si realmente necesita una asesoría detallada de los defectos en la estructura de su casa y un informe sobre las condiciones de las instalaciones ya existentes.

LA SUPERVISIÓN
El servicio completo del arquitecto incluye la inspección de la obra *in situ*; de este modo, el arquitecto actúa como su representante para controlar la correcta ejecu-

ción de la obra de acuerdo con los planes, el tiempo establecido, el presupuesto y las normas. Si la reforma implicara una autorización o inspección oficial, el arquitecto también se encarga de los trámites burocráticos. Cuando la empresa constructora le indica que el trabajo ha finalizado, el arquitecto inspecciona la obra para verificar si la ejecución es satisfactoria; sin duda, se trata de un valioso servicio si usted no es un especialista capaz de detectar las imperfecciones. La importancia de esta función nunca podrá valorarse lo suficiente.

En una obra de mayor envergadura, la organización y el tiempo son los factores que más dolores de cabeza causan, y merece la pena gastar algún dinero extra para contar con alguien que se ocupe de ello, sea el arquitecto o el contratista. En el caso de que las remodelaciones sean poco complicadas, se puede ocupar usted mismo; además, es difícil encontrar un arquitecto que se comprometa a supervisar un proyecto insignificante. Normalmente, el servicio completo de un arquitecto se factura en base a un porcentaje del coste total de la obra.

OBRAS DE CONSTRUCCIÓN
Existe una amplia gama de empresas relacionadas con la construcción. Algunas se especializan en uno o dos tipos, mientras que otras los cubren todos. La mayoría de ellas tiene una plantilla de personal fija que, en casos especiales, se complementa con subcontratistas. Asegúrese de que la obra que necesita realmente puede ser ejecutada satisfactoriamente por la empresa contratada.

La alternativa, especialmente en casos como los cambios del sistema eléctrico y las tuberías, los nuevos enlucidos y similares es contratar directamente un especialista, sin necesidad de intermediarios. Si la obra implica sólo dos disciplinas, puede resultar más efectivo contratar a un especialista para cada una de ellas, por ejemplo, un electricista para el sistema eléctrico y un pintor para enyesar y pintar. Esto solamente resulta factible cuando no hay demasiadas fases, a no ser que desee buscar a toda una serie de especialistas diferentes y solicitar los correspondientes presupuestos. También es básico establecer una secuencia correcta de los diferentes trabajos a ejecutar. Recuerde que si se quiere encargar usted solo, también deberá preocuparse por la compra y entrega de los materiales y accesorios.

Por otra parte, no resulta aconsejable emplear a un contratista para trabajos menores. Normalmente éstos no son rentables, ni siquiera para pequeñas empresas; además, contará con el agravante de que le hagan un presupuesto disparatado o que su obra sea interminable, ya que únicamente se dedicarán a ella cuando no tengan otros proyectos que les proporcionen un mayor beneficio. O se decide a pagar y esperar (lo cual puede ser considerable), o revisa sus planes para relacionar varios trabajos con objeto de que le hagan un mejor presupuesto para el conjunto en un tiempo razonable.

Las ventajas de emplear un contratista general, especialmente para una obra compleja e importante, son evidentes. Se paga más por sus servicios, pero hay «ahorros ocultos». Cuando la obra dura un tiempo considerable, inevitablemente unos procesos de trabajo se solapan con otros; el deber del contratista consiste en coordinar el perfecto desarrollo de la forma más eficaz. Si no hubiese nadie que supervisara los diferentes procesos, sería muy probable que malgastara el dinero, el tiempo y el esfuerzo. Si, por ejemplo, el electricista levanta los tablones del suelo para colocar un nuevo cable, y después los vuelve a fijar en su lugar, y al día siguiente aparece el fontanero para levantar la misma sección e introducir una tubería, se dará cuenta de que por falta de organización pagará el mismo trabajo dos veces, sin tener en cuenta el consiguiente retraso y los correspondientes disgustos. Los subcontratistas, como los electricistas, los fontaneros y los especialistas en climatización desean cumplir eficazmente con su trabajo y detestan tener que esperar. Esperan que todo esté a punto cuando llegan para empezar a trabajar, dejarlo listo y atender al siguiente cliente lo más rápidamente posible.

Algunos contratistas también ofrecen «paquetes» que incluyen diseño y obra, y que pueden ser una alternativa interesante para emplear a un arquitecto si sus planes son sencillos. En este caso, el contratista encarga los planes para las reformas, que pueden ser la base para la adjudicación de la obra. No obstante, si desea algo muy original o un proyecto que no se ajuste a las soluciones estándar, es mejor consultar a un proyectista profesional.

BUSCAR AYUDA

La contratación de la persona o empresa correcta para la obra es tener la mitad de la batalla ganada. Depende de usted el indicar el tipo y la envergadura de la obra; después, corre a cargo de ellos el ejecutarla adecuadamente. El encargado correspondiente debe ser un profesional acreditado en su campo, capaz de llevarlo a cabo a un nivel aceptable, con experiencia en trabajos de naturaleza y dimensiones similares. Resulta fácil imaginarse las dificultades que se pueden presentar si contrata a una persona no cualificada, sin escrúpulos e irresponsable; es fácil de imaginar pero aparentemente no tan fácil de evitar, ya que ocurre con demasiada frecuencia.

Si busca un arquitecto, un constructor, un pintor o un fontanero, lo mejor es siempre una recomendación personal. Pregunte entre sus amistades y conocidos para que le recomienden personas o empresas adecuadas para el tipo de trabajo previsto. Es una forma de asesoría honesta y siempre puede solicitar que le enseñen el trabajo realizado y acabado para cerciorarse de que la definición de sus amigos concuerda con la suya.

No obstante, una simple opinión personal no es suficiente; compruebe que la empresa recomendada se halla respaldada por las cualificaciones y afiliaciones pertinentes. La mayoría de los profesionales se asocian en gremios y organizaciones nacionales para asegurar un buen nivel de preparación técnica en su materia. Si nadie le puede recomendar personalmente lo que busca, llame a alguna organización o asociación y solicite las direcciones de las empresas competentes para su proyecto. Sin embargo, el estatus profesional se convierte cada vez más en un concepto poco fiable. Desconfíe de títulos que no estén respaldados por una universidad o institución seria y que no le ofrezcan una garantía de una carrera profesional. En primer

2

lugar, asegúrese de que el equipo que va a contratar realmente sabe darle el servicio solicitado y, en segundo, de las compensaciones que otorgan en caso de que algo no marche bien.

Tan pronto como disponga de una lista de contendientes, pida referencias a anteriores clientes y muestras de obras terminadas. No dude en examinarlas, ya que un buen profesional no tiene nada que ocultar y gustosamente le ofrecerá la información necesaria.

2 Esta cocina alargada aprovecha perfectamente el reducido espacio. Los mismos principios ergonómicos básicos se aplican a los diseños de cocina, tanto si dispone de un espacio largo o corto.

El encargo de la obra

Si se encarga usted mismo de la reforma, y no contrata asistencia técnica, necesita saber comparar costes. Éstos se pueden determinar con un informe específico de la obra y una serie de presupuestos solicitados previamente (no menos de dos y, preferentemente, tres). No redondee; los precios pueden variar ostensiblemente y si hace bien su trabajo y realiza algunas investigaciones, tal vez pueda ahorrarse una buena suma. No obstante, tenga en cuenta que el presupuesto más bajo no tiene que ser necesariamente el más favorable. Tanto uno muy barato como uno exagerado deben despertar sospechas, ya que lo que se busca es un precio razonable y realista para una obra de buena calidad y servicio.

Un presupuesto debe ser tan exacto como los datos de su informe, así que sea específico. Si surgen dudas, solicite consejo y tome la decisión antes de iniciar la obra. Redacte todo por escrito, preferentemente adjuntando los correspondientes planos y guarde copias de toda su correspondencia sobre cada detalle, aunque parezca insignificante, especialmente si cambia de opinión. No dé nada por hecho; si no especifica el modelo o el acabado deseado, puede correr el riesgo de darse un susto en lugar de llevarse una agradable sorpresa cuando acabe la obra. Además de la suma a pagar, el presupuesto también debe indicar la fecha de inicio y la duración del trabajo. Debe dejar claro que cualquier subcontrato que pueda surgir y que no tenga conformidad tendrá que ser aprobado por usted antes de realizar el pago.

Redacte un buen informe detallado para la persona que se encargue de la obra. No es necesario que utilice un lenguaje especial para explicar sus ideas, aunque le sería útil conocer algunos términos. Si se presenta alguna expresión técnica que no sabe interpretar, pida una explicación. Pero si no fuera capaz de seguir las aceleradas conversaciones técnicas, delegue el papel de informador a un compañero o un amigo que conozca el tema. Finalmente, recuerde que no está pidiendo ningún favor, sino que está encargando —y pagando— un servicio, por lo que tiene todo el derecho (dentro de ciertos límites) de recibir lo solicitado. Posiblemente descubra que algunas de sus ideas no son factibles;

en este caso, escuche los consejos y ajuste sus planes de forma correspondiente.

Una vez que todos los detalles estén claros y se haya aprobado el presupuesto, es recomendable firmar un contrato con las empresas o personas que intervengan en la obra, por ejemplo, un escrito de compromiso con el arquitecto, especificando claramente los servicios acordados, el tiempo de duración y los honorarios a pagar. En caso del constructor, conviene fijar el tiempo previsto para acabar la obra y, tal vez, incluir una cláusula penal por posibles retrasos. También es habitual separar un porcentaje del importe total (aproximadamente un 5 %) que se retiene hasta seis meses después de haber concluido la obra por si hubiera defectos. Además, el contrato debe incluir las condiciones de pago: una vez acabada la obra en el caso de trabajos menores; a plazos previamente estipulados en el caso de obras más complejas. Al escalonar los pagos se podrá beneficiar de la opción de retener el siguiente pago si no está satisfecho con parte de la obra.

LA SECUENCIA DE LOS TRABAJOS

Coordinar el trabajo para que todo siga un orden es una auténtica obra de arte. Si se hace mal, se producen retrasos, se duplican horas de trabajo y se crea un cierto caos, así como gastos adicionales. Los buenos operarios suelen llevar una agenda y, si les falta algún apunte porque falta llevar a cabo un trabajo, pueden perder su empleo. Sin embargo, resulta igualmente desconsolador ver cómo una pared recién enlucida y pintada se estropea porque el electricista no ha recibido el aviso a tiempo, o cómo un suelo nuevo se ha de volver a levantar para colocar las tuberías de desagüe.

A continuación se presenta la secuencia global de las diferentes intervenciones, tanto para la construcción de una ampliación como para las reformas internas:

- Obtención de permisos para la planificación y otros acuerdos preliminares.
- Despejo y derribo. Según el tipo de obra, este concepto incluye desde el simple traslado de muebles hasta el derribo de estructuras ya existentes y la eliminación de viejas instalaciones. De-

ben apuntalarse los elementos estructurales sin soporte y es preciso avisar al servicio municipal de basura para retirar los escombros.
- Tratamientos preventivos o de saneamiento para la humedad así como contra la carcoma u otras plagas.
- Trabajos en el suelo, como cavar o crear zanjas de desagüe.
- Colocar nuevos drenajes; permitir la inspección de las autoridades locales si fuera necesario.
- Instalación de conexiones externas mayores para los servicios de electricidad, gas y teléfono.
- Construcción de nuevos muros y colocación de suelos.
- Construcción del tejado y su recubrimiento (lo más pronto posible).
- Primeras conexiones de las instalaciones para calentadores y tuberías o conductores eléctricos.
- Trabajos fundamentales de carpintería, marcos de puertas y ventanas, entramados, viguetas para el suelo, etc.
- Enlucido de yeso.
- Segunda fase de las conexiones para instalaciones de baños y lavabos, tomas de corriente, radiadores, cajas de fusibles. Es posible que algunos de estos elementos se eliminen al terminar la reforma.
- Segunda fase de la obra de carpintería, como colocación de puertas, ajuste de accesorios de las puertas, zócalos y molduras.
- Algunos acabados del suelo, en función de los trabajos pendientes.
- Colocación de muebles empotrados y otros accesorios, como los elementos de la cocina integral o roperos y estanterías fijas.
- Pintar.
- Colocación de alfombras.
- Amueblar y decorar.

Debido a que cada obra es diferente, en este resumen sólo se indica un orden aproximado de los diferentes procesos. Si emplea un arquitecto o un contratista para supervisar y controlar la obra, estas directrices le ayudarán a comprender el desarrollo. Si, en cambio, lo controla usted, tendrá que conocer más detalles. Consulte a los proveedores y subcontratistas para averiguar exactamente qué

tiempo tienen previsto para terminar cada fase y las condiciones necesarias para ejecutar adecuadamente el trabajo. Esto incluye el compromiso de las fechas de entrega de materiales y accesorios. Debe asegurarse de que no solamente el fontanero se presente el día convenido, sino también de que disponga del lavabo que va a instalar. En caso necesario, reúna a todos para concretar las fechas definitivas.

EL LUGAR DE LA OBRA

Finalmente llega el día señalado, y la casa retumba bajo el golpe de los martillos y los pasos de gruesas botas. Tal vez considere sentarse tranquilamente con los dedos cruzados y esperar a que su hogar vuelva a emerger en una asombrosa reencarnación, como lo hace una mariposa de la crisálida. Desafortunadamente, su papel no ha terminado con la firma del contrato. Aún le queda pendiente el trabajo de asegurar que la obra se realice sin contratiempos.

Las repetidas discusiones con los operarios alteran los nervios más resistentes. Lo que se ha iniciado como una relación amistosa se puede convertir rápidamente en una guerra si usted y su constructor no establecen normas básicas desde el principio. Antes de iniciar la obra, retire todos los objetos delicados y de valor, como las lámparas, los cuadros, los accesorios de iluminación y todo lo que se pueda romper o estropear. Vacíe la casa para dejar el lugar listo para la obra y cubra o envuelva todo lo que pueda para protegerlo. El polvo se distribuye ampliamente, sobre todo si va a renovar una pared de yeso. Los equipos electrónicos son particularmente vulnerables.

No es necesario que solicite un servicio completo de *catering*, pero merece la pena que se reserve un pequeño acceso a la cocina para calentar comida o preparar una bebida caliente. Tampoco obstruya la entrada al cuarto de baño. En cambio, deje bien claro que los alimentos y bebidas de su nevera no son de uso común, y que su mejor vajilla sólo se utiliza en días de fiesta.

Es imposible evitar la suciedad; además, algunos trabajos son más sucios que otros. Dentro de un margen aceptable,

pida a los operarios que recojan el grueso de basura al final del día, e indíqueles un lugar en el que puedan guardar las herramientas y los materiales durante la noche. Evidentemente, no merece la pena hacer grandes limpiezas hasta que la mayor parte esté terminada, aunque se espera que todos muestren un cierto cuidado.

En lo que se refiere a la supervisión, es muy importante encontrar un equilibrio justo. No se quede en el fondo, dando consejos; a nadie le gusta que le digan cómo hacer su trabajo; de ese modo, sólo estorbaría. Por otra parte, tampoco desaparezca del escenario si tiene que inspeccionar la obra: tal vez cuando vuelva la obra esté demasiado avanzada como para cambiar algo que no le guste. Cada mañana, investigue lo que van a hacer ese día y si tienen algún detalle pendiente de aprobación. Normalmente, el final del día es el mejor momento para comprobar el trabajo realizado y que todo se desarrolla según el proyecto. Con un poco de suerte —que también es necesaria—, así será.

1 La inspiración puede llegar de los lugares más insólitos. *San Jerónimo en su estudio*, de Antonella da Mesina (1456-1479), fue el punto de partida para el diseño de un despacho en casa.
2 La versión contemporánea del estudio de san Jerónimo copia la idea de un espacio elevado dentro de una habitación, mediante una construcción de acero y cristal.

RENOVACIÓN DE LAS INSTALACIONES

Al igual que el cuerpo humano, la casa cuenta con sus propios sistemas físicos —la climatización para regular la temperatura, la electricidad para obtener iluminación y fuerza para los electrodomésticos, las tuberías y los tubos de desagüe para el agua y su desecho— y líneas de comunicación. Estos servicios se suministran a través de amplias redes ocultas de cables y de tubos y alambres empotrados en la construcción. Dependemos de esos sistemas para disfrutar de comodidad, por nuestra propia conveniencia, y también para nuestra salud y seguridad. Sin embargo, muchas veces ignoramos casi todo sobre ellos hasta que dejan de funcionar y los tenemos que renovar; de hecho, las especificaciones técnicas y el diagnóstico profesional no son más inteligibles que el lenguaje médico.

Gracias a la tecnología moderna, la calidad de vida ha mejorado notablemente en un plazo relativamente breve. Las condiciones físicas de las que disfrutamos actualmente hubiesen asombrado a la gente hace cien años; además, los cambios ocurren con una rapidez cada vez mayor. Ajustarse a lo que ofrece el mercado no siempre resulta fácil, sobre todo si se empieza con una noción muy elemental sobre el funcionamiento de las instalaciones de su casa. No intente adquirir la experiencia de un técnico en climatización o de un electricista en un solo día, pero si analiza un poco la infraestructura de su hogar y las instalaciones implicadas en su buen funcionamiento tendrá un mejor criterio para entender los consejos de los profesionales y para tomar las decisiones adecuadas.

Las instalaciones no sólo se renuevan cuando se estropean; también forman parte de las modificaciones en las habitaciones cuando se reforma la casa, por ejemplo, cuando se añade una nueva extensión, se transforma un ático o un sótano o se redecora una cocina o un cuarto de baño. Si tiene previsto llevar a cabo un cambio general del interior y una reorganización del hogar, normalmente será necesaria una renovación de las instalaciones o efectuar una totalmente nueva. En muchos casos, estos cambios ocupan la mayor parte de la obra y de los gastos, por lo que merece la pena estudiar todas las opciones posibles y todos los procedimientos implicados; sólo existen muy pocos que pueda hacer usted mismo. Resulta aconsejable contratar los servicios de un profesional, tanto para la planificación como para la ejecución de la obra. Posiblemente también se necesite un permiso oficial para garantizar que todos los cambios se ajustan a las normas estándar de salud y seguridad.

1 La inversión en materiales y accesorios de alta calidad se compensa con el uso práctico, la durabilidad y la buena apariencia.
2 Todas las instalaciones, los conductos eléctricos, las tuberías y las conexiones de cables de esta cocina en una casa en la montaña quedan a la vista.

3 La calefacción de la casa puede constituir un problema, entre otros motivos por la cantidad de opciones disponibles. El tubo de humos de acero brillante de esta estufa moderna de leña es un elemento decorativo por derecho propio.

4

4 El flexo fijo en la pared no molesta en absoluto y proporciona una iluminación versátil para la cabecera de la cama. Es preciso tener prevista la colocación de las tomas de corriente desde el inicio de la obra para obtener un beneficio máximo.

5

5 Según la opinión convencional, los radiadores deben ser lo más discretos posible, permanecer ocultos detrás de unas rejas protectoras o estar pintados del mismo color de la pared. Este modelo clásico, pintado en color negro y que decora un apartamento en Nueva York, tiene una apariencia «retro».

La calefacción

El sistema de calefacción central ha revolucionado nuestra forma de vida e incluso la apariencia de nuestros hogares. Los interiores cálidos no necesitan demasiada tapicería y ya no dependen de la potencia calorífica de una sola fuente.

Normalmente los sistemas de calefacción central, mediante una caldera o un horno, convierten el combustible en calor y lo distribuyen a las diferentes partes de la casa. En los sistemas de agua, el calor se transmite mediante agua caliente en los radiadores; en los secos, el aire caliente circula por los conductos para salir por el emparrillado (este sistema también es adecuado para el aire acondicionado). La alternativa, para las regiones en las que las temporadas de frío son más cortas, consiste en radiadores de control individual.

La elección del sistema implica considerar una gran variedad de factores, como el coste de la instalación, el consumo de combustible, el mantenimiento, la comodidad y el control, la flexibilidad y el aspecto visual de las fuentes de calor. También la edad de la casa y su aislamiento, el hábito de utilización de las habitaciones, la zona en la que se permanece más tiempo y la disponibilidad de los combustibles ejercen cierta influencia sobre su decisión.

Generalmente es aconsejable invertir más al principio en la adquisición de un buen sistema para utilizar el combustible de forma más eficaz. A largo plazo, emplear una caldera vieja año tras año le saldrá más caro que adquirir una instalación moderna dotada de un sistema economizador de energía. Los beneficios de todos los sistemas de calefacción se ven maximizados con un buen aislamiento; en este ámbito de la tecnología se han conseguido grandes adelantos para reducir el consumo de energía y minimizar el daño ecológico.

El factor crítico de cualquier sistema de calefacción es el control termostático. El termostato se debe instalar en un lugar estratégico para evitar el exceso de calor y un consumo excesivo de combustible; otra solución mejor y más flexible es la instalación de un termostato individual en cada uno de los radiadores o en cada habitación. Los termostatos modernos funcionan con un control digital; así se puede programar el tiempo y la temperatura tanto del agua caliente como de la calefacción, tanto de forma individual como conjunta.

ELECTRICIDAD
La forma más popular de calefacción eléctrica consiste en instalar radiadores de almacenamiento térmico o cables en el suelo y en el techo. El agua aumenta su temperatura en un calentador por inmersión controlado termostáticamente. Generalmente los radiadores de almacenamiento térmico tienen un bajo consumo y operan fuera de las horas punta, utilizando electricidad barata, para generar calor que se almacena dentro de los propios aparatos.

1 La imagen simulada de un fuego de carbón o leña se ha logrado ingeniosamente en este diseño de fuego a gas. La gruesa cadena de hierro adquiere un color rojo vivo cuando se calienta.

SISTEMA ESTÁNDAR DE AGUA

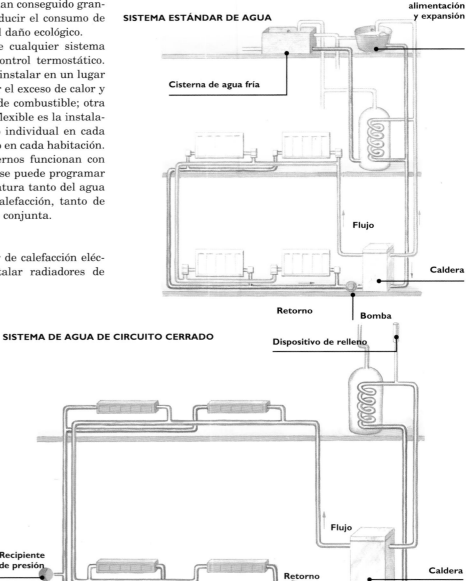

Cisterna de alimentación y expansión

Cisterna de agua fría

Flujo

Caldera

Retorno

Bomba

Dispositivo de relleno

SISTEMA EN SECO (AIRE CALIENTE)

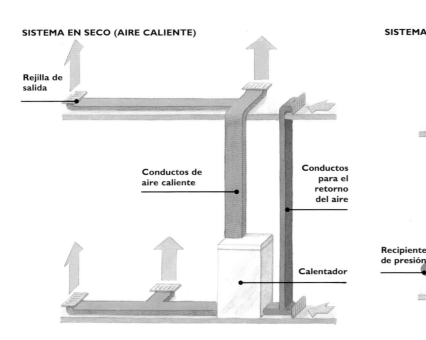

Rejilla de salida

Conductos de aire caliente

Conductos para el retorno del aire

Calentador

SISTEMA DE AGUA DE CIRCUITO CERRADO

Recipiente de presión

Flujo

Retorno

Caldera

Bomba

La ventaja de la electricidad radica en que todas las casas tienen un contador eléctrico, aunque tal vez sea necesario ampliar la potencia; no obstante, los costes de la instalación son reducidos. Además, los calentadores se pueden controlar individualmente. En las casas nuevas y en las que cuentan con un buen aislamiento la electricidad puede rendir un buen servicio, además de ser fácil de usar. En las casas más viejas, en las que el aislamiento es deficiente, los radiadores de almacenamiento térmico son sólo recomendables como calefacción auxiliar o secundaria. No obstante, debido a que, en general, el aislamiento es mucho más efectivo hoy día y la facturación por consumo de calor es menor, además de que los gastos en electricidad disminuyen en favor de otros «combustibles», el calefactor individual de potencia reducida vuelve a ganar popularidad.

GAS

El gas se utiliza para calentar las calderas de los sistemas de agua o de aire caliente. Uno de los métodos más innovadores consiste en un sistema con agua que se instala en el suelo o en bandejas metálicas en los suelos suspendidos. Sin embargo, debido a la combustión de gas se necesita un tubo de humos para los gases de desecho, que se instala en una chimenea ya existente o en un muro exterior. Los nuevos diseños de calderas son mucho más potentes que sus antecesores, y notablemente más compactos; las calderas de condensación permiten recuperar el calor de los gases que pasan al tubo de ventilación; los controles anticíclicos minimizan la pérdida de calor mientras la caldera está desconectada. Los modelos combinados estándar se alimentan cada vez más directamente de la tubería principal, con lo que se eliminan los cilindros de agua caliente o las cisternas de agua fría. Tienen, además, la potencia suficiente para accionar todo un sistema de radiadores, y únicamente pueden causar problemas en el suministro de agua caliente cuando se necesitan ambas funciones simultáneamente.

COMBUSTIBLE LÍQUIDO

En algunas regiones, el uso de la calefacción central con combustible líquido está disminuyendo debido a la escasez del recurso

1 Con el simple detalle de cubrir las paredes laterales con espejos se acentúa el hogar de ladrillos pintados de blanco, lo que aumenta las vistas e incrementa la sensación de amplitud.

2

natural y su elevado precio. El combustible para la caldera, que sirve tanto para el sistema de agua como para el de aire caliente, se almacena en un tanque fuera de la casa.

COMBUSTIBLE SÓLIDO Y MADERA

La caldera de una calefacción central con sistema de agua puede alimentarse con carbón. Normalmente las estufas de carbón pueden instalarse allí donde exista una chimenea con un adecuado tubo de humos. La desventaja es el encendido, que suele ser lento y causar suciedad. Sólo se permite la combustión de ciertos tipos de carbón, como medida de protección ecológica; sin embargo, algunos dispositivos de combustión de carbón contienen un elemento «reductor de humo» para minimizar la formación de gases de desecho. Se necesita un espacio adecuado para almacenar el combustible así como un servicio regular de limpieza y mantenimiento del tubo de humos, punto esencial si desea que el sistema funcione con eficacia.

Las estufas de leña generan un agradable calor y menos contaminación que las de carbón. Debido a que la mayoría de ellas se sitúa en el centro de la sala de estar, es preciso tomar una serie de medidas de seguridad para el mantenimiento del tubo de humos y de la instalación en general.

1

2 Una estufa de leña resulta siempre decorativa y aporta calor adicional. Un pequeño convector de aire caliente de poca intensidad, colocado en la base de la pared curvada, ayuda a conservar una temperatura ambiental agradable.
3 Un radiador utilizado como elemento divisor del espacio; gracias a su tradicional diseño, sirve de barandilla en la parte alta de la escalera.

La leña debe estar bien tratada y seca antes de usarla. Utilice leña de desechos naturales o cómprela preparada en los establecimientos adecuados.

EL DISEÑO DE UN SISTEMA

Es indispensable que contrate a profesionales para diseñar e instalar un sistema de calefacción según sus necesidades específicas. Si desea ampliar el sistema, instalándolo en una zona nueva, por ejemplo, tal vez sea necesario adquirir una caldera más grande. Prepare un plano en planta para estudiar la ubicación ideal de los elementos, de forma que le proporcionen un máximo de flexibilidad para colocar los muebles; la tubería adicional debe ser mínima y se debe evitar la pérdida de calor.

Los radiadores, como su nombre indica, irradian el calor, por lo que no se deberían ocultar bajo gruesas tapicerías o revestimientos de madera. Los acabados finos y los instrumentos musicales, como los pianos, son muy sensibles al calor y se estropean si se sitúan cerca de la fuente de calor. Existen muchos modelos diferentes, incluyendo paneles estándar sencillos o dobles que se pueden adaptar al acabado de las paredes, radiadores pequeños a nivel del zócalo, otros con aletas para proporcionar una mayor superficie de calor y

convectores de aire caliente que sustituyen a los sistemas de agua. Los radiadores regenerados tienen un atractivo especial. Combine apariencia y eficacia: el diseño de muchos radiadores puede ser un detalle muy decorativo, y no necesariamente un accesorio oculto entre adornos.

LA INSTALACIÓN

El gas, la luz y el agua son suministros principales. La compañía se encarga de instalar el tendido o tubería pertinente hasta el límite de su propiedad; a partir de ese punto los gastos corren a su cargo. Se ha intentado coordinar esos servicios para llevar a cabo una instalación conjunta con un mínimo de interrupción en las calles. La instalación de tuberías y tendidos corre a cargo de las respectivas compañías.

La instalación de los contadores, la ruta, el tipo y las dimensiones de las tuberías y cables se somete a un estricto control. No está permitido introducir tuberías de gas en paredes huecas; además, los tubos deben estar ventilados; no está permitido instalar los contadores eléctricos en dormitorios o cuartos de baño, ni sobre fregaderos de cocina o sótanos en los que se guarda carbón. La ubicación y la ventilación de calderas y tubos de humos necesita una autorización especial.

Aislamiento y fontanería

1 Estas dos casas ilustran el porcentaje de pérdida de calor antes (extremo superior) y después (superior) de la instalación de un sistema de aislamiento. La pérdida varía en función del tipo de construcción —un *bungalow* pierde un porcentaje mayor por el tejado, mientras en la planta baja de un edificio se escapa menos por el techo que por el tejado. Independientemente del tipo de casa del que se trate, conviene disponer de un aislamiento apropiado (*véase* pág. 250).

AISLAMIENTO Y VENTILACIÓN

El aislamiento evita que el calor escape a través de los muros, del suelo, del tejado y de las ventanas y puertas; de este modo se economiza combustible y se ahorra dinero. Además, también es útil en verano, ya que conserva el ambiente fresco del interior. En tiempos pasados se consideraba un extra deseable u opcional, pero actualmente se considera un elemento básico para conservar una temperatura ambiental adecuada en la casa. Los especialistas en el ahorro de energía están desarrollando cada vez métodos más sofisticados para conseguir un correcto aislamiento de los edificios y reducir la necesidad de combustible; sin embargo, los costes de la instalación son considerablemente elevados. No obstante, no tiene ningún sentido abrir la calefacción al máximo para compensar un aislamiento deficiente, ya que, así, se malgasta la energía y el dinero.

Los puntos de una casa que se deben aislar incluyen los muros, la parte inferior de la planta baja y, en los apartamentos de pisos altos, la zona situada entre las viguetas del techo (dejando una buena ventilación en el espacio bajo el tejado). Cubrir las finas ranuras de corriente en las puertas y las ventanas y colocar alfombras y amplios cortinajes son métodos sencillos para conservar el calor. Asimismo, se deberían entibar las tuberías de agua caliente, los contenedores y las cisternas de almacenamiento. Escoja los aislantes que no contengan hidrocarburo fluorado (HFC) o clorofluorocarbono (CFC).

Algunas formas de aislamiento, por ejemplo la ventana doble, sellan de forma casi hermética, impidiendo cualquier fuga de aire. El resultado suele ser un nivel inaceptable de condensación interior, que se refleja en las ventanas y en las «cámaras de aire» o en los huecos existentes en el aislamiento. La condensación estropea los materiales y el acabado de los interiores. La solución técnica consiste en una ventilación mecánica, como un extractor de aire, como complemento de aperturas externas; la ley prescribe la instalación de determinados requisitos mecánicos específicos en las cocinas y los cuartos de baño. Los ecologistas y ambientalistas afirman que la secuencia de aislamiento-condensación-ventilación produce un aire caliente que es expulsado innecesariamente del hogar, y ofrecen soluciones alternativas.

FONTANERÍA Y DRENAJE

Las reformas en cocinas y cuartos de baño pueden afectar al suministro y al sistema de tuberías de la casa. Las instalaciones más sencillas, como la conexión de una nueva lavadora o de un lavavajillas, son fáciles y poco costosas. Pero cualquier otro cambio que implique un traslado de tuberías suele ser costoso e incómodo.

La instalación de una conexión desde su casa hasta la tubería principal corre a cargo de la compañía; la colocación de tubos de drenaje deben llevarla a cabo los profesionales de acuerdo con las reglamentaciones oficiales de la construcción. Existen reglas estrictas sobre la altura y la posición de los bajantes de aguas residuales, sobre el acceso al drenaje para la inspección, sobre los purgadores en los tubos exteriores, sobre el control del mal olor del alcantarillado y sobre las dimensiones y los modelos de la tubería.

En muchos casos, el suministro de agua se realiza mediante una tubería principal ascendente que lleva el agua hasta una cisterna de almacenamiento, a veces en el sótano, otras en el tejado. Este conducto principal lleva el agua potable para la cocina. Desde la cisterna se derivan las conexiones para los grifos de agua fría, los lavabos y la caldera de agua caliente.

Los tubos de drenaje recogen las aguas residuales de los inodoros, las bañeras y toda clase de aguas utilizadas, que se juntan en un tubo principal o un pozo séptico, el cual se vacía periódicamente mediante bombeo. Las aguas residuales se recogen en el drenaje a través de una alcantarilla con sello de agua para evitar que los malos olores penetren en la casa. Los tubos de aguas residuales de los inodoros de la planta baja están directamente conectados al desagüe, mientras que los de las plantas altas pasan a un bajante vertical de aguas negras (que facilita la ventilación y evita que se bloquee el aire) y después a la tubería principal de aguas residuales.

Generalmente, cuanto más sencillo sea el diseño de fontanería menos problemas tendrá. Las tuberías que se extienden por una zona extensa, aquellas en las que se producen frecuentes cambios de dirección,

2 Este cuarto de baño cubierto de rasillas, diseñado por el arquitecto François Roche, se ha decorado con un escultural lavabo de acero inoxidable y una bañera parcialmente empotrada en el suelo. **3** Un fregadero de cocina muy singular, diseñado por los arquitectos John Randolph y Bruce Tomb, de San Francisco, que simula una tabla de planchar. Y El tubo de desagüe, que atraviesa un panel de cristal opaco, está conectado a los servicios del cuarto de baño. El fregadero es portátil y se puede trasladar al centro de la cocina para trabajar con más comodidad.

Respiradero

Cisterna de agua fría

Cilindro
de agua
caliente

Calentador

Agua procedente
de la tubería
principal

SISTEMA DE FONTANERÍA

los enlaces, las conexiones y los diferentes gradientes causan más problemas de bloqueo y otros defectos. También debe tener una llave de cierre general en la casa, y otra de la compañía de agua entre la tubería principal de suministro y la de la casa.

Por lo general, las instalaciones de drenaje en casas con varios pisos se colocan verticalmente, aunque también pueden conectarse a un colector céntrico. Esto significa que si se construye un nuevo cuarto de baño en un piso directamente sobre otro inferior, el trabajo resulta mucho menos complicado que si se construye en el extremo opuesto de la casa. Según la estructura y el diseño de la casa, a veces, se pueden presentar problemas para conseguir una correcta caída de los tubos de aguas residuales. En este contexto, merece la pena recordar que, por razones de salud e higiene, es preferible no tener acceso al inodoro desde la cocina u otra zona similar en la que se preparen alimentos. Si la cocina y el inodoro son irremediablemente adyacentes, conviene instalar también un lavabo.

Si tiene previsto instalar una nueva ducha en el cuarto de baño, posiblemente precise una bomba para que el agua suba con la suficiente presión y/o un calentador para satisfacer las necesidades de agua caliente. En un cuarto sin ventanas también debe ampliar la ventilación.

3

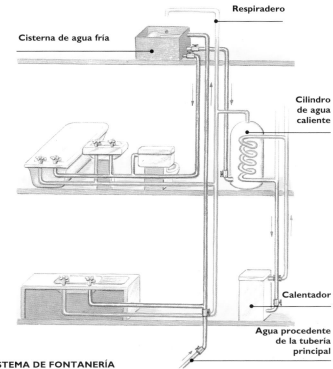

4

4 Una disposición extraordinaria, en forma de escalera, de la tubería de agua caliente que a la vez, aprovechando el calor irradiado, sirve de colgador para las toallas.

Electricidad

Gracias a la electricidad el simple movimiento de un interruptor equivale a una orden inmediata de disponer de luz, potencia y, en muchos hogares, incluso de calor. La efectividad de la electricidad depende única y exclusivamente de la conveniencia, que implica asegurarse de que existen suficientes puntos de contacto o tomas de corriente como para cubrir sus necesidades y una flexibilidad adecuada para realizar posibles cambios.

Se precisa de la ayuda de un electricista para comprobar que el sistema eléctrico se encuentra en perfectas condiciones y tiene la suficiente capacidad para cubrir sus necesidades. También deberá contratar a un electricista para cambiar, ampliar o instalar una red; por otra parte, la am-

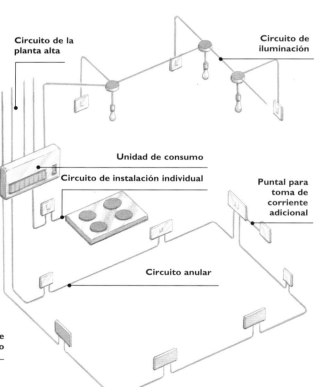

2

pliación de la potencia corre a cargo de la compañía. Las diversas reglamentaciones para los trabajos que puede realizar un aficionado no especialista varía según el país. La electricidad es potencialmente peligrosa, por lo que debe ser perfectamente consciente del trabajo antes de emprender una tarea de esta índole, por muy sencilla que parezca.

Los sistemas de cableado también varían. En algunos países, la instalación principal es un circuito anular, pero también puede ser lineal o de puntal, y a veces coexisten ambos. Desde la conexión principal, los cables suministran la potencia a la caja de fusibles y al contador, y después a una unidad de consumo o una caja de distribución. Desde allí, una serie de circuitos, cada uno con su correspondiente fusible, se encarga de llevar la electricidad a los diferentes puntos de la casa. Estos circuitos incluyen enchufes, iluminación e instalaciones de más envergadura como cocinas, estufas, calentadores de almacenamiento térmico o lavadoras. Para conectar nuevos aparatos o electrodomésticos de gran potencia posiblemente sea necesario un circuito separado adicional.

Para averiguar sus necesidades deberá considerar:

- La antigüedad de la instalación eléctrica. Cualquier instalación de más de quince años seguramente necesita renovación. Un electricista cualificado debería verificar el estado de los cables cada cinco años.

1

LA ELECTRICIDAD EN LA CASA

Circuito de la planta alta

Circuito de iluminación

Unidad de consumo

Circuito de instalación individual

Puntal para toma de corriente adicional

Circuito anular

CAJA DE FUSIBLES DOMÉSTICA

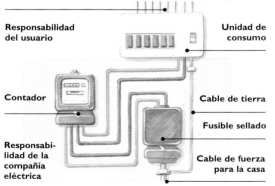

Cables para los circuitos de la casa

Responsabilidad del usuario

Unidad de consumo

Contador

Cable de tierra

Fusible sellado

Responsabilidad de la compañía eléctrica

Cable de fuerza para la casa

3

- Las conexiones especiales requieren un mayor esfuerzo del circuito, sobre todo en el punto de carga.
- Cambios en la iluminación.
- El número y la posición de las tomas de corriente. Lo ideal, a excepción de los cuartos de baño, serían las tomas de corriente dobles en cada pared para disponer de flexibilidad. Convertir una toma de corriente simple en una doble no es difícil.

La gran ventaja de la electricidad es su invisibilidad. Sin embargo, esta discreción se consigue a costa de una instalación oculta y costosa de cables y alambres en paredes, techos y suelos. Esto implica una buena planificación y subsecuentes modificaciones; además, puede implicar ciertas molestias cuando se precisa un repaso general. Cuando necesite renovar su instalación eléctrica, aproveche la ocasión para llevar a cabo otras posibles reformas.

SEGURIDAD
- La provisión de tomas de corriente debe ser más que suficiente para evitar que los cables estén en el suelo y que las tomas de corriente estén sobrecargadas.
- El agua y la electricidad son compañeros peligrosos. Existen diversas reglamentaciones para los cuartos de baño, que varían según los países, pero que indican los tipos de tomas de corriente e interruptores autorizados así como los cables para la iluminación, los calentadores y la instalación de otros aparatos como lavadoras.

- La distribución de las instalaciones en la cocina debe planificarse de acuerdo con la fuerza necesaria.
- Lo ideal para las conexiones exteriores son los cables especiales subterráneos. Lo mejor para la instalación de cables al aire libre es cubrirlos con conductos de acero o de plástico.
- Las tomas de corriente exteriores deben protegerse mediante fusibles individuales; además han de contar con una tapa que los aísle de los factores climáticos.

LÍNEAS DE COMUNICACIÓN
Con frecuencia, las líneas de televisión, teléfono y otros sistemas de telecomunicación se instalan más tarde, lo que provoca un desorden de cables que «desfigura» la fachada de la casa. No existe ningún motivo por el cual estas conexiones no puedan planificarse nítida y adecuadamente: con toda seguridad, los conductos separados garantizan la facilidad de acceso.

EL QUID DE LA CUESTIÓN
Las personas adoptan actitudes muy diferentes con respecto a la tecnología doméstica. Para algunas, cada invento resulta irresistiblemente atractivo y, tras un breve plazo de tiempo, indispensable; en cambio, otras lo rechazan casi por completo. La mayoría experimenta una sensación de amor-odio, prefiere las ventajas y la comodidad, pero duda de los efectos a largo plazo. A un nivel general, todos conocen los artefactos que prometen mucho pero que

1 La instalación eléctrica en la cocina se debe programar detenidamente para asegurar que se dispone de las tomas de corriente en el lugar necesario; también es preciso prever una iluminación adecuada y flexible. Los aparatos de mayor consumo necesitan una fase propia.
2 El equipo de música está discretamente instalado en este rincón, que separa las dos estancias de un gran salón de estar.
3 Los puntos de luz en un rellano o en un pasillo ofrecen la posibilidad de convertir ese espacio en un lugar para trabajar o estudiar.

necesitan un mantenimiento particular, ocupan demasiado sitio y se estropean cuando más se necesitan. La concienciación ambiental también hace pensar en la parte oscura de los cambios tecnológicos.

Las predicciones sobre cómo funcionará el hogar en el futuro dará que hablar durante los próximos diez años. Pero, tomando como base todo aquello de lo que disponemos en la actualidad en otros ámbitos y sus aplicaciones, es posible describir el impacto que la tecnología podría tener.

Con las nuevas redes de comunicación, que están reemplazando a los cables convencionales, los servicios domésticos, los accesorios y los equipos informáticos estarán plenamente integrados, programables e interactivos.

La tecnología del microchip también implica que los aparatos dispondrán de un autodiagnóstico e incluso de autoservicio. Ya se han desarrollado sensores infrarrojos que abren la ducha; la presión del agua, la duración del baño y la temperatura se programarán con anterioridad, y funcionarán tan pronto como se ponga el pie en la zona correspondiente. Las nuevas aplicaciones multimedia ofrecen sonido, imagen y texto, todo en un conjunto interactivo que puede resultar útil en el ámbito educacional. El control remoto o los aparatos electrónicos que se activan mediante la voz reemplazarán a los interruptores manuales. La realidad virtual podría revolucionar la planificación de las casas, del mismo modo que los programas informáticos realizan ya sofisticados cálculos para la utilización de energía.

El que una casa normal disponga de todas estas características en el futuro depende de nuestra actitud. Los cambios que implican pocos gastos operativos y auténticos beneficios serán preferibles a los que simplemente prometen más comodidad. La tecnología facilita muchas cosas, pero también crea distanciamiento. El cierre de puertas a control remoto puede ser una ventaja para la seguridad; pero las puertas que se abren al pronunciar la orden no implican, necesariamente, una mayor comodidad. Si programamos previamente todos los detalles y vivimos en un ambiente enteramente preestablecido, añoraremos los buenos tiempos en los que podíamos abrir una ventana o preparar el baño nosotros mismos.

Iluminación

La extensa y seductora gama de accesorios y fijaciones para la iluminación que se ofrecen en el mercado incitan a una selección basada puramente en la decoración. Para muchos, la iluminación sólo se tiene en cuenta «más tarde», por lo que no se le da la debida importancia. De hecho, se puede perfectamente esperar a disponer de la estructura base para comprar el sofá adecuado, pero la iluminación se debe considerar desde el comienzo.

La iluminación artificial es un complemento y un sustituto de la luz natural, y nos facilita la ejecución de nuestras tareas con seguridad y comodidad cuando oscurece. Además, pone énfasis en los detalles decorativos, acentúa los colores y revela texturas. Literalmente, genera «atmósfera». El lugar más emocionante de la Tierra parecerá una lavandería si se ilumina con un simple tubo fluorescente situado en el techo; asimismo, la lámpara de diseño elegida con toda sensibilidad será inútil si no sirve ni para leer el periódico. Se debe estudiar la iluminación y su incorporación desde el inicio de la planificación para lograr un perfecto equilibrio entre las cualidades funcionales y las estéticas.

La selección de los accesorios y de los tipos de iluminación es una decisión integral. Aunque los escoja al final, debe decidir el tipo de iluminación para cada una de las estancias de la casa antes de empezar a amueblar y a decorar. Planificar la iluminación requiere una cierta flexibilidad, un cierto margen para la decoración prevista y para el uso de los espacios. (Para más detalles sobre la gama de accesorios y tipos de iluminación, *véanse* págs. 228-230.)

Los mejores esquemas de iluminación le ofrecen flexibilidad, variación en el nivel de luz, dirección, intensidad y adecuación al objetivo; una nueva consideración a tener en cuenta es el bajo consumo de energía. La sencilla variedad y los diferentes tonos de la luz natural y de su compañera, la sombra, son el secreto de su gran atractivo. Hasta hace poco, la iluminación artificial no intentaba imitar esa diversidad de efectos, pero la técnica actual permite crear unas condiciones de alumbrado interior mucho más sutiles y estimulantes. De sus logros depende el ambiente que se respire en una habitación cómoda.

1 Tubos fluorescentes y focos halógenos colgados mediante cables de acero que atraviesan el espacio de doble altura, en una disposición innovadora y práctica.
2 Los tipos modernos de iluminación complementan la luz natural. La luz clara y blanca del foco halógeno acentúa la mesa del comedor.
3 Una serie de pequeñas luces ofrece una iluminación flexible para la estancia de cocina y comedor. Las luces en la zona de trabajo proporcionan una iluminación clara y sin sombra; los focos en el techo proporcionan una buena iluminación de fondo, mientras que la luz de las lámparas que cuelgan desde arriba centellea sobre la mesa.

1

2

3

4 La lámpara de pie proyecta la luz hacia el techo, consiguiendo así una incandescencia tenue y suave. Las luces instaladas en una vía pueden ajustarse para iluminar estanterías.

5 Las suaves luces instaladas en el interior de este armario de cocina se encienden automáticamente al abrir las puertas; los focos halógenos en la parte superior de la mesa de trabajo ofrecen una iluminación direccional.

6 También los pasillos y las zonas de paso deben estar bien iluminados. Las luces fijas en la pared iluminan el espacio con una luz uniforme; en este tipo de zonas no se deben usar focos ya que crean combinaciones de claridad y sombras.

4

5

6

ILUMINACIÓN GENERAL

ILUMINACIÓN PARA TRABAJAR

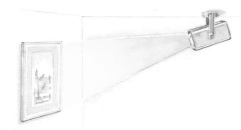

ILUMINACIÓN DECORATIVA

2 La calidad de la luz depende del tipo y potencia de la bombilla, y de la fijación. De izquierda a derecha: foco de incandescencia en el techo; lámpara con bombilla incandescente de bajo consumo; lámpara de pie con luz incandescente; aplique multidireccional con luz incandescente; aplique de pared con luz incandescente; aplique redondeado, de techo; lámpara con luz incandescente; aplique de pared con luz incandescente.

EL DISEÑO DE LA ILUMINACIÓN

La iluminación produce un notable efecto sobre la percepción del espacio así como sobre la forma de aprovecharlo. No obstante, es uno de los elementos más económicos y versátiles de la organización del espacio. Ya que se genera mediante electricidad, es preciso planificarla conjuntamente con los cambios en la instalación eléctrica. En caso de que desee instalar luces empotradas o situadas en ranuras, como las lámparas descendentes, es obviamente más aconsejable instalar los accesorios necesarios antes de pintar, e incluso antes de reparar los techos y las paredes.

Marque en una planta el tipo de iluminación que se necesita para cada estancia. Cada una de las habitaciones necesita una combinación de tres tipos elementales: iluminación general o de fondo, una luz especial para trabajar y una decorativa. Puede conseguir las tres funciones de varias maneras sumamente estilísticas; lo que es realmente importante en la planificación es la preparación de la infraestructura necesaria para conectar o instalar las diferentes fuentes de luz.

Tradicionalmente la iluminación general la proporciona una lámpara de techo, que, en muchos casos, suele ser poco atractiva y decorativa, ya que su luz es plana, uniforme y excesiva. El mismo nivel de luz se puede obtener con una serie de apliques distribuidos por la habitación para crear cercos solapados de luz y sombra. Las luces laterales, los focos y las lámparas de pie con proyección de luz indistintamente hacia el techo o hacia el suelo, son medios alternativos para conseguir ese efecto.

1 La luz natural se complementa con una sutil variedad de apliques de luz artificial para crear un ambiente tranquilo en un dormitorio de una casa de la Provenza. Los apliques de yeso en la pared sirven de iluminación general; en ambos lados de la cama se encuentran lámparas de giro que proporcionan una mejor iluminación para leer.
3 Un foco fijo en una vigueta ilumina el espejo del cuarto de baño para facilitar tareas como maquillarse o afeitarse.

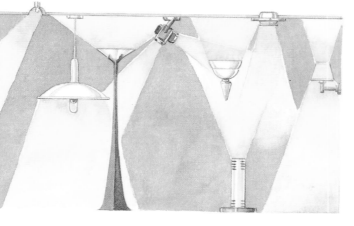

1

2

La luz que se necesita en una zona de trabajo es la de posición, que debe ser clara, concentrada y dirigida, para poder realizar diversas actividades fácilmente y con seguridad. La solución clásica son los focos, aunque existen otros modelos que producen un resultado idéntico.

La iluminación decorativa opera a un nivel inferior para enfatizar la arquitectura del interior o el decorado. Si es demasiado intensa, no cumplirá su cometido de establecer una distinción sutil, sino que desequilibrará la habitación. Existen muchos tipos de lámparas para este objetivo, aunque recuerde que su luz debe ser tenue.

3

4

4 Las lámparas individuales proyectan sombras marcadas y dejan una habitación carente de una «atmósfera» acogedora. Los pequeños puntos de luz, como los de esta entrada y sala de estar, producen el efecto contrario.
5 Un aplique instalado a un nivel bajo, al lado del sofá, con luz incidente hacia arriba, baña la pared con una suave luz. La iluminación sobre la mesa es ideal para el trabajo.

5

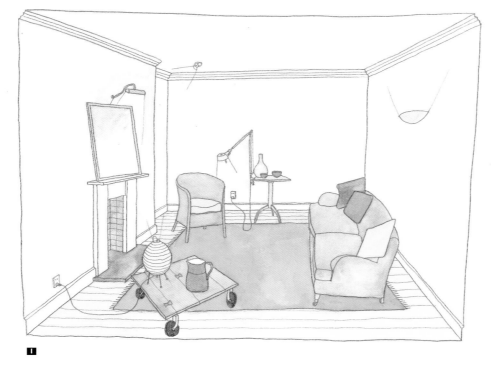

1 Las salas de estar necesitan varios tipos de iluminación para contar con una mayor flexibilidad. El aplique en la pared y la lámpara en la mesa sirven de iluminación general, y pueden acompañarse con otra lámpara colgada en el centro del techo. El foco en el rincón y la luz que incide en el cuadro sobre el hogar son del tipo de iluminación decorativa, mientras que la lámpara de pie tipo flexo es ajustable para la lectura.

1

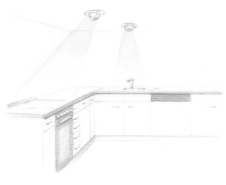

ILUMINACIÓN PARA EL TRABAJO EN UNA COCINA

2

2 Los pasillos y las escaleras requieren una buena iluminación general. Las luces empotradas en el techo facilitan la localización de los libros en las estanterías a cualquier hora del día. Este pasillo, con un escritorio frente a un amplio espacio y con una potente luz superior en el plano delantero de la ilustración, no es tan oscuro como otros muchos de casas antiguas.
3 Con la iluminación de exteriores se consiguen crear extraordinarios efectos nocturnos, como, por ejemplo, este juego de luces y sombras en un jardín de estilo japonés. Las intensas luces generales del interior hacen aparecer el espacio abierto exterior en un plano simple y disciplinado.

Los puntos que requieren iluminación específica incluyen:

- Las escaleras, las entradas y los pasillos, que deben estar bien iluminados por motivos de seguridad. Evite la iluminación excesiva o direccional que causa deslumbramiento y sombras. Los tramos de escaleras se pueden iluminar individualmente.
- Los exteriores, como las entradas principales, frontales y traseras, deben iluminarse para obtener mayor seguridad.
- Los espejos de los cuartos de baño y los vestuarios necesitan una iluminación uniforme desde todos los ángulos para que se pueda observar con precisión al afeitarse o maquillarse.
- Los armarios profundos y los interiores de las despensas necesitan disponer de una buena iluminación para distinguir el contenido y facilitar el acceso.
- Las estanterías de libros, los cuadros y las vitrinas se benefician de una iluminación decorativa.
- La iluminación de exteriores se instala en los jardines para destacarlos durante la noche.

Normalmente hay un circuito en cada piso que proporciona la potencia necesaria para iluminar diez bombillas de 100 vatios. Si desea incrementar la carga, probablemente deba instalar un circuito adicional. Los circuitos de iluminación se instalan en el techo. Para instalar las lámparas de techo tal vez resulte más conveniente realizar los trabajos desde el piso de la habitación superior. De otro modo, los cables se deberían empotrar en una pared hueca o en el yeso de una pared sólida. Una vía con

ILUMINACIÓN PARA UN ESCRITORIO

LÁMPARAS PARA LA CABECERA DE LA CAMA

LINESTRAS DE ILUMINACIÓN PARA UNA TABLA DE TRABAJO EN LA COCINA

varios puntos de luz se conecta en un solo punto para el suministro de corriente, y no es necesario conectar cada uno de ellos por separado.

RECORDATORIO

Para planificar la iluminación considere:

- La previsión de tomas de corriente: instale las suficientes para cubrir sus necesidades. Esto incrementa la versatilidad y evita que los cables estén por el suelo.
- La posición de los interruptores en las paredes: deben ser de fácil acceso desde la entrada de cada habitación.
- Las diferentes lámparas individuales en una misma sala pueden conectarse a un mismo interruptor.
- Los atenuadores multiplican los efectos que se pueden lograr con una misma lámpara; éstos le permiten realizar ajustes precisos bajo condiciones de iluminación con luz natural.
- Los interruptores cronorregulados son convenientes por razones de seguridad y/o para ahorrar energía eléctrica en zonas de cierto movimiento.
- Algunos tipos de iluminación requieren la instalación de adaptadores o transformadores.

ILUMINACIÓN DE UN ESPEJO EN EL CUARTO DE BAÑO

3

4 Una lámpara ajustable colgada en el techo, conectada a un atenuador, le permite centrar la luz directamente sobre la mesa y crear el ambiente de intimidad que desee. Una luz para leer conectada en la parte lateral inferior proyecta un tipo innovador de iluminación, mientras que las bombillas acentúan las estanterías, y los focos, sobre la mesa de trabajo en la cocina, aseguran la iluminación adecuada para el quehacer culinario. Para incrementar el volumen de iluminación general se puede aumentar el número de focos en el techo o incorporar una lámpara de pared.

4

Viviendas ecológicas

Sacar el máximo partido de nuestra vivienda es, cada vez más, sinónimo de sacar el máximo partido de nuestro planeta. Las medidas para la protección ambiental son complejas y, con frecuencia, contradictorias. La solución a los graves problemas causados por los principales enemigos de la Tierra es una tarea demasiado gigantesca como para poder confiar en que cada uno de nuestros esfuerzos individuales pueda significar una pequeña mejora. No obstante, el efecto acumulativo de los debates sobre el estado de la capa de ozono, el futuro de las pluviselvas, el impacto de la contaminación y el agotamiento de los recursos energéticos ha contribuido a incrementar nuestra concienciación sobre la protección del medio ambiente.

Hay varias opciones para vivir de forma ecológica. A un nivel básico, se pueden cambiar los productos que se consumen. Es un paso lógico para ir adaptando los hábitos de vida, reduciendo el consumo y el desperdicio de energía. Una medida más efectiva consiste en incorporar los principios ecológicos en la construcción y en el diseño de la vivienda, donde incluso los pequeños cambios pueden producir grandes diferencias.

La preocupación por el medio ambiente no es meramente una cuestión de altruismo. Por lo general, lo que es bueno para nuestro planeta también resulta saludable para los seres humanos y, además, bueno para la economía. Los diseños de las viviendas ecológicas imitan los métodos de construcción tradicionales, formas de planificación atractivas que datan de hace siglos, pero que responden a las necesidades del clima y del lugar. La vivienda ecológica está también en consonancia con las tendencias estéticas actuales que se decantan por materiales y acabados naturales —el retorno a lo fundamental, donde los seres humanos nos encontramos satisfechos con nuestro alrededor.

EL DISEÑO AMBIENTAL

El diseño ambiental no es únicamente una cuestión de sustituir un producto ecológico por otro que no lo sea; implica un complicado análisis de factores interrelacionados: la contaminación, los peligros para la salud, la facilidad de renovación y los costes energéticos.

Al bajar el termostato de la caldera se reduce el consumo de energía de forma directa. Pero los ecologistas van más lejos e intentan averiguar cuáles son los costes ocultos de la energía que se necesita en la producción y en la construcción. Los costes para fabricar un ladrillo, por ejemplo, son cuatro veces superiores a los de la producción de madera; la energía necesaria para producir un aislamiento de lana mineral estándar es treinta veces mayor a la precisa para un aislamiento a base de papel de periódico reciclado. A estos cálculos se deben añadir los costes de la energía de construcción y el transporte. También existe la cuestión sobre la forma de usar los materiales. Las construcciones de madera de «baja energía» garantizan un menor consumo de energía durante la construcción así como durante toda la vida de la casa.

Los diseñadores ecológicos abogan por materiales de construcción como la madera y la piedra, que existen de forma natural y, por lo tanto, producen menos dióxido de carbono. La madera blanda es un recurso fácilmente renovable; además, la forestación con especies autóctonas y mixtas no solamente fomenta el empleo local sino que también reduce los costes de transporte.

Las pinturas modernas a base de agua y de aceite, así como otros productos petroquímicos, son especialmente pródigos. En su fabricación algunas pinturas producen más de un 90 % de desecho como producto secundario, un desecho no reciclable. En cambio, las pinturas orgánicas sólo producen un 10 % de desecho, que además es reciclable; sus componentes incluyen resina de pino, aceite de linaza, tiza, cera de abeja y frutos cítricos. Son de uso seguro y se ofrecen en una atractiva gama de sutiles colores, parecidos a los de las antiguas recetas tradicionales, tan sumamente apreciadas. Todos los acabados orgánicos —pinturas, tintes y ceras— permiten que los materiales que se hallan debajo sigan respirando, de modo que no queda ningún rastro de humedad, lo cual, a la vez, garantiza la buena resistencia del material.

Para todos los afortunados que tienen la oportunidad de construirse su propia casa, la aplicación de los principios ecológicos significa evitar los productos plásticos, los aislamientos de espuma rígida y los acabados

1

1 Esta casa escocesa fue diseñada por arquitectos de GAIA para que produjera un mínimo impacto sobre el entorno. La vista panorámica sobre la campiña de Perthshire es también un resultado, muy atractivo, de la ubicación de la casa para aprovechar al máximo el calor solar pasivo. Las ventanas son dobles y la construcción es de madera blanda renovable europea, tratada con sales de bórax no tóxicas. Todos los acabados interiores son ecológicos.

2 Situada en una zona boscosa, esta casa se adapta perfectamente a su entorno. El tejado totalmente aislado tiene un acabado de pizarra de Gales regenerada.

2

3

sintéticos, y utilizar madera y piedra siempre que sea posible; además deben implantar sistemas de bajo consumo de energía y formas naturales de diseño. Todo se inicia con el terreno: la configuración y la orientación de la casa debe ser adecuada para protegerla del viento y favorecer la incidencia de luz solar. Los aleros largos sirven de protección en invierno y para mantener el fresco en verano. Las claraboyas en los tejados permiten que los rayos del sol de invierno penetren hasta el corazón de la casa, permitiendo a su vez que el aire circule libremente. Las tradicionales zonas de transición —los invernáculos, las verandas y los vestíbulos— actúan a modo de barrera interior y exterior: una forma natural de controlar la temperatura. Los tejados «vivos», a base de hierbas de los prados y flores silvestres, compensan el suelo que se ha excavado en la construcción de los cimientos y ofrecen un hábitat en miniatura para la vida silvestre; además, protegen a la membrana del tejado del deterioro causado por los rayos ultravioletas y los cambios de temperatura, y lo que es más, ¡son sumamente atractivos!

El aislamiento puede estar fabricado con papel reciclado aglomerado tratado con bórax (un material natural no tóxico) contra la podredumbre y contra los incendios. Algunos diseñadores están llevando a cabo experimentos con una forma

de construcción que presenta muros que respiran para evitar el problema de la condensación, tan frecuente en las casas modernas que cuentan con barrera al vapor. La cera para el acabado de madera, en lugar del empleo de poliuretano tóxico, los acabados orgánicos y el aislamiento de papel reciclado se unen para crear una casa saludable y eficaz con capacidad para retener una gran cantidad de calor y regular sus propios niveles de humedad.

La eficacia energética de este tipo de casas, en combinación con sistemas de calefacción modernos, puede realmente ser muy elevada. Igualmente persuasiva es la sensible reducción en la factura anual de gas para calefacción. En estas circunstancias, los calefactores individuales de bajo consumo son una fuente de calor efectiva y sorprendentemente económica.

Existen aparatos de alta tecnología que pueden ser útiles a la hora de incrementar la efectividad de un sistema de calefacción convencional y, a la vez, pueden reducir el consumo y los gastos de energía. Dispositivos de control termostático computerizados registran la lectura de la temperatura y ajustan su período de tiempo del modo correspondiente, calculando la duración necesaria para que una caldera alcance una temperatura dada y el momento en el que la calefacción debe alcanzar ese nivel en un tiempo específico. Estos «manipuladores de

calderas» estudian el hábito de vida de los habitantes de la casa; irónicamente, en realidad se trata de una tecnología de microchip desarrollada para los misiles en la Guerra del Golfo Pérsico de 1991.

Las unidades de recuperación del calor se pueden adquirir en forma de ventiladores individuales o sistemas centrales que, de modo ininterrumpido, extraen el aire viciado y lo expulsan después de haber transmitido el calor al aire fresco entrante, que a continuación se filtra y circula por las habitaciones. Aunque no sean exageradamente caros, estos sistemas solamente son un complemento para el sistema de calefacción principal; no lo sustituyen. Además, deben tenerse en cuenta los costes de su mantenimiento como parte de los gastos generales de energía. Los especialistas aseguran que estos dispositivos mejoran la calidad del aire y que, además, alivian las molestias de los enfermos de fiebre del heno. También existen aparatos que regeneran el calor de la caldera o del tubo de humos de la estufa, así como bombas de calor que aumentan la capacidad de los dispositivos de recuperación de calor (aunque sus costes son considerables).

ENERGÍA SOLAR
Normalmente en las regiones septentrionales se utiliza la energía solar activa en el calentamiento de agua, pero la energía que

3 Este esquema, ganador de un premio, y desarrollado por **Archityp Design Co-operative**, está compuesto de nueve casas de autoconstrucción, en un valle boscoso de **Sussex**. Los tejados «vivos» parecen prados de flores silvestres, como si desearan restablecer el campo ocupado por la construcción. Además de que ofrecen un excelente hábitat para la vida silvestre, los tejados sirven para limpiar el ambiente, ya que absorben el dióxido de carbono. En la construcción de edificios modernos se emplean materiales sintéticos, como los aislantes de espuma y las pinturas y los tintes a base de productos petroquímicos; todos ellos presentan contenidos químicos tóxicos, cuyos elementos se «liberan» e invaden el interior de las viviendas. Los materiales naturales y los acabados no tóxicos, como las pinturas orgánicas, los tintes y las ceras, trabajan a favor de la naturaleza.

UNA CASA ECOLÓGICA

Sol de verano

Superficie máxima de ventanas orientadas hacia el sur para aprovechar el calor del sol

Tejado «vivo» verde

Un mínimo de muros y ventanas orientadas hacia el norte

Sur

Norte

Sol de invierno

Los largos aleros protegen la casa en invierno y la mantienen fresca en verano

Protección de los vientos prevalecientes

Acabados naturales en suelos, muros, paredes y techos, tales como pinturas orgánicas, tintes y ceras

Entramado de madera y enlucido de yeso

Un muro «que respira», aislado con papel de periódico reciclado —toda la capa exterior de la casa es porosa para permitir la ventilación

RECICLAJE

En el sistema «abierto» convencional, los productos de desecho se transportan al vertedero

Tienda

Consumo

Vertedero

El nuevo sistema «cerrado» recicla los desechos domésticos de diversas formas

Tienda

Consumo

Centro de reciclaje

Jardín

Compost

Reciclaje

1 Esta casa, tipo tienda de campaña, con un entramado de acero y un revestimiento de lienzo —propiedad del arquitecto Gabriel Poole y de la artista Elizabeth Frith—, situada en Queensland, Australia, es una respuesta adecuada al clima tropical. Las bocas de aire sobre la terraza hacen circular el aire por la casa y la refrescan sin tener que recurrir a sistemas de aire acondicionado. Las paredes exteriores pueden enrollarse para unir el interior con el exterior.

2 La casa diseñada por Poole es resistente a los tifones y está situada sobre la colina, un lugar de terrenos especiales para construcciones «delicadas», en el que otros tipos de construcción más grandes romperían la armonía del entorno.

4 A poca distancia se halla el anexo para los huéspedes. La mosquitera ofrece una protección necesaria contra insectos.

3 Esta casa sueca de veraneo forma parte de un esquema premiado, diseñado por el arquitecto noruego Sverre Fehn. Los módulos para dormir, comer y hacer una vida en común se han agrupado alrededor de un patio interior. La cocina abierta se halla en un largo pasillo que se extiende a lo largo de toda la longitud de la casa.

5 La zona abovedada del comedor/sala de estar está provista de un hogar que oculta la vista a la cocina, situada en el pasillo.

6 El dormitorio se abre al patio exterior que constituye el centro de la construcción.
7 Para integrarse en el entorno, la estructura base de la casa está fabricada con madera; los muros exteriores se han revestido de bloques hechos de adobe, un material ecológico, que a la vez es un buen aislante del calor y del sonido. El tejado de madera está protegido con tejas bituminosas.

se genera durante los meses de invierno es escasa, ya que, durante ese tiempo, los niveles de luz son bajos.

Posiblemente las nuevas formas de recolección de energía solar con placas acumuladoras en el tejado se hagan más populares porque así se podrían aprovechar para generar una parte de la energía para la calefacción eléctrica.

La energía solar pasiva se obtiene a través del diseño global de la casa: ventanas orientadas hacia el sur e invernaderos que guarden el calor solar y lo almacenen en la estructura. Las casas con entramado de madera se calientan más rápidamente, y las ventanas verticales son mejores que las claraboyas para retener los rayos bajos e inclinados del sol invernal.

DRENAJE

Una alternativa ecológica para la fosa séptica es un lecho o bancal de junquillos. Éste consiste en hacer pasar las aguas residuales por una serie de estanques «vivos», que limpian el agua mediante procesos biológicos naturales. Se requiere el diseño de un especialista y una extensión de terreno considerable para instalar todo el proyecto. Los desechos del suelo requieren de un sistema de más envergadura que las aguas «negras» procedentes de inodoros, baños y fregaderos.

Otras soluciones menos radicales y más factibles incluyen la recogida y el almacenamiento del agua de lluvia en barriles para utilizarla en los jardines, o incluso en las cisternas para los aseos.

RADIACIÓN

Algunas personas creen que las radiaciones eléctrica y electromagnética procedentes de los cables de uso doméstico son las causantes del estrés u otros problemas de salud. En algunos países se utilizan cables blindados para contrarrestar la radiación. Una solución consiste en un interruptor automático que desconecta el suministro eléctrico cuando no se usa, pero que se vuelve a conectar de forma automática cuando se activa el interruptor al encender la luz.

EL MANTENIMIENTO ECOLÓGICO DE LA CASA

Existen una gran cantidad de opciones para cambiar la rutina diaria de una familia y adoptar medidas para reducir la contaminación, la basura y el consumo de energía.

Con la sencilla sustitución de algunos productos químicos podemos mejorar la salud de muchos así como el estado general de nuestro planeta. Lea las etiquetas y evite los productos de limpieza que contengan tóxicos como cloro, formaldehidos, hidrocarburos halogenados o contaminantes como clorofluorocarbono (CFC).

- Utilice pinturas orgánicas y acabados naturales.
- Emplee productos de limpieza naturales: bórax, amonio, vinagre o sosa.
- Compre muebles de madera de árboles autóctonos y tapicería de fibra natural.
- Elija siempre materiales naturales: linóleo en lugar de vinilo y algodón en lugar de mezclas sintéticas.
- Los embalajes son un gran enemigo: compre frutas y verduras a granel, sin empaquetar.
- Recicle vidrio, latas de aluminio y papel.
- Vuelva a utilizar los recipientes de plástico de comidas y bebidas.
- Compre pilas recargables.
- Adquiera productos de papel reciclado.
- Utilice toallas y sábanas, así como ropa vieja para trapos de limpieza.
- Emplee los desechos orgánicos para el compost.
- Vuelva a usar las bolsas de plástico o de cartón de la compra.
- Compre productos con poco envoltorio.

Sea aún más ecológico y reduzca su consumo de energía:

- Utilice únicamente aislantes exentos de clorofluorocarbono.
- Instale un control termostático a su caldera y/o radiador; o, mejor aún, emplee un «manipulador de calderas».
- Compre radiadores grandes de un solo panel en lugar de convectores de aire.
- Compre bombillas compactas de luz fluorescente de bajo consumo.
- Seque su ropa mojada al aire libre.
- Cuide los aparatos para que duren más.
- Use sólo la lavadora y el lavavajillas con carga completa.

LA REDISTRIBUCIÓN DEL ESPACIO

1

La decoración proporciona una nueva imagen del interior; una buena organización impone orden y eficacia a la rutina diaria; pero la redistribución del espacio da justo en el blanco. La remodelación de la vivienda implica considerar el volumen y las proporciones, la intimidad y la comunicación, la luz natural y las vistas. Básicamente, es preciso pensar en términos arquitectónicos, lo cual resulta bastante más complicado de lo que parece. No obstante, el mayor obstáculo no es la falta de experiencia profesional, sino la carencia de imaginación. Resulta fácil cambiar o retocar una habitación ya existente, pero seguramente será más provechoso considerar el volumen de la casa de una manera más abstracta, como si se tratara de un espacio disponible para cumplir diversos requisitos y apto para las diferentes actividades cotidianas.

La vida en un entorno poco satisfactorio no necesariamente despierta el deseo de un gran cambio; del mismo modo, puede ocurrir que adormezca una imaginación apta para realizar mejoras. En estos casos, la precaución natural se ve reforzada por la complejidad percibida del trabajo estructural y las molestias que pueda causar. Además, también es necesaria una importante suma económica y, en el fondo, siempre persiste el temor de que después del cambio todo resulte peor: las habitaciones que pierden sus características arquitectónicas o los «invernáculos», poco más que pequeñas chozas pegadas a la parte trasera de la casa, han contribuido a que las remodelaciones causen cierto temor.

Para superar todos estos obstáculos y riesgos no es preciso ser valiente: simplemente hay que tomarse el tiempo necesario para analizar todas las opciones posibles y buscar un especialista que lleve sus ideas a la práctica. Mejorar la calidad espacial de su hogar puede equivaler a derrumbar una pared de separación, aumentar la amplitud y remodelar el espacio vital o, también, puede suponer una reforma más importante, como la de convertir el espacio disponible bajo el tejado en un dormitorio adicional o en un despacho, mediante la construcción de una extensión o de un nivel intermedio, de estructura metálica.

En última instancia, la reforma radical de la estructura de su vivienda puede ser la única forma de mejorar su estado de vida, disponer de más espacio, más luz y de aprovechar mejor todas las zonas interiores y exteriores. Se deben estudiar los costes de inversión para el cambio previsto frente a los beneficios que éste puede aportar, tanto en su estado de vida como en la plusvalía de la casa. A largo plazo, la alternativa —no hacer nada— posiblemente resulte la más cara de todas.

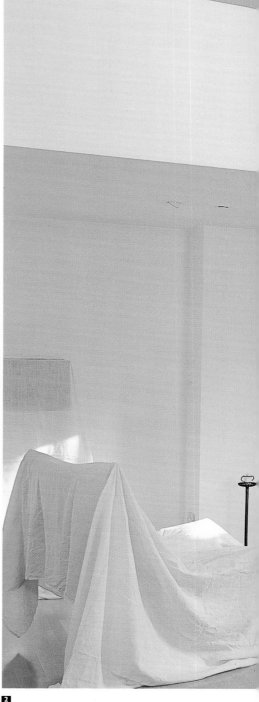

1 Los planos de intersección de las paredes y el techo curvado crean un notable interés arquitectónico en este moderno vestíbulo.
2 La conversión de un estudio artístico del siglo XIX llevada a cabo por el arquitecto Rick Mather acabó con el tradicional menosprecio por las remodelaciones, ya que lo ha transformado en una galería llena de luz. La escalera enyesada en forma de caracol sirve de nexo de unión con el nivel superior en forma de U.

2

3

3 Este cuarto de baño instalado bajo los aleros del tejado aprovecha el espacio que, de otro modo, no serviría para nada. La claraboya superior aminora la sensación de encierro; además, ofrece la posibilidad de gozar de una vista contemplativa a la hora del baño. Las puertas correderas ocultan el guardarropa.

4 Un largo panel engoznado de madera sólida separa la zona del comedor de la cocina, formando una conexión dinámica entre los dos espacios. Las gruesas paredes rugosas de color terracota contrastan con el acero inoxidable brillante de los accesorios de la cocina, a la vez que lo suavizan.

4

5 Las cualidades elementales de luz y espacio alcanzan su efecto culminante en esta casa mallorquina diseñada por Claudio Silvestrin.

5

La planificación de la reforma

1

1 En un piso londinense, la yuxtaposición a escala crea graciosas ilusiones en espacios pequeños. Una cama a baja altura protegida por el techo inclinado ofrece un rincón íntimo para descansar en un ático remodelado con mucha imaginación. Debajo de los aleros se han previsto espacios abiertos y cerrados para guardar objetos.
2 Las escaleras y los vestíbulos de casas antiguas ocupan, con frecuencia, un espacio excesivo. Esta escalera abierta de construcción moderna es de una notable simplicidad gráfica.

2

Probablemente un arquitecto podrá imaginar mejor y más fácilmente la casa ideal para usted. Existen un gran número de cambios espaciales pequeños y sencillos que no requieren gran asesoría profesional, o quizá sólo necesiten un cierto conocimiento técnico para su realización. No obstante, si pretende efectuar una reforma importante, es mejor consultar con un arquitecto cuanto antes para que haga realidad sus ideas.

Convencionalmente el arquitecto es la persona que le hace poner los pies en el suelo, marca los límites de los esquemas más decorativos y sustituye fantasías por sobrias realidades. En la práctica, numerosos arquitectos se han dado cuenta de que, en realidad, son los clientes los que se autolimitan y se plantean obstáculos para la remodelación que no existen. La tarea más importante del arquitecto consiste en elaborar la mejor solución para la utilización del espacio. No se trata de convencerle para que lleve a cabo más reformas de las previstas, sino de la puesta en práctica de una solución para obtener el máximo

beneficio de un cambio. Si todas las instalaciones de su casa necesitan una renovación completa, el arquitecto le recomendará formas para introducir reformas estructurales en su plan, que no incrementarán sensiblemente los gastos previstos, pero que mejorarán la calidad de su hogar.

PRINCIPIOS ESPACIALES BÁSICOS

Los arquitectos están acostumbrados a pensar de forma tridimensional para analizar y planificar la construcción sistemáticamente en términos de diseño, elevación y sección. Usted seguramente no tendrá tanta experiencia como ellos, pero unos cuantos conocimientos de los principios más elementales le ayudarán para enfocar el proyecto con mayor creatividad e incluso expresar sus ideas de modo más comprensible.

El equilibrio entre intimidad y relación social es importante. Por lo general, las casas más antiguas tienden a agrupar una serie de habitaciones independientes, diseñadas originalmente para actividades diferentes, dispuestas alrededor de un rellano de una escalera o un pasillo. Este tipo de viviendas convencionales resultan frustrantes si se desea lograr una mayor flexibilidad y comunicación. Por otra parte, el diseño de espacios abiertos es un fenómeno reciente, que en gran medida es el resultado de las notables mejoras de los sistemas de calefacción. En un arranque de entusiasmo por lo que prometía ser un gran espacio abierto, numerosas viviendas antiguas se remodelaron completamente para crear amplias estancias multiuso: un cambio drástico de un extremo a otro.

Ha sido necesario mucho tiempo para determinar algo que probablemente ya se sabía, que debe haber un equilibrio entre intimidad y relación social. Si se eliminan todas las divisiones interiores entre las diversas estancias, se quitan puertas y muros, y se integran escaleras y pasillos, se obtendrá un enorme espacio nuevo y diferente, pero probablemente no se estará a gusto en él. Si todos los espacios vitales se agrupan en una estancia grande, se corre el riesgo de sentirse desorientado. Simplemente no habrá ningún lugar al que retirarse para leer un libro o mantener una conversación privada. Los grandes espacios son extraordinarios, pero también pueden ser aburridos, ruidosos y desordenados, y más aún cuando se han omitido pequeños enclaves que ofrezcan un mínimo de variación. También faltarán paredes para colocar estanterías o radiadores, o simplemente un fondo para colocar un armario.

El mismo problema surge cuando proyecta unir dos habitaciones o convertir un gran espacio abierto, por ejemplo un viejo almacén, en varias estancias habitables. Se necesita intimidad para dormir, para bañarse y para trabajar, pero ¿realmente disfrutaría de una casa en la que se combinan la sala de estar y el comedor, la cocina y el comedor, e incluso los tres? El contraste entre espacios abiertos y cerrados sirve de modulación y aporta ritmo, una dimensión importante que no se encuentra en habitaciones demasiado estrechas o aburridamente amplias.

Otra cuestión importante es la de concebir el espacio como volumen. Con un poco de práctica resulta fácil imaginar los cambios en la distribución interna y el diseño, aunque las alteraciones con diferentes niveles presentan un mayor grado de dificultad. La ampliación mediante la eliminación de partes del suelo, y la división a través de galerías y «entresuelos» son cambios que alteran el volumen total de un espacio junto con la planta baja. Estos esquemas ofrecen una excelente posibilidad para proyectar la luz natural en el centro de la vivienda, lo que crea una mayor sensación de espacio así como vistas interiores que crean una unidad entre las diferentes estancias de modo atractivo.

Aunque sólo pretenda desplazar tabiques, no pierda de vista el entorno de la casa. Con frecuencia, los cambios en el interior implican ciertas alteraciones en sus relaciones con el exterior, al modificar el acceso al jardín, por ejemplo, o al establecer una mejor conexión visual con el terreno y su orientación. Debe saber hacia dónde se orientan las habitaciones principales, de dónde entra la luz a diferentes horas del día, cuáles son las zonas cálidas y soleadas, y cuáles las oscuras y frescas. En las regiones en las que se producen temperaturas extremas no habrá hogar cómodo y práctico si no se tienen en cuenta esos factores básicos. Tampoco son

3

3 Un panel blanco situado en medio de la habitación se convierte en una elevada cabecera de cama y en una separación que apantalla el cuarto de baño, a un nivel un poco más elevado, sin bloquear la luz que entra por el ventanal del muro posterior.
4 La conversión de pisos altos y almacenes es la última moda en cuanto a viviendas urbanas: un apartamento de una sola habitación en su máxima expresión. Reformar una vivienda que originalmente no ha sido planificada para uso doméstico ofrece una enorme libertad creativa.

de menor importancia en las zonas en las que el clima es más templado. La luz natural afecta sensiblemente a las personas, al igual que la libertad de movimiento entre el interior y el exterior; si vive en una región en la que los días soleados están contados, la importancia de aprovecharlos al máximo es aún mayor.

Las modificaciones del espacio se pueden clasificar por su complejidad: la demolición o construcción de tabiques se considera de baja complejidad, y la construcción de una extensión adicional es relativamente alta. No obstante, es posible que en la práctica se presenten cambios interrelacionados de mayor o menor grado de dificultad. Es recomendable imaginarse el resultado final que se desea conseguir, y empezar a planificar el proyecto hacia atrás.

4

Vistas

1

1 Los contornos ondulados de estas puertas de cocina aparecen en decorativo contraste con la nítida línea de los armarios del interior.

La percepción del espacio es tan importante para el diseño de una habitación como la superficie de suelo disponible. La verdad es que en el fondo de muchos deseos de derrumbar paredes y formar nuevas estancias probablemente se encuentre el deseo de incrementar la «sensación» de amplitud. Obviamente, parece tener sentido unir dos habitaciones que cumplan funciones relacionadas. Las combinaciones más comunes son la sala de estar con el comedor, o el comedor con la cocina, con vestíbulos, pasillos y similares en segundo lugar. Aunque sea la practicidad la que incline la balanza, la extensión de una amplia habitación constituye un poderoso argumento por sí solo. En una casa típica, con terraza, en la que las habitaciones vayan desde la parte frontal hasta la trasera, la eliminación de las paredes divisorias proporciona un doble aspecto, con luz natural y vistas desde dos direcciones.

La gente no necesita vistas, pero las anhela. Las habitaciones sin ventanas son una auténtica pesadilla, y de acuerdo con la ley, únicamente los cuartos «no habitables», como despensas, baños, aseos y curiosamente cocinas, pueden ser íntegramente interiores. Deben disponer de una buena ventilación, pero no es necesario que tengan una conexión visual directa con el exterior. Siempre que tenga oportunidad, crear una habitación con una entrada de luz natural por ambos lados es infinitamente preferible a las que tengan una sola ventana. Lo mejor sería disponer la habitación de tal modo que se disfrute de vistas exteriores e interiores y que permita mirar al exterior en direcciones distintas. Puede tratarse de aspectos oblicuos, como la vista desde una escalera o de un pasillo con una variedad de perspectivas estimulantes.

La instalación de ventanas «interiores», de cristal o abiertas, ayuda a expandir la luz y ofrece un tipo de vistas interesantes que animan a moverse de una habitación a otra. Una ventana circular entre un cuarto de baño interior y un pasillo o un panel acristalado sobre el fregadero de la cocina puede ayudar a contrarrestar la claustrofobia, aunque no olvide mantener separadas las actividades privadas de los espacios comunes.

Muchas veces las casas antiguas parecen dar la espalda al jardín que las rodea, y algunas extensiones adicionales incluso han dificultado el acceso al exterior. Una buena reorganización del diseño remedia el defecto fácilmente, lo que le permitirá poder salir al exterior y aproximarlo visualmente.

Las nuevas aperturas, interiores y exteriores, producen un efecto positivo sobre la circulación del aire, mejoran la ventilación natural y crean una atmósfera agradable y estimulante. La disposición de las ventanas de tal manera que el aire pase de un extremo de la casa al otro reduce la temperatura ambiental en un día caluroso y ahorra el aire acondicionado.

Es muy importante prestar especial atención a la dimensión, a la proporción y demás detalles de la nueva apertura, sea interior o exterior. Si elimina parte del suelo para crear un espacio de doble altura seguramente las ventanas existentes le resultarán pequeñas. Pero ampliar una ventana es relativamente sencillo: simplemente debe bajar la peana; las habitaciones grandes necesitan más luz y, proporcionalmente, aperturas más grandes. En las casas antiguas, eliminar una pared entre el salón y el comedor, por ejemplo, puede tener como consecuencia que se obtenga un gran espacio nuevo con dos hogares en una misma pared. Esto, naturalmente, siempre deja la evidencia de que se ha efectuado una división. Merece la pena recordar que se puede obtener un mayor beneficio al unir dos habitaciones si se conserva una parte de la pared en cada uno de los lados, a modo de detalle. Si desea conservar un elemento de flexibilidad, puede cubrir la apertura con una doble puerta, acristalada o no, o con persianas enrollables. En este caso, resulta más práctico comprar primero las puertas y después adaptar la apertura a las dimensiones adecuadas; si tuviera que encargar un trabajo de ebanistería especial, se encarecería el proyecto, el cual, en cuanto a los demás aspectos, es relativamente sencillo.

En lo que respecta a las aperturas exteriores, las dimensiones demasiado grandes pueden ser tan poco satisfactorias como las excesivamente pequeñas. Las ventanas pe-

2 Los grandes ventanales abatibles sirven también para salir al balcón desde el que se disfruta de una vista envidiable.

3 Una instalación de lavamanos en el pasillo repite la curva del muro exterior de una moderna casa en Australia. El panel de espejos refleja la vista.
4 En las regiones de clima agradable y con vistas espectaculares, las amplias aperturas aportan luz y ventilación, y facilitan el libre acceso entre el exterior y el interior.

1

1 Los grandes ventanales de esta casa en Córcega ofrecen una amplia vista sobre el extenso valle.
2 El tambor cilíndrico con un baño redondo se ilumina con una gran ventana circular. El espejo, también redondo, colgado en ángulo recto sobre el lavamanos, parece flotar en el espacio del fondo.

2

3 Las puertas macizas dobles dejan entrever una pequeña parte del exterior, y conducen la vista a lo largo del eje del espacio al paisaje del fondo.

3

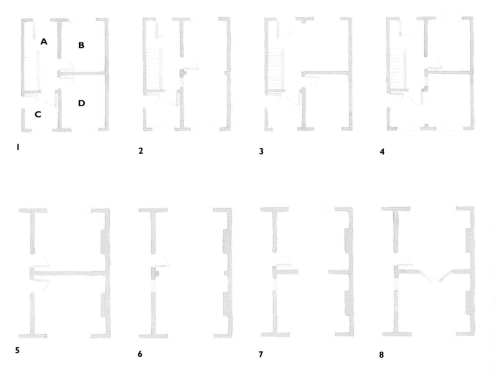

El diseño general de una secuencia de habitaciones se puede modificar mediante la eliminación de paredes internas:
(1) un proyecto convencional puede contar con un vestíbulo (A), una sala de estar (B), una cocina (C) y un comedor (D); si se elimina la pared entre la sala de estar y el comedor (2) o el vestíbulo y la sala de estar (3) se dispone de un mayor espacio para las actividades generales; si se elimina la pared entre la cocina y el comedor se obtiene un amplio comedor (4).
Dos habitaciones separadas (5) se pueden unir en una sola (6), tal vez conservando una parte de la pared divisoria (7); las puertas dobles en estos casos proporcionan una mayor flexibilidad (8).

queñas (extensiones lisas de cristal plano pulido) parecen ser una buena solución para recrearse en una vista, aunque muchas veces, curiosamente, parecen restar vivacidad. Las ventanas articuladas con cuarterones o las puertas acristaladas en terrazas tienen mucha más vitalidad. Asegúrese de que la vista realmente merece la pena: una nueva ventana para ver un viejo cobertizo en el jardín no mejora la calidad de visibilidad desde la sala de estar. Piense en los mejores aspectos para crear nuevas aperturas al exterior y procure que el paisaje y el interior se complementen mutuamente.

La dificultad para llevar a cabo tales obras depende de la estructura de los muros y si existen o no otros elementos implicados. Se pueden presentar complicaciones adicionales si las reformas afectan a las instalaciones ya existentes, por ejemplo, eliminar un radiador, cambiar una tubería o la instalación de cables eléctricos. Si se trata de un muro de carga, la apertura debe reforzarse con una nueva viga, un arquitrabe de hormigón o una vigueta de acero. Salvo la simple extensión de la repisa o parte inferior de una ventana, todo tipo de cambios en los muros exteriores requiere una cierta forma de refuerzo. En el interior, depende del tipo de muro. Si desea realizar cambios estructurales, resulta indispensable solicitar la aprobación correspondiente, aunque no necesite un permiso de planificación. Si se trata de una casa cuyos interiores estén detalladamente registrados, es poco probable que le permitan realizar reformas.

Las opciones de cambio incluyen:

- Eliminación de una pared entre dos habitaciones.
- Construcción de una larga conexión entre habitaciones, conservando una parte de la pared en cada lado.
- Construcción de un portón de gran tamaño entre habitaciones para cubrirlo con puertas adecuadas o una pantalla.
- Eliminación de una pared entre una escalera o un pasillo y una habitación.
- Construcción de ventanas interiores.
- Colocación de puertas acristaladas.
- Ampliación de ventanas ya existentes, tanto en anchura como en altura.
- Eliminación de una parte o todo el suelo para abrir hacia el tejado.
- Instalación de claraboyas en el tejado.

4

4 La estructura de apoyo de las columnas y las viguetas sirve de referencia para dividir este largo espacio. Eliminar todas las divisiones interiores puede crear espacios «problemáticos» carentes de puntos de referencia.

Espacios nuevos en viviendas antiguas

La sensación de amplitud no equivale a que efectivamente disponga de más espacio utilizable. Si tuviera la necesidad de acoger más personas en la casa o si ampliara sus actividades o precisara más espacio para almacenar cosas sería cuestión de rediseñar la distribución, separar una habitación grande para dividirla en dos más pequeñas o modificar los niveles para construir uno intermedio. Muchas veces los sótanos o los áticos son idóneos para la ampliación.

La división resulta sencilla y normalmente no existen problemas estructurales. Para dividir una gran habitación infantil (para que cada niño tenga un dormitorio individual) sólo se necesita un poco de sentido común para decidir dónde construir la pared y las puertas. El punto crítico de las nuevas estancias está en que cada una tenga, al menos, una ventana, y que, posiblemente, se perderá espacio en cada una de las respectivas entradas. También se deben considerar las proporciones de los nuevos espacios; una habitación de techo alto dividida en dos puede aparecer desproporcionada, salvo si ajusta los niveles o bien bajando el techo o subiendo el suelo. Si la disparidad no es exagerada, puede «disimularla» decorando las paredes con una cornisa, colocando esquinas cóncavas u otros detalles, como molduras o zócalos.

No hace falta que la división llegue hasta el techo ni que se construya en línea recta. Una pared redondeada puede ser una forma elegante de obtener un rincón privado; muchas veces, una división a media altura resulta ser una separación conveniente entre la cocina integral y el comedor.

A veces en las casas más antiguas de varios pisos, en las que los techos suelen ser altos, se pueden crear habitaciones pequeñas mediante una ligera modificación en los niveles, y añadiendo una estructura metálica. Si de todos modos debe renovar las instalaciones, puede aprovechar la oportunidad para remodelar toda la casa. Generalmente, en las viviendas de estilo victoriano y en otras del siglo pasado la cocina ocupa el peor lugar, normalmente en el sótano o en el semisótano, ya que, como lugar de trabajo, se consideraba perteneciente a la sección del servicio. Si traslada la cocina al piso

2

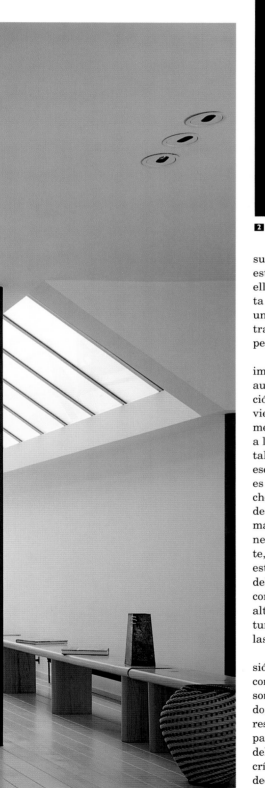

superior, al centro de la casa, quedará estrechamente relacionada con el resto de ella, mientras que podrá convertir la planta baja en un dormitorio adicional, en un estudio o en un despacho, en un gran trastero o incluso en un pequeño piso independiente.

Planificar un cambio en los niveles implica reflexionar sobre la «sección», una auténtica habilidad arquitectónica. La sección, o la vertical diagramática que atraviesa el edificio, le ayuda a determinar la mejor manera de usar el volumen, opuesto a la planificación de la decoración horizontal de cada planta. En este contexto, es esencial haber comprendido que el techo no es el piso de la habitación superior. Los techos, como «maquillaje» de la parte inferior de un suelo que son, pueden bajarse sin más dificultad para mejorar las proporciones de una habitación. Por otra parte, subir o bajar un suelo es una obra estructural, porque se altera la posición del propio suelo. Introducir un nuevo nivel, como una estructura metálica en un piso alto, también tiene consecuencias estructurales, ya que se incrementa el peso sobre las paredes maestras.

En términos del potencial, la conversión de un sótano no es lo mismo que la conversión de un piso alto. Los sótanos son, evidentemente, menos populares debido, en parte, a que a mucha gente no le resulta atractiva la idea de pasar la mayor parte de su tiempo bajo tierra. La altura del techo y la luz del día son dos factores críticos. Un semisótano en un terreno en declive, suficientemente alto como para moverse en él cómodamente y con una sali-

da al exterior, ofrece las mejores posibilidades. Se puede excavar el suelo en la parte exterior para facilitar la salida al jardín o ampliar las ventanas para tener más luz natural. Las excavaciones adicionales para construir un nuevo sótano o ampliar un espacio inferior de poca profundidad implican mucho trabajo y gastos; el apuntalamiento de los cimientos, el traslado de las tuberías de drenaje, el aislamiento contra la humedad, las obras de construcción y todos los permisos necesarios son, normalmente, suficientemente complicados como para desanimar a cualquiera. Si dispone de un sótano, pero no lo bastante grande como para llevar a cabo una buena remodelación, aún existe la posibilidad de bajar el nivel de la planta baja hasta donde sea posible, para obtener un mayor volumen en las habitaciones de la planta baja.

Generalmente, cambiar los niveles implica llevar a cabo modificaciones en las escaleras. A veces se gana espacio al recolocar y reconstruir una escalera. Las casas más antiguas suelen despilfarrar mucho espacio en escaleras. En ocasiones, las nuevas escaleras a balcones o estructuras metálicas pueden ser un atributo atractivo y dinámico; el efecto de unos escalones en voladizo o la tosca belleza escultural de una escalera en caracol constituyen un agradable detalle decorativo en la vida cotidiana, especialmente cuando se combinan con otras características llamativas como claraboyas o similares.

Los arquitectos Munkenbeck y Marshall han realizado una reforma radical de una casa antigua ubicada en el oeste de Londres. Desde el exterior, no se diferencia de las demás, pero el espacio interior se ha transformado para convertir las múltiples habitaciones pequeñas (que se habían dividido para formar varios apartamentos) en un diseño de amplio espacio (*véanse* planos en la página siguiente). **1** La luz natural invade toda la casa a través del nuevo techo de cristal, las puertas de la terraza y las ventanas sobre la mesa de trabajo de la cocina. Las distintas estancias se diferencian mediante el tipo de mueble y los accesorios: una mesa y sillas de comedor; la isleta para la cocina y (en la ventana del plano frontal, que no aparece en la ilustración) dos sofás en ángulo recto con respecto al hogar. **2** Visto desde el jardín trasero, una imagen espectacular del interior de la casa: el suelo de madera de arce, la isleta y la escalera confieren un toque cálido a este ambiente minimalista.

1 Esta cocina, única en su diseño, que ha sido realizado por David Pocknell, está formada por paneles de fibra de densidad media empotrados en la pared y una superficie de trabajo de acero inoxidable. La isleta en el centro ofrece un espacio adicional. Sobre el fogón de gas, en uno de los elementos de fibra de densidad media, se ha instalado el extractor de aire. Sobre este mueble se encuentra un reloj que se puede ver cuando se cruza el rellano de cristal en la parte superior.
2 En el extremo superior de la escalera del primer piso, un rellano de cristal lleva al estudio, el único lugar convencional de la casa (en el sentido de cuatro paredes y una puerta). El rellano es un punto focal de este proyecto de remodelación, un punto en el que el proceso de ampliación encuentra su máximo potencial: con vistas hacia abajo, a la sala de estar, y hacia arriba, al pasillo metálico y a la claraboya.

1

2

3 El cuarto de baño de la primera planta es la segunda habitación más grande de la casa. La bañera suelta, sin empotrar, ocupa un lugar prominente, junto con un lavamanos doble instalado en el fondo. Los espejos empotrados con bisagras juegan con la geometría del interior, reflejando las paredes pulidas de los roperos empotrados, fabricados con paneles de fibra de densidad media barnizados; debajo de la escalera, una de las puertas del «ropero» sirve de entrada a un pequeño vestuario (que no aparece en la ilustración).

3

CORTE TRANSVERSAL PREVIO

NUEVO CORTE TRANSVERSAL

4 El dormitorio se localiza bajo el tejado de la casa, directamente sobre el cuarto de baño. Las estanterías de poca altura actúan a modo de mueble auxiliar, de gran longitud, en el que el propietario expone su colección de juguetes de metal.
5 En el jardín formal pavimentado, en la parte posterior de la casa, destaca una loseta de hormigón de color rojizo, desde la que emerge una pequeña cascada que desemboca en una artesa. En realidad, la loseta oculta una pequeña barbacoa en la parte posterior.

4

PLANTA BAJA PREVIA

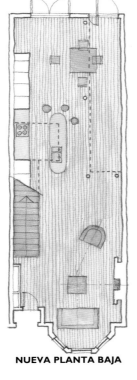

NUEVA PLANTA BAJA

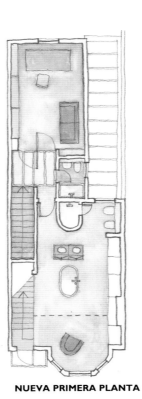

NUEVA PRIMERA PLANTA

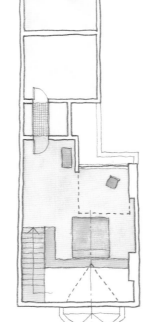

NUEVA SEGUNDA PLANTA **5**

Al desván

Los desvanes ofrecen una amplia gama de soluciones para aprovechar el espacio. Con una ventana y nuevos muebles auxiliares que aprovechen el espacio bajo los aleros (donde la altura es menor), un desván puede convertirse en una agradable estancia habitable. La popularidad de este tipo de reformas se evidencia por el número de compañías especializadas en la venta de «paquetes de reforma» que contienen los componentes necesarios. Si vive en la ciudad y aprecia su jardín en demasía, aprovechar el espacio bajo el tejado posiblemente sea la única opción para ampliar la superficie habitable. Simultáneamente, al abrir el tejado y eliminar el techo, el nivel superior de su casa se convertirá en un espacio amplio y lleno de luz. Los espacios situados bajo un tejado —con ángulos formados por los planos del techo, un potencial para la iluminación superior y vistas panorámicas— tienen su propio encanto. La única desventaja es que a mucha gente le parece que esa estancia es demasiado ruidosa, y en la práctica el sonido de la lluvia que cae sobre las tejas resulta más molesto que romántico. Y, además, en las nuevas casas con armazón de tejado prefabricado este tipo de reforma es imposible.

El acceso es una cuestión importante. Si tiene previsto utilizar el desván de forma regular, deberá construir una escalera adecuada. Para ello probablemente tendrá que realizar cambios en la escalera existente o en las habitaciones de la planta superior, para encajar una nueva escalera. Posiblemente incluso deberá ampliar la apertura del techo si desea subir muebles voluminosos.

El tipo de ventana previsto debe ser fácil de limpiar. Las ventanas con bisagras y las giratorias facilitan la limpieza; además, existen determinados artículos para este fin. La limpieza no es una cuestión secundaria en el caso de las ventanas del tejado o de las claraboyas; el placer de contemplar el cielo azul se pierde por completo cuando es preciso esforzarse para mirar a través de unos cristales sucios. Para instalar la ventana desde el interior no se necesitan andamios. Todas las ventanas expuestas a los rayos directos del sol precisarán persianas o toldos para filtrar el exceso de luz y mantener la temperatura dentro de unos límites razonables.

En términos de estructura, la obra varía. Las viguetas del techo de un desván no suelen soportar el peso de las personas y de los muebles: probablemente deba reforzarlas con vigas adicionales. Una claraboya, una ventana en la parte llana del tejado, es el mínimo requerido para conseguir el estatus de «habitabilidad»; además, es recomendable duplicar los soportes en ambos lados del tejado. Para incrementar la superficie aprovechable del suelo, y dar suficiente altura, tal vez se precise una viga maestra, cosa que requiere un permiso de planificación. Otros cabios o vigas deberán eliminarse para ganar espacio, pero tendrán que sustituirse por otros medios de soporte alternativos.

1 La conversión de un desván en un despacho le permite trabajar sin interferir en el espacio de los demás.
2 En los grandes edificios, la superficie disponible debajo del tejado presenta dimensiones considerables. Excelentes fuentes de luz natural y un potencial para almacenar evidencian las ventajas de «vivir en el desván».
3 Los dormitorios en el desván eliminan las estancias para dormir del entorno general de la casa, lo que enfatiza la sensación de intimidad.

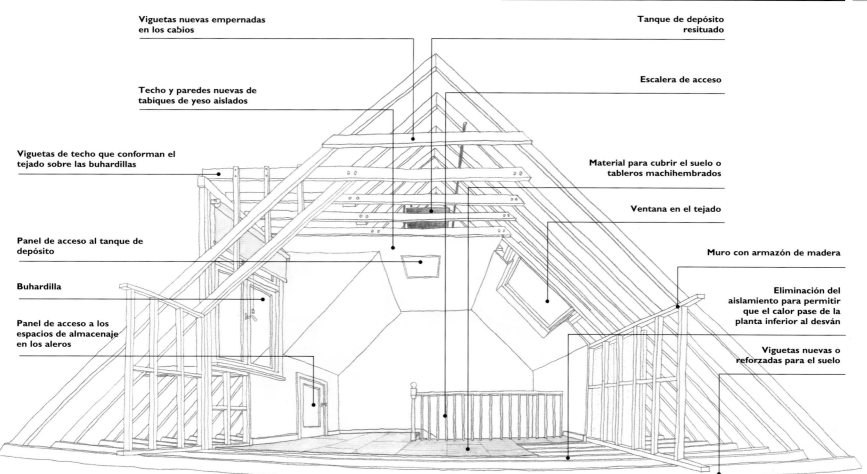

Viguetas nuevas empernadas en los cabios

Techo y paredes nuevas de tabiques de yeso aislados

Viguetas de techo que conforman el tejado sobre las buhardillas

Panel de acceso al tanque de depósito

Buhardilla

Panel de acceso a los espacios de almacenaje en los aleros

Tanque de depósito resituado

Escalera de acceso

Material para cubrir el suelo o tableros machihembrados

Ventana en el tejado

Muro con armazón de madera

Eliminación del aislamiento para permitir que el calor pase de la planta inferior al desván

Viguetas nuevas o reforzadas para el suelo

PUNTOS IMPORTANTES A RECORDAR

- Para dividir la casa en dos viviendas separadas se requiere un permiso de planificación. Si tiene previsto conservar una conexión entre ambas, debe instalar una puerta de emergencia.
- Es precisa la aprobación por parte de las autoridades correspondientes para realizar cualquier alteración estructural en su hogar, incluyendo el apuntalamiento de los cimientos.
- Las antenas y similares deben instalarse lejos de ventanas nuevas.
- Para reformar el tejado o construir una claraboya no se necesita ningún permiso, siempre y cuando se mantenga la forma del tejado; existe una excepción para las casas de interés histórico.
- Normalmente se necesita un permiso para construir buhardillas visibles desde la calle, no solamente en la parte frontal de la casa o con vistas a la avenida principal, sino también a otras vías públicas secundarias, y, en algunos casos, a parques y jardines públicos.
- Existen determinadas restricciones para los modelos de las buhardillas.
- Las reformas en los desvanes deben realizarse de acuerdo con las regulaciones contra incendios, que posiblemente requieran puertas a prueba de incendios para aislar las nuevas zonas, un tipo de suelo o su dimensión y la forma y la posición de las ventanas. Los edificios de tres y cuatro plantas tienen más restricciones que los de dos.
- Tal vez se necesiten escaleras como salida de emergencia del desván.

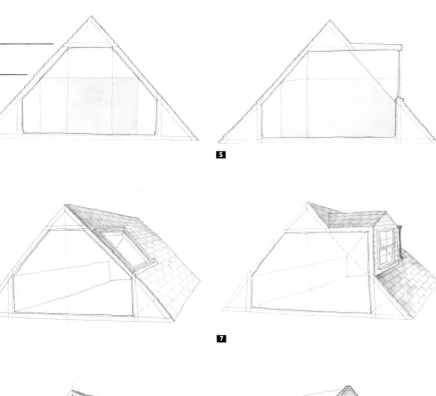

2,3 m

1,5 m

4

5

6

7

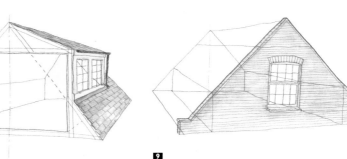

8

9

4 Se calcula que la superficie del suelo de un desván es el espacio en el que el tejado se halla, como mínimo, a 1,5 m por encima del suelo. La mayoría de los requisitos legales de construcción estipulan una altura mínima para un techo acabado de 2,3 m, al menos en la mitad de la superficie base del suelo.
5 La instalación de un tragaluz incrementa notablemente la zona habitable.
6 Ventana estándar para tejados.
7 Ventana tipo buhardilla a dos aguas.
8 Buhardilla.
9 Ventana de dos hojas en muro a dos aguas.

Nuevas extensiones

La construcción de nuevas extensiones abarca una amplia gama de posibilidades: desde un ala para duplicar la superficie habitable hasta un invernadero. Una extensión bien planificada y realizada incrementa la superficie vital y el valor de la casa. Pero, por otra parte, una estructura adicional barata y mal realizada nunca será satisfactoria, e incluso le quitará las ganas de habitar las habitaciones previamente existentes. Una buena ubicación, un diseño con estilo y una perfecta integración en los espacios ya existentes son esenciales para sacar el máximo provecho a la inversión.

En primer lugar defina la auténtica finalidad de la extensión que desea añadir. ¿Quiere ampliar habitaciones ya existentes, la cocina o la sala de estar? ¿Necesita otro dormitorio o un despacho para trabajar? Si necesita más espacio, determine primero la función de la nueva estancia para mejorar las condiciones existentes. La extensión de una casa puede producir un efecto frustrante, que más tarde le obligará a replantearse todo el diseño y la organización. Un ejemplo sería la conversión de un garaje integrado en la casa en un estudio o en un cuarto de juegos, con un nuevo acceso a la casa, y construir un garaje independiente. En este caso, con la nueva construcción se aprovecha mejor la casa original, aunque directamente no aumenta el espacio vital.

La ubicación es otro elemento clave; debe tener en cuenta la dirección de la luz natural, las vistas y la relación con el exterior. No tiene sentido construir un invernadero allí donde casi nunca llega la luz del sol, ni una extensión de la sala de estar para acercarse al muro del vecino. Extender la planta baja siempre restará espacio al jardín: asegúrese de que el sacrificio merece la pena. La eliminación de viejas construcciones o de extensiones en desuso aumentan el terreno disponible. Si vive en la ciudad y el terreno es escaso, es recomendable recurrir a una extensión en la planta alta, sobre el último piso o sobre una extensión ya existente, sobre un ala o un garaje anexo. Los balcones y las terrazas pueden causar la misma sensación de «comunión» con el exterior.

Una extensión bien planificada debería racionalizar las rutas de desplazamiento tanto interiores como exteriores e incrementar el sentido de amplitud y luz, en lugar de eliminar los mejores aspectos de las habitaciones. Por este motivo, los invernaderos semi o totalmente acristalados son una solución popular, y su naturaleza mediadora entre casa y jardín reduce el impacto de la construcción. Si la casa se encuentra en un terreno muy extenso, otra alternativa consiste en construir o reformar otra edificación que se halle a cierta distancia de la casa principal y establecer una unión entre ambas. Los patios e invernaderos son adecuados para este efecto.

En lo que se refiere al estilo, puede optar por mantener exactamente los mismos detalles y materiales de la construcción original o bien hacer lo contrario, a modo de contraste. Cualquiera que sea el estilo que elija, lleve a cabo el mejor trabajo posible, para que no parezca una imitación barata o una falta de valor para llevar sus ideas a la práctica.

En cuanto a la obra de construcción, existen tres aspectos principales a tener en cuenta. En primer lugar, debe establecer una conexión con la casa ya existente, lo que supone trabajar a partir de los muros exteriores originales. En segundo lugar, la nueva construcción de una planta baja requiere cimientos propios; una extensión en el desván tan sólo necesitará un refuerzo en los cimientos existentes para soportar la carga adicional. En tercer lugar, surge la cuestión de la ampliación de las instalaciones de calefacción, electricidad y drenaje.

FACTORES A TENER EN CUENTA

- No necesita permiso para construir una pequeña extensión de una sola planta siempre y cuando ésta se mantenga dentro de ciertos límites de altura, a una cierta distancia de las delimitaciones de la propiedad y si no excede el «contenido cúbico» de la casa principal en más de un 10 %. De acuerdo con esta cláusula, por ejemplo, casi todos los invernaderos están exentos de permisos. No obstante, si la casa ha sido ampliada después del año 1948, tal vez se haya aprovechado este «permiso», por lo que deberá solicitar uno para llevar a cabo la nueva obra.

1 Muchas veces añadir una nueva habitación causa problemas en la distribución interior previa. Al construir una extensión en este apartamento se obtuvo un comedor-invernadero, una nueva cocina y, subiendo la escalera, un dormitorio individual.
2 Si el jardín no es demasiado pequeño, se puede aprovechar el terreno de la parte posterior o el lateral a la casa. Este nuevo cuarto de baño forma parte de una extensión en la parte trasera.

3 Este comedor, creado mediante una extensión de doble altura cubierta de un tejado acristalado a dos aguas, es una excelente transición entre casa y jardín.

3

4 En las ciudades, muchas casas están orientadas hacia los patios interiores. Esta cocina-invernadero en la parte posterior de una casa en Londres traslada el centro de la casa al centro del jardín.

4

- Para extensiones mayores, el permiso de planificación dependerá de los efectos que produzcan sobre las casas vecinas o sobre el carácter general del entorno.
- En algunas regiones se necesita un permiso para construir junto a un muro de división común con el vecino.
- Todas las habitaciones interiores deben estar ventiladas adecuadamente: al menos de forma mecánica en lo que concierne a las cocinas y a los cuartos de baño, y con una ventana en las demás estancias.
- Posiblemente se le prohíba construir sobre un registro de alcantarillado.

- En el caso de las extensiones a gran escala, se deben respetar las normas de aislamiento, aunque éstas no existan en el edificio original.
- Los nuevos cimientos deben unirse a los ya existentes; ello incrementará las horas de trabajo y los costes de la obra.
- Las nuevas construcciones adyacentes, como garajes, piscinas o similares, que no se utilicen como vivienda, no precisan permisos, siempre que su altura sea inferior a un determinado límite y se encuentren a una distancia especificada de la casa y la carretera más próxima. Para asegurarse, consulte las reglamentaciones locales.

Transformaciones

La mayoría de los edificios sobrevive a sus dueños originales y, salvo un accidente natural, con los arreglos y las reparaciones necesarios, incluso sobrevive a sus funciones originales. No hay nada extraordinario en el hecho de instalarse en un edificio cuyo motivo de construcción original era completamente distinto; recientemente se ha desarrollado una tendencia a instalarse en construcciones transformadas.

Las razones son bastante obvias. Muchas zonas de nuestras ciudades, poblaciones y suburbios se componen de calles y calles de casas notablemente similares. Los constructores modernos no son menos originales que los de los siglos pasados. Si está familiarizado con unos cuantos tipos de casas, antiguas y nuevas, conocerá los interiores de más de la mitad de las viviendas de su barrio. El simple hecho de que el cuarto de baño es «la primera puerta a la derecha, subiendo las escaleras» induce a la gente a querer cambiar. Las transformaciones ofrecen una gran libertad para el diseño y un amplio espacio para lo caprichoso e inesperado.

Desde que la gente joven descubrió que cualquier espacio sencillo se podía transformar en una casa pequeña y acogedora, el potencial para establecer la vivienda en edificaciones cuyo destino original era otro completamente diferente se ha ido explorando cada vez más. Para los aficionados al diseño moderno, las antiguas fábricas y los almacenes ofrecen una tosca utilidad y una frugal belleza funcional; los más conservadores disponen de un sinfín de oportunidades para renovar, conservar y cuidar formas arquitectónicas únicas, como antiguas granjas, capillas y pequeñas escuelas de pueblo. La moda de vivir en apartamentos en pisos altos fue un simple expediente de los artistas neoyorquinos, quienes a finales de la década de 1970 iniciaron la «colonización» de los edificios industriales de la parte baja de Manhattan, donde habían encontrado grandes superficies disponibles, y a muy bajo precio, para sus estudios. Estos primeros intentos dieron lugar a todo un estilo de vida, con sus correspondientes tendencias de diseño, como la alta tecnología. Durante ese proceso, una gran parte de los edificios del centro de la ciudad se salvaron de ser demolidos, y gracias al «rejuvenecimiento» de los distritos abandonados por la industria desde hacía tiempo, se ha reciclado un espacio útil.

Normalmente las casas transformadas ofrecen una mayor superficie que las viviendas domésticas de tipo medio. Al mismo tiempo, generalmente incrementan la flexibilidad del diseño y la disposición del espacio, introduciendo detalles arquitectónicos inusuales. Se puede beneficiar de muchas de estas ventajas si compra o alquila un espacio que ya haya sido transformado; actualmente existe un mercado altamente sofisticado de traspasos de este tipo de inmuebles. Pero los auténticos entusiastas prefieren iniciar la labor con una construcción desnuda. El aspecto negativo es que, aunque la mayoría de las características espaciales corresponden a las de una casa normal, existen ciertos requerimientos estructurales y de organización especiales, cuyas proporciones pueden desanimar a cualquiera.

El primer paso es encontrar el edificio. Las autoridades locales le pueden informar sobre la existencia de un tipo de

1 Pantallas translúcidas móviles separan el dormitorio en una buhardilla. El armazón metálico de las pantallas complementa la estética industrial del edificio.
2 Las sencillas separaciones de madera contrachapada dividen el espacio en un apartamento neoyorquino: una utilización sorprendentemente suave para un material tan básico.

3

edificación adecuado. Las agencias inmobiliarias gestionan la venta de almacenes y naves industriales. También existe la posibilidad de encontrar una propiedad adecuada si recorre personalmente el barrio al que le gustaría mudarse. Muchas veces son talleres, viejas salas de reuniones o pequeñas fábricas ocultas tras las avenidas residenciales, pero la mayor parte se halla en los barrios más apartados.

Según la dimensión del edificio que haya seleccionado, el siguiente paso consiste en encontrar personas que sigan su mismo objetivo y deseen compartirlo con usted para formar una cooperativa o una sociedad limitada que pueda financiar la compra. Consulte a un especialista en la materia para concretar aspectos contractuales y de financiación.

Lo más importante es asegurar que se obtenga el permiso para la planificación, tanto para el cambio de actividad como para las modificaciones necesarias. El «cambio de actividad» es una cuestión complicada. Los edificios se clasifican según sus funciones oficiales, y «para vivienda» sólo es una de muchas categorías. La respuesta oficial a su petición de construir una vivienda en una antigua fábrica de pianos o en una vieja escuela primaria muchas veces tropieza con problemas políticos, como la previsión de reanudar actividades en este sentido o tal vez en otro ámbito. Si entre sus planes figura realizar una actividad profesional, como, por ejemplo, convertir la edificación en un estudio fotográfico, sus posibilidades serán mejores. Es imprescindible asegurar la obtención del permiso necesario; de otro modo, se convertiría en orgulloso propietario de un edificio, pero sin permiso para vivir en él. Simultáneamente, entregue un esquema con las modificaciones que tiene previsto realizar. Consulte a un arquitecto y pídale que haga una revisión cuidadosa. Las leyes de protección contra incendios son muy severas. Tal vez, si su edificio figura en la lista de granjas u otros tipos de finca rústica, también deba consultar a las autoridades municipales.

Naturalmente es mucho más fácil evitar todos estos contratiempos y buscar un apartamento o un piso en un edificio adquirido por otro. Cualquiera que sea su

3 Las viejas vigas y el entramado del techo revelan el pasado de la elegante transformación de un viejo granero. Este tipo de construcciones rurales constituye un espacio original con características atractivas para el que desee alejarse de los ambientes domésticos convencionales.
4 En esta transformación de un almacén se han instalado separaciones con cristales cuadriculados para aislar el dormitorio de la sala de estar.

elección, la adaptación del espacio para adecuarlo a sus necesidades personales requiere exactamente el mismo tipo de análisis que se ha detallado en este capítulo, sólo que a una escala considerablemente mayor. No obstante, las compensaciones potenciales son grandes. Lo mejor es agrupar los servicios para la cocina y el cuarto de baño en un «centro» que formará el punto de partida para dividir el espacio en zonas privadas y abiertas. También será necesario establecer divisiones, de lo contrario su nuevo hogar tendrá la intimidad de un campo de fútbol. Al mismo tiempo, es esencial tener en cuenta y adaptarse a la proporción original del edificio; tal vez pueda conservar algún accesorio original. Permita que se entrevea algún rasgo prístino y respete las características arquitectónicas existentes y otros elementos estructurales.

4

De vuelta al estilo

1

1 Aunque la utilidad práctica de un hogar ha disminuido considerablemente, su contribución simbólica y estética al interior se aprecia más que nunca. Esta chimenea sirve de marco para una gran urna de cerámica; además, se convierte en un punto decorativo para toda la sala.
2 Los paneles que rodean la puerta, los arquitrabes y un simple fuego en el hogar proporcionan los detalles decorativos y determinan el carácter de este dormitorio sin comprometer un ambiente básicamente contemporáneo.

La recuperación del estilo es una cruzada moral para los aficionados, una empresa que requiere diligencia, labor de investigación y dinero. Depende de cuán lejos se desee llegar. Es perfectamente posible restaurar un interior para darle un aspecto muy parecido al de su apariencia original, incluyendo incluso detalles históricamente exactos en puertas y las fórmulas para las pinturas. Sin embargo, por lo general se presenta un problema cuando la conveniencia de los servicios modernos resulta más convincente y el «ambiente» de la época resulta más atractivo que la «realidad» de ella. Otras personas son conscientes del hecho de que las casas antiguas son el producto de diversos cambios a lo largo de los años y que la fecha de origen no tiene ninguna importancia en particular. Para la mayoría, la

cuestión radica en conciliar lo antiguo con lo nuevo.

La restauración de época es más factible, práctica y efectiva a nivel de detalle arquitectónico. El «detalle», no obstante, es un elemento más influyente de lo que uno se imagina. El efecto añadido de estas características tan sutiles y aparentemente redundantes resulta fácil de juzgar cuando se analiza una casa antigua que carece de ellas. El detalle decora, da sentido a las proporciones y aumenta la calidad de los acabados. Las molduras y la guarnición ajustan la vista a los ángulos entre el techo y la pared, la pared y el suelo. Las cornisas y los zócalos ribetean el plano de las paredes y disimulan con elegancia las posibles grietas superficiales que a veces se producen en estas uniones. La finalidad de las molduras superiores del zócalo, que normalmente se

Una vieja casa con historia propia revela su carácter de varias maneras: a través de los materiales y la construcción, el diseño y la distribución, y definitivamente, lo que se conoce como «detalle arquitectónico». Este amplio término engloba todas las características intrínsecas y evocadoras, como las molduras, las cornisas, los frisos, las baquelitas de friso, los hogares y los arquitrabes que definen, embellecen y articulan las superficies planas del interior.

No hace demasiado tiempo, con el frenético ímpetu de modernizar las viejas propiedades con los últimos servicios y otros arreglos internos complementarios, muchos de estos «detalles» fueron a parar a la carretilla del constructor. Más tarde, las transformaciones de la posguerra se hicieron notorias por su vandalismo histórico y, en poco tiempo, la gente empezó a darse cuenta de lo que echaba de menos. Actualmente es inimaginable que una casa de época pueda modernizarse hasta el punto de eliminar todas sus características distintivas, características que, en esencia, son determinantes del valor auténtico de la casa. Junto a esta renovada apreciación y el espíritu de conservación se ha creado un floreciente mercado de objetos decorativos de épocas pasadas así como de la reproducción de los mismos. No obstante, la restauración es un tema distinto.

2

3

3 La pintura de color gris perla enfatiza sutilmente los detalles tradicionales de esta casa de estilo mediterráneo. En el pasado, todos los decorados de madera se fabricaban de madera blanda, siempre decorada con pintura.
4 Los paneles a media altura, los elegantes arquitrabes y los suelos brillantemente pulidos proporcionaban una sensación muy hogareña a los interiores de las casas americanas de tiempos pasados.
5 El techo de un estudio estucado en yeso y finamente elaborado le confiere una nota de soberbia elegancia a este diseño contemporáneo.

4

situaban a la altura de un tercio de la pared, consistía en marcar la línea divisoria entre los diferentes tipos de acabados de la pared: la parte inferior resistente y robusta, y la superior más fina y decorativa. La propia moldura servía originalmente para evitar que las sillas estropearan la pintura o el tejido que cubría las paredes.

El estudio y análisis de los interiores históricos le ayudará a familiarizarse con las diferentes formas de las características decorativas y su posicionamiento estándar. Es posible que en su barrio exista una casa que haya conservado los detalles y quiera copiarlos. Quizá conserve molduras que puede usar para hacer copias de las partes faltantes. También se pueden comprar versiones sintéticas de peso ligero y fáciles de colocar, las cuales, una vez instaladas y pintadas, no se diferenciarán de las auténticas.

Evite los oropeles de época y restaure únicamente los elementos que contribuyan de forma positiva a la decoración o al uso práctico. Si desea instalar una moldura o barra para colgar cuadros, hágalo y coloque los cuadros. Si arregla la moldura superior del zócalo, restaure también el propio zócalo. No opte por adornos demasiado elaborados: las molduras relativamente sencillas producen el mismo efecto que las más complicadas.

Con frecuencia las grandes piezas de época, como los hogares o las chimeneas, se convierten en el punto focal de la habitación. No es necesario que sea exagerado en cuanto al modelo, pero es importante que se adapte a la dimensión y al estilo de la estancia. Una pequeña rejilla de hierro fundido se perderá en un salón que tenga un techo alto, mientras que un hogar de mármol de estilo barroco no es lo más indicado para un dormitorio, a no ser que se trate de un diseño suficientemente extravagante.

Por lo general, adaptarse a un estilo no necesariamente implica un gran trabajo de albañilería. No obstante, para instalar un hogar es preciso abrir el testero de la chimenea, y dado que estos testeros forman parte de la estructura de la casa, conviene averiguar hasta qué profundidad se puede excavar.

Eliminar detalles modernos indeseados es otra cuestión. A veces surge algo totalmente inesperado: por ejemplo, en una vieja granja, bajo las gruesas capas de ladrillos del siglo pasado, se descubrió un antiguo hogar que databa de la Edad Media; no obstante, no todos los descubrimientos son tan afortunados. Para el estudio arqueológico de los muros de su casa será necesaria la asesoría arquitectónica e histórica de especialistas.

5

LA ORGANIZACIÓN EN CASA

En el hogar conviven las personas y se guardan las cosas. Incluso el minimalista más exagerado posee algunas pertenencias que cubren necesidades básicas; la mayoría de la gente acumula mucho «equipaje» a lo largo de la vida, y algunos en exceso. Cuando nuestras propiedades empiezan a exceder el cupo, llegamos al punto en el que nos planteamos el problema de cómo, dónde y por qué las guardamos.

A primera vista, la buena organización en casa debe ser invisible; por su parte, el caos o el desorden siempre le mirarán de frente, le obstaculizarán durante sus quehaceres a cada instante y le complicarán el desarrollo de las labores más rutinarias. La organización en casa no requiere gastos excepcionales o cambios estructurales; se consigue con una buena redistribución de la habitación y la elección de una zona de almacenaje determinada. Si lo organiza correctamente, tal vez se dé cuenta de que dispone de más espacio de lo que había pensado, y lo disfrutará aún más.

El almacenamiento es un término laboral que describe lo que, de hecho, es un elemento clave del aspecto y la funcionalidad del hogar. El cómo y dónde guarda sus pertenencias produce un efecto radical sobre la forma de aprovechar el espacio, particularmente sobre la facilidad y la eficacia para realizar cualquier tarea, desde vestirse hasta cocinar, desde lavar o ducharse hasta jugar con los niños. A continuación, su criterio personal —si prefiere dejarlo todo a la vista o bien ocultarlo todo en armarios y cómodas— determinará el carácter esencial de la vivienda, más aún que los colores de la pintura o el estilo de sus tapicerías. Un vestíbulo repleto de bicicletas y abrigos viejos es un testimonio elocuente que justifica el valor de un buen almacenamiento; además, el desorden tiene una mala costumbre de expandirse insidiosamente por el resto de la casa.

Por todas estas razones, la organización no es una tarea que se pueda realizar en partes o de forma reactiva. Es necesario que examine todas sus pertenencias, la frecuencia y los contextos de utilización, de modo que las pueda guardar en un lugar razonable, recordar su ubicación y tenerlas fácilmente al alcance. Un buen almacenamiento también significa que sus pertenencias se mantengan bien cuidadas y no se estropeen de forma prematura. Es de conocimiento común que se necesita el doble del espacio originalmente previsto; reorganice su hogar y con toda seguridad lo podrá encontrar en sus propias cuatro paredes.

1 Las cocinas requieren una habilidad organizativa especial. Los alimentos frescos, las provisiones básicas, los utensilios y demás aparatos deben almacenarse de forma segura y accesible para preparar la comida. **2** Una amplia despensa bien proporcionada combina armarios cerrados, que ocultan artículos en su interior, así como estanterías. De esta forma, la puerta enmarcada con estantes adquiere una atractiva solidez.

3 En estos armarios que llegan hasta el techo, provistos de estanterías de diferente altura para disponer de un espacio de almacenamiento flexible, todo queda oculto.

4 Las puertas de madera contrachapada pintadas de diferentes colores dan vida a este cuarto de baño.

5 La belleza y la fragilidad de las piezas de cristal expuestas se acentúan aún más con la estantería de cristal empotrada sin marco en una hornacina.

4

5

Menos es más

Antes de iniciar una reorganización conviene que analice críticamente sus pertenencias. Casi todos guardamos un sinfín de cosas que no nos interesan y que carecen de utilidad, artículos que hemos guardado durante años y que, ocultos en el trastero o en el armario del vestíbulo, ocupan lugar por derecho propio. Evalúe todas sus pertenencias de forma objetiva y tire todo lo que no le gusta, no necesita ni usa. Hay una variedad de posibilidades para deshacerse de ropa y muebles, juguetes y libros, por ejemplo en tiendas de objetos de segunda mano, en tómbolas organizadas en colegios y parroquias, como obsequios para fines caritativos o simplemente para reciclaje. Lo que no pueda querer nadie que esté en su sano juicio, tírelo.

El objetivo de esta estrategia no consiste en obligarle a llevar una vida espartana y de renuncia para reducir sus pertenencias a una lista de necesidades indispensables, sino de aprovechar las dos facetas, sus objetos preferidos y el espacio, para realmente disfrutarlos al máximo. Aunque la buena organización no sea incompatible con cierta actitud relajada en cuanto a la limpieza, el desorden no es económico y obliga a desaprovechar un espacio precioso, además de que, con toda seguridad, no le dejará ver lo más esencial y, posiblemente, incluso duplique lo innecesario.

Una vez que se haya deshecho de todo lo que le sobra, divida el resto en diversas categorías, según la frecuencia de utilización. Hay muchas cosas que se utilizan constantemente, cada día, que evidentemente deben guardarse en un lugar muy accesible; otras se emplean con cierta frecuencia, tal vez sólo para determinadas actividades, y unas cuantas sólo se usan una o dos veces al año.

En muchos casos, los objetos de la última categoría se pueden guardar en lugares más apartados o zonas «muertas», como altillos, sótanos o cobertizos, para olvidarse de ellos hasta que los necesite. Tómese el tiempo necesario para hacer una relación de todo lo que almacena en las zonas más apartadas para poder volver a encontrarlo. Muchas veces también es aconsejable hacer una rotación de las pertenencias guardadas, intercambiando, por ejemplo, los accesorios de deportes invernales y estivales, según la estación. Resulta efectivo y rentable hacer este esfuerzo dos veces al año. Lo que sobre después de haber tomado las decisiones básicas es lo que realmente debe acomodar y organizar de una forma más visible y accesible.

UN LUGAR PARA CADA COSA

En muchos casos, las cosas que nos rodean van unidas a nuestras actividades o funciones diarias. Ninguna persona guardaría los utensilios de cocina en el dormitorio, o el cortacésped en el altillo cada vez que acabe de podar el césped. Evidentemente, éstos son ejemplos absurdos, pero con frecuencia, aunque en menor medida, actuamos con poca lógica, y nos creamos dificultades y obstáculos al no considerar cuándo y cuántas veces empleamos un objeto o aparato. En consecuencia, desperdiciamos el espacio más apreciado y accesible para almacenar artículos que casi no utilizamos, o, al contrario, realizamos esfuerzos físicos innecesarios para encontrar y utilizar algún objeto determinado.

1 Muchas veces en los vestíbulos y en las escaleras existe espacio suficiente y aprovechable para instalar estanterías y armarios; así se pueden descargar las zonas de la sala de estar, por ejemplo.
2 En una cocina integral, en los armarios superiores y debajo de la superficie de trabajo se guardan cazos y sartenes. Una larga y práctica fila de cazos y otros utensilios, decorativamente dispuesta en la pared, facilita el trabajo diario.

1

2

3

4

5

3 La zona de la cocina en un espacio abierto recibe más atención que cualquier otra detrás de una puerta. Una fila de elementos pulidos y acoplados disimula su presencia mientras la cocina está en desuso.
4 Los armarios para guardar toda clase de objetos, instalados sin tapajuntas y a ras de las paredes, se han equipado con cajones y estanterías, por lo que ofrecen una enorme capacidad para un discreto almacenaje en el dormitorio.

5 En el apartamento de un diseñador de modas londinense, las estanterías de madera maciza parcialmente ocultas detrás de una falsa pared ofrecen un decorativo espacio de exhibición para objetos cuidadosamente seleccionados.
6 La vida en un interior con una decoración mínima requiere una organización rigurosa para ocultar los objetos y conservar la pureza del espacio. Todos los utensilios deben esconderse; el almacenamiento integral en habitaciones carentes de los accesorios y muebles auxiliares convencionales es todo un arte.

Sólo muy pocas personas son tan ordenadas que vuelven a colocar el artículo en su lugar inmediatamente después de haberlo utilizado. Pero si cada cosa tiene su lugar, y si se encuentra a mano justo donde más se utiliza, hay una mayor probabilidad de que se coloque correcta y lógicamente, y que se vuelva a encontrar en buenas condiciones en la siguiente ocasión de uso. Hay cosas que no poseen un lugar fijo y nadie que se preocupe por ellas. Por ejemplo, a los niños les gusta jugar en la cocina y a usted le agrada tenerlos allí; por tanto, resulta más aconsejable reservarles un lugar para sus juguetes, en lugar de recogerlos todas las noches, subir las escaleras y guardarlos en su habitación. Un armario transformado en juguetero tal vez no sea lo que se espera encontrar en la cocina, pero en este caso realmente tiene más sentido que almacenar en él un aparato para hacer pasta, que solamente empleará unas cuantas veces al año.

A este nivel mundanal y práctico también se pueden tomar otras decisiones semejantes, que se basan más en las actividades que en la teoría decorativa. Inevitablemente, siempre habrá un poco de desorden, como un cajón lleno de cuerdas y piezas. Siempre que no sea obsesivamente organizado por naturaleza, la idea de ordenar y recoger todo y todos los días sería inhumana; pero cuando todos los cajones estén repletos de piezas, cuerdas, corchos y similares, habrá llegado el momento de llevar a cabo una reorganización completa.

6

En busca del espacio

La organización del hogar surge habitualmente como consecuencia de un cambio en el estilo de vida o de las circunstancias, o porque es precisa una modificación debido a nuevas o diferentes actividades. Si su horizonte culinario ha crecido durante los últimos años, posiblemente precise un mayor espacio de almacenamiento en la cocina; si trabaja en casa en lugar de ir a una oficina, necesitará un lugar para desarrollar su actividad profesional. Y si tiene hijos, se habrá dado cuenta con qué rapidez cambian sus necesidades, y cuánta importancia tiene el estar al día desde el punto de vista de la organización.

La microplanificación le ayuda a organizarse de forma exhaustiva. Normalmente lo que se necesita es investigar más a fondo cómo aprovechar el espacio disponible. Encontrar el lugar adecuado para según qué objetos depende del uso asignado a las diferentes estancias de la casa.

El aspecto primordial a considerar es la utilización del espacio. Una simple redistribución le hará invertir un largo período de

1

1 Según Le Corbusier, la costumbre de guardar la ropa en el dormitorio no resulta ni práctica ni adecuada para relajarse; es preferible convertir un pequeño vestíbulo o una parte del pasillo adyacente en un vestuario.
2 Un gran armario empotrado en madera contrachapada inacabada se ha convertido en una idiosincrática librería compuesta por una estantería que se extiende desde el suelo hasta el techo.

2

tiempo para solucionar problemas de organización. Tomemos como ejemplo una disposición espacial común: los padres ocupan el dormitorio más amplio; el hijo mayor, una habitación más pequeña, y el pequeño, una minúscula. No obstante, si ambos hijos ocuparan el dormitorio más grande, los padres el mediano y la habitación más pequeña se destinara a la creación de un estudio o para las visitas, los beneficios serían considerables. Entre las tres habitaciones destinadas a un mismo uso se conseguiría cierta flexibilidad positiva en todo el hogar. Los dormitorios grandes suelen ser más adecuados para niños pequeños, que tendrán espacio suficiente para jugar y estar con sus amigos; si tienen una zona propia, no invadirán el resto de la casa, dejando juguetes sueltos por donde pasen. De modo similar, un pequeño estudio para leer tranquilamente, para hacer los deberes escolares o para practicar una afición, tal vez con un sofá o similar para que duerma un invitado ocasional, es una solución excelente, ya que el bebé o el hijo pequeño necesitaría muy pronto más espacio que este minúsculo cuarto.

A continuación considere los espacios intermedios, como los pasillos, los rellanos o bajo las escaleras, todos los lugares que carecen de función definida, pero que tan frecuentemente, sobre todo en casas antiguas, ocupan un notable espacio. La instalación de una amplia estantería en una de las paredes del pasillo a modo de biblioteca o la conversión del espacio bajo las escaleras en un acogedor rincón para estudiar o para jugar, o en una despensa, beneficiará a cualquiera de las habitaciones adyacentes sobrecargadas de cosas y actividades. Evidentemente, hay una enorme diferencia entre montones de trastos acumulados en el vestíbulo porque no encuentra otro lugar para guardarlos y una solución arquitectónica bien diseñada que transforma el espacio disponible en otro, atractivo y con carácter propio. Siempre y cuando no obstaculice el paso o convierta el pasillo en un elemento estéticamente desagradable o peligroso para moverse de una habitación a otra, la instalación de muebles auxiliares para guardar cosas en zonas de paso siempre será positiva y beneficiosa.

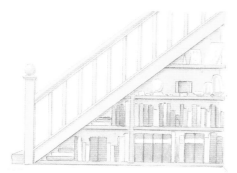

3

4

5

6 **7**

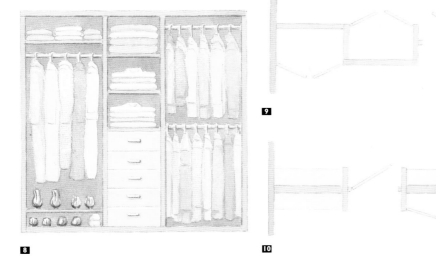

9

8 **10**

11

3 Muchas veces se pasa por alto el espacio que hay bajo las escaleras convencionales; en realidad, es un enorme potencial para instalar estanterías para guardar libros.

4 Toda una pared cubierta de estanterías para libros aprovecha el espacio del rellano o del vestíbulo, aunque su efecto resulta más práctico que estético.

5 Si necesita un rincón tranquilo para llevar sus cuentas la zona bajo las escaleras se puede convertir fácilmente en un pequeño estudio.

6 Incluso un pequeño rincón provisto de una estantería a la altura de la mesa se puede aprovechar como zona de estudio.

7 La colocación de estanterías alrededor de una puerta puede resultar muy gráfico.

8 El problema de guardar la ropa se puede solventar mucho más eficazmente si la clasifica según sus dimensiones: los zapatos en una estantería del fondo; un espacio elevado para colgar los trajes y los vestidos largos; estanterías abiertas para los jerseis y las camisas; cajones para las piezas pequeñas y los accesorios; barras de media altura para chaquetas, faldas y similares.

9 Al construir un tabique de división entre dos habitaciones en forma decalada, se pueden aprovechar los huecos como armario ropero.

10 Los huecos a ambos lados de una puerta, provistos de estanterías adecuadas, pueden también emplearse como armario, con o sin puerta.

11 Un rincón bien aprovechado tanto para sentarse como para dormir; bajo el colchón se dispone de un amplio espacio para el almacenaje.

Una extensión de semejante índole consiste en convertir los tabiques de separación entre dos habitaciones en un muro de almacenamiento, con alacenas, armarios o estanterías en ambos lados. De este modo tendrá la oportunidad de adaptar el espacio a las dimensiones de lo que desea almacenar, cosa que siempre resulta muy adecuada, además de que le servirá de aislante del ruido y el calor.

Otra posibilidad para disponer de más espacio para el almacenamiento consiste en reorganizar las conexiones entre dos habitaciones. Si trazara una línea del desplazamiento rutinario por su casa se sorprendería cuán pocas veces utiliza determinadas entradas a habitaciones con diferentes accesos. En este caso, al tapiar el hueco de la puerta se gana mucho espacio para guardar objetos o para ampliar la cocina.

Finalmente, existe la opción de dedicar toda una habitación para guardar cosas. Las habitaciones para guardar la ropa y la lencería, las despensas, los vestuarios y otras estancias nos hacen pensar inmediatamente en las grandes mansiones y casas rurales de múltiples cuartos para estos fines. Muy poca gente vive a esa escala, pero aunque el espacio sea escaso, adaptar una estancia específica para guardar ropa, provisiones o libros puede resultar muy conveniente. Un dormitorio con un vestuario independiente es mucho más relajante; no es necesario que sacrifique toda una habitación para este fin: un pequeño vestíbulo adyacente al cuarto de baño principal es más que suficiente. La despensa, un armario indispensable para almacenar alimentos en tiempos de nuestras abuelas, ha perdido categoría con la implantación de la tecnología en nuestras cocinas, pero no hay nada anticuado en los beneficios de una refrigeración natural o en almacenar las provisiones y compras de forma ordenada. Hoy en día, con el uso cada vez más frecuente de la cocina como lugar de reunión de la familia, las despensas vuelven a estar de moda. Las habitaciones para almacenar objetos tienen un cierto atractivo por sí mismas, y aligeran otras partes de la casa de la pesada carga de satisfacer demasiadas necesidades.

Almacenamiento *versus* exhibición

La actitud referente a la organización en el hogar puede variar desde la del minimalista, que oculta totalmente todos los objetos, hasta el que exhibe un exuberante desorden acumulado de objetos. Ninguno de estos extremos puede considerarse normal, y la mayoría de las personas se inclina por un término medio: almacenar y guardar una parte de sus propiedades en un mueble y exponer otra de forma decorativa.

Las ventajas de un término medio son bastante evidentes. Hasta los minimalistas necesitan cepillarse los dientes y fregar los platos; los interiores casi vacíos, con pocos detalles que distraigan la vista de las prístinas paredes y los brillantes suelos, no están vacíos en absoluto, simplemente que todos los accesorios necesarios para la vida cotidiana están ocultos. La estricta disciplina necesaria para disponer de suficiente espacio para guardarlo todo en armarios y vitrinas, elegantemente integrados en el conjunto de la casa, es tan grande como la que se necesita para conservarlo todo de ese modo. El corolario necesario para esta perfección es una inversión considerable. Pero, por otro lado, vivir con las cosas a la vista resulta bastante confuso. Los paquetes de los cereales y de los productos de limpieza no resultan tan decorativos como vasijas o artículos de cristal. Un buen equilibrio entre el almacenamiento descubierto y el oculto le permitirá disfrutar de la belleza de los objetos cotidianos decorativos.

En casi todas las estancias disponemos de superficies para exhibir objetos. En la cocina, los utensilios e ingredientes de uso constante pueden componer un decorativo conjunto en las estanterías abiertas o colgadas en la pared. Muchas veces no nos damos cuenta del potencial de exhibición de los artículos de uso cotidiano, por ejemplo, organizar los champús y los jabones en una estantería del cuarto de baño, o una serie de libros en otra. La rica heredera americana Peggy Guggenheim colgaba todos sus pendientes de forma decorativa en la pared de su dormitorio del palacio de Venecia. Estas combinaciones de utilidad y decoración constituyen una doble ventaja.

TIPOS DE ALMACENAMIENTO

Las diversas posibilidades de almacenamiento existen en toda una gama de formas y tamaños, desde vitrinas hechas a medida hasta cajas de cartón etiquetadas para el taller casero; desde armarios antiguos hasta cajas de metal. Cualquiera que sea la que escoja, debe equilibrar la precisión y la flexibilidad.

Compruebe que las dimensiones básicas de lo que necesita almacenar están correctamente ajustadas; esto parece evidente, pero es sorprendente las veces que se intenta introducir un taco redondo en un agujero cuadrado. Las dimensiones de las unidades y los elementos modulares fabricados en serie muchas veces reflejan más las exigencias de un proceso de manufacturación industrial que las formas y las medidas para lo que están previstas, por lo que la tan anunciada versatilidad tal vez carezca de utilidad. Si fuera necesario, adapte los interiores de las unidades estándar con rejillas, cestas, ganchos o cajones para ajustarlas a sus necesidades específicas.

Otra consideración vital es la facilidad de utilización. Las estanterías superiores deben ser fácilmente alcanzables sin necesidad de una silla, y reservarse para usos menos frecuentes y de artículos de poco peso. Las estanterías profundas que alcancen una altura superior a la de sus ojos son ineficaces, ya que no se podrá ver su contenido a simple vista; o bien, deberán contener artículos de fácil desplazamiento para observar lo que hay detrás. Los artículos más pesados se colocan preferentemente a la altura de la cintura, para evitar dañar o lesionar la espalda al levantarlos. Independientemente, es recomendable instalar puntos de luz en el interior de armarios empotrados de cierta profundidad y en las estanterías del pasillo para distinguir mejor su contenido. Si tiene problemas de espacio, no desperdicie más superficie con puertas de bisagras en los armarios: utilice puertas correderas o retráctiles.

El estilo y la apariencia del tipo de almacenamiento deben reflejar las características de la habitación, de modo que el efecto sea armónico. Esto es particularmente relevante en el caso de las estanterías, uno de los elementos más adaptables y útiles para guardar cosas, pero con frecuencia el peor empleado. Es preferible planificar las estanterías a modo de elemento arquitectónico para que parezcan ser una parte integral de la pared. Una de las formas más sencillas consiste en pintarlas del mismo color de la pared y engar-

1 Los puntos de luz se pueden instalar detrás de una regleta en la parte delantera de la estantería para iluminar la superficie inferior.
2 Las ménsulas son los elementos más rápidos y sencillos para instalar los soportes de estanterías.
3 Una estantería con reborde en la parte delantera adquiere un aspecto de peso y solidez; además, oculta las ménsulas inferiores de soporte.
4 Una moldura semicircular fija a lo largo de la estantería es una forma efectiva para sujetar tablas de madera; de forma alternativa, realice una ranura a lo largo de la estantería y añada una barra de apoyo en la parte superior (no aparece en la ilustración).
5 Los libros decoran la habitación de una forma particular; en este ejemplo, los lomos verticales y los sujetalibros triangulares ofrecen un aspecto visualmente alegre que se repite en el diseño de la alfombra.

1

2 **3** **4** **5**

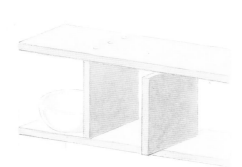

6

7

8

zarlas con rebordes en los cantos más prominentes para incrementar su aparente solidez. En una habitación con detalles estilísticos de época, las estanterías se pueden disponer en línea horizontal con el ángulo de la pared a la altura del zócalo o del friso, donde las estanterías más profundas o las alacenas cerradas se disponen a un nivel inferior y las estanterías abiertas más arriba —las proporciones clásicas de una extensa gama de muebles para almacenaje tradicionales, desde cómodas

hasta vitrinas y secreteres. Al cubrir toda una pared con estanterías, incluyendo las zonas que rodean las puertas y las ventanas, también se consigue un gran atractivo visual, pero debe asegurarse de que la instalación es adecuada. Cuando se trata de unidades empotradas o prefabricadas, procure que los acabados armonicen con las molduras y los accesorios, como los tiradores, utilizados en los demás muebles de la habitación para proporcionar una unificación visual máxima.

9

10

6 Aumente el interés decorativo de las estanterías situadas en hornacinas, como en este caso, mediante tablas divisorias adicionales.
7 En lugar de cubrir toda la pared, se puede utilizar una simple caja de madera, a la que se introducen los estantes según su conveniencia.
8 Estas puertecillas de varios armarios se han fabricado con materiales básicos.
9 Tablas de madera colocadas sobre el fregadero sirven de escurridor de platos.
10 La clásica vitrina con puertas de cristal es un mueble indispensable en la casa.
11 Los muebles auxiliares antiguos, como esta cómoda de un farmacéutico, son irresistibles para los coleccionistas.

11

Imaginación e ideas

2

1

1 Las cajas de almacén que se deslizan sobre ruedas pivotantes convierten el espacio bajo las escaleras en un escondrijo muy útil. Al subir la escalera, aumenta la altura de las cajas para convertirse en un armario de altura completa.
2 Una tabla escurridera de madera que se puede guardar verticalmente aumenta la superficie útil de trabajo en la cocina.
3 Almacenamiento sobre ruedas: las carretillas revestidas de metacrilato translúcido ocultan el desorden de la cocina y son lo suficientemente decorativas como para situarlas en la estancia principal de la casa.
4 Una bandeja deslizante de poca altura unida a una tabla de planchar plegable es una buena solución para ahorrar espacio en el cuarto de lavar y planchar. En la parte superior se encuentra un aireador tradicional de ropa que se puede bajar para disponer de espacio para el secado.

3

La capacidad de adaptación es el secreto del buen almacenamiento; examine a fondo todas las posibilidades a su alcance y seguramente descubrirá soluciones brillantes poco convencionales. El estilo de alta tecnología ayudó a muchas personas a descubrir el potencial de emplear equipos y accesorios diseñados para fábricas, oficinas y tiendas; si no es partidario de la estética industrial y no desea recurrir a este tipo de soluciones, simplemente tenga en cuenta el posible uso de accesorios y aditamentos que se han fabricado con fines originalmente distintos. Tal vez una caja de tela metálica plastificada se venda como cesto para la ropa, pero si también es la solución ideal para guardar otra cosa, ¿por qué no comprarla? También se puede utilizar un recipiente para verduras para guardar artículos de limpieza personal en el cuarto de baño, o la cesta de la leña para otros fines, desde guardar juguetes hasta ropa sucia.

También puede usar su imaginación para descubrir nuevos usos para muebles tradicionales. Por lo general, las cómodas, las alacenas y las vitrinas se pueden adaptar a otros artículos y no servir solamente a aquellos para los que fueron originalmente fabricados. Por ejemplo, si se cambia el color, no hay ninguna razón por la que una vieja cómoda de dormitorio no pueda emplearse en la cocina. Las cajas de los sombreros sirven para guardar agujas para hacer punto, ovillos de lana y artículos de costura similares; también las cajas de zapatos decorativamente dispuestas son útiles para numerosos usos. Entre los diversos artículos para guardar o adaptar se incluyen:

- Equipo y accesorios para decoración comercial, como cajas de exhibición para aparadores o conjuntos de cajones.
- Cestos de tela metálica, cajas y otros recipientes.
- Estantería metálica originalmente diseñada para uso industrial o *catering*.
- Armarios metálicos de colegios y otros.
- Ficheros, armarios metálicos de archivo y muebles auxiliares de oficina.

4

5 En una cocina, muchas veces es preciso escoger entre la instalación de un aparato o una mayor superficie de trabajo y de armarios. Esta ingeniosa solución separa el horno convencional y el fogón para instalarlos en un bastidor de madera, y el conjunto se convierte en un nuevo mueble independiente de cocina. Al ampliar la superficie en ambos lados, se dispone de más espacio para guardar cazos y sartenes cuando la comida esté terminada. El especiero colgado en la pared y la batería de cocina facilitan la rápida disposición de los ingredientes esenciales.

5

6

7

6 El sistema de almacenamiento de alta tecnología es ideal para equipar un taller o un estudio con estanterías móviles y bandejas metálicas adheridas a la base; además, es muy adecuado para ordenar una gran cantidad de objetos, aunque se diseñara para almacenar componentes industriales.

7 Lo que, desde el rellano, parece ser la pared de un guardarropa empotrado, en realidad oculta la escalera a un estudio en el desván. No obstante, las puertas del «guardarropa» se abren ofreciendo un espacio progresivamente más grande conforme sube la escalera. La puerta más alejada oculta un armario para colgar abrigos y accesorios.

HABITACIONES PARA VIVIR

Las paredes marcan nuestras vidas. Casi todos, de acuerdo
con unas normas no escritas, desarrollamos nuestra actividad
hogareña en habitaciones cuya naturaleza viene impuesta por
su denominación. Dormimos en el dormitorio, nos bañamos en
el cuarto de baño y cocinamos en la cocina. Sin embargo, a lo
largo de la historia, el hogar siempre ha sido un organismo
relativamente amorfo que ha cambiado en función de la sociedad. En la Edad Media, las actividades domésticas se desarro-
llaban alrededor de un brasero situado en medio de una amplia
habitación (que podría ser el equivalente al moderno concepto
de espacio abierto). Hace doscientos años lo más común era
reunirse en el dormitorio. Y hace cien años hubiera sido inimaginable no disponer de un comedor. Los tiempos cambian;
metafóricamente, los muros y las paredes se disuelven.

Cuando empezó a utilizarse el término «sala de estar»,
durante la posguerra, éste afectaba al *status quo*. Antes de
que se empleara como una descripción generalizada, realmente definía una habitación que inconfundiblemente se
consideraba como destinada a «vivir y estar», y evidenciaba
el estatus de su propietario. La gente de clase alta tenía un
salón para «retirarse», y los más pobres, una habitación
«principal». Ninguno de ellos se destinaba al uso diario, sino
que se reservaba casi exclusivamente para los domingos.
De modo que la denominación «sala de estar» parecía mucho más adecuada para una sociedad que prescindía cada vez
más de la diferenciación entre clases sociales. Pero ello también implicaba un sentido de igualdad y, para muchos, la falta
de una definición concreta equivalía a una cierta libertad, a
la que no se supieron adaptar. Poco a poco, el extraño y sencillo concepto de «estar», que describía una faceta opuesta a
todas las demás habitaciones, invadía el terreno de la sala de
«retiro» o de la habitación «principal» frente a la cocina. Conseguir que el estilo decorativo fuera considerado como auténticamente característico de la zona de «estar» se convirtió en
un objetivo principal durante la década de 1980; de este
modo, una forma de vida práctica se convirtió en una concepción estilística.

Usted y su hogar

1

1 Obviamente, una cocina que pertenece a alguien que no tiene nada que esconder. Los expositores de refrigeración no se adaptan a cualquier estilo de vida, pero sí a todas las personas que cocinen un poco; de hecho, esas unidades de refrigeración constituyen una interesante alternativa de una nevera convencional.
2 Una sencilla mezcla de comodidad y estilo. El armario, de enormes dimensiones, es ideal para ocultar el desorden que se genera en habitaciones plurifuncionales.
3 La uniformidad no es siempre la solución correcta para un pequeño cuarto de baño. En este caso, mediante el uso de diferentes materiales se consigue el efecto de ampliación de espacio, con una pared a base de pavés y la elegante línea curvada de la bañera, que constituye el contrapeso visual a los sólidos armarios empotrados (conglomerado).

2

4 La severa línea arquitectónica marca un estilo decorativo propio. En un interior, en el que la verdadera belleza se encuentra en la estructura, utilice sólo un mínimo indispensable de tapicería y adornos; las cortinas en la ventana y el ropaje para cubrir la cama hubieran «acabado» con este dormitorio.
5 La pureza de línea de los espacios nítidos y modernos constituye el fondo ideal para introducir diferentes estilos y texturas: los diseños clásicos y las antigüedades rústicas se combinan perfectamente, ya que ambos se benefician de la simplicidad y de la sencillez.

3

4

5

El auge de la compra de inmuebles, como ha ocurrido durante los últimos años, produce un efecto negativo sobre la calidad de los interiores; el concepto de «estilo de vida» se anuncia en las páginas de las revistas especializadas con vistas al valor de reventa. En lugar de decorar la casa según el gusto personal y la forma de vida individual, las personas dotadas de un sexto sentido para obtener un beneficio rápido le convencerán de añadir un invernadero, instalar cocinas integrales o colgar pesadas cortinas en cada una de las habitaciones. No conseguirá hacer nada según su gusto personal mientras exista el espectro dominante del gusto de «otras personas».

Si hay algo positivo en la falta de medios económicos es precisamente el rechazo a los valores artificiales que atribuyen un falso sentido de riqueza. La gente vuelve a mostrar preferencia por materiales naturales con una inclinación por texturas toscas, y dejan de lado el engañoso brillo del consumismo de moda. La actitud de la «nueva era» en combinación con el retorno a la realidad de considerar la casa como un hogar y no como una inversión nos debería estimular a contemplar nuestra vivienda desde un punto de vista diferente y con la mente abierta, para observar las diferentes habitaciones como zonas de potencial, esculpidas en torno a, y de acuerdo con nuestro propio estilo de vida.

La comodidad es un término que volveremos a escuchar con frecuencia en el futuro; se trata de un concepto que no necesariamente equivale a amplios sillones y mullidas alfombras, sino que expresa lo que Witold Rybczynski denominaba «bienestar doméstico» —algo «demasiado importante como para dejarlo en manos de expertos; [...] algo que incumbe a la familia y al individuo». Como tal, la comodidad se extiende mucho más allá del respaldo de una silla o del voltaje de una bombilla.

A principios del siglo XX, los libros ayudaron mucho a convertir la vivienda en un hogar acogedor. Carente de servicio y confusa ante su ignorancia en cuanto al funcionamiento de la casa, la clase media se vio obligada a adaptarse a un nuevo estilo de vida. Con ayuda de algunas publicaciones lograron solucionar esos problemas. Crear un hogar presenta dificultades, pero es probable que al dominar el arte de amoldar la vivienda a nuestro estilo de vida y al de la familia, en lugar de tratar de introducir en nuestras cuatro paredes lo que dicten las revistas y los escaparates, redescubramos el placer del bienestar doméstico.

Primeras impresiones

Desde el punto de vista visual, el aspecto exterior de la casa figura, para muchas personas, en el último puesto de la lista de prioridades. Con el mismo dinero que nos cuesta darle una mano de pintura blanca a la fachada, podemos hacer numerosas mejoras en la sala de estar. Si podemos escoger entre un sofá nuevo o una bonita fachada, la mayoría se inclinará por el sofá. Cuanto más tiempo viva con una fachada descuidada, menos se dará cuenta de ello (hasta que se percate de que se cae a trozos...).

Por numerosas razones, las primeras impresiones se tratan con calma, lo cual, hasta cierto punto, resulta perfectamente comprensible; después de todo, usted pasa más tiempo dentro de casa que fuera y, desde un punto de vista más egoísta, al fin y al cabo son los vecinos y los transeúntes los que deben soportar un aspecto poco agradable. No obstante, tan pronto haya iniciado las obras de restauración se dará cuenta de la enorme diferencia de la casa: una puerta de entrada principal recién pintada produce un efecto asombrosamente positivo, y sólo entonces notará el posible deplorable aspecto del entorno.

Incluso algo tan sencillo como unas macetas con geranios en la escalera principal puede producir un enorme impacto sobre el estilo. Otras mejoras tal vez requieran más planificación y dinero. Por ejemplo, es posible que necesite delimitar el jardín que se encuentra frente a la acera y para ello deba plantar setos o instalar una empalizada para aumentar la intimidad. Asimismo, al reemplazar un portón de hierro forjado endeble por uno más sólido se acentúa el sentido de la propiedad privada.

No obstante, como ocurre con todas las restauraciones de fachadas, los planes deben ajustarse a las reglamentaciones oficiales, considerando tanto el estilo ar-

quitectónico de su propia casa como el de su entorno. Una fila de casas pareadas puede ofrecer un aspecto muy decorativo si todas se pintan de diferente color aunque con una misma intensidad de tono; no obstante, las ventanas con cristal verde ofrecerían una nota discordante. De hecho, probablemente no existe otra forma más rápida de devaluar una casa, tanto desde el punto de vista estético como en términos de reventa, que una improvisada remodelación de las ventanas originales.

1 El hábito de dar un nombre a la casa en lugar de un simple número, aunque tan sólo sea algo tan poco original como «Casa nostra», se puede considerar como una expresión de afecto por el hogar. No obstante, un número decorado expresa algo muy parecido, con bastante más gracia.
2 No todo el mundo siente la necesidad de retirarse de forma anónima a una fábrica en el centro de la ciudad. Esta casa-estudio del artista londinense **Andrew Logan** es un antiguo garaje, con un enlucido de terracota y un vivo color azul para enfatizar su marcada identidad, que no es doméstica ni industrial.

3 La gama de colores de estas casas de **San Francisco** les confiere una mayor armonía; las diferencias de los detalles serían más evidentes si todas fuesen blancas.
4 En **Londres** se consigue ese efecto con intensidades similares de colores diferentes.

5 El largo tejado unifica las diferentes edificaciones que encierran una estancia mágica: un patio interior. La verdadera belleza de este edificio, aparte de su ubicación, es la idoneidad de los materiales de construcción; la casa, de madera, parece surgir de forma natural en medio de su entorno.
6 La puerta metálica es muy apropiada para la estética industrial de esta construcción.

7 Los estilos marcadamente propios del país, como esta fachada decorada de azulejos en Portugal, no precisan de adornos adicionales.
9 El estucado blanco cubre toda la fachada de una casa en Londres salvo la puerta de la entrada principal, que se convierte en una superficie experimental.

8 Una conversión muy imaginativa de un establo, que conserva las puertas originales.
10 Cuando se abren las puertas de esta casa, aparentemente común, se descubre un asombroso estudio acristalado. Los edificios que conservan parte de su pasado tienen un carisma especial.

Vestíbulos
y escaleras

Los vestíbulos son importantes, tanto desde el punto de vista simbólico como desde el puramente práctico. En una casa pequeña, eliminar el vestíbulo para aumentar el espacio vital puede ser una buena idea, pero pasar de la calle directamente a la sala de estar es una experiencia psicológicamente inadecuada e incómoda. Evidentemente, ampliará la superficie disponible, pero ello le privará de la pequeña ceremonia de entrada, un breve período de transición en el que se sacude el exterior antes de sentirse verdaderamente cómodo y a gusto en la casa. Casi se podría afirmar que una transición directa de los elementos del exterior a la sala de estar produce un choque mental, ya que se elimina el pequeño intervalo de adaptación.

Precisamente porque constituye un espacio intermedio para respirar y adaptarse, no conviene sobrecargarlo con demasiados objetos. Cuando se trata de un vestíbulo pequeño, incluso el perchero para colgar los abrigos puede causar una sensación de claustrofobia. Si tiene suficiente amplitud para colocar muebles, aunque diste de ser una habitación o un lugar para sentarse a descansar, puede ser un buen espacio para colocar un mueble decorativo.

Como antesala para las demás habitaciones, probablemente sea aconsejable utilizar un esquema decorativo sencillo. Las pinturas oscuras o el papel demasiado cargado causan una primera impresión sombría. Los colores claros y neutros son mejores, particularmente cuando el vestíbulo se utilice como galería de una colección de cuadros.

Los suelos deben ser resistentes y lavables: analice las características de su casa antes de decidirse por un material u otro. Las baldosas para patios pueden ser una buena idea, pero no se deje llevar por el entusiasmo. La cerámica tipo provenzal del siglo XVIII puede ser muy decorativa, pero no encaja en absoluto en una casa de estilo victoriano. Todavía hay muchos vestíbulos con losas de tiempos pasados; si le faltan dos o tres, o si están rotas, aún existen fábricas dedicadas a la reproducción de modelos antiguos.

Tenga en cuenta el material y el color de los suelos de las habitaciones adyacentes para evitar contrastes desagradables.

1 Las balaustradas incrementan el sentido de amplitud. En lugar de usar madera, muchos diseñadores prefieren el metal para crear los detalles de las escaleras.
2 Una escultural escalera de madera y metal es decorativa y resistente.
3 Si el vestíbulo tiene la anchura suficiente, se puede aprovechar una de sus paredes para colocar un armario. Las puertas macizas serían demasiado pesadas, por lo que se recomiendan paneles con celosías.

1

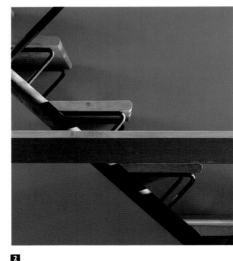

2

3

Ésta es una de las razones evidentes por las que el clásico suelo de losas negras y blancas nunca falla: siempre resultan adecuadas mientras tengan la dimensión precisa en proporción a la superficie del suelo.

El vestíbulo de una casa suele estar dominado por la escalera, que en la mayoría de los casos es lo primero que se ve al entrar. Para numerosas personas que habitan en casas estándar construidas después de los años cuarenta, una escalera es un espacio que conduce al piso superior o inferior, y lo máximo que se le atribuye en concepto de decoración es un poco de pin-

4

5

6

tura. No obstante en los hogares modernos diseñados por buenos arquitectos, la escalera ocupa una parte mucho más activa; por la importancia del papel de tener que establecer la conexión entre los diferentes niveles se le atribuye una forma escultural.

No obstante, las escaleras como elementos decorativos por sí mismas —que lleguen hasta el interior de las habitaciones o que sirvan de asientos— son relativamente poco frecuentes, y el potencial de transformar la disposición es muy limitado, a no ser que tenga previsto realizar obras en otras estancias de su casa. Normalmente las escaleras pasan desapercibidas, así que, además de reemplazar algún trozo de pasamanos faltante, probablemente sólo prevea eliminar el color y decidir entre volver a pintar o pulir la madera.

En cuanto a los peldaños, si están en buenas condiciones y sus proporciones son elegantes, sería una lástima ocultarlos bajo una gruesa alfombra. No obstante, los escalones desnudos son ruidosos, de modo que es recomendable forrar la parte central. Las esteras son muy resistentes y atractivas, pero evite el material demasiado duro y poco flexible, ya que nunca se adaptará bien y además es rasposo al tacto.

4 Las escaleras convencionales suelen ocupar una gran parte de la superficie disponible; si el espacio es escaso, una escalera de caracol es la solución ideal.
5 El vestíbulo es una zona de transición o de unión: las vistas que se perciben desde allí deberían ser una parte integral del diseño.
6 Un estante de cristal ingeniosamente colocado evita que las visitas cuelguen sus abrigos en la obra de arte.

LA COCINA

«El lugar de la mujer está en la cocina». Qué absurdo suena esto ahora, y qué polémico hubiera sido este comentario hace tan sólo veinte años. Pero únicamente debido a la estrecha relación existente entre «el lugar de la mujer» y la cocina durante el siglo XX todo el concepto del papel de la cocina y nuestro enfoque sobre ella han cambiado radicalmente.

A principios de siglo, la cocina era un lugar que nunca se mencionaba en sociedad: se consideraba como uno de los interiores de la casa, donde, incluso en los hogares más humildes, mandaban los sirvientes. La mayoría de los libros de diseño la ignoraban; y, a excepción de los deliciosos platos que emergían de ella, a nadie le importaba realmente cómo funcionaba esa estancia de la vivienda o incluso qué aspecto tenía. Alrededor de 1930, los sirvientes habían desaparecido de los hogares y sólo existían en las casas de los más ricos. Fue entonces cuando la cocina se convirtió en el «lugar de la mujer». Pero esto no supuso que, de la noche a la mañana, la cocina se convirtiese en un paraíso de belleza y comodidad; en esos tiempos, la prioridad consistía en conseguir una estancia en la que se ahorrase al máximo el trabajo y el esfuerzo, una estancia precursora de la «cocina de ensueño». No se trataba simplemente de una cuestión de practicidad, sino de una cuestión de disociar a la mujer del concepto de sirvienta, con la teoría de que los aparatos domésticos liberarían a la mujer del trabajo casero. Pero la realidad no ocurrió así. «El invento de la lavadora ha supuesto más ropa para lavar; el de la aspiradora, más limpieza; el de los nuevos medios de combustión y del equipo de cocina, más recursos y, lógicamente, más comidas elaboradas», afirmó perceptiva y proféticamente Hazel Kyrk en 1933. Lo que realmente enfatizó la posición de la mujer como sustituta del sirviente fue el espléndido aislamiento de la cocina del resto de la vida doméstica.

No ha sido ninguna casualidad el que el cambio de posición de la mujer en la sociedad occidental, el apartarse paulatinamente de la casa para dedicarse a un trabajo exterior, coincidiera con un cambio completo de la actitud hacia la cocina. Actualmente, la pretensión de una cocina de ensueño ha sido reemplazada por una relación casi sentimental con esta estancia de la casa. Cuando la cocina dejó de ser una prisión y se convirtió en el lugar en el que se reunían todos los miembros de la familia para comer o simplemente para buscar compañía y conversar, se inició el camino de la elaboración del concepto común de considerarla el «corazón del hogar».

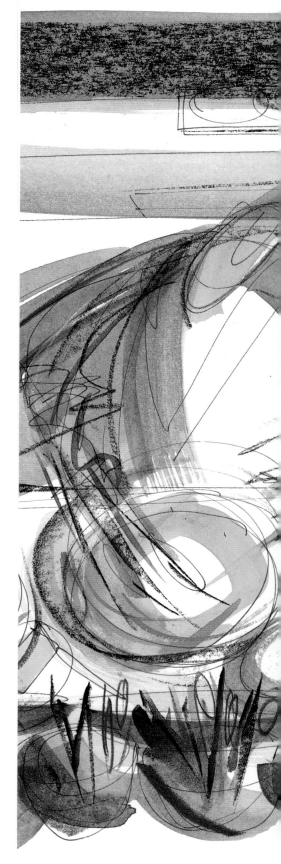

Cocinar es una auténtica celebración de los sentidos, una fiesta táctil, olfativa y visual antes de que el plato terminado llegue a la mesa y nuestras papilas empiecen a trabajar para paladear el sabor. Si se diseña y se decora la cocina de forma adecuada, el cocinero la disfrutará tanto como cualquiera de los comensales que degusten los platos.

Vivir en la cocina

1 Las líneas duras y rectas de una cocina integral compacta quedan suavizadas por la proximidad de la sala de estar.

1

2

Una vez liberada del concepto negativo, actualmente disfrutamos la cocina más que nunca. Lo que antes casi no se tenía en cuenta como parte de la casa, se ha convertido ahora en la estancia más importante de todo el hogar, un lugar en el que nos alimentamos física y emocionalmente. Aunque sea primordialmente funcional, un lugar para cocinar, en la práctica también es una estancia informal; en cierta forma, desempeña el papel del salón de los siglos XVIII y XIX, en el que se recibían las visitas durante el día, de modo que su estilo y comodidad tienen casi la misma importancia como su equipo funcional.

Nuestra cocina transmite ciertos mensajes a extraños, tanto sobre nuestro carácter como sobre nuestra actitud hacia la alimentación. Quizá se trate solamente de una fachada estilística. Consideremos lo que comúnmente se describe como cocina rústica, donde la gran mesa central, a modo de superficie de trabajo, es el foco de un ambiente cómodo —con armarios, estanterías y tal vez alguna cómoda— cuyo conjunto transmite un aire acogedor.

Indudablemente, este aspecto implica una cierta dosis de autoengaño. Hay algo

ligeramente burlesco en la idea de una cocina rústica en un entorno urbano, pero probablemente refleje algún tipo de abstracción mental: cuanto más difícil y duro se torne nuestro mundo exterior, cuanto más empeore nuestra economía y más desalentadoras sean las noticias de la tarde, tanto más confortable se torna nuestra cocina.

Si toma la cocina rústica como modelo básico o de inspiración orientativa, deberá escoger el material que más se adecue a la casa. Las cocinas integrales se pueden ocultar bajo arreglos de armarios a medida que, estilísticamente, parecen retroceder a tiempos pasados más agradables. Una cocina rústica no debe ser nostálgica. Se puede perfectamente seguir un patrón práctico y acertado de combinar la vida familiar en común con la cocina, pero para ello deberá utilizar muebles y accesorios ultramodernos o una combinación contrastante de antiguo y nuevo. No es necesario que la mesa sea una pieza de madera de pino lavado, rescatada de un refectorio antiguo, pero sí ser de lámina, cristal o metal.

El ideal de una gran cocina acogedora para la vida familiar depende de la disponibilidad de espacio. Si intenta adaptar el estilo rústico a un pequeño espacio moderno, la criatura de sus sueños que habita en él —aquella que llega tarde des-

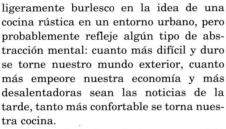

4

5

6

7

2 La combinación de un fresco esquema de colores azul y neutro infunde vitalidad a esta práctica cocina, con un lebrillo como detalle decorativo sobre la mesa.

3 El aspecto antiguo de esta habitación que recuerda tiempos pasados, con paredes de ladrillos y techos altos, queda enfatizado con piezas de muebles sueltas. Con las persianas enrollables, situadas a la mitad de las ventanas, se consigue un ambiente de intimidad.

4 Un trastero independiente evita que un objeto interrumpa la armonía tonal de esta cocina de estudio, en la que los colores y la textura se entremezclan estéticamente.

5 El mensaje que transmite esta combinación de cocina y estancia es que el cocinar es un placer. La atención se centra en la decoración y en la presentación.

pués de un árduo día de trabajo y empieza con calma a cocinar el pan mientras que cuatro niños angelicales crean coloridos dibujos sobre la mesa de la cocina— probablemente termine gritando y quemando los pasteles.

Si dispone de espacio, la solución más conveniente es lo que los franceses denominan *le living*: un ambiente abierto con dispositivos para cocinar, una mesa en un extremo, un sofá o un sillón, un armario para los juguetes de los niños y la caseta del perro, en otro extremo.

Sin embargo, ésta es una reforma que debe hacerse con convicción. Las cocinas pequeñas, mal diseñadas, que aprovechan el rincón de una estancia alfombrada, nunca tendrán la misma atmósfera que *le living*. El manual clásico de arquitectura *El lenguaje del diseño (A Pattern Language)* concibe esa medida como «la suposición oculta de que la cocina es una faena dura y comer es un placer. Mientras que esta mentalidad siga vigente, el antiguo conflicto de las cocinas aisladas seguirá presente».

6 Las botellas de vino de la noche anterior y las mermeladas de la mañana ocupan esta mesa simbolizando el último sueño bohemio de unos y una pesada pesadilla para otros. Traslade esta escena al espacio reducido de un apartamento de una sola habitación y perderá gran parte de su encanto.

7 Las diferentes alturas del techo y la disposición de varias unidades dividen el espacio y crean varios ambientes con un propio sentido definido; no obstante, conservan la impresión de amplitud.

La cocina independiente

1 Si la cocina es pequeña, lo mejor es evitar detalles inútiles. Los accesorios y las estanterías adquieren más vida con esta llamativa puerta de color rojo, que oculta la mayor parte de la cocina mientras que no se utiliza.

1

2

3

4

Naturalmente siempre habrá alguien que no considere la cocina como una actividad adecuada para tener espectadores y prefiera practicar sus artes culinarias en solitario. Para estos cocineros y cocineras, y también para todos aquellos que no dispongan de espacio suficiente que permita combinar una estancia con la cocina, no existe otra alternativa que una cocina pequeña, aunque no necesariamente aislada.

Aunque no disponga de más lugar que para situar los elementos más funcionales, no es necesario que aísle la cocina del resto de la casa. Si se abre hacia un pasillo, una puerta de dos hojas la hará parecer menos similar a una celda. Observe cómo se relaciona la cocina con los demás ambientes que la rodean; tal vez pueda introducir una apertura, aunque sea parcial, a la sala de estar.

El estilo de cocinar produce un cierto impacto sobre el diseño, aunque en menor medida. Analice la planificación y la eficacia antes de decidirse por un estilo en concreto. Lo mejor es escoger un estilo relativamente básico para después decorarlo de forma adecuada. Conviene que sea realista en cuanto a sus expectativas culinarias. Por muy seductores que le parezcan los equipos sofisticados, éstos no le convertirán en un brillante *chef* de cocina.

Una cocina que no se utiliza transmite una sensación de esterilidad, así que si concibe la comida como un medio para llegar a un fin, lo más probable es que se encuentre más a gusto en una cocina rústica que en una cocina-laboratorio, en la que destacan el servicio y la ejecución.

Evidentemente, los buenos cocineros no necesitan una cocina ostentosa. Actualmente las cocinas hechas a medida se han vuelto tan sofisticadas que hemos perdido de vista lo más básico. Para cocinar únicamente se precisan ingredientes, calor, agua, un cuchillo bien afilado y un juego de cazos y sartenes. Cuando haya terminado de hojear

2 Incluso las pinturas aparecen sin colgar en esta cocina dotada con pocos aparatos de alta tecnología, lo que confiere un nuevo enfoque a la doble estufa.
3 El diseño de esta cocina alcanza sotisficados niveles. La superficie de trabajo también sirve como barra para desayunar.
4 Un mostrador elevado con una estantería superpuesta separa la cocina del comedor.

5

6

5 Un elevado mostrador de cocina sirve de pantalla para ocultar la cocina del resto de la estancia.
6 Una portezuela, que se puede dejar abierta o cerrada según convenga, sirve a modo de antídoto perfecto para la claustrofobia culinaria.

7

8

9

7 Las cocinas se convierten en ambientes llenos de vida cuando se decoran con muebles y accesorios, como este antiguo reloj, completamente fuera de contexto.
8 Las duras líneas de una cocina de acero inoxidable son un buen modelo de cocina compacta doméstica.
9 Cuando la cocina se comunica directamente con el comedor conviene emplear un mismo esquema de colores.

todos los folletos, se convencerá de lo imprescindible que es disponer de una cesta de mimbre para las patatas y de un recipiente metálico para la basura orgánica.

Si su presupuesto es relativamente reducido, trate de encontrar soluciones creativas en lugar de decidirse por la oferta más barata. Puede ser aconsejable adquirir una serie de armarios de bajo precio y que pueda ensamblar usted mismo, y reemplazar las puertas de material de poca calidad por otras fabricadas por un ebanista. Por ejemplo, el machihembrado pintado le proporciona el aspecto de una cocina a la medida a tan sólo una fracción de su precio.

La planificación de la cocina

Una buena planificación es la clave de una cocina práctica y cómoda; no se sienta intimidado ante su aparente naturaleza técnica. Básicamente, la planificación es una cuestión de determinar los requisitos necesarios tanto en términos de equipamiento como de lugar de almacenamiento, y el equilibrio entre ambos con la arquitectura del espacio disponible. No hay reglas fijas ya que las prioridades varían en cada caso. Un cliente de un conocido diseñador, que vivía en el campo, mostraba una gran preocupación por el aislamiento acústico de su nevera, ya que no deseaba que el ruido de su motor interrumpiese la paz y la tranquilidad rural. Parece ser que a Le Corbusier le parecía una buena idea disponer la cocina en el último piso de la casa para evitar los olores culinarios.

Sin embargo, hay tres factores fundamentales para planificar la cocina: la ubicación del fregadero, la instalación para cocinar y la nevera. Tan pronto haya determinado la colocación de los tres, situar todos los demás accesorios es relativamente fácil. Gran parte de los diseñadores de cocina basan su plan en el «triángulo de trabajo», una línea imaginaria trazada entre los tres puntos de trabajo, el fregadero, el fogón y la nevera. Ergonómicamente hablando, dos de ellos no deberían estar más separados que dos largos de

brazo, ni tampoco menos, para no contraer los movimientos. Tal vez los individualistas se sientan frustrados ante esta norma, pero la ergonomía tiene tanto sentido común como la precisión científica. Posiblemente le parezca que no hay ningún problema en caminar de un extremo al otro de la cocina para coger algo de la nevera, pero si lo tiene que repetir una y otra vez, día tras día y año tras año, desgastará su resistencia física.

El punto inicial debería ser la colocación del fregadero. Tradicionalmente se ubica delante de una ventana, pero no existe ninguna regla escrita y a veces resulta prácticamente imposible. No obstante, estar delante de un fregadero sin vistas causa una sensación desagradable. Además, parece muy razonable colocar la cocina, donde se supone que va a pasar una parte importante de su tiempo, cerca de una fuente de luz. Si no coloca el fregadero frente a la ventana, lo mejor es hacerlo con vistas hacia el interior de la habitación, en un esquema tipo «isla» o «península». Si ello tampoco resultara factible, al menos evite que haya armarios sobre el fregadero, ya que las condiciones de trabajo claustrofóbicas ciertamente no incrementan las ganas de trabajar.

Por razones prácticas, el lavavajillas debe instalarse cerca del fregadero. La co-

1 En esta cocina de línea única, el equipo más voluminoso se guarda en armarios situados bajo la superficie de trabajo; los ingredientes se exhiben sobre una estantería de cristal.
2 Combinar elementos fijos y otros dispuestos libremente confiere una máxima flexibilidad al diseño, siempre y cuando disponga de espacio. El efecto de los accesorios de acero inoxidable queda suavizado con las paredes de color azul y los arquitrabes, tapajuntas y zócalos de color rosa y amarillo.

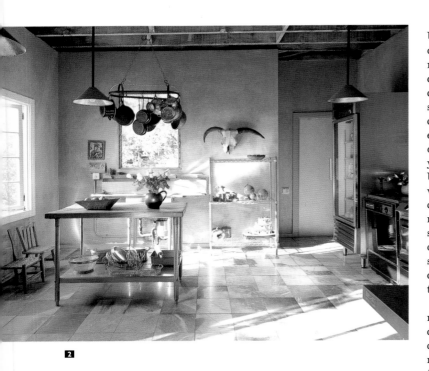

3 La configuración clásica en forma de «L» con una mesa de cocina como superficie de trabajo adicional.
4 Los armarios sobre ruedas pivotantes son increíblemente versátiles. Cuando la cocina no se utiliza, se oculta tras las paredes de las puertas correderas.
5 En la cocina de una gran familia, este mostrador aislado es una barra excelente para desayunar y una perfecta superficie de trabajo, que a la vez sirve para separar los ambientes.

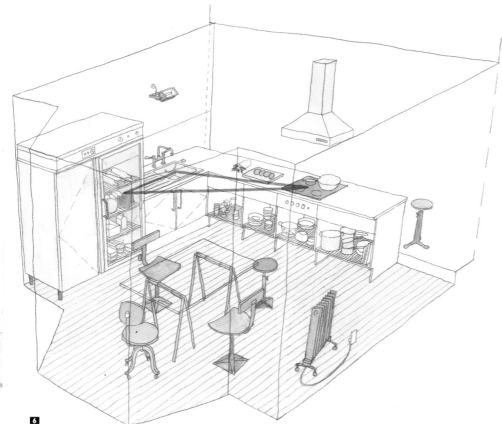

6

7

9 Una cocina integral aprovecha al máximo el espacio con mostradores que se extienden paralelamente en dos muros opuestos. Debe haber un espacio intermedio de 120 cm entre los elementos de ambos lados para acceder más fácilmente a los armarios inferiores.
10 La cocina tipo «isla» requiere un suelo amplio. La isla crea un ambiente de trabajo independiente, además de que confiere más volumen a la habitación.
El fogón en el centro debe estar provisto de un tubo de humos, un ventilador o un extractor.

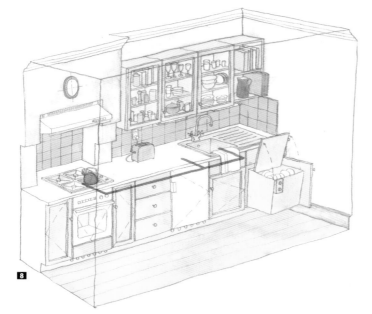

8

locación del horno no es tan crucial; la mayoría seguramente prefiere instalarlo a nivel de los ojos, sobre todo cuando se trata de personas mayores o de una familia de niños pequeños. Tenga en cuenta que siempre necesita una superficie de trabajo cerca en la que poner las fuentes calientes.

Ocultar todos los accesorios en armarios —una línea integral— es una cuestión de estética muy discutida. Muchos diseñadores lo rechazan y lo comparan con los televisores empotrados en una vitrina. Por otro lado, una serie de elementos uniformes, exentos de pomos, suelen ser de cierta nitidez. Puede elegir entre los accesorios de acero inoxidable y los de esmalte brillante, o bien, ocultar unos y exponer otros.

Los accesorios portátiles que suelen permanecer sobre la superficie de trabajo también se deben tener en cuenta: el tostador, el microondas, la batidora, la cafetera eléctrica y el perol ocupan un espacio muy valioso. No los olvide cuando tome medidas para el espacio entre la superficie de trabajo y los armarios superiores.

6 La cocina en forma de «L» ofrece un amplio espacio para una mesa de comedor sin interferir en la superficie de movimiento entre los elementos que integran el triángulo de trabajo.
7 En una pequeña cocina en forma de «U», el mostrador abatible proporciona una superficie adicional de trabajo muy útil. Colocar la nevera en un extremo de la habitación facilita el acceso a ella.
8 La cocina de una única línea se adapta bien a cualquier habitación de una extensión mínima de 3 m. Se debe planificar cuidadosamente para obtener el máximo de superficie para trabajar.

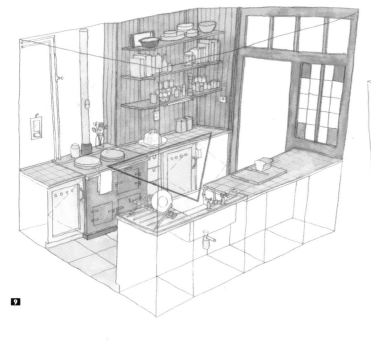

9

10

Espacio para el almacenamiento

1 Un guardaplatos vertical sirve tanto para escurrir como para guardar los platos.
2 Los armarios abiertos y los cestos de mimbre son baratos; además, constituyen una alternativa estilística a una fila de puertas. Los objetos poco vistosos se ocultan tras una simple cortina blanca.

1

2

¿Cuánto espacio necesita en la cocina para almacenar y guardar objetos? Probablemente la respuesta sea más de lo que se imagina. No existe ninguna fórmula exacta para calcularlo, aunque hay especialistas que, mediante la toma de las medidas de los enseres de la cocina y de unos cuantos cálculos matemáticos complejos, intentan determinar el espacio para las estanterías. Desafortunadamente la realidad nunca se ajusta a las fórmulas matemáticas. Existe una altura estándar de 90 cm para los elementos de cocina, pero muchas veces las personas tienden a utilizar alturas diferentes. Las mujeres americanas que a principios de siglo intentaron trasladar los principios de la organización de las oficinas al ámbito doméstico se dieron cuenta de ello con gran rapidez. Aunque muchas casas podrían beneficiarse de una mejor planificación y organización, no es posible ni deseable eliminar toda la idiosincrasia doméstica.

Probablemente resulte mucho más útil agrupar todos los objetos que se deben guardar en la cocina y planificar su colocación de acuerdo con su utilización. ¿Tiene previsto guardar sus cazos y sartenes en un armario situado bajo el fogón, sobre una tarima especial o colgarlos con ganchos? ¿Qué hará con las tapas? La autora de libros de cocina Anna del Conte guarda las suyas convenientemente dispuestas en una cuerda de cortina fijada en la parte posterior de los armarios. En muchas cocinas francesas se guardan las tapas separadamente para ahorrar espacio.

También se necesitan cajones para los cubiertos, las servilletas y demás accesorios. Sin duda alguna, siempre habrá un cajón que, inevitablemente, será el equivalente al bolsillo del pantalón de un niño de edad escolar, en el que aparecerá toda una parafernalia de objetos. Los moldes para pastelería se almacenan mejor en grandes cajones, mientras que las bandejas y las tablas de madera para el corte pueden colocarse verticalmente en cualquier espacio disponible. Los mejores fabricantes de cocinas y accesorios para ellas tienen en cuenta estos requisitos para poder almacenar elegantemente todo lo necesario. No obstante, a la hora de estrenarlos, las opciones básicas siguen siendo las de siempre: alacenas, cajones, estanterías abiertas y tarimas. Eso sí, quizá las

ruedas se deslicen con más o menos suavidad, pero la clásica cómoda de cajones típicos será útil para guardar cuberterías, cajas de galletas y juguetes infantiles.

Las estanterías abiertas requieren objetos decorativos, como vasijas de cerámica, y de ningún modo paquetes de harina o similares. También las alacenas de puertas acristaladas, de típico aire nostálgico, aparecen muy atractivas con latas, botellas y paquetes de alimentos de bonitas etiquetas. Se podría decir mucho más sobre el interior de las alacenas y los armarios que evitan y ocultan el desorden detrás de sus puertas.

La mejor forma de guardar escobas, la tabla de planchar y otros objetos grandes y poco vistosos es dentro de un armario de gran altura o, mejor todavía, en un pequeño cuarto auxiliar, en el que se encuentran la caldera y la lavadora. No caiga en la tentación de sacrificar el espacio de este cuarto auxiliar para ampliar la cocina: una lavadora retumbante no contribuye en absoluto a mejorar la calidad de vida.

3

4

5

3 En esta cocina se aprovecha el espacio hasta el último rincón para colocar armarios o estanterías.
4 Una combinación de alta tecnología y ambiente rústico.
5 Las cocinas diseñadas a medida son eficaces, pero las soluciones con personalidad también.

6 La experiencia dicta que nunca se debe ocupar el espacio frente a las ventanas, pero cuando realmente le falta espacio o la vista a media distancia resulta poco agradable, no siga esta norma. Una fila de ventanas bajas a lo largo de la base evita una posible claustrofobia.

7 Muchas veces las ventanas y las puertas impiden colocar armarios. En este diseño, el panel sin esmaltar aligera tanto literal como metafóricamente lo que, de otro modo, hubiera podido ser una pesada masa de armarios.

8 Los accesorios de las puertas, como las bisagras y los tiradores, confieren un distinguido aspecto incluso al mueble más sencillo. En las ferreterías encontrará una gran variedad de modelos a elegir.

9 Los huecos a ambos lados del testero de la chimenea son el lugar ideal para colocar los armarios.

10 Una cocina del estilo de los Shaker, con un mínimo de detalles y adecuado tanto para interiores rústicos como modernos.

11 Una pequeña bodega para aquellos a los que les guste poder disfrutar de una copa de vino en cualquier momento.

12 Los armarios correderos de gran altura son especialmente apropiados; además ahorran espacio.

13 Los recipientes necesarios para cocinar se guardan mejor cerca de la superficie de trabajo.

COMER

La desaparición del comedor como habitación exclusiva ha sido uno de los cambios más dramáticos en la forma de distribuir la casa; cuando investigamos el motivo de su defunción, descubrimos que ocurre simultáneamente con el renacimiento de la cocina. No obstante, no se puede afirmar que el comedor haya desaparecido totalmente: en las grandes casas y mansiones, y en las familias de una cierta categoría, la vida sin un salón especial para comer sería inimaginable. Sin embargo, en la mayoría de las viviendas comunes, en las que únicamente se dispone de espacio para un gran salón, éste suele dedicarse sobre todo al descanso y a actividades recreativas.

A principios de siglo, las remuneraciones del servicio doméstico y las condiciones de trabajo en general eran tan lamentables que incluso las casas más modestas disponían de, al menos, un sirviente. Hasta que no existió una alternativa real para el servicio doméstico, éste siempre encontraba empleo. No obstante, durante y después de la Primera Guerra Mundial, las mujeres empezaron a trabajar en las fábricas, con mejores sueldos y menos horas laborables. En consecuencia, las personas que continuaban prestando sus servicios como sirvientes se encontraban en situación de pedir mayores sueldos y mejores condiciones de trabajo, y sólo los más ricos se podían permitir el lujo de mantener uno o varios sirvientes.

Los libros que se publicaron entonces, como *Primeros auxilios para sobrevivir sin sirviente* y *La casa sin sirviente* describían las labores domésticas como una aventura amena y divertida, y enfatizaban las virtudes de las máquinas de limpieza. Sin embargo, pasada la primera euforia, la gente empezó a preocuparse más seriamente por el mantenimiento de la casa. Cuando la disponibilidad del servicio se daba por garantizada, la cocina se encontraba casi siempre bastante separada del comedor. Durante la Primera Guerra Mundial, muchas familias —«aunque parezca desconcertante», como señaló escandalizado Randall Phillips en 1921— comían en la cocina. Después de su publicación, Phillips sugirió tentativamente la idea de «eliminar la sala de estar en las viviendas de la clase media y disponer de una habitación que combinara el comedor, por un lado, y la estancia para sentarse, escribir y leer cómodamente, por otro». El comedor aún no había muerto, pero ciertamente iniciaba un declive mortal. Setenta y cinco años de comedor como espacio formal monolítico probablemente sólo se encuentren en lugares donde las viejas costumbres son muy difíciles de erradicar.

Comer es mucho más que una necesidad fisiológica. Las comidas pueden ser un acontecimiento intensamente social, una ocasión de reunión con familiares y amigos. Aunque el lugar de encuentro sea la cocina, la sala de estar o incluso un comedor independiente, necesitamos un espacio para sentirnos relajados, cómodos y dispuestos a adaptarnos a diferentes ambientes y entornos.

La comida formal

1

3

2

Los conservadores seguramente echarán de menos el comedor tradicional, pero éste siempre ha sido un elemento instaurado por circunstancias casuales. Durante el siglo XVIII los grandes festines se celebraban de manera menos formal, con pequeñas mesas distribuidas por todos los salones decorados para tales acontecimientos. En Europa, el comedor gozó realmente de su máxima popularidad durante la segunda mitad del siglo XIX, y en toda esa época las reglas sociales referentes al comportamiento en la mesa fueron muy estrictas. Con toda probabilidad el disgusto que mucha gente experimentó al desaparecer el comedor fue más bien una expresión de tristeza por la pérdida de la estricta etiqueta que en él regía.

La disciplina impuesta en el comedor formal cuenta aún con varios partidarios entre aquellos que creen que existe una cierta relación entre el derrumbe social y una comida acompañada por la televisión. La comida en sí debería ser una actividad social y estimulante, no solamente la adquisición de energía. En los países en los que se fomenta la unidad familiar, la noción de la comida en familia, con todos los miembros situados alrededor de la mesa, se considera algo casi sagrado. La cuestión es: ¿dónde se debe celebrar?

Lo ideal sería que el entorno donde se come fuera tan alegre como la propia celebración de la comida. Una de las razones del declive del comedor probablemente sea que éste rara vez era cómodo. Las habitaciones que no se utilizan pierden el sentido de animación que se percibe cuando se habitan; se convierten en espacios muertos. En el caso del comedor, con frecuencia éste despedía extraños olores y a veces se percibía todavía el aroma de los platos del día anterior, que penetraba cortinas y alfombras. Y toda su decoración reflejaba un estatus de inseguridad, algo entre estrictamente funcional y una sala de recepción relativamente formal.

Por alguna buena razón el comedor nunca ha resultado interesante para la mujer moderna; después de todo, éste sería el lugar, por lo menos durante los tiempos menos civilizados, donde se llevaba a cabo la extraña práctica de que las mujeres se retiraran después del postre para que los caballeros fumaran sus cigarros. «Toda la habitación debe destacar la importancia masculina», escribió el arquitecto Robert Kerr, también con importancia masculina, en 1864. Y aunque esta actitud tomó un rumbo diferente durante el siglo posterior, el estilo no cambió. Hermann Muthesius señaló que el comedor, «por tradición [...] debe ser serio y de carácter digno, de colores predominantemente oscuros, con sólidos muebles de caoba, una alfombra turca en el suelo y pinturas al óleo, preferentemente retratos familiares, con gruesos marcos dorados, en las paredes». Un salón típicamente funesto, con un tapizado de rayas de color verde oscuro y una impresionante mesa de caoba pulida con un candelabro plateado en el centro, es el tradicional legado de este estilo.

4

5 La madera vista en el comedor cuenta con dos ventajas: es práctica y estética, sus tonos cálidos contribuyen a crear un decorado neutro para la comida y, además, es de fácil limpieza.

5

6

6 Con el abandono de tapices, cortinajes y alfombras en los comedores a principios de siglo se inició una tendencia de línea de «pureza e higiene»; en este caso se prescinde de telas y muebles tapizados que puedan retener el aroma de los diversos guisos.
7 Muy pocas personas consideran el aparador como una pieza indispensable para el comedor, como lo fue hasta la década de 1950; en este caso, una extensa mesa con consola se convierte en una alternativa moderna. Este comedor tiene cierto sentido de animación y luminosidad por la luz que procede del pasillo posterior.

7

Si dispone de espacio suficiente, el comedor puede ser un verdadero lujo, aunque debería tener una segunda función. Incluso si lo considera un lugar para que los niños hagan sus deberes escolares, se beneficiará de la animación.

Si tiene un comedor independiente deberá crear un ambiente que se transmita de forma natural desde la cocina hasta el espacio abierto en el que se reúnen los comensales, una cierta connotación de calor y comodidad que acompaña a la preparación de los guisos. Un comedor con una mesa como punto focal solitario es un lugar relativamente estéril; generalmente las mesas son deprimentes, tanto cuando están vacías como cuando están cubiertas de forma desordenada de copas, platos y fuentes durante la sobremesa. El momento para lucir su aspecto óptimo es muy breve, así que es aconsejable elegir otro punto focal para este ambiente. Por este motivo, es adecuado combinar el espacio del comedor con la biblioteca o el estudio.

El espacio abierto

La cocina como espacio abierto es excelente para desayunos rápidos y cenas familiares informales, pero tiene una gran desventaja: la parte formal de la presentación. Se necesita una enorme capacidad de organización y limpieza para ofrecer una cena de tres platos en el mismo lugar donde se han cocinado, y más aún si la misma mesa es, a la vez, la superficie de trabajo.

En un mundo ideal no se invitaría a cenar a personas a las que se quiera impresionar. Pero en la vida real muchas veces ocurre que incluso la persona más informal siente la necesidad de cambiar la rutina diaria por algo especial, algo más exótico que la típica pasta y la vela colocada en una botella. También tenemos la perspectiva cínica pero históricamente justificada de que tal vez el espacio abierto es una tendencia de la moda actual, y que posiblemente dentro de poco tiempo volveremos a un estilo de vida más formal.

Cualquiera que sea su razonamiento, es aconsejable que disponga de un ambiente versátil para las comidas. Si debe comer en la cocina a causa del espacio, esto será primordialmente una cuestión de estilo; sustituya el mantel de plástico por uno de lino blanco y arregle la mesa de forma correspondiente. También la iluminación es un factor fundamental para definir espacios y crear ambiente. Christopher Alexander, en su obra *El lenguaje del diseño (A Pattern Language)*, aboga por una lámpara de techo baja, que ilumine justo el centro de la

2 Las diferentes alturas del techo y la utilización de materiales distintos dividen esta estructura en interesantes secciones. La veranda soleada es un lugar perfecto para comer.
3 El empleo de un solo color le confiere unidad a una pequeña estancia abierta. También resulta útil disponer de asientos de doble uso; para la hora de comer, la mesa se puede trasladar hasta el sofá de obra.
4 Un ambiente encerrado en sí mismo también resulta conveniente dentro de un espacio abierto.
5 El mostrador con una superficie de trabajo delimita el espacio para la cocina.

1 Los beneficios que ofrece una habitación con un espacio abierto a veces se contrarrestan por la pérdida de intimidad. Normalmente se tiende a trasladar la mesa y las sillas a otra zona para que aparezcan más recogidas, como por ejemplo debajo de este techo inclinado.

6

7

mesa, con una pantalla oscura para que la luz actúe como punto focal y de recogimiento. En caso de que se trate de una cocina rústica, tendrá la ventaja adicional de poder desenfocar las superficies de trabajo y atraer la atención a la mesa decorada. El mismo efecto se puede crear con reflectores de luz directa de bajo voltaje; instalando un foco con un haz de luz estrecho justo sobre la mesa y otros focos de haz de luz amplio para crear una iluminación más generalizada. Lo último en este campo son las bombillas que simulan la luz de las velas.

Resulta muy difícil crear una transición de lo formal a lo informal en una habitación en la que únicamente caben la mesa y las sillas. El espacio, elegantemente decorado con luz de velas y dispuesto de forma adecuada para la cena, puede parecer frío y poco acogedor a la hora del desayuno. Por muy restringido que sea el espacio en la cocina, instintivamente nos entretenemos en ella por la mañana. Con un poco más de espacio disponible resulta más fácil crear un ambiente adecuado, ya sea colocando una pequeña mesa en un rincón o simplemente permitiendo que la luz matutina entre por la ventana.

También puede delimitar el espacio entre la zona de la cocina y la del comedor a través de materiales distintos en el suelo. Por ejemplo, puede ser una buena solución cubrir la zona de la mesa con tablas de madera, mientras que la zona en la que se prepara la comida se puede cubrir con azulejos o piedra.

8

6 Para esta cocina de acero se necesita un contrapeso igualmente destacable en la zona del comedor. El falso techo sobre la cocina oculta con nitidez las instalaciones eléctricas y de ventilación, un punto muy importante en los planos de estilo abierto.
7 En el estudio de un artista, las limitaciones entre la zona de trabajo y la de descanso se fusionan visualmente.
8 El plano semiabierto, en el que se ha conservado una parte de la pared de separación, es más adecuado para casas antiguas. También la tubería expuesta posee un cierto encanto decorativo.

Eliminar barreras

Durante la década de 1930, cuando empezaba a escasear el servicio doméstico, surgió la tendencia a eliminar la barrera física y psicológica entre la cocina y el comedor. Se allanó el camino para que tuviera lugar el fenómeno de estructura combinada que ocurrió en la década de 1960; después de producirse el fenómeno, el servicio empezó a ser considerado como algo reservado para las mansiones suburbanas. Éste resultaba demasiado mediocre, carente de atractivo, algo de lo que se burlaban todos aquellos que se inclinaban por el espacio abierto y también los conservadores, que habían recorrido el largo camino desde la cocina hasta el comedor durante mucho tiempo.

Hoy en día, para la gran mayoría de personas, disponer de una zona de comedor en la cocina equivale a aprovechar el espacio de la forma más práctica posible. En el plazo de unas cuantas décadas, la idea de comer en la cocina se ha convertido de ser una necesidad de la clase obrera o una excentricidad de los bohemios a ser una regla aceptada por todos. Se adapta a nuestro estilo de vida informal, pero activo. Cada vez más invitamos o nos invitan a participar en cenas informales en lugar de en las antiguas cenas de etiqueta. Incluso los propios alimentos se han modificado para adaptarse al nuevo entorno del comedor: la ternera al estilo *cordon-bleu* encaja mejor en un comedor clásico, mientras que los tradicionales guisos caseros son muy adecuados para que se coman en la cocina.

Incluso durante el cénit de la popularidad del comedor se respetaba el hecho de que las diferentes comidas o tipos de alimento requerían un decorado distinto. Durante mucho tiempo, y como corolario del comedor, se disponía de un desayunador, aunque actualmente es cada vez menos frecuente ya que las casas son más pequeñas y se tiende a tomar el desayuno en la cocina. Parece poco práctico disponer de un desayunador como habitación independiente, aunque su función se podría combinar con la de un estudio o la de una habitación para el juego, y sería aconsejable introducir un biombo para gozar de cierta intimidad sin obstruir el paso o la circulación de los demás. La evidente desventaja de las habitaciones de doble función son las constantes interrupciones que se su-

fren durante la realización de las diversas actividades, ya que es preciso despejar la mesa para utilizarla de forma pertinente. Pero una buena organización y planificación facilitan la coexistencia de actividades diferentes, y esto se debe tener en cuenta al elegir los muebles; la clásica alacena, por ejemplo, es ideal para guardar los platos en las estanterías, mientras que el armario en la parte inferior se puede llenar de juguetes infantiles. También una gran mesa con un cajón es muy útil.

La mayoría de personas prefiere cambiar de escenario a la hora de comer; como condición más prosaica, frente a la pantalla de televisión. La cuestión es, ¿dignificamos la práctica con una solución de diseño permanente? Probablemente no. Por ello, ¿realmente nos deberíamos sentir culpables si colocamos unas mesitas al lado del sofá? Afortunadamente no existe ningún estigma social relacionado con el comer al aire libre. Aunque el clima en algunas regiones sólo lo permite durante unas cuantas semanas al año, la comida al aire libre es tan placentera que bien merece la pena disponer de un rincón para este fin. Con toda probabilidad elegirá el lugar más indicado de forma instintiva, cerca de un seto o de un muro exterior. Es conveniente que los muebles sean resistentes a la intemperie, especialmente en aquellas zonas en las que el tiempo soleado escasea y comer «al fresco» suele tener lugar en contadas ocasiones. Si cada vez que desea tomar el café en el exterior se ve obligado a ir al cobertizo y desdoblar sillas, casi nunca pasará de la fase de haberlo considerado.

1 Lo que más se aprecia y utiliza en la cocina suele evidenciar menos sus funciones primarias. Los objetos decorativos carentes de cualquier relación con el arte culinario y los muebles atractivos y adecuados tanto para guardar juguetes infantiles como moldes para pastelería le confieren a esta habitación un encanto irresistible.
2 Un patio cubierto es un lugar ideal para colocar la barbacoa en verano.
3 Si pudiera sacrificar el espacio debajo del mostrador para guardar unos cuantos taburetes, un lateral de esta isleta se transformaría en una barra para desayunar.
4 Todas las ventajas de comer al aire libre sin ningún riesgo.

4

5 Desayunar en la cama es un auténtico lujo autoindulgente.
6 Para comer al aire libre es mejor disponer de un rincón semicerrado, preferentemente cerca de la cocina, donde llegue el sol por la mañana o por la tarde. Los muebles de jardín y el mantel de color verde follaje se confunden con el entorno.
7 Cuando en la cocina no cabe una mesa de comedor grande, coloque una pequeña con un par de sillas para poder desayunar o cenar cómodamente y en intimidad. La cocina también puede ser el lugar perfecto para ver un programa concreto de televisión, pero no para pasarse todo el día delante de la pantalla. En este diseño, el aparato ha sido colocado hábilmente en el decorado, y no destaca como un añadido posterior poco adecuado.
8 Un lugar muy adecuado para una comida improvisada en el exterior; la ventana abierta facilita el servicio desde la cocina.
9 Preparar la comida al aire libre satisface un instinto primitivo que todos tenemos, incluso el más sofisticado.

5

6

7

8

9

Los muebles

1 Las sillas de Arne Jacobsen, diseñadas durante la década de 1950, pero que han adquirido mucha popularidad en la presente década, aportan un toque de color contemporáneo al comedor en una cocina de espacio abierto.

2 Un rincón para comer, con un banco hecho a la medida y asientos en voladizo, que aprovecha con gran efectividad este pequeño espacio.
3 En nuestra sociedad moderna menos formal ya no es de rigor que la mesa y las sillas pertenezcan al mismo estilo. De hecho, esto puede ofrecer un aspecto demasiado cargado. Un conjunto de sillas con trinchador pueden costar una fortuna, mientras que las sillas sueltas se pueden conseguir muy baratas. Desde el punto de vista psicológico, los invitados se sentirán más relajados si se utilizan sillas diferentes.

Las tendencias para amueblar las estancias para comer se dividen en dos categorías —una cocina sencilla y un comedor monumental. Incluso las personas menos indicadas eligen maderas caras y nobles, o imitaciones de ellas, para el comedor. Para la cocina se utilizan sillas viejas y baratas, tapizadas para el uso cotidiano, y muchas veces incómodas.

No obstante, esto no debe ser la regla. Si subimos un poco en la escala de valores y de comodidad, podemos encontrar sillas, sin brazos, pero con asiento y respaldo tapizados, lo suficientemente elegantes para el comedor o, una vez provistas de fundas adecuadas para evitar que se estropeen, para el uso en la cocina. Si dispone de poco espacio, las sillas plegables, que se pueden doblar y guardar dentro de un armario, son una buena solución; así no

tropezará con las colocadas alrededor de la mesa. También podría adoptar la solución de los Shaker, que cuelgan sus sillas en un travesaño con ganchos.

La forma y la posición de la mesa del comedor es otro problema que nos obliga a reflexionar. Una mesa redonda siempre promueve la sociabilidad y la democracia, mientras que una rectangular no: la primera carece de cabecera y no surge la necesidad de reservar la silla con apoyabrazos al personaje de mayor rango. Esta disposición concuerda con la opinión del arzobispo Grantly en la obra de Anthony Trollope *Las Torres de Barchester (Barchester Towers)*: «Hay algo democrático y casual en una mesa redonda». Pero si pretende atender a seis o más personas, las proporciones de una gran mesa rectangular son más asequibles y adecuadas que las

1

2

4 Bajo el efecto de la luz que entra por la puerta de cristal del balcón, esta mesa de comedor deja libre el resto de la habitación. La silla de director es inmensamente versátil, se puede usar tanto fuera como dentro, e incluso doblarse y guardarse, cuando no se necesita. No obstante, no es una solución a largo plazo: tras uno o dos años se nota su desgaste.
5 Las sillas de respaldo curvado se han diseñado para hacer juego con una mesa redonda.

3

4

5

6 Las fundas hechas a medida pueden transformar las sillas de director en algo más ceremonioso; además, poseen la ventaja de que son lavables.
7 Las sillas de madera del estilo que aparecen en la imagen se han puesto de moda desde que Le Corbusier empleara este modelo, hasta entonces reservado a los restaurantes, para decorar la casa.

6

7

de una redonda. Muchas mesas también se fabrican con ingeniosas hojas que, al extenderse, se adaptan al número de comensales; después de utilizarlas vuelven a su tamaño original. Si la mesa del comedor sirve también como superficie de juego para los niños, evidentemente no permita que éstos practiquen sus habilidades artísticas sobre una obra maestra de ebanistería. Es más aconsejable comprar una barata o de superficie laminada: los invitados no necesitan saber lo que hay debajo del mantel.

Existe una convención que indica que el centro de la habitación es el lugar correcto para la mesa, por razones bastante comprensibles. El espacio de las paredes queda libre para otros usos; en la cocina, una mesa céntrica ofrece una útil superficie de trabajo a modo de isleta. No obstante, cuando la habitación es tan pequeña que no es posible circular alrededor de la mesa, es mejor colocarla cerca de la pared, cosa que también le da la opción de colocar un banco de asientos en un lado.

Los contrastes entre varios estilos son muy adecuados para las zonas que actúan a modo de comedor en la cocina. Una cocina moderna con muebles empotrados se puede animar con una mesa antigua con carácter. Y debido a que la buena iluminación moderna es tan esencial para las superficies de trabajo, un candelabro da una nota surrealista a una cocina terrenal.

DESCANSO

Incluso los mejores diseñadores y los arquitectos modernos tienen problemas con la sala de estar. Ante el compromiso de que la función dictamine la forma, prefieren dedicarse al diseño de cuartos de baño y de cocinas ya que éstos cumplen funciones evidentes. Pero, ¿qué tipo de actividad se desarrolla en la sala de estar? ¿Se lee un libro? ¿Se ve la televisión? ¿Se medita? ¿Se sueña? ¿Se habla? ¿Se ama o se juega con los niños? Resulta muy difícil expresarlo con tan sólo cuatro paredes y un apartamento de tres habitaciones, sobre todo si desea añadir un estilo individual como expresión de su personalidad. Sin embargo, este problema está parcialmente restringido a la sociedad moderna. En épocas anteriores, la sala de estar se subdividía con objeto de ofrecer espacio para llevar a cabo una serie de funciones diferentes. Se disponía de un salón matutino en el que la señora de la casa pasaba las mañanas, recibía visitas o escribía cartas. Probablemente existía también un salón reservado para las tardes, mientras que la sala de estar se utilizaba solamente en ocasiones más formales, en situaciones en las que se retiraban los caballeros después de una cena o de un acontecimiento de etiqueta. Cuando la vida diaria se desarrollaba en tantas dependencias circunscritas, probablemente la decoración de las habitaciones era una tarea mucho más fácil.

Actualmente la mayoría considera el hogar como un refugio, un santuario para retirarse del estrés del mundo laboral. De hecho, como señaló Adrian Forty, el individualismo en la decoración está en estrecha relación con el crecimiento de la sociedad industrial. Para todas las personas que se hallan subyugadas en el trabajo, el estilo individual en el hogar se convierte en «un símbolo de la propia capacidad de pensar y de sentir de forma independiente, de tener una vida que va más allá de la maquinaria de la economía».

La sala de estar debe ser un lugar en el que nos sintamos totalmente a gusto, un templo para el alma. También es el lugar en el que los demás deben poder relajarse. No obstante, el deseo de impresionar a los demás, por muy tentador que parezca, nunca debería exceder el propio estilo y comodidad. Tanto si desea dar rienda suelta a su imaginación con paredes blancas y objetos cromados y de cuero de diseño, o con superficies alfombradas y volantes de zaraza, como si quiere colocar tablones de madera vista decorados con antigüedades, la auténtica prueba del éxito de esta habitación consiste en que si realmente la ocupa para pasar allí su tiempo. Si, por el contrario, se retira a su dormitorio o a la cocina, entonces hay algo que no funciona bien. Tal vez la sala se haya convertido en una sala de exposición o una estancia «muerta». Evidentemente, eso no es lo que propiamente expresa su denominación: una sala de estar.

El descanso, tanto si se encuentra solo como si se halla en familia o con amigos, es un antídoto para el estrés cotidiano. Desde un rincón tranquilo para leer un libro hasta un lugar para charlar con amigos, nuestro espacio vital debe ser versátil, personal y, sobre todo, cómodo.

El estilo

Mantener un estilo individual y preconcebido de forma constante es la antítesis del descanso. Si la comodidad es su punto de partida y sobre esta base desarrolla el estilo con naturalidad, probablemente conseguirá crear un diseño que le satisfaga en todos los sentidos. En cambio, si su meta consiste en reproducir una sala de estar de la década de los cincuenta o seguir el estilo colonial americano, siempre producirá la impresión de que se ha forzado el estilo.

En 1925 Edward Gregory escribió: «Una sala de estar realmente interesante rara vez presenta un estilo perfecto». Gregory detestaba las habitaciones de estilo «lamentablemente auténtico» de Luis XV: «Es imposible moverse en ellas sin echar una tímida mirada a los espejos y experimentar una sensación de anacronismo [...]. Sin embargo, la habitación es de un gusto exquisito. Uno sólo se siente aburrido y abrumado».

Cualquiera que haya estado en una habitación semejante, con apariencia de decorado de museo, comprenderá lo que quiere decir Gregory. Un ambiente que le obliga a comportarse de forma tensa y que inhibe su forma de actuar o de vestir puede ser un ejemplo extraordinario de minuciosidad estilística, pero si le obliga a sacrificar la comodidad, no merece la pena. Por otro lado, normalmente el diseño de época se realiza con auténtica pasión. Con mucha frecuencia se elige lo que se considera de la época «moderna», habitualmente de la década de 1930, ya que aparente-

1 Una sala de estar estilísticamente ecléctica que presta la debida atención al techo abovedado y a las proporciones inusuales, sin considerarlas impositivas para el estilo decorativo.
2 El esquema de color restringido confiere a esta sala, concebida de modo elegante, un tranquilo ambiente de descanso.
3 La decoración de la sala no debe pertenecer a la misma época; en ésta se combina el amor por el arte: sillas de la década de 1950 y floreros de principios de siglo.

mente causa efecto con un mínimo de esfuerzo. Las paredes se pintan de color blanco, se añade un punto de luz de gran potencia, de estilo fotográfico, un sillón de cuero negro modelo Eileen Gray y, como último detalle, una alfombra de diseño abstracto —de este modo se dispone de una habitación modernista, totalmente exenta de cualquier tipo de sentimiento.

No hay razón por la que no debería ser indulgente con un estilo. Si sabe discernir cuáles son los elementos convenientes y los adapta a su propia forma de vida, probablemente tenga más éxito que si intenta introducir un estilo en un ambiente para el que no se había previsto.

Una sala de estar es mucho más que un cúmulo de objetos: también necesita un

buen fundamento. Esto no se debe confundir con el concepto de adjudicar un «tema» a la sala. Observe bien el espacio disponible y su arquitectura, y analícelos a fondo en lugar de imponer nociones superficiales de un estilo decorativo. Debe ser consciente de lo que espera de esta habitación, si la prefiere cálida y cómoda, o ligera y fresca, o un espacio para pasar el día o la noche. No merece la pena copiar el estilo que otros hayan publicado en una revista, ya que probablemente sus necesidades y sus prioridades sean muy diferentes. Inspírese en libros, revistas, tejidos, pinturas, museos y otras casas, pero no los utilice como punto de partida. La base para iniciar el diseño es siempre su propio estilo de vida, una apreciación honesta de sus necesida-

5 Las habitaciones acogedoras no tienen que ser pequeñas, oscuras y estar desordenadas. La simetría y la ordenada nitidez de esta sala no impone una rigidez formal a sus ocupantes: los bancos para sentarse situados en la ventana, y los cojines, invitan a una estancia cómoda y relajada.
6 La comodidad no es una prioridad para todo el mundo: esta sala de estar es una oda al diseño de la década de 1950; cada pieza es un elemento aislado espectacular que aparece unificado con los demás por la evidente pasión de su pasado.
7 La combinación de varias culturas es más eficaz que el intento de imitar un único estilo nacional en particular: he aquí una interpretación occidental del diseño asiático.
8 En algunos casos el ambiente exterior determina el decorado interior. Los frescos colores blanco y azul de esta casa en la playa son una respuesta evidente del ambiente que la rodea; por su parte, los muebles fabricados de tablas de madera son un complemento perfecto del clima.

4 Cuando el trabajo es una auténtica obsesión puede enfatizar, en lugar de interrumpir la atmósfera de una sala de estar. En esta sala de estar con estudio, la obra del artista se complementa con la cómoda línea de los muebles.

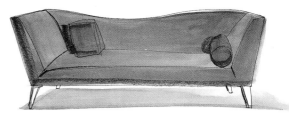

4

5

6

7

8

des. Si, en cambio, utiliza el estilo como concepto fundamental, la sala siempre conservará un cierto aire de vacío.

Gregory se mostró muy acertado con su definición del motivo por el que las habitaciones tan bien decoradas transmiten una sensación poco satisfactoria al estar en ellas: «El hecho es que no se ve nada que pudiera sugerir una idea, nada que le estimule para entretenerle con un pensamiento creativo».

Un rincón tranquilo

1

La necesidad de retirarse a un rincón tranquilo sigue tan vigente como hace un siglo. Tal vez hoy en día cometamos el error de confundir el concepto de «lugar para relajarse» con un atolladero desordenado en el que nos vemos obligados a vadear a través de juguetes de plástico y muñecos para encontrar un lugar en el sofá. De hecho resulta increíblemente estresante el no disponer de un lugar tranquilo para retirarse. En cada casa, sobre todo si se trata de una familia con niños, debe haber, al menos, un pequeño cuarto que cumpla este requisito.

Durante el siglo pasado se prohibía a los niños el acceso a diversas estancias de la casa; Muthesius afirmó que «a los niños no se les permitía pasar al salón, salvo en algunas ocasiones, a modo de visita y vestidos con sus mejores ropas». No hace falta excluir a los niños, sino simplemente a los objetos que les acompañan. Los niños son tan capaces de apreciar los diferentes ambientes de las diversas habitaciones como los adultos —se puede aprovechar la oportunidad para enseñarles a apreciar los muebles y los detalles finamente elaborados. Si disponen de espacio suficiente para jugar en cualquier otra parte de la casa, la sala de estar podría convertirse en un

2

3

4

5

1 Durante el siglo pasado cambiar las cortinas y otros recubrimientos era una práctica muy común, ya que las telas oscuras y pesadas daban una sensación de calor y comodidad en invierno, pero resultaban inadecuadas en verano. El equivalente moderno sería el uso de sábanas protectoras: además de que son prácticas porque ocultan un tapizado desagradable, confieren a la habitación una cualidad etérea.

2 Durante las últimas décadas nuestros conceptos sobre la comodidad han cambiado de forma radical. Mucha gente se siente más cómoda con un decorado escaso pero elegante que con grandes alfombras y sillones sobrecargados.

6

3 La mayoría de la gente no tiene un gusto infalible y unidimensional para toda la casa, sino que prefiere diferentes objetos para sus distintos estados de ánimo y se siente más relajada en ambientes que reflejen las diversas facetas de su gusto. Audaz y cómoda, esta habitación muestra comodidad y frescor, antigüedad y modernidad, todo combinado en un ambiente general de tranquilidad que tiene su origen en la confianza del propietario en su gusto individual.
4 Tradicionalmente la sala de estar se destina para la convivencia familiar y social; siguiendo las normas clásicas, se decora con sillones y sofás para poder reunirse cómodamente para la conversación. En este caso, el sillón y el banco le dan la espalda al grupo para disfrutar de una comunión en solitario con la vista al exterior.

lugar especial en el que escuchar el cuento de las buenas noches o en el que se puede ver la televisión. No obstante, si también se emplea como sala para los juegos infantiles, procure tener un cesto grande o una cómoda para guardar todos los juguetes cuando llegue el momento de la transición y la hora de los adultos.

Según las críticas realizadas a los salones formales de principios de siglo, su utilización se reflejaba en el decorado; de algún modo, la trivialidad de las conversaciones se percibía en los muebles. «Su estilo es el de menor calidad de toda la casa», fue el veredicto de Muthesius a principios de este siglo. Además, opinaba que en los salones se acumulaban demasiados objetos inútiles que muchas veces degeneraban en una gran confusión. No obstante, Edward Gregory se sintió obligado a defenderlos de los «reformadores» que creían que los salones fomentaban ostentación pretenciosa. «Los reformadores aseguran que la casa es para vivir en ella, no para exhibirla, y tal vez ignoren u olviden el hecho de que una persona superior es capaz de vestir con ropas tejidas en casa y vivir en una especie de 'taller de artesanía' del mismo modo que es capaz de lucir trajes de noche convencionales en un salón decorado con elegantes accesorios.» El argumento de Gregory consistía en afirmar que incluso si el salón se convertía en una «propiedad artificial y ostentosa», al menos la decoración «evitaba que el hogar degenerase en un lugar descuidado y desaliñado, cosa que sería aún peor».

Tal vez ahora la opinión de Gregory parezca demasiado severa, pero merece la pena reflexionar sobre ella. Actualmente todos somos más circunspectos en nuestra crítica sobre el gusto de los demás, pero sigue siendo verdad que el ambiente afecta a nuestra conducta a un nivel profundo, normalmente subconsciente. Algunos salones, que suelen ser la expresión espontánea del gusto y de la personalidad de su propietario, nos hacen sentir cómodos de inmediato, mientras que otros, tal vez por una simple disposición errónea o por la falsedad general que se respira en toda la habitación, nos transmiten una sensación de desagrado e incomodidad.

5 Un salón tranquilo con lo indispensable para permanecer cómodamente sentado y con un bello detalle que observar. No hay colores más adecuados para expresar la sensación de calma y de una vida sosegada que el blanco y el color crema.
6 Las ventanas ovales, las paredes blancas y un par de sofás contribuyen a crear la máxima expresión de calma.
7 Para las casas de veraneo es más conveniente utilizar un decorado mínimo: improvisar con telas baratas pero llamativas resulta mucho más eficaz y conveniente que los esquemas decorativos completos y sobrecargados.

7

La comodidad

La comodidad, como prioridad en el espacio vital, no resulta ni tan obvia ni tan simple como podría parecer. La comodidad física —una superficie suave en el suelo y un apoyo para reclinar la espalda— es un concepto relativamente moderno; realmente no apareció en la vida doméstica hasta el siglo XVIII. Hasta entonces, el hogar no había sido mucho más que un lugar para resguardarse, en el caso de los pobres, mientras que para los ricos representaba una forma de mostrar un estatus.

Actualmente, cuando hablamos de comodidad, no nos referimos exclusivamente a una sensación física; su definición es mucho más amplia, ya que incluye una gama de satisfacciones sensoriales. La comodidad, como la describe Witold Rybczynski, es pluridimensional, ya que implica «conveniencia, eficacia, ocio, reposo, placer, domesticidad, intimidad y privacidad —y todos ellos contribuyen a conformar la experiencia». Hoy en día, la comodidad, la salubridad y la equidad se incluyen en el concepto moderno de comodidad, calificada como «natural»; ello se puede apreciar, por ejemplo, en la tela de lana del sofá, en las esteras de musgo marino del suelo y

1 Cuando la arquitectura interior de un ambiente es tan espectacular como ésta sería un gran error cubrirla con elementos convencionales, como cortinas. Los muebles sólidos y oscuros provocarían que la estancia fuese demasiado pesada, mientras que el sofá y el sillón de color blanco, con la alfombra a cuadros, repiten el diseño de los pequeños cuadrados de las ventanas y mantienen el flujo visual del ambiente perfectamente equilibrado.

2 Otra sala de estar en la que la decoración responde a la arquitectura. Las paredes inclinadas y el techo de vigas se complementan con los muebles y los demás objetos, sencillos y rudimentarios.

5

5 Los techos altos producen una sensación de austeridad. En este caso, una disposición sociable procura intimidad mientras que los árboles del interior interrumpen la distancia entre las sillas y el techo, y constituyen un punto focal como alternativa para la chimenea.

6

3 Una habitación en la que, además de la silla, la comodidad probablemente sea más visual que física. No hay nada que moleste a la vista en este esquema de colores naturales.
4 La comodidad y el orden no son incompatibles como muestra esta sala de estar, cómoda y con gran estilo. El color amarillo es un fondo perfecto para los tonos cálidos terrosos y los toques verdes del esquema de color. La escalera sirve de acceso a un nivel superior (a modo de entresuelo).

en las velas de cera de abeja de la repisa de la chimenea.

Resulta difícil predecir lo que le va a hacer sentir cómodo, especialmente cuando sabe lo que le gusta sin saber el por qué. Las personas suelen darse cuenta de la comodidad cuando la experimentan. Rybczynski afirmó que «este reconocimiento implica una combinación de sensaciones, muchas de ellas subconscientes, y no exclusivamente físicas, sino también emocionales e intelectuales...». Dado que la comodidad es una cuestión que integra varios elementos, lo mejor es empezar con el más tangible, la comodidad física. Al establecer sus necesidades en este aspecto dispone de una buena base para iniciar la decoración.

7

Los elementos fundamentales son el calor y la luz. Al planificar la colocación de los radiadores se deben tener en cuenta las consideraciones arquitectónicas y funcionales; no obstante, también resulta conveniente tener una idea previa de la disposición de los asientos. Si conecta los radiadores en las paredes, cerca de donde va a colocar los sillones, desperdiciará calor. Si los sitúa debajo de las ventanas alcanzará su objetivo de forma ideal debido a que contará con una buena circulación de aire influenciada por el frío que entra por la ventana. No obstante, desde el punto de vista de la iluminación, también es un buen lugar para un sofá.

La iluminación es fundamental para la comodidad. La necesidad de modificarla corresponde a la fisiología humana así como al ciclo biológico. Generalmente, en la sala de estar se necesita una iluminación ambiental con luces adicionales y focos. Un sistema de bajo voltaje debe ser necesariamente instalado por un profesional, pero su versatilidad compensa los gastos. Si se ve obligado a conservar la instalación de luz central en el techo, al menos conecte un regulador de intensidad de la luz, lo que le permitirá llevar a cabo cambios ambientales.

6 El instinto humano de buscar la proximidad del fuego se ve expresado en la instalación de dos bancos de asientos, los cuales, semicerrados, transmiten una sensación de seguridad, un lugar perfecto para retirarse con un libro.
7 Una habitación para estar realmente a gusto; su paleta de colores naturales y los materiales empleados se confunden imperceptiblemente con el ambiente del exterior.

Los asientos

Los asientos afectan a nuestra conducta. Cualquier sala de espera le corroborará la verdad de esta afirmación, con sus sillas duras y negras de respaldos rectos, dispuestas en filas contra la pared, que obligan a sus ocupantes a permanecer en una postura alerta y expectante, sin ánimos de entablar relaciones con los demás. A lo largo de la historia, el diseño y la disposición de las sillas se ha determinado según el ánimo de la sociedad. La sillería no se convirtió en un elemento necesario para el entretenimiento y la dispersión hasta finales del ocioso siglo XVIII, cuando se diseñaron numerosos tipos diferentes de muebles tapizados.

En el sigo XVIII, disponer las sillas para facilitar la conversación en grupo era una habilidad social. Mark Girouard, en su obra *Vida en la casa rústica inglesa (Life in the English Country House)*, describe los detalles de la disposición en un «círculo formal». Maria Edgeworth, en una de sus novelas contemporáneas, afirma, con respecto al «círculo formal», que «de todas las figuras de la naturaleza o del arte [...] es la más detestable para la conversación». Esta disposición circular predominó en todos los salones hasta 1780, aproximadamente,

1 Un enorme sofá de amplios asientos es un buen representante del lujo, si dispone del espacio necesario. No obstante, desde el punto de vista social, sólo es útil si lo puede disfrutar en compañía de amistades de confianza con las que pueda estirarse en él. Sentarse al borde de un largo sofá produce una sensación de tensa incomodidad.
2 La versatilidad es un punto a considerar en la disposición de los asientos: una fría agrupación de diseño clásico es el acompañamiento perfecto para las desnudas líneas arquitectónicas de este espacio, pero el saliente de piedra en el que se exponen objetos decorativos se puede requisar y transformar en un banco de asiento adicional, si el número de invitados es demasiado grande.

época en que la gente empezó a optar por una agrupación más informal.

Girouard menciona una maravillosa descripción de Fanny Burney referente a una reunión social, de «nuevo estilo», organizada por una anfitriona preocupada. «Cada vez que llegaban más invitados, que instintivamente intentaban integrarse para formar una disposición tradicional, la anfitriona exclamaba: 'Toda mi preocupación consiste en evitar que se forme un círculo'; a continuación, se levantaba precipitadamente para colocar las sillas en diferentes grupos, en un aparente desorden.»

Hoy en día no somos tan hábiles en lo que respecta a la manipulación social, pero la mayoría de la gente, de modo instintivo, coloca sus muebles de forma que faciliten la conversación y ayuden a los demás a sentirse cómodos. Disponer los sofás y los sillones de modo informal cerca de un punto focal, como una chimenea por ejemplo, siempre da buen resultado —siempre y cuando

3 El éxito de este banco radica en sus curvas orgánicas, que lo hacen visual y físicamente cómodo.

4 Con un tapizado tan llamativo, los sofás deben colocarse a una distancia prudente; las mesitas auxiliares establecerán la unión.
5 En un espacio relativamente limitado, dos pequeños sofás son más adecuados que uno solo y un par de sillas.

6 Los sofás modernos existen en una amplia gama de formas y tamaños, pero no necesariamente con respaldos y brazos. Este modelo escultural es muy apropiado para un interior contemporáneo.
7 Los cojines y los tapices confieren una nota exótica a los sofás monocromáticos.

recuerde que en una reunión social un sofá nunca se ocupará del todo. Salvo que se trate de una reunión íntima, un sofá de dos plazas solamente lo ocupará una persona; dos personas sentadas una al lado de la otra se encuentran en una pose forzosamente formal. De forma similar, incluso un sofá grande de tres plazas nunca lo ocuparán más de dos personas. Durante la conversación, las personas generalmente se inclinan con su cuerpo hacia sus interlocutores y los muebles no deberían impedir el lenguaje corporal. Dos sofás enfrentados podrían suponer demasiada confrontación.

Los muebles también se pueden utilizar para delimitar las distintas estancias de un salón que se emplean para realizar diferentes tipos de actividad. Por ejemplo, si tiene un aparato de televisión, no disponga los sillones y los asientos de tal manera que todo el mundo esté obligado a verla. En cambio, si la televisión se coloca en un rincón delante del sofá o de los sillones, deberá reservarse la opción de formar

otro grupo de asientos para mantener una conversación o para llevar a cabo una ocupación de carácter individual, como la lectura.

Combinar sofás y sillones es una buena alternativa, tanto visual como psicológicamente hablando, ya que se divide el espacio de la habitación de un modo interesante y se ofrece variedad así como diferentes niveles de intimidad. Para mantener una entrevista con un asesor de seguros probablemente no se sentará en el sofá. Por otra parte, una habitación que sólo tenga sillas resulta poco acogedora y excesivamente formal.

No obstante, es probable que la dictadura del tresillo haya pasado a la historia. Su presumida respetabilidad impide que un salón se muestre flexible, y no encaja en el nuevo estilo informal. Tal vez si combina un sofá moderno de línea nítida y clara con un sillón antiguo de voluptuosas curvas pueda crear un sello estilístico determinante en toda la habitación.

El esparcimiento

En la época en la que todo el mundo empezaba a instalar un aparato de televisión en casa nadie trataba de disimular el hecho de poseer uno. La televisión, orgullosamente, tomó posesión de su lugar en la sala de estar, como un icono de la nueva era; los amigos y los vecinos menos afortunados, que no contaban con un aparato propio, eran invitados para ver la programación. El cambio de la imagen en blanco y negro a color consolidó aún más su rango como símbolo de estatus. Si, además, el aparato se colocaba en un elegante armario de madera, en lugar de ocultarlo, aquél se hacía resaltar aún más. En la mayoría de los hogares del mundo occidental se convirtió en una especie de altar, un lugar de honor, hasta que se inició la transmisión de programas durante las veinticuatro horas del día.

Actualmente la cuestión de dónde colocar la televisión, tan relacionada con sentimientos cada vez más ambivalentes, no es tan sencilla de responder; tal vez la veamos con frecuencia, pero desearíamos que no fuese así; o quizá la veamos, pero no queremos que los demás lo sepan; tal vez la veamos tan pocas veces que no deseamos que domine la sala.

El lugar en el que se coloca la televisión afecta a sus hábitos de verla, por lo que es mejor partir de una posición determinada. No obstante, ahora que muchas casas disponen de más de un aparato y que éste se utiliza tanto o más que la radio, debe integrarse en la habitación de tal modo que resulte cómodo verla pero que no domine el ambiente. Si se va a mirar la televisión de forma pasiva, mientras se llevan a cabo las tareas domésticas, es aconsejable colocarla sobre un soporte en la cocina o comprar un aparato portátil.

Ocultar la televisión no es, necesariamente, un hecho deshonesto: es una buena medida para limitarse y mirar sólo los programas que realmente se desean ver. Los televisores que vienen empotrados en un mueble completo tienen una calidad de imagen inferior; son caros y pretenden ser algo que realmente no son. Es mejor comprar un buen aparato.

Afortunadamente los equipos de música no poseen atributos culturales ni juicios de valor; debido a que la mayoría de los equipos de alta fidelidad son aparatos compactos de línea nítida, rara vez causan un impacto visual excesivo. No obstante, si desea instalar un sistema modular completo, con altavoces en todas las habitaciones por ejemplo, conviene consultar a un técnico especialista.

Se puede vivir felizmente sin televisión y sin cadena de música, pero un salón sin libros o sin cuadros es un lugar desierto. Algunas personas demasiado puristas consideran que los libros son objetos poco limpios y los ocultan en armarios cerrados, o les quitan las sobrecubiertas para que no les molesten los colores. No obstante, es más común utilizar los libros como objetos decorativos, es decir, un estilo de lectura de exposición, que en realidad es una arrogancia perdonable ya que los libros son visualmente vistosos.

1

2

1 Una alternativa menos engañosa para ocultar el aparato de televisión consiste en colocarlo detrás de dos pantallas correderas, las cuales, cuando están cerradas, ofrecen un aspecto nítido y limpio.

3 ¿Es la televisión un objeto tan despreciable desde el punto de vista visual? Como un cuadrado liso y negro no resulta más ofensivo que el espacio en una chimenea; en esta sala no parece nada incongruente el colocarla entre las pilas de leña y las cestas de estilo étnico.

2 La solución que defienden los seguidores de la escuela de diseño «honesta» es exponerlo todo. Tanto en el salón como en el dormitorio, los aparatos de televisión se muestran abiertamente a la vista; incluso el primero está flanqueado por dos candelabros, como si se tratara de un altar.

3

4 En un interior ultramoderno, el exceso de tecnología puede parecer una parodia o incluso ser demasiado ostentoso. La ilustración refleja una combinación artística de alta y baja tecnología, con cojines en el suelo y un teléfono antiguo.

4

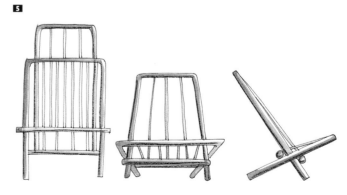

5

6

5 En un estudio no se dispone de espacio para ocultar la televisión. Pero si incluso los detalles de la cama están a la vista, ¿por qué preocuparse por ocultar un altavoz? De hecho, el estilo es perfectamente adecuado para la arquitectura depurada de esta habitación.
6 Iconos de esparcimiento. ¿Por qué solamente los floreros y las obras de arte se consideran objetos adecuados para la exposición cuando alguien siente más pasión por su bicicleta o por su guitarra eléctrica?

Almacenamiento y exposición

La habitación que se utilice primordialmente para el esparcimiento no debe ser estrictamente «funcional», como la cocina o el cuarto de baño, pero no es suficiente pensar en la sala de estar en términos de un espacio para sentarse. El esparcimiento, al igual que cocinar o jugar, genera desorden. Si se sienta en el sillón para leer el periódico: ¿dónde dejará la taza de café, la copa de vino o los papeles? Las superficies para colocar estos y otros objetos suelen estar sobrecargadas, y la habitación puede ser muy incómoda si carece de ellas; esto lo sabe cualquier persona que haya permanecido sentada rígidamente con una copa en la mano sin atreverse a ponerla en el suelo. Desafortunadamente las mesitas auxiliares recuerdan a noblezas pasadas —como el juego de mesitas antiguamente omnipresente. Una buena caja de madera también servirá y, además, se pueden guardar cosas dentro.

Las personas con tendencias minimalistas necesitan más espacio en los armarios para guardar vídeos, discos, botellas, juegos, utensilios para la costura y demás objetos. El problema es que una gran parte del espacio de las paredes está ocupado por puertas, ventanas, radiadores y sofás. Muchas veces el lugar más adecuado se encuentra a ambos lados del testero de la chimenea, pero la cavidad debe ser lo suficientemente profunda como para que los armarios no sobresalgan demasiado. Tal vez sea más útil instalar armarios completos hasta la altura de la moldura y cubrir la parte superior con estantes. Contrate la mejor ebanistería que pueda para que lleve a cabo la obra del salón; después podrá añadir adornos de madera o bordes festoneados de piel a los estantes fabricados a medida. Tapizar las estanterías de

material barato con fieltro es más rápido que fabricar unas de buena calidad con recubrimiento de madera. También las estanterías metálicas de uso industrial resultan adecuadas si se ajustan al resto de la habitación, aunque indudablemente estarán fuera de lugar en cualquier habitación completamente alfombrada. Las estanterías de cristal resultan más decorativas cuando se combinan con objetos rústicos debido al contraste. Todas las cosas demasiado caras o sofisticadas ofrecen un aspecto estéril. El peligro de cualquier tipo de colección expuesta es que pueda parecer la sala de un museo.

Las largas hileras ininterrumpidas de libros son excelentes para amortiguar el sonido, pero a veces causan una impresión demasiado opresiva o claustrofóbica. Intercalar floreros, pequeños retratos y cuadros, u otros objetos decorativos, contrarresta este efecto. Antes de colocar las estanterías, trate de encontrar los puntos más convenientes, sobre una puerta o entre las ventanas, donde no estorben a las cortinas, por ejemplo. También la distribución de pequeños segmentos de estantería, colocados de forma errática a cierta altura para evitar que los alcancen los niños, es muy efectiva para exhibir objetos especiales.

1 Merece la pena tener una colección de floreros de cristal de diversas formas y tamaños. Son menos llamativos que los de cerámica y combinan más fácilmente con diferentes estilos.
2 Los separadores de espacios de cristal grabado dividen el salón y una colección de antigüedades, tal vez con la creencia de que tantos objetos llamativos resultarían excesivos y de que dejar vislumbrar sólo unos cuantos causaría un mayor efecto.
3 En las paredes se pueden colgar una gran diversidad de objetos. El cactus gigante establece el equilibrio de este arreglo asimétrico alrededor del hogar.

4

5

4 El aparador de baja altura ofrece una amplia superficie para colocar una serie de objetos decorativos. Sin embargo, resista la tentación de convertirlo en un depósito para guardarlo todo.
5 La cómoda, un mueble que se encuentra en cualquier tienda barata, es una de las piezas más útiles.

7 Siempre que un realizador de televisión desea subrayar la inteligencia de un entrevistado, le graba delante de una biblioteca. Según este concepto, el propietario de esta estantería repleta de libros debería ser muy inteligente, aunque a la vez tendrá algo de esteta a juzgar por los nidos de pájaros y las viejas tablas de lavar. Algunas personas consideran los libros como objetos muy decorativos, hecho recriminable, pero los libros siempre se han valorado por su belleza. Las telas con dibujos que imitan lomos, y que se pueden adquirir por metros, no constituyen una alternativa, ya que el placer visual de los libros reside precisamente en la gran variedad de tamaños, colores y texturas.

6

6 Las estanterías confieren carácter y definición a esta puerta, pero no deben llenarse despreocupadamente. Lo ideal sería decorarlas de forma gradual con el paso de los años, conforme vaya teniendo diversos objetos. Los minimalistas disfrutarían de los estantes vacíos o decorándolos con uno o dos objetos.
8 La estantería perfectamente amoldada al marco de la puerta se ha llenado de libros, revistas y otras curiosidades.

7

8

Puntos focales

Una habitación sin punto focal resulta extrañamente desconcertante. Puede haber calor, luz y un cómodo sillón para sentarse, pero si carece de una característica determinada que atraiga instintivamente la vista en un momento de reposo nunca será una habitación en la que encontrarse realmente a gusto.

Tradicionalmente, el punto focal es el hogar, que, tal como indica su nombre, es realmente el propio «hogar», alrededor del que se desarrolla la acción. Contemplar las llamas del fuego es una satisfacción universal y prístina, tanto para jóvenes como para los mayores. Es como si el fuego nos pusiera en contacto con nuestra naturaleza más primitiva e instintiva.

Un fuego abierto es ciertamente una de las comodidades más innovadoras. La mayoría prefiere la conveniencia de un fuego «auténtico», pero de gas, que proporciona calor instantáneo y le evita el tener que limpiar las cenizas a la mañana siguiente; sin embargo, no es comparable con el placer multisensorial de un fuego de leña o de carbón. El fuego que carece de su sonido característico, que siempre lo acompaña, simplemente da calor al cuerpo, pero no al alma.

Muthesius se dio cuenta de la gran importancia que tenía la chimenea para muchas personas cuando afirmó: «Todas las ideas de la comodidad doméstica, de la felicidad familiar, de la contemplación y del bienestar espiritual se centran alrededor del hogar. El fuego, como símbolo del hogar [...], es el propio núcleo tanto del salón como de la casa; el hogar es como un altar doméstico delante del que se rinde homenaje a los dioses de la casa [...]. Eliminar la chimenea de la casa equivaldría a extraer el alma del cuerpo humano».

Tal vez sea ésta la razón por la que el hogar sencillo se ha transformado en una chimenea redundante, que la gente conserva como característica arquitectónica, aunque después la decore con cestos de flores secas o abanicos de papel, que es aún mejor que instalar un fuego eléctrico artificial. Hay algo triste y estéril en una chimenea vacía que no se utiliza. En cambio, una que arda, aunque tan sólo sea unas cuantas veces al año, da vida a la habitación. Asimismo, una chimenea abierta facilita la circulación natural del aire.

En verano hay más oportunidades para llenar el agujero negro con flores secas: un arreglo de flores de llamativos colores o una madera de la playa blanqueada por el sol. Las chimeneas desnudas se suelen ocultar detrás de una pantalla decorativa, de las que se pueden encontrar todavía en tiendas de antigüedades, aunque éstas no son válidas para los fieles seguidores de la escuela «honesta» de diseñadores. La solución arquitectónica, como aboga Christopher Alexander, es que siempre debe haber algo más atractivo para el grupo de personas que se sitúan alrededor de la chimenea cuando el fuego no está ardiendo, como una ventana o una vista. «Sólo entonces», decía, «el grupo que se forme alrededor del fuego será estable y mantendrá vivo el lugar, tanto si el fuego arde como si no lo hace».

Para algunas personas, lo primordial de una chimenea es el foco decorativo de la repisa de la parte superior. No les resulta válida la exposición del típico reloj de fanal o de los candelabros simétricos. La decoración más atractiva es minimalista: un objeto sencillo y excepcionalmente bello o esotérico, con iluminación especial; o bien un conjunto de objetos de diferentes texturas y colores. No hace falta que estas exposiciones estén talladas en piedra: resulta extraño, pero gran parte de ellas no cambiará durante años.

¿Significa esto que la repisa refleja el auténtico gusto de su propietario, sin influencia de las tendencias de la moda? ¿O se trata simplemente de pereza visual? La repisa debería cambiar y evolucionar con nosotros, como una crónica de nuestra vida, un cuaderno de bocetos tridimensional. Las mejores repisas nunca

1

2

1 Esta mesa cargada de flores y candelabros nos transmite la sensación de un altar, un punto focal en una iglesia. El impacto de la imagen se intensifica con dos pilares viejos y dos grandes espejos.

2 Un asombroso ejemplo de imaginación visual; un almacén de leña y una obra de arte combinados en una sola pieza. La cuestión es: ¿de dónde se coge la leña, de arriba o de abajo?

3 Se aprovecha el potencial decorativo hasta del último rincón.

3

4

4 Un conjunto de objetos produce mayor impacto si existe una unión visual entre ellos, aunque resulte difícil de comprender. En este caso, la forma de los compases imita la forma de las figuras esculpidas.

5 El significado cultural de la chimenea queda enfatizado con este homenaje arquitectónico al hogar; casi parece ser un decorado teatral.

6

7

5

8

son aquellas que presentan una colección perfecta de porcelana china, sino aquellas que combinan lo exótico con lo personal y lo familiar: aquellas que exhiben la primera obra en cerámica del hijo, a modo de objeto de incalculable valor, junto a un florero Art Decó o al lado de una fotografía o una postal de tiempos pasados que trae gratos recuerdos.

6 Esta mesa no atraería la atención si no fuera por las ramas. La atracción radica en la diferencia de escala y en la repetición de la forma de la base en las ramas.

7 Durante la época estival, la chimenea suele mostrar un aspecto un tanto lúgubre. La pintura en la pared atrae toda la atención en este salón.

8 La orientación de las dos estancias de un salón se ha conseguido mediante una cuidadosa coreografía.

Lugares especiales

Al igual que algunas estructuras sagradas se encuentran en lugares especialmente favorecidos por la naturaleza, en muchas casas existen estancias muy apropiadas para decorarlas y acondicionarlas con un grupo de asientos. Puede tratarse de un lugar en la ventana, para ver el sol de la mañana, o un tranquilo rincón en el porche de la entrada; no obstante, siempre poseen algo mágico que nos atrae. Una de las características más desfavorables de las casas modernas es que son tan rectas y tan simples que casi todas carecen por completo de un espacio idiosincrático.

Como ocurre con todo lo relacionado con la magia, el atractivo de estos puntos especiales se fundamenta en la lógica. Son lugares que se han convertido en refugios fijos por gozar de una posición privilegiada con relación a la luz y al sol. O quizá debido a una vista extraordinariamente bella. Christopher Alexander opina que estos rincones son elementales para conseguir una convivencia equilibrada desde el punto de vista de las relaciones entre los ocupantes de la casa y su necesidad de un determinado grado de intimidad. «Ninguna habitación homogénea, con una altura homogénea, puede ser de gran provecho para un grupo de personas. Para que éstas puedan convivir en armonía como grupo deben tener la oportunidad de recluirse de forma individual o en subgrupos de dos.»

Alexander sugiere que lo que él denomina «un lugar en la ventana» no tiene que ser necesariamente lo que este término indica literalmente, pero, de hecho, es una necesidad. Una habitación sin «un lugar en la ventana», según señala, mantiene a sus ocupantes en un «estado perpetuo de conflictos y de tensiones sin resolver» —leves, tal vez, pero definitivos. Esto no es ningún disparate o pura teoría, como puede parecer, ya que Alexander afirma que todos nos sentimos atraídos por las ventanas y la luz, y algunas veces tenemos la necesidad de sentarnos allí cómodamente, pero si todos los asientos cómodos se encuentran lejos de la ventana, se crea un conflicto.

En las casas antiguas, gracias a las tendencias históricas y humanas, la existencia de tales lugares está casi asegurada. Si no, localice un rincón adecuado y aproveche su potencial. Las ventanas, como enfatiza Alexander, «se deben considerar como un ambiente, un volumen, y no como simples agujeros en un muro». Por ejemplo, una ventana saliente es el lugar perfecto para instalar un rincón de asientos, con mullidos cojines y un armario bajo en la parte inferior con objeto de aprovechar el espacio para guardar cosas. Si su presupuesto para la ebanistería no llega para cubrir el gasto de este mueble, un simple banco o una peana o repisa en la ventana con un faldón a modo de cortina ocultará los objetos guardados en la parte inferior; además, le conferirá un cierto encanto rústico.

Si no dispone de un rincón de este tipo, merece la pena estudiar la posibilidad de añadir un pequeño invernadero. Éste es siempre la mejor solución para ampliar una habitación; con demasiada frecuencia se llevan a cabo ampliaciones indiscriminadas, como de un comedor, que se relacionan muy poco con el resto de la casa. Probablemente descubra que al ampliar una habitación ya existente con un pequeño invernadero de cristal éste le proporcionará al menos tanto espacio adicional como toda una habitación nueva.

Muchas casas unifamiliares en las afueras de las ciudades tienen un espacio exterior, en forma de corredor, entre la propia casa y la contigua, que rara vez se utiliza por ser demasiado estrecho —no es más que un camino al jardín. Ésta es la zona ideal para convertir un espacio sobrante en un rincón de descanso con un techo de cristal para permitir el paso de toda la luz posible. Debido a que el muro exterior es siempre estructural, resulta razonable utilizarlo como separación del espacio en lugar de intentar abrirlo por completo. En la mayoría de las casas la habitación contigua es la cocina, y probablemente cuente con el ancho justo para poder instalar un cómodo rincón de asientos o un pequeño estudio con vistas al jardín.

1 Los rellanos están, muchas veces, mal aprovechados. Éste se ha decorado con una pequeña mesa y una silla para convertirlo en un rincón tranquilo para la lectura.
2 Un dormitorio abierto al campo es un espacio extraordinario con una bella vista.
3 ¿Qué patio entoldado se puede comparar con el romanticismo de sentarse a la sombra de un viejo árbol? Sólo se necesitan unos cuantos cojines en el suelo para convertir el sueño en realidad.
4 Los rincones son espacios mágicos para niños y adultos. Tal vez parezca un derroche el no aprovechar el espacio para almacenar objetos, pero piense también en la calidad de vida. En este caso el propietario ha incorporado elegantemente el potencial de almacenamiento en la parte superior e inferior.
5 Tal vez no sea partidario de un espacio idílico como éste, pero el mobiliario para invernadero es igualmente útil en una azotea soleada.

6

7

6 Aunque probablemente se haya instalado la plataforma para mejorar las proporciones entre la ventana, las paredes y el suelo, también contribuye a crear un rincón cómodo.
7 Los asientos en la ventana ofrecen un placer enorme. Si no están previstos en la arquitectura interior de su casa, merece la pena estudiar la posibilidad de añadirlos.
8 El equivalente tropical de un invernadero es una veranda fresca y sombreada.

8

DORMIR

Los dormitorios son probablemente la estancia más descuidada de toda la casa. La verdad es que pasamos una tercera parte de nuestra vida en ellos, pero la mayoría de la gente únicamente necesita una cama cómoda. Después de todo, según su razonamiento, la mayor parte del tiempo que pasamos allí estamos inconscientes, por tanto, ¿a quién le importa su apariencia?

Debido a la escasez de superficie o de espacio, el dormitorio se convierte cada vez más en una habitación de usos varios, se combina con el estudio o con una sala de estar personal. Pero incluso si sólo ejerciera su función primaria, no lo infravalore. Después de todo, no nos dormimos inmediatamente y de forma repentina. Los momentos antes de conciliar el sueño, al hacer el análisis del día y relajarnos, o cuando nos despertamos descansados y reconfortados, o al menos debería ser así, son importantes para la reflexión y la contemplación. El modo de despertarnos por la mañana puede afectar al desarrollo de toda nuestra jornada. Por tanto, el entorno del que disfrutamos para el descanso nocturno merece, por lo menos, tanta o más consideración que la sala de estar.

El dormitorio suele ser un buen indicador de la autoestima de su ocupante. La gente, en general, se esfuerza en decorar su sala de estar porque cree que se le juzga o valora según sus muebles. Hay casos en los que los salones se decoran exclusivamente según el criterio de otras personas. Pero el dormitorio, normalmente fuera del dominio de los demás, es un espacio exclusivamente personal. Es un monumento a la intimidad individual. Es el lugar en el que los niños pueden crear su mundo secreto, donde los adolescentes pueden expresar su protesta y donde los adultos pueden buscar un santuario. No hay nada más deprimente que un dormitorio convencional carente de personalidad. Por esta misma razón, en las residencias para la tercera edad se permite a los huéspedes llevar piezas de sus antiguos muebles.

Incluso en las casas de amigos y conocidos sería una irrupción a la intimidad el pasar a su dormitorio sin haber sido autorizado o invitado; sin embargo, durante los siglos XVII y XVIII el dormitorio se utilizaba como sala de recepción. Parece ser que la cama es un elemento que causa vergüenza, no necesariamente por ser el lugar más común para mantener relaciones íntimas, sino porque es el testigo de todos nuestros sueños y pensamientos más secretos. Éste es el motivo por el que muchas veces el propietario de un dormitorio que simultáneamente se utiliza como sala de estar disfraza la cama como sofá. El espacio para el descanso nocturno debe ser agradable y atractivo, pero fácil de confinar durante el día —éste es el auténtico dilema del dormitorio.

Mediante el sueño se recuperan las energías del organismo. Es una necesidad universal, uno de los grandes equilibradores. A pesar de que nuestras necesidades elementales de cobijo y cama son bastante sencillas, personalizamos tanto nuestra zona de descanso como las demás estancias del hogar.

Orientación y posición

1

2

3

La historia del dormitorio y la historia de la intimidad están estrechamente relacionadas. La intimidad doméstica no existió realmente hasta principios del siglo XVII: las personas comían, convivían y dormían en las mismas habitaciones haciendo un amplio uso de camas desmontables. Tal y como señala Philippe Aries en su obra *Siglos de infancia* (*Centuries of Childhood*), la gente rara vez dormía sola; podía haber varias camas en una habitación, pero el hecho de que hubiese una o varias camas no convertía la estancia en un dormitorio, sino que seguía siendo una estancia para todos. Cuando a principios del siglo XVII las camas empezaron a ser menos móviles, éstas se decoraban con cortinas y telas para poder disfrutar de un cierto grado de intimidad, aunque muchas veces los sirvientes dormían junto a sus amos en una cama de ruedas. Ahora, cuatrocientos años más tarde, resulta difícil imaginar que «casi nunca nadie estaba solo [...], la persona que lograba recluirse sola en una habitación durante algún

tiempo era considerada un personaje excepcional».

Fue durante el siglo XVIII cuando se inició la noción de la vida familiar y de la intimidad; se empezaron a designar funciones específicas a los espacios anteriormente semipúblicos. Destacaban los dormitorios que se trasladaban al piso superior y que se convirtieron en ciudadelas de la intimidad.

Parece ser que el dormitorio está perdiendo una parte de su posición de aislamiento, pero nunca volverá a ser tan público como lo fue hace siglos. Mucha gente se encuentra incómoda si su dormitorio se sitúa en la planta baja, posiblemente porque se sienten más vulnerables en el piso inferior; también puede ocurrir porque las plantas superiores reciben normalmente más luz de la mañana. Christopher Alexander cree que la luz natural es crucial para una arquitectura sana: y llegando incluso más lejos —de acuerdo con la nueva generación de diseñadores ecológicos— señala que el dormitorio debe estar orientado hacia el este, donde sale el sol,

4

1 Un dormitorio con la serenidad contemplativa de una pintura abstracta, siempre y cuando no haya niños cerca, en cuyo caso la gran ventana abierta sería motivo de preocupación.
2 A pesar del motivo prosaico de su existencia, el mosquitero ejerce una atracción romántica debido a su asociación colonial y nupcial.
3 Otro idilio escapista —con connotaciones de inocencia del juego infantil en el cobertizo del jardín—, esta estancia es totalmente auténtica, aunque algunos efectos se pueden reproducir mediante tablas machihembradas pintadas en el dormitorio de un desván.

5

6

para que las personas se despierten de forma natural con los primeros rayos del sol. La teoría consiste en que si los rayos del sol nos despiertan suavemente después de una fase REM, la probabilidad de iniciar el día con nuevas fuerzas y energías es mucho mayor; por el contrario, si nos despiertan de forma artificial durante un período de sueño intermedio, nos levantamos con ojos legañosos y la cabeza pesada. Ciertamente la idea de dormir con orientación hacia el este ha prevalecido durante mucho tiempo y en varias culturas. A principios del presente siglo se fabricaban cunas con brújula, presumiblemente para que se pudiera colocar al bebé en una posición más favorable.

Las casas modernas parecen más agradables aunque tengan los dormitorios en la planta baja, tal vez debido a la ventaja de que disfrutan de una buena luz natural. Tampoco se han diseñado según las convenciones tradicionales, sino que carecen de las restricciones arquitectónicas obsoletas de ocultar la vista a los dormitorios.

4 En zonas rurales, donde el interior no debería competir con las vistas, la regla dominante es la simplicidad. Con un mínimo de decorado, el interior se inspira en el exterior.
5 En este dormitorio, que sólo cuenta con los muebles más indispensables, la hilera de camisas se convierte en un punto focal muy decorativo. Las camisas no están bien planchadas y sus mangas no parecen haber tenido mucho contacto con la lavadora; no obstante, esto es más bien un enfoque artístico.
6 Una cama femenina con muchos volantes y fruncidos puede «mutilar» al ocupante masculino. En este caso se mantiene un cómodo compromiso entre la «belleza» femenina y la sobriedad masculina.

Aprovechar el espacio

En una época en la que el espacio es muy escaso, los dormitorios que se utilizan exclusivamente como una habitación para dormir no son precisamente muy prácticos. La cama es la característica dominante y el espacio a su alrededor muchas veces tiende a ser desordenado y pasa desapercibido. Para la mayoría de la gente, en un dormitorio de dimensiones normales, con una cama matrimonial, el espacio disponible se encuentra alrededor de la cama; muchas veces la dificultad de movimiento alrededor de ella es el motivo por el que no se utiliza más durante el día.

¿Qué podemos hacer para remediarlo? Un colchón futon se enrolla de día y se guarda en un armario; un sofá cama ofrece una cierta versatilidad, pero como arreglo definitivo estas alternativas implican mucho tiempo y trabajo. Además, denegar la existencia de una cama es contraproducente; es necesario que haya una. La solución puede ser tan simple como trasladar la cama a una posición diferente, aunque probablemente las opciones sean pocas. Colocar una cama matrimonial en un rincón le puede proporcionar más espacio, pero dificulta el acceso para una de las dos personas, complica el cambio de sábanas y limita el espacio para las mesitas de noche, aunque existen alternativas empotradas como estantes o pequeños nichos en la pared.

Desde el punto de vista psicológico, mucha gente prefiere que su cama esté en posición diagonal con respecto a la puerta: semioculta detrás de ella en lugar de enfrente. En Occidente se trata de una noción casual y subconsciente, pero en China la antigua ciencia del *feng shui*, que acompaña todos los diseños de edificios e interiores, con reglas aparentemente místicas, muchas veces tiene un sentido común bastante racional. Se considera que la cama debe estar en tal posición que su ocupante pueda ver a cualquiera que entre en la habitación; la cabecera debe estar apoyada contra la pared y no flotar libremente por la habitación, ya que, de lo contrario, su ocupante sentiría que carece de anclaje en la vida.

Tal vez el problema principal de los dormitorios sea que intentamos acumular demasiadas funciones en ellos, de modo que no cumplen ninguna con suficiente

1 En una habitación con un techo alto, la estructura superior proporciona un sentido de recogimiento alrededor de la cama y un espacio muy útil para el almacenamiento.
2 Este dormitorio posee el lujo de un amplísimo espacio alrededor de la cama. Éste, conjuntamente con las enormes ventanas que proporcionan a la habitación mucha luz natural, lo convierten en un maravilloso lugar para el día y para la noche.
3 Si tiene intención de practicar otra actividad además de dormir, es mejor que mantenga la habitación a una temperatura fresca y bien recogida, con muebles que no resulten muy cómodos.
4 Una habitación tranquila pensada para el descanso.
6 Los colores llamativos no se deben reservar sólo para las habitaciones infantiles; el camino al ropero cada mañana puede suponer un alegre comienzo del día.

4

5 El dormitorio es un excelente lugar para colocar muebles de fantasía: una silla de vanguardia puede causar un enorme impacto, sobre todo cuando la cama es relativamente sencilla.

7 Las jofainas transmiten una sensación de estar pasadas de moda, pero este lavabo empotrado abre nuevas posibilidades a esta habitación.

8 Cuando realmente no desee ocupar el espacio disponible con un dormitorio convencional, existe la solución de colocar una cama plegable, que se integra en el armario de la pared.

9 Estos armarios roperos sobre pequeñas ruedas pivotantes forman una impresionante pared de alta tecnología para guardar toda clase de ropa.

5

6

eficacia. Estas funciones, como vestirse, arreglarse, guardar ropa e incluso a veces trabajar, muchas veces implican muebles voluminosos y poco decorativos, como roperos, tocadores y similares, que llenan el clásico dormitorio. Si existe una alternativa es mejor trasladar el énfasis de algunas de estas funciones a otras habitaciones. Muchas personas, por ejemplo, se visten en el dormitorio simplemente por costumbre, pero resultaría conveniente encontrar el espacio correspondiente en alguna otra parte.

Combinar el estudio con el dormitorio es bastante práctico. El espacio se usa de día y de noche, aunque algunas personas opinan que es poco sano tener un ordenador en el dormitorio debido a su radiación electromagnética. Tampoco hay ninguna duda de que los aparatos eléctricos de oficina atraen el polvo y contaminan el ambiente, por lo que indudablemente no sea la atmósfera más saludable para dormir.

Para otros, el lugar ideal para dormir es una estructura (a modo de entresuelo) en la que sólo cabe una cama; esto únicamente resulta practicable cuando se dispone de un buen espacio abierto, pero no es una solución para una vivienda urbana normal.

7

8

9

Determinar el estilo

suciedad, añaden la contaminación química de los materiales sintéticos.

El dormitorio «sano» moderno respeta tanto las condiciones visuales como las físicas. Del mismo modo que a finales del siglo XIX la obsesión por la higiene influyó en la línea de los muebles, en los que se debía evitar cualquier escondrijo en el que se pudiera depositar el polvo, el ideal moderno de un dormitorio se encontraría entre el estilo escandinavo y el mediterráneo, con tablones de madera desnudos, tapizados de muselinas vaporosas y sábanas de lino blanco.

Normalmente relacionamos el sueño con la pureza —el sueño del inocente—, por lo que nos preocupamos por dormir en una atmósfera benigna. No obstante, al mismo tiempo, el dormitorio tiene algo sensual, que algunos enfatizan y que no armoniza con un aspecto puro y virginal. Las relaciones íntimas en una alcoba blanca y ventilada posiblemente sean de un tipo sano y eficiente —un enredo de miembros perfectamente aseados y bañados— mientras que los dormitorios exóticos y más oscuros, con abundantes cortinajes, pregonan una relación más bochornosa, posiblemente más experimental. Tal vez ésta sea la razón por la que, en general, las personas no enseñan su dormitorio, ya que sería demasiado elocuente. Es un pequeño milagro el que tanta gente opte por un dormitorio «educado», que no evidencie ningún

A finales del siglo XIX el dormitorio se convirtió en el centro de una intensa campaña contra la acumulación de polvo y gérmenes. Todos los artículos de esa época que trataban de un «hogar saludable» se parecían notablemente a las publicaciones de los «verdes» de la década de los ochenta. Alrededor de 1880, los suelos de los dormitorios debían ser de madera sólida o de tablones de madera de buena calidad; un alfombrado en toda la casa era considerado un acumulador de polvo, de modo que se utilizaban pequeñas alfombras sueltas que se sacudían a diario. Para las cortinas se recomendaba utilizar sedas y telas de algodón lavables. Cien años más tarde, los diseñadores nos dan consejos idénticos, aunque a los viejos enemigos, el polvo y la

1 Prístinas y puras, las duras líneas de este dormitorio se suavizan con el mosquitero.
2 El arte en forma de mueble: una impresionante cabecera con un extraordinario decorado abstracto de madera y metal; cualquier diseño en la ropa de cama sería superfluo.
3 Durante largo tiempo se ha relacionado a las celdas monásticas con personajes intelectuales, aunque este dormitorio de texturas crudas también posea algo de la estética de un cazador.

4

4 Cuando un dormitorio carece de características arquitectónicas, utilice todos los colores.

5 Los techos de viguetas producen tal impacto que mucha gente prefiere pintar las paredes de color blanco; pero en este caso, los armarios pintados en decapé contrastan con las vigas de madera desnuda.

5

6

8

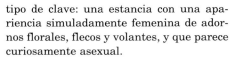

7

6 Este dormitorio aerodinámico en forma de barco evoca un camarote o una cabaña de madera.
7 ¿Se acuerda de la época en la que aún no éramos tan sofisticados que no podíamos colgar las cosas simplemente de un clavo en la pared?
8 Un dormitorio alto adquiere proporciones más cómodas si se cuelgan unas telas para separar la zona de la cama.
9 El efecto que producen los ladrillos desnudos y la cabecera rústica queda equilibrado con colores atrevidos.

tipo de clave: una estancia con una apariencia simuladamente femenina de adornos florales, flecos y volantes, y que parece curiosamente asexual.

Algunos colores son particularmente acertados para los dormitorios, en función de si se usan más por la mañana o por la noche. El blanco es el más popular por su pureza y su elegancia romántica, mientras que el amarillo —a pesar de la opinión contraria de John Fowler— es un color maravilloso para disfrutar de una habitación soleada, aunque el cielo esté gris. Sin embargo, todos aquellos que nunca disfrutan de la luz de la mañana sino que prefieren las horas nocturnas, se inclinan por colores oscuros y brillantes para intensificar la atmósfera de cálido recogimiento.

9

La cama

1 Alergia al polvo o a la decoración, este dormitorio, en el que la pureza del espacio habla por sí sola, es el lugar de un minimalista comprometido.
2 Esta antigua y extraordinaria cama empotrada en un armario proporciona un sentido de seguridad.

Cuando se dice que la cama es el mueble más importante que pueda comprar no es exactamente la verdad: lo más importante es el colchón. Cualquiera que haya pasado una noche tortuosa sobre un colchón demasiado blando o duro no necesita que le expliquen más para decidirse a comprar el mejor. Pasar noche tras noche sobre un colchón de baja calidad le producirá dolores de espalda en el futuro. Un colchón debe ser un apoyo firme para la columna vertebral, pero no tan duro que desvíe la cadera o los hombros de su curvatura normal. Si es demasiado blando, dificultará el movimiento de un lado al otro e impedirá el movimiento natural durante el sueño.

Pero esto no significa que se deba limitar a algo carente de personalidad. Si posee una hermosa cama antigua, el colchón se puede fabricar a medida; y si quiere encargar una pieza de hierro para el extremo inferior de la cama, se puede adaptar a las dimensiones del colchón. Alternativamente, cualquier cama se convierte en un modelo exclusivo simplemente con una cabecera fuera de lo común.

La importancia de una cama no solamente radica en su comodidad física. También tiene un significado simbólico que lamentablemente ha ido desapareciendo. En el pasado, la «cama matrimonial» constituía un símbolo de estatus. En el Tirol austríaco, por ejemplo, la cama tallada y pintada, a menudo con las iniciales de la pareja en medio de una escena artísticamente decorada, formaba parte de la dote de la novia. El arquitecto y escritor americano Christopher Alexander se queja del abandono de estas camas que «alimentan la intimidad y el amor». Para él, una auténtica cama matrimonial debe tener una gran cabecera, que se puede seguir pintando, tallando y grabando a lo largo de los años como una especie de celebración testimonial de las relaciones de la pareja. Tal vez parezca un poco cursi, pero expresa algo muy importante: que nuestros dormitorios actuales carecen del toque personal. Cuando se trata de comprar una cama, los problemas de espalda, la falta de espacio y las alergias al polvo han desplazado al romanticismo.

No obstante, el permanente atractivo de la cama con dosel perdura en el concepto romántico. Aunque perdió una parte de su encanto a causa de las exageradas críticas

3 Una cama con un fuerte simbolismo destaca en las estancias destinadas a dormir. En este caso, la cama se convierte en un monumento al arte tribal.
4 Una cama sobre una plataforma ofrece un espacio adicional para el almacenamiento.

5 Las versiones modernas de las camas con dosel tienden a sustituir la pesadez tradicional y las características de aislamiento por una sensación de ligereza y por cortinas más decorativas que funcionales.

7

8

9

10

por su falta de higiene a finales del siglo XIX
—se consideraba poco saludable dormir en
un reducido espacio decorado con abundantes cortinajes—, actualmente estos modelos
de cama vuelven a ofrecer un aspecto distinguido a muchos dormitorios. Evidentemente, resultan decorativos en las habitaciones
en las que la distinción resulte adecuada,
pero muy a menudo ofrecen un aspecto ridículo ya que reducen aún más las poco
generosas dimensiones e imitan la grandeza
de un modo que anula el estilo natural.

A menudo las versiones modificadas de
las camas con dosel son más decorativas en
habitaciones modernas. Existen diversos
modelos de bastidores de hierro forjado o
de madera natural que, combinados con
tela, producen un enorme efecto. Alternativamente, prescinda del dosel y prepare un
baldaquín de tela con unas cuantas cuerdas fijas en el techo.

Desde el punto de vista estilístico, uno
de los problemas de las camas «históricas»
es el edredón. Mucha gente lo oculta debajo de la colcha, aunque otras personas
vuelven a la comodidad y a la nostalgia de
las sábanas almidonadas y de las mantas
de lana. Es comprensible que algunas personas rechacen los prácticos edredones, que
equivalen a lo que significa la comida rápida en la cocina, pero, ¿quién va a hacer la
cama y planchar las sábanas de lino?

6 La cama puede
ser una isla de
individualidad. Este
modelo emplea una
serie de materiales y
estilos para lograr un
efecto asombroso.
La base que incorpora
una decorativa reja de
latón tiene un cierto
parecido al clásico
bateau au lit, mientras
que la punta metálica
es, inconfundiblemente,
de estilo modernista.
7 Una cama individual
es siempre muy
decorativa ya que sus
proporciones son más
fáciles para trabajar
con ellas que las de
una cama doble.
8 La sensación rústica
de este sencillo
dormitorio se enfatiza
con el antiguo bastidor
de madera y la
cabecera al estilo de
un portón de granja.
9 En ocasiones
las cabeceras tapizadas
pueden aparecer
recargadas en exceso
pero también pueden
ser frías y sencillas
como ésta.
10 Los bastidores de
hierro y de acero
sustituyen cada vez
con mayor frecuencia
a las tradicionales
camas de latón.

Dormitorios infantiles

1

2

Como parte integral de la mitología cultural, que se perpetúa a través de películas y libros, cuando se espera un bebé los padres le preparan una habitación. Algunos echan la culpa a las hormonas y aseguran que se trata de una «psicosis» causada por el embarazo, cuyas consecuencias son un frenesí de muebles y mullidos móviles. Otros opinan que se trata de una forma de distanciarse de los instintos naturales —durante los primeros meses todo lo que el bebé desea es atención y alimentación. El desembolso de grandes cantidades de dinero en muebles para la habitación del bebé es completamente innecesario, aunque sin duda mitiga la sensación de culpa causada por dedicar menos tiempo al bebé del que se debería dar.

Cuando el niño sea consciente de su propia identidad, conviene prepararle una habitación independiente, o al menos una que comparta con sus hermanos. La idea de dar a los niños una habitación propia es una especie de pacto de los adultos: para que los pequeños se sientan «mayores». Sin embargo, antes de llegar a la adolescencia, los niños generalmente prefieren la comodidad y la seguridad de estar acompañados por otros. Pero a la vez desean tener una especie de base o lugar privado en el que guardar sus pequeñas posesiones, o bien un escondite. Las antiguas camas con tarima de madera son ideales para los niños a los que a veces les encanta recluirse; también las literas son adecuadas para desarrollar un sentido de territorio.

1 En una casa de veraneo, construir camas sobre plataformas que atraviesen todo el ancho de la habitación permite acomodar a cuatro niños. Los puntos de luz en la pared son necesarios para leer y también se puede instalar una barra en las literas superiores. Aunque este diseño de literas corresponde a una aventura vacacional temporal, la falta de intimidad podría ser una desventaja a largo plazo.
2 Una solución ingeniosa para acomodar un número máximo de niños en un mínimo de espacio; con esta transformación del desván todos los nietos pueden pasar el fin de semana con sus abuelos.
3 La mosquitera añade romanticismo a la litera, que normalmente pierde su atractivo cuando los niños han cumplido los diez años. Una separación y un portón revestido de muselina crean una ilusión de intimidad para un hermano de mayor edad.

Las literas se construyen según rigurosas normas de seguridad, sobre todo en lo que respecta a la barra de la cama superior, que no debe tener huecos tan grandes que permitan que la cabeza se deslice a través de ella. Si contempla la habitación con ojos infantiles —como un emocionante lugar para el juego— tal vez se dé cuenta de otros puntos potenciales en los que se pueden producir accidentes.

Por otro lado, algunos exageran y se vuelven paranoicos con respecto a la seguridad. Realmente es innecesario fabricar camas infantiles especialmente bajas por si el niño se cae durante la noche. Al pasar de la cuna a la cama, es imposible evitar algunas caídas, pero las consecuencias no son preocupantes. Si intenta proteger todos los movimientos del niño, impedirá el desarrollo de su autoconfianza y de su automotivación, y se reprimirá su sentido innato de peligro.

3

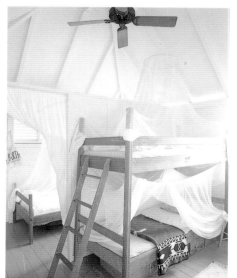

En una casa con pocos dormitorios y más de dos niños merece la pena sacrificar el dormitorio principal en beneficio de ellos. A menudo es la habitación que ofrece la mejor luz natural, que suele desperdiciarse ya que sólo se utiliza para dormir y no para jugar. Un par de literas dejan mucha superficie libre para guardar los juguetes, que se pueden colocar en cajas debajo de las camas. Las habitaciones infantiles en las que duermen varios niños nos ayudan a que otros dormitorios puedan dedicarse a otros usos, al menos hasta la adolescencia, momento en el que la «habitación propia» se convierte en una cuestión a tener en cuenta.

Muchas veces los padres demasiado permisivos consienten que sus hijos elijan sus propios «temas» decorativos, tal vez posters del último héroe de las películas; incluso permiten que transformen su habitación en un auténtico jacal indio. Esto no se debería consentir. Indudablemente el papel de las paredes se deberá renovar al año siguiente. Lo mejor es pintar las paredes de un color que no le haga sufrir cada vez que descubra una nueva personalización con posters y clavos.

Una cama, amplios espacios para el almacenamiento y plataformas o asientos cerca de la ventana es todo lo que un niño necesita en su habitación. Tal vez ésta no les parezca tan divertida a los padres, pero lo mejor que le pueden dar al dormitorio infantil es potencial.

4 Más de dos camas puestas en fila recuerdan a los dormitorios del colegio, pero si son pocas, resultan de un gran estilo. Evidentemente se nota la mano de un adulto, ya que los padres desean que todos sean iguales, mientras que los niños prefieren expresar su individualidad.

5

4

5 Gran parte de la ropa infantil se dobla y se guarda en cajones. Unos cuantos ganchos sencillos al estilo de los Shaker son ideales para colgar lo más indispensable.
6 Cuando los niños tengan once o doce años, necesitan un espacio propio en alguna parte, entre otras cosas para sus estudios. Una cama con una manta y unos cojines parece un cómodo sofá, y tal vez así incluso les guste más hacerse la cama.
7 Una cama elevada (con todos los dispositivos de seguridad) es conveniente para disponer del espacio inferior para armarios y cajones, y también para jugar.

6

7

8

8 Las estanterías actúan también como pantalla de división para dar sensación de intimidad.
9 Las habitaciones infantiles son irresistibles para un decorador adulto; a pesar de ello, cuando un niño alcanza una cierta edad resulta imposible mantener el orden.

9

EL BAÑO Y EL ASEO

La historia del baño no es necesariamente sinónimo de la historia del aseo. Aunque la higiene personal ha desempeñado un importante papel en el auge del cuarto de baño, el ritual del baño es un proceso mucho más complejo, y la habitación en la que se desarrolla muchas veces recibe denominaciones tan pomposas como «el templo de las abluciones».

El concepto de aseo y su relación con la divinidad es relativamente moderno: durante los primeros años del cristianismo el baño era visto con malos ojos. San Francisco de Asís consideraba la suciedad como una insignia de santidad, y santa Inés, según cuentan, no se lavaba nunca. Hasta principios de este siglo, cuando la preocupación por la higiene fue mayor, los cuartos de baño se amueblaban como las demás habitaciones de la casa y el equipo sanitario se consideraba un mueble más; muchas veces se revestían con finas maderas oscuras como la caoba. Al iniciarse una tendencia a evitar la acumulación de polvo y suciedad en la casa, los cuartos de baño se empezaron a revestir de azulejos, y las grandes bañeras blancas de hierro fundido se empezaron a colocar libremente.

Curiosamente fue la clase media la que empezó a sustituir las baldosas de color blanco «hospital» por otras más coloridas durante la década de los veinte. Este movimiento coincidió con la construcción de casas subvencionadas que se equipaban con los mismos accesorios sanitarios de los decorativos hogares de la clase media. Cuando la clase media fue incapaz de diferenciarse de la clase inferior en la cuestión de aseo, aquélla se distinguió por el estilo de sus cuartos de baño.

Utilizar el cuarto de baño como símbolo de estatus y estilo sigue vigente: desde la grifería con baño de oro hasta la última tecnología hidráulica, desde los grandes espacios de color verde aguacate hasta la disimulada opulencia de los salones blancos. Al haber desaparecido los ornamentos exteriores representativos de nuestro estatus, que se han visto reducidos a la democracia de la desnudez, tal vez la necesidad de envolvernos con la seguridad de riquezas materiales se ha hecho aún más intensa.

No obstante, las reflexiones recientes sobre el cuarto de baño se preocupan más por el valor terapéutico. El papa Gregorio el Grande autorizaba los baños, siempre y cuando no se convirtieran en un lujo que hiciera perder demasiado tiempo. Para las generaciones actuales tal vez sea ésta toda la cuestión del ejercicio, y el aseo sea un efecto secundario. En la historia de la contemplación, desde el primer «eureka», el baño debe situarse en la cima de las zonas de inspiración. El cuarto de baño sigue siendo un lugar para el relajado lujo de la comodidad y el estilo.

Bañarse es mucho más que el simple aseo físico. Al sumergirnos en un baño caliente después de un agotador día de trabajo y pensar en las adversidades de la vida nos dedicamos un poco de tiempo a nosotros mismos. Por tanto, no resulta extraño que decoremos el cuarto de baño tanto para satisfacer nuestras necesidades como para reflejar nuestro estatus personal, un pequeño paraíso de paz e intimidad.

La planificación

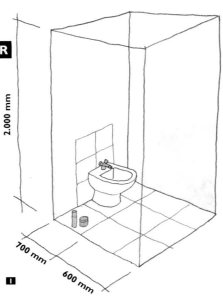

El cuarto de baño, después de la cocina, es la estancia que requiere más planificación de la casa. Las opciones son más limitadas y los errores irremediables. Además, este cuarto tiende a constituir el espacio sobrante tras haber repartido las demás habitaciones; suele ser pequeño y muchas veces no tiene ventana. Cuando todas las tuberías de fontanería están instaladas y las conexiones efectuadas, es poco probable que los vuelva a cambiar.

El diseño de un pequeño cuarto de baño es parecido a un rompecabezas. Probablemente sólo existe una única solución, siempre que tenga espacio suficiente para introducir los tres elementos básicos, la bañera o la ducha, el inodoro y un lavabo, y tenga en cuenta la posición de las ventanas y las puertas, sin olvidar la instalación sanitaria y los tubos de desagüe.

En algunos casos las restricciones de planificación pueden ser una ventaja: le proporcionan el punto de partida. El inodoro debe estar cerca del bajante de las aguas negras, a no ser que planifique una reconexión de estos tubos, con el consiguiente gasto. El cuarto de baño normalmente se ubica en la parte posterior o lateral de la casa, ya que normalmente no se autoriza la instalación de tuberías en la fachada. En un cuarto muy pequeño probablemente no tenga mucho de donde elegir en cuanto a la distribución; las dimensiones de una bañera estándar son de 1.700 × 700 mm y solamente se puede colocar a lo largo de una de las paredes. Si el cuarto es largo y

estrecho, la bañera se puede instalar en uno de sus extremos, bajando el techo para convertirlo en un rincón más acogedor.

El lavabo debe instalarse con suficiente espacio en la parte frontal para que se pueda inclinar con comodidad y lavarse. Si también se utiliza para afeitarse o para maquillarse conviene que esté al lado de la ventana. Probablemente tenga que conformarse con un espejo adherido a la pared, o fijar uno cromado como extensión del marco de la ventana. También la repisa de la ventana puede utilizarse como estantería, y siempre le queda la opción de reemplazar los cristales de la ventana por un espejo, que por lo menos le dará la ilusión de espacio. Intente siempre tener suficiente libertad de movimiento; es sumamente difícil asearse si el lavabo colinda con un muro lateral.

La instalación del inodoro requiere la misma reflexión. Asegúrese de que tenga suficiente espacio entre el asiento y la pared que se halle enfrente, para que no tenga que encoger las rodillas hasta el cuello. El bidé también necesita espacio a los lados y detrás, para colocar las piernas.

En los cuartos de baño muy pequeños una puerta que se abre hacia el interior limita aún más el espacio; es aconsejable modificarla para que se abra hacia fuera o instalar una puerta corredera o una plegable de persianas para disponer de una mayor superficie de espacio aprovechable. Una puerta que se abra hacia fuera es más adecuada para los baños, pero no es nada práctica si se abre hacia un pasillo o rellano estrechos.

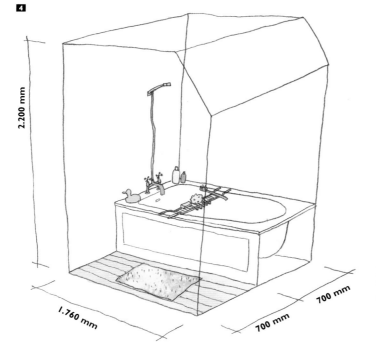

1 Para un bidé se calcula un espacio libre de 600 mm en la parte delantera y una altura del techo mínima de 2 m.
2 El suelo de azulejos contrarresta el efecto de estrechez y altura de este aseo.
3 Colocar un lavabo cerca de la luz le hubiera restado a este cuarto parte de la iluminación natural de la ventana; la bañera colocada de esta forma se convierte en un detalle muy atractivo.
4 Una bañera necesita un espacio que doble su anchura para permitir realizar movimientos con comodidad.
5 La disposición clásica de un cuarto de baño estrecho.

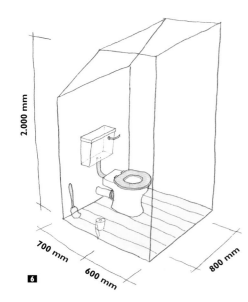

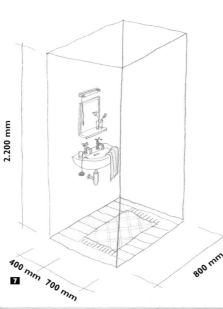

6 Un inodoro necesita un espacio libre de 600 mm en la parte frontal.
7 Para el lavabo se necesita una amplitud ligeramente mayor por ambos lados.
8 Los dos lavabos han dejado muy poco espacio, pero las baldosas vitrificadas contrarrestan la claustrofobia.

Incluso un cuarto de baño de dimensiones medianas necesita una planificación exacta para que todos los elementos queden bien instalados, en especial si también incluye una ducha y un bidé. Lleve a cabo el mismo análisis que en el caso de las cocinas (*véase* pág. 128) trazando un plano de la superficie de la habitación, recortando los diversos elementos sanitarios a escala y colocándolos sobre el papel en el lugar previsto.

Aparentemente un cuarto de baño de amplias dimensiones no parece tener tales problemas. No obstante, muchas veces cuenta con una gran parte de superficie desocupada en el centro, mientras que las diversas instalaciones sanitarias se encuentran en los rincones. Tal vez la solución se encuentre en colocar una bañera de cierre enrollable en el centro, aunque ésta no es necesariamente del gusto de todos. También una plataforma más elevada puede ser útil para decorar el amplio espacio central, además de que ofrece la opción de introducir una bañera hundida, que es fácil de limpiar.

Es muy importante disponer de suficientes armarios para guardar botellas de desinfectantes y paquetes de papel higiénico. Si tiene previsto revestir la cisterna y la tubería, ésta es la oportunidad ideal para crear un mueble adecuado. El lavabo también puede introducirse en el centro de una superficie de trabajo, con un armario en la parte inferior, mientras que la cisterna del inodoro se disimula en medio de una estantería.

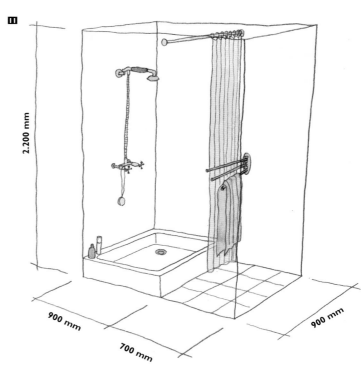

9 En el pequeño cuarto de baño de un desván en lugar de la bañera sólo habrá espacio para una ducha, siempre que el agua suba con la presión suficiente. Esto es un problema frecuente en todos los cuartos de baño de pisos altos, aunque se pueda remediar con una bomba adicional.
10 Menos espacio nos haría sentir muy restringidos.
11 Las duchas independientes, como muestra el dibujo, requieren un espacio adicional, si no quiere convertir el baño en una tortura.

Accesorios

Los chistes en torno a los inodoros representan la vergüenza que siente casi todo el mundo con respecto a las funciones fisiológicas. A principios del presente siglo se llegó incluso a tal extremo que todo lo relacionado con los váteres se debía construir en la planta baja; además, se debía ocultar lo máximo posible y, para llegar a ellos, era preciso pasar por una «antesala». No obstante, tampoco debía ser demasiado difícil de encontrar para que cualquiera que sintiese la imperante necesidad de acudir a él pudiese retirarse de forma discreta sin llamar la atención.

Hoy en día existe un gran número de aseos de línea desinhibida, tanto de diseño clásico como moderno. La diferencia principal consiste en el tipo de cisterna: de chorro de agua al estilo antiguo o de sifón, que es menos ruidoso y más eficaz, aunque más caro. Posiblemente ofrezca un aspecto más ordenado si la cisterna se oculta detrás del tubo, pero su acceso debe quedar libre. En lugar de buscarse problemas e incurrir en gastos excesivos para instalaciones complicadas es más aconsejable elegir un modelo decorativo que puede quedar a la vista. También se fabrican bidés del mismo estilo de los inodoros, aunque mucha gente aún los considera un suplemento opcional.

Existen dos tipos de lavabos: con pedestal o montado en voladizo, que, al menos en teoría, oculta la tubería. Se requiere aún menos habilidad estética para instalar lavabos empotrados en un armario en el que se puede guardar de todo, hasta productos de limpieza.

Hay una gran variedad de modelos y diseños de accesorios para el cuarto de baño, como, por ejemplo, lavabos de cristal,

1 Un plato de ducha poco común, similar a un abrevadero para caballos.
2 Los laterales elevados y la protección en la pared son características de lavabos antiguos; también existen buenas imitaciones modernas.
3 La grifería antigua es cada vez más popular entre los propietarios de casas, aunque no entre los fontaneros.
4 No hay ninguna necesidad de utilizar un mismo estilo en todo el cuarto de baño; casi todos los modelos de lavabo combinan con la bañera con patas.
5 Un interesante arreglo de tres lavamanos en una unidad de vanguardia.

1

2

3

4

6

7

10

11

aunque es mejor que éstos se reserven para las personas que muestran obsesión por la limpieza. Si se inclina por un diseño llamativo y fuera de lo común, probablemente se cansará pronto de su estilo. El lujo de buen gusto es el baño estándar, profundo y grande; si sus formas, redondas, hundidas o triangulares son exageradas, se corre el riesgo de imitar los modelos de las películas de James Bond. Por esta misma razón, los baños de vórtice (*jacuzzi*) tienen un problema de imagen, aunque actualmente es posible instalar un discreto accesorio para tomar un baño de masaje. Si prefiere la seguridad de la nostalgia, existen versiones modernas de las típicas bañeras con patas del siglo pasado, o también se pueden adquirir antigüedades auténticas y volver a esmaltarlas, aunque le cueste al menos lo mismo que una buena bañera moderna.

La ducha, en cambio, es menos versátil y tiene menos probabilidades de caer en lo vulgar, aunque algunas cabinas para la ducha disponibles en el mercado parecen más una cápsula espacial de un extraterrestre. Lo más importante es disponer del agua a una presión suficiente; es posible que tenga que instalar una bomba.

9

6 En las bañeras con bordes redondeados es más conveniente instalar la grifería en un lateral.
7 Las bañeras de madera de cedro son elegantes pero caras y difíciles de mantener.
8 El lavamanos de un colegio se ha empotrado en una pared de mármol.
9 Las jaboneras están disponibles en una amplia gama de diseños muy atractivos.
10 El colgador de toallas se ha vuelto loco, las ventanas aparecen inclinadas y el lavabo se ha dispuesto sobre una roca escultural. ¿Quién afirma que no hay forma de expresar individualidad en un cuarto de baño?
11 El diseño de elementos para el cuarto de baño está en el umbral de una nueva era.
12 Una simple pantalla de cristal confiere forma a esta cabina de ducha.

12

Ambiente, atmósfera e intimidad

1

2

Desde el punto de vista funcional, el cuarto de baño ha cambiado poco durante los últimos cien años; los accesorios son más sofisticados, pero siguen cumpliendo exactamente la misma función. Lo que ha cambiado es el concepto. Abrimos grifos de agua corriente fría y caliente y nos duchamos o bañamos como si fuera lo más natural. La relajación en el baño se ha convertido casi en una experiencia metafísica.

Liberarse del estrés tras la jornada laboral tomando un baño de burbujas o de sales es un lujo que está al alcance de mucha gente. Inevitablemente algunas personas desean diferenciar su cuarto de baño para convertirlo en un paraíso personal de intimidad y contemplación. Durante el siglo pasado, el simple hecho de disponer de un cuarto de baño en lugar de ir a los baños públicos le hubiera convertido en una persona de nivel superior. Ahora, a finales del siglo XX, para distinguirse necesita una *suite* de baño, que enfatice la intimidad.

Algunas personas creen que la obsesión por poseer una *suite* de baño ha llegado demasiado lejos, y que es un paso adelante en el proceso de convertir nuestros hogares en algo muy lujoso, pero bastante parecido a la uniformidad de los hoteles internacionales. El arquitecto Christopher Alexander condena esta tendencia: «Con baños independientes y completos la familia nunca tiene la oportunidad de compartir en intimidad el estar desnudos o semidesnudos, y el placer del baño común.» Alexander forma parte del grupo creciente de arquitectos y diseñadores que —tal vez inspirados por los viajes a Japón, donde, al menos en las casas tradicionales, el baño no es un ritual privado— estudian las casas de baño o la idea del baño en común. Pero para mucha gente este concepto va en contra de la concepción del baño como lugar tranquilo para la contemplación privada. Algunas de las técnicas japonesas para el baño están ganando terreno, por ejemplo, la idea de tomar una ducha previa, para quitarse el polvo, antes de meterse en el baño caliente. Se pueden utilizar bañeras profundas de madera de cedro, como barcos de remo, pero que se deben llenar cada día para evitar que se agrieten.

En algunos hogares la cuestión de incluir el inodoro en el baño suele ser motivo de polémica. Un baño sin inodoro parece incompleto. La razón por la que se instala junto con los demás elementos es, primordialmente, la conveniencia, de modo que todas las funciones fisiológicas se puedan realizar en una sola habitación, sin que sea necesario vestirse o desnudarse. Todas las personas que están a favor del inodoro aislado defienden su idea por motivos de higiene y para que la circulación sea más fluida por las mañanas. El problema de colocar un inodoro aislado es que, normalmente, se instala en un cuarto estrecho y claustrofóbico, con un mínimo de decoración. Si el inodoro se encuentra contiguo al cuarto de baño posiblemente sea aconsejable derrumbar la pared de separación para crear un cuarto de baño único y completo.

3

4

5

5 Un cuarto de baño acogedor y habitable, con una bañera, una silla cómoda y un lujo extraordinario: una chimenea encendida. Una bañera larga e individual puede parecerse un poco a una ballena en la playa, pero al pintarla de color se integra visualmente en el conjunto.

6 La intimidad es una regla cultural, no un concepto absoluto. Ésta es una alternativa audaz a la *suite* de baño, aunque son necesarios accesorios muy decorativos.

7 La bañera como icono en un cuarto de baño minimalista: un altar a la pureza y la nitidez.

6

7

La decoración

1 Las baldosas blancas enlechadas en color negro y la brillante tubería le confieren a este cuarto de baño una rígida masculinidad.
2 Las pequeñas baldosas tipo mosaico o gresite, sobre todo las de color azul acuoso, son el material perfecto para los cuartos de baño.
3 Un cuarto de baño de una casa de estilo gótico, construida por lord Ellenborough para su amante, posee un estilo eclesiástico.
4 Un riel de latón para la cortina convierte el baño en una ducha, atribuyéndole cierta opulencia al estilo del siglo pasado, mientras que los simples ganchos en la pared, al estilo de los Shaker, contrarrestan el efecto.
5 El baño como antaño: una bañera de cobre antigua en una atmósfera adecuada.

Un cuarto de baño puede ser la habitación que más guste decorar: normalmente es bastante restringida en sus dimensiones, pero le ofrece la oportunidad de introducir esquemas y materiales, una pequeña gruta cubierta de conchas o un cuadro de mosaicos, que no tendrían cabida en un espacio más grande.

Del mismo modo que el estilo de los baños a principios de siglo era el reflejo del énfasis que la sociedad ponía en la higiene y en la limpieza, los interiores actuales se centran en la proyección de imágenes de relajación y escapismo. Las extensiones de baldosas blancas y prístinas o de mármoles brillantes estimulan una especie de higiene mental, mientras que la tendencia a instalar accesorios al estilo del siglo pasado y los grandes cuartos de baño con cómodos sillones para descansar se convierten en la cara nostálgica del escapismo.

Existen algunas consideraciones prácticas, aunque poco complicadas, que se deben tener en cuenta. Evidentemente, todas las

superficies tienen que ser resistentes al agua y fáciles de limpiar, así que evite las alfombras de lana, ya que se estropean fácilmente con la humedad; en su lugar se pueden colocar alfombras sintéticas con base de goma si le gusta pisar una superficie suave y blanda por la mañana; en general, sin embargo, el suelo duro de mármol, las baldosas o el vinilo, con posibilidad de colocar una pequeña alfombra suave, son los más indicados.

Una buena iluminación es esencial. La luz blanca y brillante de los puntos de luz incandescente instalados en el techo son especialmente adecuados para estos cuartos; tal vez necesite otra iluminación adicional para afeitarse o al lado del espejo para maquillarse. Si prefiere un esquema de iluminación tradicional, recuerde que, por razones de seguridad, las bombillas deben estar protegidas con pantallas que se adhieran firmemente a la pared o al techo; no es aconsejable utilizar lámparas colgantes. Los interruptores deben manejarse mediante cuerdas o estar en la parte exterior del cuarto.

También los recubrimientos de las paredes deben ser prácticos, sin que por ello se sienta inhibido para desarrollar su estilo. Debido a que el papel para paredes y la pintura mate están pasados de moda, podría utilizar baldosas de cerámica o mosaico vitrificado, pintura translúcida, tablones de madera machihembrados, mármol o granito. El yeso desnudo, simplemente sellado con un barniz mate, le confiere una cruda calidez a la habitación —se pueden intercalar piedras brillantes de bisutería para darle un aire exótico—, mientras que el machihembrado pintado

6 Este enorme panel de vidrio, que protege la pared de las salpicaduras, produce un fuerte impacto visual. Las bañeras antiguas resultan particularmente atractivas cuando se combinan con accesorios contemporáneos.
8 La sauna no tiene por qué ser de clásica madera de pino.

6

7

8

9

10

7 Para un minimalista, el espacio y las líneas limpias expresan mejor el lujo que el accesorio más opulento. Las cabinas de ducha son intrusos poco atractivos y escasamente decorativos; los suelos en declive y el drenaje en un extremo son innecesarios.
9 Una mesa para el aseo con una superficie de mármol que, junto con el esquema de colores y el detalle en los mosaicos, confiere a la habitación un aspecto de principios de siglo.
10 Decorar el cuarto de baño con cuadros y muebles puede hacer que aquél resulte tan hogareño como cualquiera de las demás habitaciones.

tiene una simplicidad elegante que es especialmente indicada para los cuartos de baño. Colocar espejos a modo de superficie para la pared crea la ilusión de espacio y se emplea a menudo para dar una apariencia más lujosa; tal vez se dé cuenta de que los grandes espejos proyectan demasiados reflejos indeseados.

Existen complementos para cualquier tipo de material. Si las paredes son de yeso, un poco de lustre y brillo será un contraste adecuado: ya sea en forma de vitrinas de hojalata perforada o espejos étnicos como de sencillas roldanas y estanterías de cromo y de cristal. Los tablones de madera machihembrados combinan mejor con armarios rústicos y espejos con marcos de madera anchos, mientras que un listón del zócalo suficientemente ancho proporciona una excelente ocasión para exhibir decorativas botellas de cristal y conchas. Como regla general es preferible no obstruir el corte limpio y nítido del mármol o del granito con accesorios decorativos.

Duchas y vestidores

Hasta hace poco tiempo se consideraba el vestidor como un elemento relacionado exclusivamente con grandes mansiones o con casas en las que no vivían niños. No obstante, cuando el cuarto de baño tiene las dimensiones suficientes y, además, se dispone de uno adicional en la casa, se puede aprovechar como vestidor, aunque de este modo su permanencia en él será del doble de tiempo en horas punta. Asegúrese de que tenga una buena ventilación, ya que una habitación inundada de vapor caliente no es el lugar más adecuado para guardar la ropa.

Lo ideal es una habitación separada, pequeña y bien iluminada, razonablemente próxima al cuarto de baño y al dormitorio. Además del espacio necesario para colgar la ropa y para los cajones, se requiere una superficie de 2 m² para vestirse. Si su presupuesto no le permite encargar el trabajo a un profesional, usted mismo puede crear soluciones muy efectivas; utilice un riel para colgar los trajes y cestos de mimbre

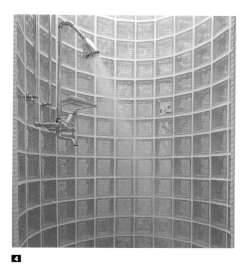

4

5 Una cabina de ducha que combina la alta tecnología con elementos rústicos.
6 Una línea de complementos de aluminio dispuestos en la pared con atributos casi quirúrgicos, que resulta especialmente indicada para espacios reducidos o estrechos.

5

6

7

1 El nivel estético general de las cabinas de ducha que se hallan disponibles en el mercado es reducido. Muchos diseñadores prefieren crear la suya propia, a pesar del problema del sellado. En este caso, una puerta corredera, tratada con chorro de arena, tiene un recuadro de cristal transparente.
2 Una bañera integral hundida sirve también como plato de ducha.
3 Una ducha rústica en el invernadero es una ilusión fantástica que muy pocos pueden hacer realidad. De hecho, es mucho más práctica de lo que pueda parecer: riega las plantas al tiempo que se ducha.
4 Un atractivo cubículo para la ducha formado por una separación curvada de ladrillos de pavés.

8

9

10

sobre una estantería para las piezas de ropa más pequeñas y los accesorios. Cuelgue una cortina para separar la zona.

Algunas personas sacrificarían el vestidor a cambio de un cuarto de baño con ducha. Mientras que el baño produce un efecto relajante, la ducha limpia y vigoriza. Una cabina de ducha es infinitamente superior a cualquier otra solución mediocre. Si tiene dos cuartos de baño, conviene transformar el más pequeño en un baño con ducha. Alternativamente, éste estará mejor

situado en la planta baja, para que se pueda utilizar inmediatamente cuando se llegue a casa tras haber practicado deporte.

Un guardarropa en la planta baja tal vez sea un lujo en términos de espacio, pero a la vez podría servir como cuarto de lavado o para guardar botas y similares. En realidad, un guardarropa auténtico no es una buena idea; pero si le fuera posible, aproveche un espacio «muerto» debajo de las escaleras o en el vestíbulo para colgar abrigos, chaquetones y sombreros.

7 También en el rincón de un dormitorio se puede instalar una ducha.
8 Las cestas con etiquetas identificativas son eficaces para el almacenamiento.
9 Los huecos o los nichos construidos en la propia pared de la ducha son mucho más nítidos y prácticos que las jaboneras atornilladas.
10 Los amplios rieles ayudan a que las toallas y los albornoces se sequen y aireen.

TRABAJO Y EXPANSIÓN

Siempre que pensemos que nuestra forma de vivir toma rumbos radicalmente nuevos podremos constatar, a través de precedentes remotos, que no es tan distinta del todo. Durante los últimos veinte años, las nuevas tecnologías han revolucionado el ámbito laboral y nos han demostrado que la opción de trabajar en casa es tan accesible para empleados administrativos como para artistas creativos. No obstante, a pesar de los sofisticados equipos como el fax y el ordenador, que nos facilitan la tarea, simplemente estamos completando el círculo de una forma de vida más antigua, en la que el trabajo y la expansión se llevaban a cabo bajo un mismo techo. Una habitación propia es tanto una necesidad como un lujo. Incluso en los hogares en los que los individuos se hallan compenetrados, cada uno de ellos necesita un espacio propio donde retirarse para estar solo. Christopher Alexander argumenta que todos los miembros de un mismo hogar necesitan su propio espacio privado, fundamental para el equilibrio psíquico, que interviene para que «cada uno desarrolle su propio sentido de identidad, fortalezca la relación con los demás miembros de la familia y cree un territorio personal, con lo que automáticamente estrecha los lazos con la casa en sí». Virginia Woolf, en su libro cuyo título probablemente sea más conocido que su contenido, opina que una habitación propia es una precondición para la creatividad.

Cuando a finales de la década de 1970 empezó a tomar forma la idea de trabajar en casa, en las «oficinas domésticas» se deseaba combinar la alta tecnología con un bajo coste, una combinación no demasiado feliz. Era como si el trabajador necesitara una confirmación constante de que éste era realmente un lugar de trabajo. En una oficina comercial, el diseño y la decoración de los muebles transmite al empleado un mensaje sutil pero inconfundible sobre su estatus y su autoridad. Probablemente mucha gente que trabaja en su casa se sienta insegura al carecer de la seguridad de una jerarquía establecida; parte de esta inseguridad se manifiesta en la oficina doméstica, que emite señales desconcertantes. No existe ninguna necesidad de separar la vida laboral de la rutina doméstica; sin embargo, la oficina debe formar parte integral del hogar. Una vez que las personas hayan asumido el hecho de trabajar en casa, ello se reflejará inmediatamente en la correspondiente decoración del lugar asignado para realizar la actividad. Evidentemente, parece ridículo no aprovechar la comodidad de trabajar en casa —no tiene sentido abandonar una oficina céntrica para trasladarla al hogar creando un entorno exactamente idéntico.

El trabajo en casa nos libera de la monotonía de la vida en la oficina. Tanto si ocupamos toda una habitación de uso diario como un pequeño rincón tranquilo para ocuparnos de facturaciones o albaranes, nuestro lugar de trabajo en casa será tan formal como nosotros queramos. Si hasta los niños tienen un cuarto propio para sus juegos, ¿por qué motivo no puede dedicar un espacio a su pasatiempo favorito?

La elección del espacio

1 Para los diseñadores elegir el lugar de trabajo es relativamente sencillo. Todo lo que necesitan es una tabla de diseño y buena luz: con ventanas en ambos lados este lugar es ideal.
2 Sentarse entre plantas en un invernadero hace que el trabajo se convierta en un agradable entretenimiento.

1

2

Elegir el mejor espacio para trabajar en casa implica diversas consideraciones. Sin duda alguna, en una casa familiar necesita un lugar tranquilo, alejado del movimiento principal del hogar y no precisamente la habitación por la que deben pasar los niños para salir al jardín; también precisa una buena iluminación y, si es posible, una buena vista. Si recibe clientes o colegas, su oficina debe estar separada de la vida doméstica ya que resulta difícil conservar la imagen profesional rodeado de ropa interior recién colgada para secar o camas sin hacer.

Si la casa es suficientemente grande tal vez se pueda permitir el lujo de ocupar toda una habitación. Esto, evidentemente, es la mejor opción; merece la pena intentar reorganizar el espacio vital para conseguirlo: sacrifique el comedor o convierta el dormitorio más grande en una habitación común para los niños con objeto de desocupar uno de los dormitorios menores e instalar su despacho.

La mejor opción es una habitación de doble función. El dormitorio tiende

3 Incluso si no realiza ningún tipo de trabajo remunerado conviene disponer de un rincón tranquilo para estudiar y ordenar los papeles de la casa.
4 El espacio situado bajo las escaleras, normalmente desaprovechado, puede ser el lugar ideal para instalar un pequeño despacho personal. El único problema es la poca luz natural, que se soluciona con una buena iluminación artificial.
5 Para infundir credibilidad profesional decore su oficina con un estilo distinto al del resto de la casa.
6 Hasta en la habitación más pequeña se puede disponer de un pequeño rincón para trabajar; en un dormitorio, como ocurre en este ejemplo, intente emplear muebles de colores brillantes, que no tengan aspecto de oficina.
7 El ambiente de oficina no tiene que ser visualmente estéril; los objetos decorativos que alegran el entorno son tan importantes aquí como en el resto de la casa.

3
5

4

8 Un rincón frente a la ventana es el lugar perfecto para instalar una perfecta minioficina. Al estar en su propia casa tiene toda la libertad para encontrar soluciones poco comunes para el archivo.

6

7

8

a ser un espacio redundante durante el día, pero si no es de dimensiones amplias, la cama siempre será el objeto dominante, aunque lo decore con un sofá cama o con un futon. Además, puede resultar deprimente dormir en el mismo lugar en el que se ha trabajado durante todo el día, así que es importante separar psicológica y físicamente las dos funciones. Intente crear un espacio relativamente independiente, cerca de la ventana, si es posible, y de espaldas a la cama. Bajo estas circunstancias, también es muy importante descansar durante intervalos regulares y cambiar de ambiente.

Otra habitación que muchas veces sólo se usa a tiempo parcial, y por lo tanto constituye una buena opción para el trabajo, es el comedor. La mesa puede ejercer también las funciones de escritorio o de superficie de trabajo, aunque evidentemente poner y quitar los utensilios de trabajo no es la condición ideal.

Instalar la zona de actividad laboral en la sala de estar no parece muy aconsejable desde el punto de vista visual, aunque tal vez pueda disponer de un rincón independiente. En cualquier caso, necesita estanterías o muebles para guardar documentos, el archivo o para controlar los productos de su trabajo. Tal vez merezca la pena comprar vitrinas o armarios

especiales para ocultar su equipo de trabajo por la noche. Posiblemente, si sólo utiliza unos cuantos utensilios y no depende excesivamente de aparatos de alta tecnología, tenga bastante con un escritorio antiguo.

Si después de todo no encuentra el lugar adecuado en el interior de su casa, mire en el exterior. Los viejos cobertizos pueden ser muy románticos; incluso una pequeña cabaña de madera prefabricada puede resultar mágica: aquí podrá acariciar viejos sueños, revivir tiempos de su infancia y ¡dejar actuar su *alter ego* decorativo!

Quizá debamos recapacitar sobre nuestra actitud frente a la división del trabajo y de la vida privada. Para mucha gente el trabajo no es una tarea pesada, sino una parte de su vida que les proporciona una gran satisfacción. En este caso, seguramente no les gustará ocultar su obra como algo de lo que se sientan avergonzados. Del mismo modo hay otros que creen que su actividad se beneficia por el hecho de que se realiza en la tranquilidad del hogar, como, por ejemplo, los autores de novelas.

Planificar el diseño

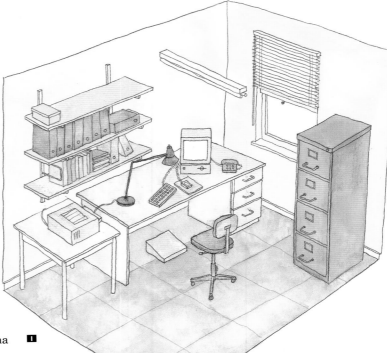

Una de las grandes satisfacciones de trabajar en casa es que la oficina se puede diseñar y adaptar a las propias necesidades y preferencias. No hay un director que le diga que las vitrinas del archivo deben ser de color gris para hacer juego con los cuadros de la alfombra. De hecho, no hay motivo por el que su despacho particular se deba parecer a una oficina, siempre y cuando no necesite un escritorio impresionante para reafirmar su estatus. Con una altura cómoda y cierta estabilidad —muy importante si trabaja con ordenadores— cualquier superficie será útil. No obstante, no tendrá la misma libertad para escoger el asiento: la silla del comedor resulta adecuada durante un corto plazo de tiempo, pero si permanece sentado frente a la mesa durante todo el día se resentirá su columna vertebral. Es aconsejable comprar la mejor silla de oficina posible; hay diseños que tienen un aspecto más «doméstico» que el de las tradicionales sillas giratorias de oficina de color gris.

Si tiene la posibilidad de separar la estancia de trabajo, aunque sólo sea de forma sugestiva —tal vez mediante una adecuada disposición de los muebles—, podrá restaurar el equilibrio en todo el espacio. En los almacenes reformados y en las viejas fábricas de techos altos no merece la pena separar la estancia con paredes que lleguen al techo. Lo más adecuado son los sistemas de separación y almacenamiento móviles: instale una pared sólo en un lado para mantener la fluidez del espacio, pero marque la división. También los diferentes niveles en el suelo intervienen en este sentido, y merece la pena considerar la posibilidad de colocar una plataforma en la zona de descanso; desde el punto de vista psicológico es recomendable dormir a una cierta distancia del lugar de trabajo. Si tiene la oportunidad, consulte a un arquitecto o a un interiorista: probablemente la evaluación profesional del espacio y de su potencial produzca mejores resultados de lo que se hubiera podido imaginar.

No es necesario que compre estanterías metálicas o armarios de oficina. Puede utilizar cestos para archivar papeles y notas,

1 Los requisitos mínimos para un rincón de trabajo eficiente son una mesa, una estantería de fácil acceso, un mueble de archivo, una silla de diseño ergonómico y una buena iluminación. Si trabaja con luz natural, que sería lo ideal, recuerde que debe incidir lateralmente, sobre todo si trabaja con una pantalla.
2 Con una buena planificación podrá sacar el mejor partido del rincón más pequeño. En un espacio tan estrecho como éste, el lateral elevado del escritorio circunda el espacio de trabajo, además de que proporciona una superficie adicional.

mientras que en las tiendas de bricolaje seguramente encontrará cajas y cajones útiles para guardar los artículos de papelería. Un elemento primordial es la buena organización. Procure que el espacio para guardar sus herramientas de trabajo sea una prioridad, para que los pueda recoger al final del día. Si la mesa es simultáneamente superficie de trabajo y mesa de comedor, procure tener manteles adecuados para transformarla de banco de trabajo en pieza central.

Aproveche las ventajas que le ofrece la comodidad de trabajar en el hogar, pero intente también aislarse y resistir las tentaciones y diversiones. Por ejemplo, si va a la cocina a prepararse un café posiblemente no soporte ver allí la vajilla del desayuno sin fregar, o las montañas de ropa pendientes de planchar. Compre una cafetera automática o, más aún, instálese una minicocina con un pequeño fregadero, una nevera, un microondas y una despensa, preferentemente una que se pueda ocultar en un armario.

Ningún ser humano es capaz de trabajar de forma ininterrumpida, a un elevado

3 A menudo, el trabajo industrial tiene su propia estética, la cual es mejor no manipular: cualquier intento de dominar el espacio con imaginación doméstica resultaría infructuoso. En lugar de enorgullecerse de paredes perfectas, tiene la ventaja de poder colocar todos los clavos y las estanterías adicionales que necesite.
4 Sólo un fanático del trabajo se sentaría de espaldas a una vista como ésta. No obstante, el ordenador se encuentra a cierta distancia de la fuente de luz, y las persianas y las contraventanas son elementales como protección contra los rayos solares y el calor del verano.

4

5

6

7

5 Si la oficina en casa le priva de disponer de un dormitorio adicional, parece razonable comprar un sofá cama. Como cama facilita la instalación de un huésped, y como sofá le permite relajarse de vez en cuando durante el día. Si la idea le parece peligrosamente doméstica, elija un tapizado de un solo color mientras su uso sea laboral; siempre podrá añadir un toque exótico para el invitado.

nivel de concentración, sin tomarse un pequeño descanso. La mayoría de las personas suele atravesar un período de bajo rendimiento durante las primeras horas de la tarde. Si en ese instante obedeciésemos a nuestro reloj biológico y nos tomásemos un descanso de diez minutos probablemente seríamos más productivos. Cualquiera que se haya quedado adormecido, con la cabeza entre las manos, mientras intentaba estudiar un informe, sabe que esto, en una oficina comercial, estaría totalmente prohibido. Pero en el despacho de su hogar, un cómodo sofá o sillón le proporcionará minutos de recuperación; además, no todos los trabajos se deben hacer en la mesa.

No hay razón por la que su oficina no pueda ser un lugar agradable y acogedor en el que pasar el día a gusto. Coloque objetos decorativos en las estanterías para recrear la vista y cuelgue sus fotografías y cuadros preferidos en la pared. Aproveche la calidad visual de su indumentaria de trabajo, las herramientas, los pinceles, las telas u otros, que pueden ser funcionales y decorativos a la vez.

La iluminación es su aliado más valioso tanto para el trabajo como para la expansión, ya que una de las ventajas de trabajar en casa es, precisamente, la flexibilidad del horario, extensible a horas nocturnas. Para trabajar necesita el máximo voltaje, pero para el descanso utilice una iluminación más suave.

6 Incluso los muebles más utilitarios pueden mostrar un estatus de ejecutivo si utiliza un poco de imaginación. Al pintar los caballetes del mismo color del mueble de archivo se transforma una opción barata en una solución elegante. La impresora se ha colocado en un pequeño estante del mismo color mientras que la bandeja para el papel es una caja común y corriente, también decorada con una capa de pintura.

7 Para algunas personas, sobre todo para los escritores y los jóvenes poetas, con ansias de recogimiento tras un día de trabajo, el atractivo que ofrecen los aparatos de alta tecnología es completamente resistible. Una vieja mesa, buena luz y un lápiz afilado es todo lo que necesitan para escribir su obra maestra.

Cuartos de juego

1 Los niños necesitan muy poco para poner en marcha su imaginación. Seguramente se divertirán mucho más en un pequeño pabellón en medio del jardín que con marcos trepadores, decorativos y caros, Un trozo de terreno inaprovechable a los ojos de un adulto puede ser un paraíso para los niños: allí la vieja cama de hierro se utilizará a modo de trampolín o de «guarida».

El juego es esencial para el desarrollo de los niños; sin él, el espíritu de la infancia se atrofia y fallece. Los niños necesitan un espacio propio con cierto sentido de independencia de sus padres. Esto, para los bebés y los niños muy pequeños, es un valioso prerrequisito del aprendizaje formal. Si inicialmente ha existido un espacio para el juego, es probable que ese cuarto haya sido ocupado por un despacho doméstico; asimismo, los aparatos de televisión han sustituido, en los últimos tiempos, al juego activo por una forma de entretenimiento pasivo.

Mientras los niños son bebés o muy pequeños, su cuarto de juegos consiste únicamente en un cesto portátil de juguetes para que puedan jugar bajo la vigilancia de sus padres. Pero cuando son un poco mayores, un poco de independencia puede ser muy beneficiosa. Si no dispone del espacio necesario para una habitación independiente para jugar, también el dormitorio infantil resulta adecuado. Aparentemente los niños no tienen problemas para disociar el espacio del sueño: tan pronto se asoman los primeros rayos de luz del día, adoptan un papel de actividad diurna. Sin embargo, también necesitan saber que hay alguien cerca, así que una habitación tres pisos más arriba no es aconsejable hasta que cumplan, al menos, siete u ocho años de edad.

Generalmente los juguetes infantiles se dividen en tres categorías que se deben tener en cuenta para el almacenamiento. Existen los juegos que vienen en cajas, que se guardan apilados verticalmente, con los nombres a la vista, en estanterías. A continuación están todas las piezas de plástico sueltas que se deben juntar para formar o construir algo. Guárdelos en cajas de plástico de colores brillantes. Los libros infantiles de tapa dura normalmente se colocan en las estanterías, pero una gran cesta en el suelo es muy útil para que el niño tenga a mano los libros encuadernados en rústica, de llamativas cubiertas, que de otro modo quedarían en la estantería.

Por lo general, en lo que respecta a los juguetes infantiles, el almacenamiento y la exhibición deberían ser una misma cosa. Los juguetes se guardan en un lugar seguro pero accesible; no los coloque en cajas con tapas pesadas para evitar que se

2 Los adolescentes necesitan un lugar de su propiedad, exento de la influencia decorativa de sus padres. Un pequeño cuarto con un sofá y unas cuantas sillas son suficientes para reunirse con sus amigos ya que, por muy comprensivos que sean los padres, aquéllos prefieren estar a solas. Además, debido al cambio constante de la moda, no merece la pena comprarles un armario ropero, que muy pronto se quedaría pequeño; instale una simple barra para colgar la ropa.
3 Un suelo fácil de limpiar, con unas cuantas alfombras, es lo más indicado para el cuarto de juego.

4

5

4 Un nivel con una estructura de entresuelo en la habitación infantil separa la zona de descanso de la de juego, e incluso convierte la hora de irse a la cama en una aventura, al menos mientras dura la novedad.
5 Muchos niños en lugar de sentirse reprimidos se sienten liberados con un determinado orden y disciplina en el rincón destinado a las actividades creativas. No obstante, también necesitan otra estancia menos rígida para el juego y otros entretenimientos.

hagan daño en los dedos. Verifique que las estanterías estén firmemente colgadas en la pared; los niños siempre intentan trepar cuando quieren coger algo.

Si tiene la suerte de vivir en una casa poco común, con anchas repisas en las ventanas, pequeños nichos y otros rincones «raros», los niños los convertirán en sus lugares favoritos. Allí es donde pasarán más tiempo, donde desplegarán toda su fantasía e imaginación. Evite comprar artículos inventados por diseñadores adultos muy imaginativos. Es mejor comprarles algo auténticamente infantil para que desarrollen su propia imaginación.

Al crecer los niños necesitan cada vez más espacio, ya sea para ver la televisión, para montar modelos de aeroplanos o sólo para hacer los deberes escolares. Si dispone de una superficie reducida, instale una cama elevada, cuya parte inferior es ideal para colocar una tabla de mesa, varios cajones o una cómoda. La única desventaja es que estos muebles son difíciles de mover. Tampoco suelen ser del gusto de los adolescentes.

Es de conocimiento común que lo mejor es alejar la habitación de los adolescentes al máximo posible de la de los padres. Una caravana en el jardín puede parecer excesiva, pero necesitan un lugar privado para retirarse y escuchar música a todo volumen. Muchas veces se exagera la falta de entendimiento entre padres e hijos adolescentes, quienes indudablemente necesitan un cierto grado de libertad. Si dispone del espacio y el dinero necesarios, una extensión en el desván o un miniapartamento en el sótano podrían ser una solución ideal.

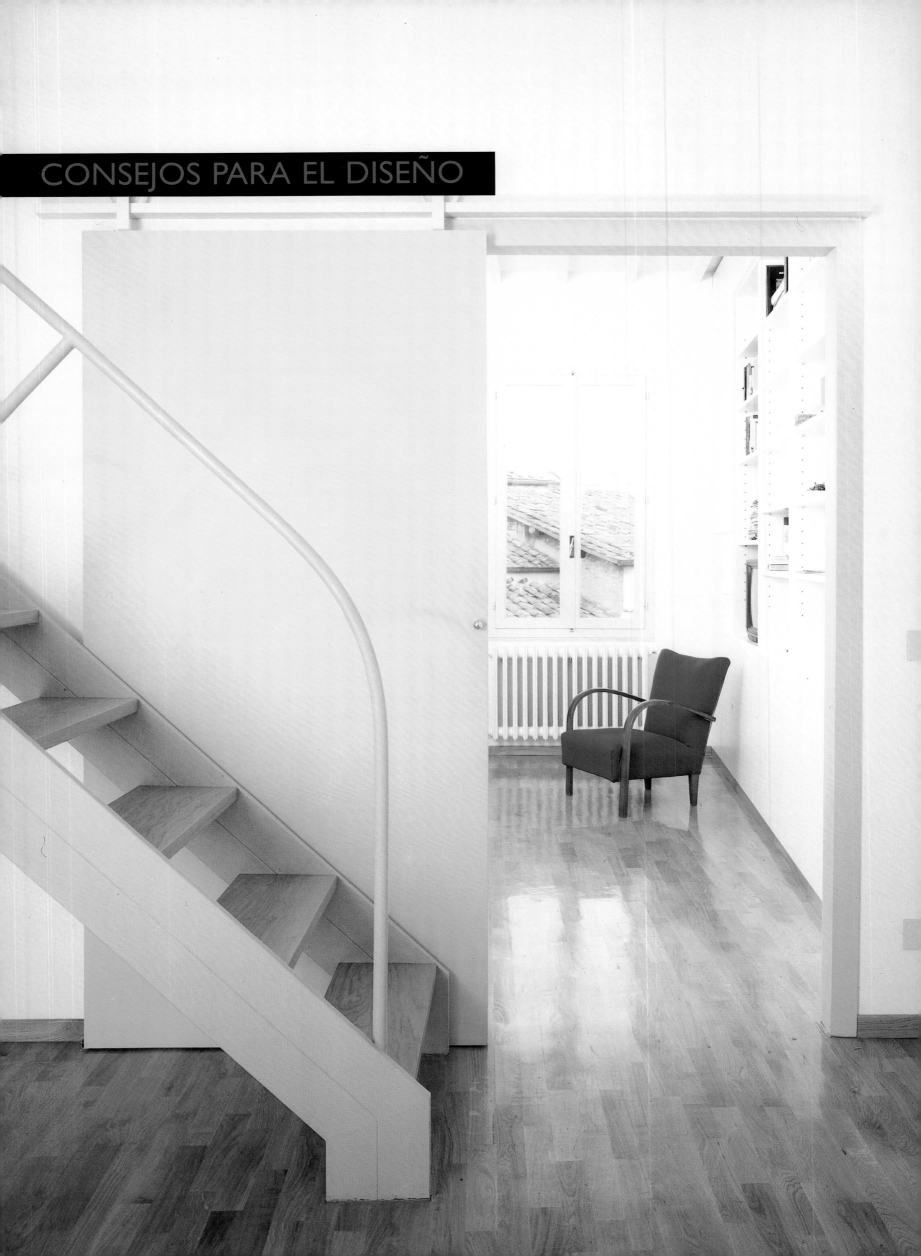

La individualización del espacio personal puede ir en contra de un mundo crecientemente estandarizado. Esta sección constituye una fuente de consulta visual que le muestra la gama de materiales y acabados disponibles que le permiten crear un entorno a la medida. Debido a que la mayoría de nosotros somos reacios a los diseños que tienen buen aspecto pero no son duraderos, la información contenida en esta sección le enseñará cómo combinar la forma con la función, el diseño con la economía. El carácter y un sentido del presupuesto no son términos mutuamente excluyentes cuando se trata de remodelar o redecorar. Aunque nuestros hogares son el vehículo perfecto para expresar la individualidad, también deben estar dentro de nuestras posibilidades. Así, además de los méritos relativos y el mantenimiento de las opciones de diseño, también se considera la practicidad y los costes relativos para permitirle hacer una elección correcta para su hogar.

En la sección sobre paredes y techos se hace énfasis en los tratamientos decorativos que implican estilo y sustancia. Sin levantar siquiera un martillo, puede usar materiales como la pintura y el papel sobre paredes y techos para dar un aspecto más amplio. Las superficies texturales, que van desde el papel de lija comercial hasta el hormigón, pasando por las fibras naturales, resultan más táctiles de cerca.

El suelo es la base de una habitación; deben considerarse siempre el paso, la acústica y el sentido del tacto. Elija una superficie que le dé un ligero masaje —una moqueta, por ejemplo—, y cruzará una habitación tan silenciosamente como si andara de puntillas; un suelo de madera da sensación de frescor y lisura y le obligará a andar con un paso marcial. Los materiales que complementan el uso de la habitación y los otros elementos en el espacio conforman otro factor de elección. Si no le gusta lo genérico, continúe leyendo y abra sus ojos a la gama de opciones que le presentamos.

PAREDES Y TECHOS

Las paredes son las fronteras que delimitan una habitación, y los techos son el extremo superior. La explotación del potencial decorativo de estos elementos básicos puede afectar drásticamente a las aparentes proporciones de una habitación y determinar radicalmente su carácter y humor general. Los fondos no son insignificantes; esta superficie le permite llevar a cabo una amplia elección de acabados.

Las paredes y los techos totalmente blancos se han convertido en el sello de los interiores contemporáneos. Si no está seguro de la forma de proceder y necesita tiempo para desarrollar sus instintos decorativos, no tema en ensayar esta fórmula. Pero incluso el decorador más inseguro debe sentirse liberado en vista de la enorme gama de técnicas, materiales y acabados. Desde el suave y sedoso brillo de la pintura hasta los efectos del color roto, pasando por los papeles pintados y las planchas de madera, resulta más fácil y económico que nunca poner en práctica las ideas decorativas.

El color, el diseño y la textura son las variables fundamentales. El color genera una respuesta casi emocional, desde la tranquila calidad contemplativa de los blancos tiza, la serenidad de los azules grisáceos y los suaves verdes hasta la sacudida eléctrica de un amarillo intenso, escarlata o azul marino. Si una habitación parece blanda y falta de carácter, estas relaciones básicas pueden ayudarle a sacarla de lo ordinario. Los colores ricos y oscuros y un diseño denso reducen los límites del espacio y le confieren calidez y recogimiento. Los colores ligeros y frescos permiten que las paredes «retrocedan» produciendo una calidad expansiva y espaciosa. El diseño ofrece un potencial similar, pero requiere una manipulación más sofisticada. La escala de la repetición y el tipo de diseño deben adecuarse a las proporciones y el tamaño de la habitación: un dibujo de gran tamaño y elevado contraste resultará agobiante en un espacio pequeño y cerrado; un motivo pequeño y tenue se difuminará y resultará insignificante en una habitación grande de techos elevados. La textura es un componente vital de cualquier acabado, ya que proporciona una calidad táctil y una expresión material que añade profundidad y carácter.

Cuando comience a dirigir la atención hacia las paredes, merece la pena recordar que cualquier tratamiento aplicado únicamente ofrecerá un buen aspecto si la superficie sobre la que se aplica está bien preparada. En términos espaciales, la decoración puede disfrazar y distraer, pero también puede revelar con crueldad las superficies defectuosas. La preparación puede ser aburrida y requerir una buena cantidad de tiempo, pero constituye el medio esencial para lograr sus fines, permitiéndole obtener el máximo beneficio de sus esfuerzos decorativos.

1 La decoración no debe ser necesariamente cara o requerir una gran inversión de tiempo: incluso las paredes más simples son susceptibles de recibir un par de capas de pintura blanca. Los colores neutros dirigen la atención hacia los detalles tan simples como la sombra producida por un jarrón de flores sobre el que incide la luz del sol.

2 Utilizados principalmente en la industria de la construcción, estos tablones se han utilizado para formar una pared divisoria.

3 Un plano escénico de colores fuertes —como este techo— puede hacer que una habitación parezca más grande al desviar la vista de las paredes.

4

4 Los bloques de hormigón siguen con sutileza la curva de esta ventana, y se yuxtaponen a la suave superficie de la tradicional pared enyesada. Las paredes y suelos de hormigón son más factibles de incluir en construcciones nuevas o al realizar ampliaciones.

5

5 Una pared de pavés de vidrio filtra la luz procedente del hueco de la escalera, lo que refresca las habitaciones de la planta baja.

Cómo elegir

1

2

Las paredes y los techos de su hogar deben resistir el uso constante. Deben ser capaces de soportar la suciedad de cada día y los golpes ocasionales; deben resistir la condensación y, dentro de ciertos límites, ser rectos —aunque ninguna casa está totalmente compuesta de ángulos rectos.

Incluso antes de comenzar a considerar un nuevo esquema decorativo, debe comprobar (y si es necesario eliminar) cualquier problema estructural: ningún acabado puede cubrir una pared húmeda o un techo en malas condiciones. La inyección de espuma aislante en la pared o el techo reduce la pérdida de calor y mitiga los problemas de condensación.

Si la pérdida de calor constituye un problema, considere los acabados cálidos y gruesos como el yeso, la madera o los paneles acolchados de tela. Si la contaminación por ruido es importante, las paredes de piedra y tela son más adecuadas que el yeso o el papel pintado para aislar el ruido y aportar mayor intimidad. La pintura y el papel pintado son muy versátiles, generalmente más baratos, se cambian con mayor facilidad y son menos permanentes que los azulejos, la piedra o los paneles de madera, por lo que constituyen una buena elección.

LA SUPERFICIE

Uno de los primeros aspectos a considerar es el esquema general de color, tanto para una habitación particular como para toda su casa o apartamento. ¿Desea que las paredes constituyan un fondo mudo para sus muebles y objetos decorativos, o quiere que destaquen por derecho propio? ¿Prefiere los colores sólidos o los dibujos, un acabado brillante y liso o una textura rugosa? Es una buena idea concentrarse en realzar los detalles más atractivos y minimizar aquellos que no lo son. Cada habitación presenta una atmósfera diferente: piense en términos de la sensación global que desea lograr, la función de la habitación y en su contenido.

Cuando una habitación tiene características dispares o dominantes —paredes en ángulos extraños, techos inclinados, una escalera, más de dos entradas—, un único tratamiento decorativo o patrón a menudo ayuda a unificar el espacio. Como alternativa, puede destacar las irregularidades distinguiendo un plano del otro por medio de diferentes tonos del mismo color, empleando el mismo color pero variando los acabados y texturas o por medio de colores complementarios. Un bloque de color brillante en una pared articula el espacio haciendo de

esta pared el foco de atención. El empleo del color para destacar los detalles arquitectónicos aporta mayor definición a toda la habitación, y puede ser un medio útil de distraer la atención de otros acabados menos perfectos. Los acabados pálidos en una pared alargan los límites de las habitaciones pequeñas y sencillas y reflejan la luz; de forma similar, los colores suaves o los tonos pastel disimularán los confines de una habitación estrecha.

Las molduras para colgar cuadros y los zócalos elevados proporcionan un límite obvio a los tratamientos para las paredes. Si se han eliminado puede volver a instalarlos con molduras nuevas o simplemente pintando una franja estarcida, un friso o una banda. Los arreglos dan estructura a una habitación: las molduras para colgar cuadros en habitaciones de techos altos dan a las paredes una proporción más manejable: evite los zócalos y las paredes parecerán «flotar».

Los techos y las paredes acristaladas filtran y difuminan la luz natural. El cristal no es un material caro y puede usarse como recubrimiento sobre yeso o un panel de fibra de madera de densidad media o conglomerado.

El mejor diálogo entre las paredes y la tapicería se logra al ceñirse a un

estampado simple y a un color claro como base. El empleo de un color que únicamente aparece en los techos o paredes puede producir un efecto de limpieza y modernidad, pero necesita un ojo crítico para prever la forma en la que los colores que ha elegido trabajarán juntos armoniosamente en lugar de provocarle migraña. Una buena armonía entre los colores y las texturas en una habitación es la ruta más obvia para la mayoría de nosotros.

Los efectos de la pintura decorativa —como el punteado con esponja, el marmoleado o el trapeado— añaden profundidad a las paredes mates y pueden ayudarle a disimular una superficie irregular y un enyesado pobre. Es necesario que practique primero sobre una porción de pared para asegurarse de que posee la habilidad necesaria para ejecutar la técnica y lograr un buen efecto.

Recuerde que sea cual sea el tratamiento decorativo que elija debe adaptarse a las puertas, a las ventanas y a otros elementos de la construcción como pueden ser las estanterías o una chimenea. Las proporciones de una habitación pueden resultarle enormemente diferentes en función de la forma que se elija para decorar las paredes.

1 Los contrastantes colores de la pintura de las paredes y del techo de esta cocina añaden gracia y profundidad a un espacio pequeño.
2 Lo viejo y lo nuevo —en este caso, las planchas de aluminio, las baldosas de cerámica y un suelo de madera— pueden producir una combinación estéticamente agradable.

3

TECHOS

Un techo es como la tapa de una hermosa caja. Existen ocasiones en las que un techo blanco resulta muy adecuado, especialmente cuando los contenidos de la habitación merecen toda la atención. Los techos ornamentados, incluso a los que se da una capa de pintura de alto brillo, son más ricos. Generalmente, cuanto más alto sea el techo, mayor razón tendrá para darle textura, profundidad o reflectancia. Las hojas de plata o aluminio, las molduras de escayola, los astrágalos finos o la madera desbastada son algunas opciones que producen gran efecto. Resaltar las cornisas con colores contrastantes añade interés a la altura del techo, especialmente si las paredes y el techo son del mismo color.

Para unificar una habitación con alturas de techo variables puede establecer una línea horizontal alrededor de todo el espacio —quizá a la altura de la moldura para colgar cuadros o ligeramente por encima— y utilizar un acabado diferente sobre y bajo esta línea. En las habitaciones de una planta elevada, las claraboyas, los tragaluces y las ventanas de buhardilla no sólo dan apertura al techo, sino a toda la habitación. En un espacio ganado al tejado, la pendiente del techo es un elemento que ofrece grandes posibilidades de explotación.

PROPORCIONES

Si el techo de una habitación está más cerca del nivel de los ojos que el suelo, puede resultar particularmente claustrofóbica. Las ventanas pueden reforzar el efecto telescópico desviando la atención hacia el centro de la habitación. Si juega un poco con la información proporcionada por las paredes y los techos con respecto a su tamaño podrá controlar la forma en que el ojo evalúa el espacio, engañándolo para apreciar las habitaciones de otra forma. Si desplaza el foco de atención hacia las zonas menospreciadas de las paredes, o al techo, por medio de un tratamiento decorativo, puede mejorar la apreciación de un espacio.

Los diseños y las texturas amplían los horizontes visuales de las paredes y los techos, creando una variedad de sensaciones y, si es necesario, una ilusión de mayor amplitud. Las rayas pueden actuar a modo de marco, definiendo los límites de lo que rodean. Las líneas verticales, sea en papel pintado o pintadas, dirigen la vista hacia arriba y hacia abajo, lo que parece levantar un techo bajo. Las líneas horizontales sobre las paredes anclan, con gran efecto, un techo que parece demasiado alto. El grosor y el espaciado de las líneas debe reflejar el tamaño de la habitación. Si pinta líneas

relativamente anchas, lo mejor es calcularlas previamente con cuidado para considerar las puertas y las ventanas y evitar que las líneas queden rotas de forma poco atractiva. A menos que desee tener la ilusión de vivir en una tienda de campaña, es mejor evitar las líneas en los techos y las paredes imperfectas, ya que únicamente enfatizarían sus defectos.

Los dibujos horizontales dirigen la vista hacia el alrededor, lo que amplía visualmente una habitación pequeña. Pintar un friso debajo de la altura de la cintura, improvisar uno a partir de una moldura o utilizar el extremo del papel pintado contribuye a dirigir la atención hacia abajo y provoca que las paredes parezcan más alejadas. Los paneles largos, estrechos y rectangulares dirigen la vista hacia arriba; los rectángulos achatados debajo de un zócalo elevado dan una sensación de mayor acercamiento al suelo.

Otra forma de disminuir la altura aparente de un techo es prolongando el color o la textura del techo hasta la altura de una moldura para colgar cuadros, o pintándolo de un tono más oscuro que las paredes. Cubrir un techo con telas fruncidas formando una tienda o aplicar un color vivo da a las habitaciones una sensación de mayor anchura.

4

3 Las mejoras que se pueden hacer en una casa consisten, en gran parte, en el conocimiento de lo que se debe dejar intacto y lo que se debe cambiar: el suelo nuevo de madera y los renovados postigos (o contraventanas) se ven complementados por la desnuda pared de ladrillos.
4 Aislar una parte de una habitación mediante divisiones de aglomerado pintado y cortinas adamascadas también aporta un toque cálido a las paredes de hormigón teñido.

La pintura

1

1 Paredes pintadas con emulsión, con un marco contrastante en el bastidor de la ventana y sobre la moldura para colgar cuadros.
2 Efectos de la pintura en el techo.
3 Franjas anchas pintadas con emulsión.
4 Paredes esmaltadas contrastantes encima y debajo del friso.
5 Efecto pictórico que unifica la pared y la puerta.
6 Paredes de yeso de textura rugosa.
7 Paredes pintadas con emulsión blanca en contraste con una pared de yeso rugoso de color amarillo.

La pintura es increíblemente versátil, relativamente barata y ofrece una inmediatez imbatible. Con un poco de práctica, puede lograr exactamente el color y la textura que desea.

Aunque parece ser que la pintura no modifica significativamente el aspecto, la realidad es muy distinta. Con unos cuantos trucos de escala y la magia del color, una habitación puede parecer más grande o más pequeña, más ancha o más alta. Los patrones horizontales ensanchan y los verticales parecen alargar las paredes. Puede reducir la altura del techo de una habitación pintándolo de un color que no sea el blanco o el hueso. Cuando el

2

techo y la cornisa se pintan del mismo color, el ojo se detiene allí donde cambia el color, entre las paredes y la cornisa, y no en la línea real del techo. Esto también funciona para reducir la altura del techo e infundir una mayor definición arquitectónica.

ELEGIR LA PINTURA
Las emulsiones y las pinturas con base de aceite se presentan en cinco acabados de menor a mayor brillo: mate, esmalte de porcelana, satinado, semibrillante y de alto brillo. Cuanto más brillante sea la pintura, más fácil resultará lavarla, pero mejor deberá ser el acabado. Los aditivos modernos aceleran el secado, evitan el enmohecimiento y mejoran el aspecto superficial. Los acabados en esmalte de porcelana y brillantes tienen una base de aceite: su acabado duradero puede lavarse con mayor facilidad que las emulsiones. Los acabados brillantes y de esmalte de porcelana se emplean tradicionalmente sobre madera y metal, y son recomendables para las puertas que se utilizan con frecuencia y las superficies propensas al rozamiento. Las emulsiones tienen una base de agua y son menos duraderas, pero son adecuadas para paredes y techos, ya que cubren fácilmente (aunque se pueden requerir varias capas) y se

secan con rapidez. La pintura en emulsión sólida se presenta en una bandeja y no gotea, por lo que resulta particularmente adecuada como acabado para un techo.

Los acabados de esmalte de porcelana o mates son los más efectivos para disimular las imperfecciones: por el contrario, la pintura de alto brillo realza las paredes perfectas refractando la luz y dando vigor a toda la habitación. La laca tiene un efecto reflector tal que puede modificar una habitación mediocre y convertirla en una estancia alegre y de un aparente mayor tamaño.

Las pinturas al temple (tempera) y a base de látex, preparadas con pigmentos naturales, aportan coloraciones cálidas y terrosas así como una calidad gredosa a la madera, al yeso o al plafón. Estas pinturas se presentan o bien previamente mezcladas o en polvo. Al lijarlas con un estropajo, las paredes acabadas con pintura al temple o a base de látex adquieren una pátina instantánea. Si emplea un papel de lija muy fino se obtiene un acabado semejante al pulido; al utilizar un trapo suave, parecen bruñidas.

La mejor pintura es cara y está fabricada a partir de ingredientes de alta calidad, como pigmentos de larga duración, aceites y disolventes puros. Compruebe en la etiqueta si contiene dióxido de titanio; es probable que las pinturas que lo contengan precisen una destilación, pero las que no pueden producir grumos, presentar una adherencia pobre a las superficies y tender a amarillear con la luz solar.

También puede emplear la pintura para crear esmaltados y lavados. Un esmalte es una mezcla de esencia de trementina y un barniz a base de aceite, usualmente en una proporción 2:1, al que se añade una pintura a base de aceite. Los esmaltados secan lentamente, pero dan a las paredes un brillo rico y luminoso. Un lavado o aguada consiste en aplicar una pintura, a base de agua (habitualmente una

emulsión), diluida, en lugar de o sobre una pintura existente. El lavado translúcido de color refleja la luz con un gran brillo.

COLOR
Pensar en una pared, un techo y un marco como elementos arquitectónicos puede proporcionarle una guía para elegir uno o más colores. Pintar las paredes en un color mate y el marco con gran brillo, por ejemplo, resaltará la intensidad de las paredes.

Los elementos arquitectónicos tanto del interior como del exterior de las casas más antiguas están pintados según las convenciones de su época, y pueden apreciarse fácilmente. Las fuentes visuales, como las pinturas de interiores de época, proporcionan ideas maravillosas.

Otra forma de elegir el color es imitar el modo en que un artista se enfrenta al lienzo. La adición de un pigmento coloreado a una suspensión de esmalte de porcelana con barniz es una técnica que los artistas emplean para dar una cierta profundidad o bruñido a la tela. Cuando este tipo de esmalte se aplica sobre una base de esmalte de porcelana se imparte a la pared un color extraordinariamente intenso. En lugar de coordinar las paredes con sus muebles y enseres, puede pintarlas de un color que complemente a los muebles. La mezcla literal de colores complementarios, como el rosa y el azul, produce una rica sombra violácea. Si tiene dudas, actúe con cautela —recuerde que tendrá que convivir con los resultados.

Las paredes blancas son una solución habitual. El blanco etéreo, tintado con un ligero toque de crema o amarillo, es más inspirador y más rico que un blanco simple. Pintar las distintas habitaciones de una casa con cinco o seis tonos de blanco y gris de suave contraste proporcionará un fondo neutro a los enseres, y las paredes reflejarán la luz de formas muy interesantes.

Si se traslada a una casa o un piso nuevo, la mejor solución inicial —si es posible— es pintar los interiores de blanco y dejar que sus ideas sobre la decoración se desarrollen con el tiempo. Sin embargo, en un sótano oscuro o en una habitación pequeña el blanco no siempre dará luz o hará que la estancia sea menos insípida. En ocasiones, es mejor explotar la situación y utilizar colores ricos y oscuros. No es siempre necesario emplear los colores más pálidos para crear una sensación de espacio y luz. Los azules suaves y los amarillos cremosos, por ejemplo, son muy indicados para las habitaciones oscuras.

3

Elegir un color a partir de una carta de colores o una pequeña muestra no es la forma adecuada de apreciar el aspecto que tendrá la pintura sobre la pared. Merece la pena realizar el gasto de comprar varias muestras. El color cambia durante el transcurso del día, según la fuente de luz. La luz del sol hace que cualquier color parezca más amarillo; la fría luz invernal es más blanca y causa menos distorsiones, mientras que las habitaciones orientadas al este o al oeste fluctúan a lo largo del día según la posición del sol. La luz de tungsteno es más amarilla que la del sol; la halógena es blanca y tiende a enfriar los

4

colores; la luz fluorescente imparte un tono verdoso a la habitación.

Para probar las muestras de pintura, compre un bote de cada color elegido y aplique una zona de imprimación blanca en una pared con ventana, que es habitualmente la más oscura, sobre la pared en la que incide la luz del sol, a nivel del suelo y bajo la iluminación, y después aplique una capa del color elegido sobre ésta. Observe esas zonas bajo la luz artificial de la tarde y a varias horas distintas durante el día. ¿El color proporciona el efecto deseado? Intente imaginarse la pared pintada cuando la habitación contenga muebles, cortinas, una alfombra y personas.

Un color fabricado bajo pedido le permite pintar el color que siempre ha deseado. Debe tener la precaución de preparar la suficiente cantidad de pintura para cubrir la superficie; si se termina antes de acabar el trabajo, puede ser muy difícil volver a lograr la misma mezcla. Muchos fabricantes de pintura ofrecen un servicio especial de preparación bajo pedido.

PINTURA DECORATIVA
El empleo de pintura en lugar de utilizar un moldeado para crear detalles en las paredes tiene una larga historia que se remonta a las casas

5

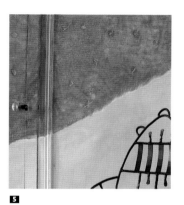

6

escandinavas del siglo XVIII, a las haciendas mexicanas y a los trabajos de pintura medieval en las casas con muros de entramado de madera. El aspecto es muy fresco y los detalles pintados son fáciles de corregir, en caso necesario. Pintar un friso a la altura de la cintura, por ejemplo, atrae la vista hacia la parte inferior y hace que las paredes parezcan estar más separadas. Se trata de un truco muy útil para los pasillos y otras zonas estrechas.

Desde su gran auge a mediados de los años ochenta, algunas técnicas

decorativas parecen estar un poco agotadas: se ha abusado mucho del punteado con esponja y el trapeado, mientras que el marmoleado requiere una mano experta si quiere lograrse un buen efecto. Las superficies maltratadas requieren un tratamiento cuidadoso y mucha práctica. Los métodos más versátiles y de más fácil dominio como el graneado aún dan buenos resultados y constituyen una forma económica para disimular defectos y crear texturas. Hoy en día la pintura decorativa es una forma divertida de camuflaje.

Con cualquier efecto de pintura decorativa es importante que restrinja su paleta. Los métodos como el trapeado y el graneado, que suponen romper un color, generalmente dan mejor resultado cuando el color base tiene un tono similar al que se emplea para crear el efecto. Si los tonos no se ajustan cuidadosamente, el efecto logrado parecerá chabacano. El patrón y la textura quedarán determinados en parte por la impresión dejada por cualquier herramienta o material que utilice para aplicar el acabado. Siempre deberá practicar con antelación sobre un trozo de papel de revestir para familiarizarse con la técnica y para hacerse una idea del aspecto final que ofrecerá la habitación. (Por esta razón no es una buena idea realizar la prueba sobre un retal de papel cualquiera, ya que no le proporcionará una buena idea de la escala.)

Casi cualquier efecto puede lograrse sobre madera al igual que sobre una pared, pero debe resistirse a la tentación de entusiasmarse con una nueva técnica. Un friso graneado o estarcido cuidadosamente colocado tendrá un efecto mucho mayor que una habitación en la que cada superficie haya sido sometida a uno u otro efecto especial.

Si está pintando o añadiendo detalles a las paredes, mantenga su diseño en proporción a la escala de la habitación. Si no está convencido de

7

los resultados que un proyecto tendrá sobre la habitación, transfiera su idea a un trozo de papel de trazo; a continuación dibuje proyectos alternativos sobre el papel con lápices de colores y adhiera éstos con cinta adhesiva a la pared para apreciar el efecto. Recuerde que para cualquier diseño debe tener en consideración las puertas, las ventanas y otros elementos. Utilice una regla de metal y un nivel para asegurarse de que las líneas están marcadas correctamente sobre la pared. Antes de comenzar a dibujar, adhiera con suavidad una cinta adhesiva a lo largo de la línea y mírela desde cierta distancia. Si la pared está inclinada o es imperfecta, una línea a nivel puede acentuar el problema y desequilibrar la habitación. «Corrija» la línea hasta que parezca recta.

Comience desde un punto en la habitación que no sea el centro de atención, y utilice un pincel de buena calidad. Los pinceles de cerdas naturales son recomendables para los esmaltes, y los pinceles sintéticos para las emulsiones.

YESO
Una gran parte de las construcciones nuevas o renovadas hoy en día se llevan a cabo a partir de paneles de

fibras de madera de densidad media o de aglomerado. Al pintar cualquiera de estos materiales, el acabado queda poco brillante, con poca profundidad y riqueza. Si su presupuesto se lo permite, puede remediar esta situación aplicando una ligera capa de yeso sobre las paredes nuevas para dar mayor resonancia a la pintura. El yeso es un acabado duradero y relativamente barato para las paredes. Tiene un tacto semejante a la tiza y, a diferencia del látex, no sufre tanto desgaste.

El yeso se prepara tradicionalmente a partir de varias capas de cal y de arena gruesas extendidas con el palustre sobre una tela metálica. Su superficie puede rayarse (pasando un peine de enlucido sobre el yeso húmedo), abrillantarse (añadiendo polvo de mármol o de algún metal) o conferirle textura (frotando la superficie con paja o serrín). El yeso blanco menos valorado se produce bruñendo una capa muy fina de yeso hasta la iridiscencia blanca con caolín alemán, la sustancia que da a la porcelana su color blanco y transparente. El yeso desnudo es de un color rosa amarillento tan encantador que puede merecer la pena dejarlo al descubierto en algunas habitaciones.

PREPARACIÓN
Una preparación adecuada puede prolongar la duración de su trabajo. Asegúrese de que las paredes están bien limpias y que se han lijado ligeramente, de haber igualado las superficies irregulares antes de imprimarlas, y de lijarlas antes de aplicar la capa principal. Las pinturas brillantes requieren una primera mano, a diferencia de las emulsiones, que generalmente no la necesitan. Los profesionales recomiendan lijar entre capas para obtener un mejor acabado.

ORDEN A SEGUIR AL PINTAR UNA HABITACIÓN

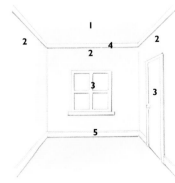

Si pinta toda la habitación, comience por el techo, alejándose de la fuente principal de luz natural. A continuación, pinte las paredes en el orden mostrado (derecha); después, pinte la puerta y los marcos de la ventana. Termine pintando las molduras, arquitrabes y zócalos.

ORDEN A SEGUIR AL PINTAR UN TECHO

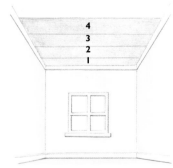

ORDEN A SEGUIR AL PINTAR UNA PARED

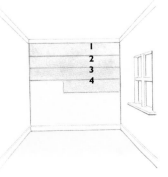

EMPLEO DE UN RODILLO

Revestimiento de las paredes

PAPEL PINTADO

Potencialmente menos anónimo que la pintura o el yeso, el papel pintado es una elección popular para decorar las paredes, ya que les imprime un gran carácter y estilo. La textura de algunos papeles puede ayudar a disfrazar los defectos de una pared, mientras que un mural de papel pintado puede engañar al ojo con respecto a las proporciones de una habitación. La gente tiende a olvidar lo apropiado que resulta el papel pintado para el techo. Un papel con un borde, o quizá un trabajo en yeso *trompe l'oeil* (tampantojo), por ejemplo, pueden dar una maravillosa profundidad a un techo.

EMPAPELAR UNA HABITACIÓN

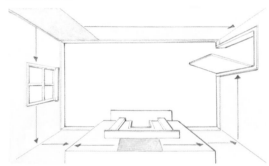

Si coloca papel pintado con un dibujo de gran tamaño, debe centrar una parte sobre la chimenea u otro elemento significativo de la habitación. Para otro tipo de papel, coloque la primera hoja en la esquina de la pared adyacente a la pared de la ventana y trabaje alejándose de la fuente de luz natural.

Los papeles pintados también pueden emplearse combinados entre sí, o con pintura. Utilizar papel debajo de un friso con un diseño distinto sobre éste, o emplear patrones contrastantes en una habitación, confiere a la habitación una auténtica sensación de dimensión. Hoy en día, la gama de papel pintado es muy extensa y no se limita a los grandes arreglos florales y aterciopelados victorianos; los diseños contemporáneos que incluyen estrellas, líneas y elegantes motivos repetitivos imparten fuerza y vigor a un material que no siempre ha gozado de buena estima.

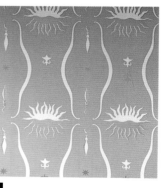

La experiencia indica que debe utilizar un papel pintado con diseños grandes en una habitación grande, y con diseños pequeños en una habitación pequeña. Sin embargo, puede imprimir un estilo especial a un espacio reducido con un papel con grandes motivos estampados. La elección depende del gusto personal más que de la proporción y del grado de protagonismo que quiera dar a las paredes en relación al resto de la habitación.

Antes de comprar un papel, invierta en una muestra de gran tamaño. Sujétela con chinchetas a la pared y obsérvela de noche y de día, con luz natural y con luz artificial. Los diseños florales son más fáciles de combinar que los cuadros o las fibras naturales. Los papeles delicados y difíciles de limpiar como la tela de ramio, la rafia tejida o los papeles metalizados únicamente son recomendables para las paredes que no se hallan expuestas a un desgaste excesivo. Los papeles vinílicos son la mejor elección para las zonas bulliciosas y de paso, como los recibidores y las cocinas.

PREPARAR LAS PAREDES

Antes de empapelar, elimine toda la decoración existente hasta llegar a la pared base y aplique una capa de apresto (una sustancia gelatinosa que se utiliza habitualmente para dar rigidez a las telas) para sellar las paredes. Colocar el papel directamente sobre una pared pintada o enyesada, que resulta impermeable, requiere de un adhesivo de alto impacto. Si las paredes están en malas condiciones o contienen cal, es aconsejable cubrirlas primero con un papel especial, de bajo coste, para proporcionar una base de porosidad y color uniforme. Las paredes con revestimiento previo favorecen un acabado más uniforme y alisado, y la adherencia del papel será más duradera que si se aplica sobre la pared original.

Generalmente los papeles más pesados tienen una mayor duración y son más fáciles de colocar que los papeles más ligeros. Emplee siempre el adhesivo recomendado por el fabricante. El papel no debe colocarse inmediatamente después de aplicar el adhesivo; la mayoría de los papeles se expanden después de encolarlos, un proceso que requiere al menos cinco minutos. Si el papel aún se expande mientras se coloca, se secará de forma desigual y se encogerá. La mayoría de los profesionales también aplican adhesivo a la pared, y no únicamente al papel, para conseguir una mejor adherencia. Siga las flechas direccionales (impresas al reverso del papel) cuando coloque el papel

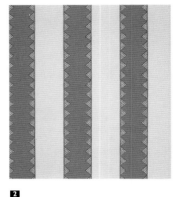

pintado para asegurarse de no colocarlo con los motivos al revés.

TIPOS DE PAPEL PINTADO

Existen dos categorías básicas de papel pintado: estampado con molde o impreso a máquina. La laboriosidad y calidad del acabado se refleja en el coste del papel. El primero es la variedad más cara. Los diseños se tallan en bloques de madera y éstos se mojan en pintura gredosa al temple, para después aplicarla a mano sobre el papel. El papel se cuelga para secar entre impresiones sucesivas en colores diferentes.

El papel pintado a mano es más difícil de colocar. Las largas fibras de madera de este papel tan resistente (las cuales evitan el desgarramiento durante el proceso de impresión) lo hacen susceptible al estiramiento y enrollado cuando está húmedo a causa del adhesivo. Este papel puede comprarse sin pintar para imprimirlo posteriormente en los colores a su elección, y puede durar hasta treinta años sin perder calidad de color o sufrir desgaste.

Los papeles impresos a máquina se pueden limpiar con esponja, son lavables o de vinilo. Los primeros pueden limpiarse con agua y jabón. Los papeles lavables están cubiertos de una fina cubierta plástica que le permite usar agua (aunque no detergente) para limpiarlos. Los vinílicos tienen una cubierta plástica gruesa y resistente que les hace incluso fregables. La mayoría de los papeles impresos actuales incorporan algo de vinilo, lo que los hace mucho más resistentes al desgaste que el papel empleado en las variedades impresas a mano.

Lo que puede o no catalogarse como papel pintado a menudo va más allá del inventario de los proveedores de los diseñadores. Los papeles de embalaje de color marrón (del tipo empleado en la fabricación de bolsas de papel marrón) y el papel de lija son alternativas brillantes y poco caras al tradicional papel pintado, y no parecen baratas o improvisadas. El papel marrón es simple y sofisticado; el papel de lija refleja la luz de una manera bella y es una superficie texturada. El color ocre de estos dos materiales se convierte en un excelente fondo neutro y cálido. Son particularmente indicados para contrastar con marcos de ventanas y puertas blancos, así como con suelos de madera.

FIBRAS NATURALES

Las fibras naturales tienen una gran belleza, a menudo subestimada. Su simplicidad resulta atractiva. A los chapeados de madera, a la rafia tejida, a las hierbas secas y a la arpillera se les coloca un fondo de papel, para facilitar su colocación. El efecto es tan variado como lo son los materiales, desde el lujo de la seda hasta el basto atractivo de la arpillera. El papel cubierto con una fina capa de corcho puede emplearse en las paredes de una habitación infantil para colgar carteles, aunque la mayoría de estos materiales son delicados y no son muy resistentes al uso. Resulta difícil hacer coincidir los materiales naturales: las juntas son visibles, pero pueden disimularse empleando ribeteados o incorporándolos en un diseño.

5

futuro. Cuando coloque baldosas en las paredes, no intente alinear los ribetes o frisos con las juntas. Resulta incorrecto y puede conducir a problemas prácticos y cortes superfluos. Las juntas pueden recoger la suciedad, aunque los nuevos componentes de las lechadas para juntas son más resistentes a las manchas o se colorean en un tono semejante al de las baldosas para facilitar su mantenimiento.

Los diseños en baldosas varían desde los vibrantes paneles de las chimeneas del movimiento estético hasta las de los años veinte, pasando por toda una gama de baldosas monocromáticas. Entre los toques

8

auténticos que quizá desee revivir se encuentran las finísimas juntas de la época victoriana, aunque el retorno al método tradicional de pulido de las baldosas sin barnizar no resulta aconsejable, ya que los profesionales modernos realizan mucho mejor este trabajo. Las superficies embaldosadas en las casas más antiguas se ocultaban con frecuencia con pintura o papel pintado según dictaban las tendencias de la época. Al ser resistentes y duraderas, muchas paredes embaldosadas han sobrevivido sufriendo relativamente pocos daños, esperando a ser redescubiertas y restauradas.

Cualquier baldosa sin barnizar debe sellarse para protegerla. El encerado es un proceso que requiere más tiempo, pero enriquece el color, es más resistente al roce y produce una pátina más profunda que las emulsiones o barnices acrílicos. Las baldosas de las paredes deberían aplicarse con un adhesivo de secado más rápido que el suelo o las superficies de trabajo. Las baldosas hechas a mano son desiguales y ofrecen un mejor aspecto si las juntas enlechadas no son demasiado estrechas —alrededor de unos 3 mm.

1 Papel pintado a mano con un motivo de gran tamaño repetido varias veces.
2 Papel rayado impreso.
3 Papel pintado con un diseño de pequeño tamaño, impreso a máquina.
4 Papel pintado impreso a máquina, con un motivo repetitivo sobre un friso.
5 Pequeños mosaicos cerámicos. Gresite.
6 Fibra natural.
7 Baldosa cerámica.
8 Pavés.

6

7

PAREDES DE TEJIDOS

Si sus paredes están picadas, el yeso está en mal estado o necesita ahogar el ruido, recubrir las paredes con tejidos supone menos trabajo que llamar a un paleta. Los tejidos pueden adherirse igual que el papel pintado, aceptan un fondo de papel y pueden coserse o sujetarse sobre un sistema de paneles. El sistema tradicional de «instalar» paredes de tejido consiste en colocar un acolchado o un relleno sobre soportes que, a su vez, se sujetan a unos listones clavados a las paredes. La tela con motivos decorativos que

deben encajar se cose formando paneles y se grapa a la parte superior e inferior de las paredes. Las tiras encoladas con ribetes, los galones u otro motivo decorativo sirven para esconder las grapas. Existen sistemas rápidos para preparar paneles de tela empleando guías de plástico que le permiten retirar y lavar la tela, pero las juntas resultan visibles. La tela puede colocarse fruncida sobre soportes extensibles que después se sujetan a la moldura del techo y al zócalo.

Tanto el terciopelo, el algodón, el lino, la lana como cualquier otro tejido

ligero o pesado puede colocarse en una pared. Generalmente, cuanto mayor sea el cuerpo y la elasticidad de la tela, requerirá con mayor probabilidad la intervención de un profesional para ocultar las juntas y hacer conjuntar los motivos. La seda fina, que cede y se rasga, y los cuadriculados son menos adecuados que el resto de materiales.

BALDOSAS

Las paredes embaldosadas pueden ser hermosas y resistentes. Existen infinidad de posibilidades en cuanto al color, tamaño y acabado, que van desde el iridiscente hasta el craquelado, desde el mate hasta el metalizado. La amplia gama incluye porcelanas barnizadas o sin barnizar, cristal vitrificado, terracota y arcilla. También puede encontrar baldosas hechas a mano a medida, o bien baldosas antiguas en tiendas de segunda mano. Si busca el lujo e intensidad de color de las baldosas barnizadas a mano, pero el precio no se lo permite, considere la posibilidad de incorporarlas como efecto decorativo, en forma de friso o formando un punto focal.

Las baldosas se fabrican en lotes y están sujetas a grandes variaciones en el color; compre algunas adicionales para emplear como recambio en el

Madera y metal

MADERA

Los paneles de madera reducen la pérdida de calor, aíslan del ruido, disimulan las paredes irregulares y pueden renovarse o reciclarse. Conforme aumenta el coste de la madera dura y se continúan reduciendo los bosques nos encontramos con la creciente necesidad de emplear maderas no protegidas. Los paneles de madera pueden encontrarse de segunda mano y resultan más baratos que los paneles nuevos. Las puertas y las partes de armarios y mesas de madera dura pueden reconvertirse en paneles de madera. La madera procedente de las plantaciones gestionadas de forma ecológica constituye un sustituto excelente de la caoba y el ébano, y no resulta mucho más cara.

Los paneles de madera para las paredes, tradicionalmente conocidos como machihembrado, se han empleado como revestimiento práctico y estético para las paredes de las habitaciones principales desde el siglo XV. Al igual que sucede con la mayoría de los acabados de madera en las paredes, se monta sobre listones sujetos a la pared. Los machihembrados modernos son más sencillos de construir y habitualmente van acompañados de molduras rebordeadas. Aunque se emplearon originalmente en casas de campo, las tablas listonadas y los chapados en madera evitan los estereotipos. Las tablas machihembradas pueden clavarse a los listones en forma vertical, horizontal o diagonal. Dependiendo de la calidad de la madera empleada y del dibujo de la fibra, la superficie puede teñirse, barnizarse o pintarse.

Los paneles machihembrados se emplean popularmente en los cuartos de baño, donde pueden pintarse en colores marinos o complementar los accesorios del cuarto de baño. Los paneles de madera también son muy prácticos en un pasillo, ya que resisten bien los golpes y las rozaduras. La madera contrachapada permite construir paneles relativamente económicos y, una vez tintada, muestra la hermosa fibra de la madera —lo que puede constituir un tratamiento excelente para un estudio u oficina en casa, donde el efecto es similar al logrado en algunos clubes o bibliotecas antiguas. Se emplean listones para cubrir las juntas entre las piezas y para crear el efecto del panel. La madera contrachapada también es una buena superficie para pintar, particularmente en colores claros como el caqui, el verde oliva, el blanco y el marfil. Las maderas frotadas con cal y con texturas gratadas dan mayor realce a las puertas.

No se olvide de sellar los acabados en madera de las paredes como seguro contra la humedad y las manchas, y aíslelos con planchas de metal o material ignífugo si están cerca de una estufa o cocina, o de la chimenea en el salón.

FRISOS

Los frisos son tratamientos decorativos en la pared que terminan a la altura de un zócalo elevado, tradicionalmente a una tercera parte de la altura total de la pared; el friso y la moldura sobre él protegían a las paredes de los desperfectos producidos por los respaldos de las sillas y el movimiento en general. Hoy en día, los frisos pueden ser igualmente útiles para proteger las superficies y para «romper» visualmente una pared, en la forma que dictan los principios clásicos. En la época victoriana se construyeron frisos a partir de tablas machihembradas o paneles y listones, o aplicando papel robusto y texturado. Sin embargo, éstos pueden ser pintados o de papel pintado.

METAL

Las planchas de metal son bellas, aunque caras. El cobre, el zinc y el aluminio constituyen revestimientos caros para una pared, pero son muy indicados como paneles bajo el zócalo elevado. El acero inoxidable resulta aún más caro, y todo un lujo. Los metales se ensucian rápidamente y requieren un pulido frecuente. Se presentan en forma de hojas o baldosas y deben adherirse directamente sobre yeso o paneles de madera para ahogar el ruido. Los techos de estaño prensado, desnudos o pintados de un color pálido, son una forma relativamente barata de añadir textura. La chapa romboidal de acero, empleada en motores y para suelos comerciales, da un toque de modernidad a una habitación. Si se pinta de blanco y se barniza con poliuretano (empleado en la cubierta de los barcos), la pared o el techo difundirán la luz con gran efecto.

1 Revestimiento de hoja metálica atornillada a la pared.
2 Tablas machihembradas utilizadas para crear un friso.
3 Paneles de madera.
4 Paredes de machihembrado pintadas de blanco.

1

Puertas y accesos

Las puertas nos dan paso a las habitaciones o constituyen un elemento que delimita un espacio, y varían en importancia. Las puertas de un aparador estarán hechas de un material, y tendrán una resistencia muy distinta a la de una puerta que conduce a una habitación privada que a su vez es diferente de las que se abren hacia un espacio público. El aspecto de una puerta indica las pretensiones, escala y servicio de la habitación que guarda.

Todas las puertas deben mantener una relación en cuanto a estilo y proporción con la arquitectura de la casa

2

y la habitación correspondiente. Si su presupuesto lo permite, diseñar una puerta como foco principal de una habitación es una oportunidad maravillosa. Si las puertas son muy grandes, tendrán un giro mucho mayor, obligando a dejar libre una cierta cantidad de espacio en el suelo, enfatizando doblemente la grandeza de la puerta. Las puertas exageradamente grandes invitan a entrar en una habitación, mientras que las puertas estrechas y pequeñas resultan más íntimas.

PUERTAS INTERIORES

En la mayoría de los casos, las puertas de construcción reciente, sencillas, lisas y huecas deben ser rescatadas de la banalidad. La gente tiene la esperanza de que se confundirán con el fondo, pero con la simple adición de un pomo interesante, un nuevo adorno alrededor de la puerta o un panel con relieve puede realzar su apariencia con una mínima inversión de tiempo y dinero.

La flexibilidad es una buena idea. Cuando las puertas se abren hacia un hueco en la pared, el espacio se ensancha. Desafortunadamente no siempre son fáciles de manipular. Las puertas que se abren hacia el techo, como las puertas giratorias, interaccionan con la habitación de forma mucho más dinámica y consciente, y ocupan más espacio que

las de altura estándar con marco. Uno de los laterales de las puertas giratorias rota alrededor de un pivote para abrir y cerrar la puerta. Una puerta de altura igual al techo da un mayor presencia a una habitación, y dirige la atención hacia su altura y juega con sus proporciones.

Debido a que es la puerta la que interrumpe la visión de una habitación a otra, es, por naturaleza, un punto focal. Con un poco de previsión, las puertas pueden dar mayor interés a una pared aburrida y lisa; en función de su estilo y tratamiento, pueden dar mayor calidez a una habitación, un porte más frío, un aspecto acogedor o una mayor amplitud. Pintar la puerta y el marco con colores contrastantes explota la tensión entre estos dos componentes arquitectónicos. Pintar la puerta en un color oscuro en contraste con una pared blanca o pálida, y utilizar decorativos estarcidos o tampantojos (*trompe-l'oeil*) da un mayor impacto a una puerta. El cubrir las puertas con una chapa de madera o láminas finas de acero inoxidable o laminado son algunas de las muchas opciones decorativas a elegir.

Si una habitación tiene demasiadas puertas o éstas no están alineadas es una buena idea disimularlas con colores similares. También constituye una buena

3

estrategia para puertas poco favorecidas o las de habitaciones con frisos u otras características arquitectónicas que, de otra forma, recargarían demasiado el entorno. Las puertas de cristal ofrecen intimidad acústica sin pérdida de luz o visibilidad y proporcionan una continuidad entre espacios contiguos. En las casas estrechas o las terrazas, las puertas de cristal resultan mucho menos claustrofóbicas que las puertas de madera.

Los dibujos y el tamaño del esmerilado crean efectos decorativos al mismo tiempo que permiten la entrada de luz en la habitación. Las puertas de

1 Puerta interior empotrada.
2 Puerta corredera de partición.
3 Puerta trasera de cristal.
4 Puerta frontal tradicional.

cristal que se abren en ambas direcciones forman una pared diseñada para aumentar el tamaño de sus espacios vitales (aunque no resultan tan ideales si tiene hijos pequeños).

Las puertas de fuelle resuelven los problemas de espacio. Una puerta de fuelle puede crear una habitación dentro de una habitación, aislando por ejemplo una cocina cuando el cocinero está en pleno trabajo, pero debe aparecer plegada hacia un lado para integrar la cocina en la zona general de estancia en cualquier otro momento. Las puertas diseñadas originalmente para usos industriales o comerciales, como restaurantes, cocinas o barcos, pueden ser justo el toque peculiar que una habitación necesita. El espacio se torna totalmente flexible gracias a las puertas de plástico plisado diseñadas para separar oficinas.

Para algunas casas nada resulta tan recomendable como una puerta antigua. Se pueden encontrar puertas holandesas (puertas cortadas horizontalmente a media altura —en dos mitades independientes), puertas cristaleras o puertaventanas, puertas para el jardín o de malla metálica de segunda mano, probablemente cubiertas de varias capas de pintura. En función de la decoración de su casa, puede decapar totalmente la puerta (resulta más fácil que lo haga un profesional) para después teñirla o repintarla, o puede raspar parcialmente las capas de pintura utilizando un estropajo de aluminio para darle un aspecto «desgastado». Las puertas de pino, de roble o de nogal reciclado con varios grados de envejecimiento y procedencia pueden encontrarse en los mercadillos.

PINTAR UNA PUERTA CON PANELES

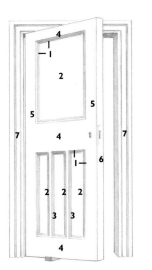

Mantenga la puerta abierta por medio de una cuña antes de comenzar a trabajar. Realice el trabajo en el siguiente orden:
(1) molduras;
(2) paneles; (3) zonas verticales entre paneles; (4) zonas horizontales;
(5) zonas verticales exteriores; (6) borde de la puerta; (7) marco.

PUERTAS EXTERIORES

La puerta principal es el punto focal de una casa. Tradicionalmente cuanto más grande era la casa, mayor era el énfasis que se ponía en la entrada. Una puerta frontal con luces a ambos lados crea una sensación diferente a la que produce una puerta con paneles bordeada de columnas con pedestal. Si pinta la puerta frontal en un color que contraste con la fachada le dará mayor impacto. Cubrir la puerta principal con barniz rojo —como hizo Elsie de Wolfe, causando un gran escándalo, en las casas de Manhattan

4

a principios de siglo, y como hace actualmente el diseñador Brian Murphy en los *bungalows* de estuco blanco de Los Ángeles— constituye una forma inmediata de articular una entrada. Por el contrario, pintar una puerta frontal del mismo color que el exterior reduce su impacto.

Las puertas de los garajes, grandes y dominantes, deben pintarse para que se confundan con la fachada. Las puertas traseras y los marcos de las puertaventanas se pintan del mismo color que los marcos de las ventanas.

La mayoría de las puertas exteriores se venden ornamentadas. A menos que sea adecuado para el tipo de construcción de su casa, evite el cristal biselado, las columnas y la fibra de madera prensada sobre planchas de metal —todos ofrecen un aspecto poco auténtico. Una puerta sencilla con unos buenos accesorios es mucho mejor que una puerta que pretenda haber sido tallada hace un siglo. Para las puertas exteriores, elija una madera que resista el desgaste por agentes naturales, como el roble, el olmo y la teca. A menos que la puerta frontal esté protegida por un gran porche o toldo, tiña o pinte las puertas antes que barnizarlas. Los marcos de la puerta pueden pintarse del mismo color que los marcos de las ventanas, y la puerta en un color contrastante.

SUELOS

1

Los suelos constituyen una parte importante de la superficie de cualquier habitación, por lo que la forma en la que se traten determinará —o al menos afectará— a otros esquemas de decoración y mobiliario. Cada material ofrece un resultado diferente en términos de color y textura, al mismo tiempo que ofrece propiedades que hacen que algunos de ellos sean más adecuados para ciertas aplicaciones que otros. Además de encontrar un material adecuado para el suelo que complemente a la habitación y que se ajuste a su presupuesto, es necesario considerar la elección en términos de las funciones que debe realizar. Una suave alfombra de lana, por ejemplo, tiene un tacto fantástico, pero se desgastará rápidamente en zonas de gran circulación como un recibidor, y será imposible de mantener limpia en la cocina; las baldosas de cerámica, por el contrario, son frías al tacto (a menos que estén provistas de calefacción subterránea) pero se limpian fácilmente. Otros materiales —como el mármol y otros suelos de piedra— necesitan un subsuelo sólido o reforzado para soportar su peso.

Tanto si reforma los suelos existentes o los cambia totalmente, el gasto económico será considerable. La elección definitiva se quedará a su lado durante muchos años. Si duda, opte por un tono relativamente neutro y un material que no interfiera con los demás elementos de la habitación y que, hablando en términos generales, aumente la impresión de espacio —siempre puede añadir color e interés utilizando alfombras y otros elementos decorativos. Un suelo relativamente neutro también dejará más opciones abiertas a la decoración, permitiendo llevar a cabo cambios futuros en la dirección estilística.

Otra consideración importante es la unión entre los diferentes tipos de suelo. Asegúrese de que la transición entre las habitaciones no sea demasiado vistosa y que las uniones estén bien acabadas. Puede juntar y combinar diferentes tipos de materiales en una misma habitación, quizá para definir diferentes zonas de actividad —por ejemplo, baldosas de terracota en la cocina y tablas de madera en la zona destinada al comedor en una habitación familiar de gran tamaño. Siempre y cuando exista alguna armonía tonal o textural, estas combinaciones pueden ser visualmente estimulantes y muy prácticas. La gama de opciones puede parecer extensa o confusa, pero un análisis cuidadoso de sus necesidades y los méritos relativos de los materiales disponibles le permitirán realizar la elección con la que convivirá felizmente durante los años venideros.

1 Las baldosas de cerámica —resistentes al agua y a las manchas— son ideales para un suelo práctico.
2 La yuxtaposición de diferentes materiales puede añadir textura e interés a las vistas. El rico brillo de las tablas de roble contrasta con las losas mates del pasillo adyacente. Las alfombras delinean la sala de estar y armonizan tonalmente con el acabado de las paredes y la tapicería.

2

3 Los suelos de piedra —en baldosas o en trozos— se presentan en una variedad de tonos que incluyen el violeta, el rojo, el gris, el azul, el marrón y el verde.

3

4 Las baldosas de mármol genovés poseen una elegancia nata que se adecua tanto a los interiores tradicionales como a los modernos.

4

5 Las baldosas cerámicas cuadradas no deben forzarle a emplear patrones rectilíneos en el suelo. Los colores contrastantes siguen la curva de la pared del cuarto de baño, formando un gracioso mar de agua alrededor de la bañera.

5

Cómo elegir

1 Las paredes de hormigón pintadas y las tobas hechas a mano crean un ambiente sofisticado y acogedor. Los *kilims* y las tapicerías de los sillones añaden comodidad y calidez a un coste relativamente bajo.

1

La regla básica al elegir un suelo es seleccionar el material correcto. Base su decisión en el precio, la resistencia al desgaste, el mantenimiento, la comodidad, el uso de la habitación y el tipo de atmósfera que quiere en ella. Asegúrese de que los suelos son lo suficientemente robustos y adaptables a las contrariedades del uso diario. ¿Su suelo deberá resistir niños y perros que entran y salen, niños que gatean, que aprenden a andar y a comer? La terracota, la pizarra y la madera son materiales resistentes y naturales que se ajustan a este tipo de exigencias. La forma en que se desgastan a causa del tiempo es parte de su atractivo. Si se trata de un suelo exterior, ¿estará expuesto a las heladas intermitentes o a la lluvia? Algunos suelos —como la piedra o el hormigón— soportarán bien los climas adversos; otros —como algunos tipos de baldosa— se cuartearán o perderán el brillo al ser expuestos a los elementos naturales.

Las baldosas gruesas y la piedra combinan la funcionalidad con la pátina, pero aíslan menos el ruido que una alfombra o el linóleo, que son mas baratos y fáciles de instalar. El hormigón, el aluminio y el caucho también son duraderos, aunque la acústica causada por un suelo de aluminio o acero inoxidable

implican que deben utilizarse con discreción.

Por otra parte, si el adjetivo «natural» describe su material ideal, algunos suelos «llenos de naturaleza» —como la madera y la piedra, la terracota y el musgo marino— no tienen más que virtudes positivas y ecológicas. Su gama cromática terrosa es lo suficientemente versátil tanto para la vida en el campo como en la ciudad. Los materiales crudos y texturados, como la fibra de coco o el sisal, contienen mayor profundidad.

Otros materiales menos conocidos pueden ser más baratos y aceptables. Por ejemplo, cultivar el abedul (considerado una mala hierba para los madereros) y el olivo como revestimientos para el suelo constituye una forma de aumentar el valor económico de algunos pequeños bosques donde estas maderas crecen de forma natural, abundante y son relativamente baratas. El polvo queda disimulado por el dibujo irregular de las vetas de color marrón caqui del olivo. Algunas especies de maderas pálidas con vetas azules de origen fúngico también pueden encontrarse a buen precio. Presentan una belleza poco común, pero se consideran imperfectas y se venden a menudo a precios inferiores a los que dicta

el mercado. Estas maderas poseen colores vivos; los hongos son inofensivos y mueren cuando el contenido de humedad de la madera es inferior al 22 %, lo cual ocurre una vez cortada. Por razones similares de aspecto y economía, tome en consideración el granito moteado y otras piedras disponibles de las empresas que se dedican a la fabricación de lápidas. Son menos caras y de mayor tamaño que las de una casa especializada y constituyen un excelente fondo neutro para la decoración de una habitación.

Debido a que un suelo es una superficie de tamaño importante, su tratamiento influye en el aspecto general de una habitación. Desea que cause impacto, pero que no influya demasiado ni domine sobre los demás elementos. Los dibujos grandes y fuertes así como los colores vivos y oscuros eliminan la sensación de cuadratura de una habitación y también pueden utilizarse para hacerla parecer más pequeña. Por el contrario, los dibujos compactos, los colores claros y las superficies lisas tienden a parecer más expansivas, aumentando la sensación de espacio y tranquilidad.

También merece la pena considerar la accesibilidad a las

instalaciones subterráneas, la arquitectura de la casa, la decoración y los muebles existentes y la cantidad de obstáculos que encontrará.

Al llevar a cabo una reforma, comience de abajo y trabaje hacia arriba. En primer lugar debe comenzar por el suelo. Busque cualquier indicio de putrefacción, infestación o humedad; después instale una hilada impermeable, aislante térmico y de sonido, así como una ventilación adecuada. Los subsuelos de hormigón necesitan un aislante rígido debajo o encima del suelo para que éste no se congele. Asegúrese de que las tuberías de agua están protegidas por camisas o ductos; nunca las haga pasar entre los suelos de hormigón o se arriesgará a producir fugas cuando las tuberías se expandan o contraigan. Después de estas consideraciones prosaicas, existe una amplia gama de superficies y acabados entre los que elegir, incluyendo docenas de maderas duras y blandas, brillantes materiales modernos y piedras o baldosas.

CONEXIONES

Una vez elegido el material, considere el color y el diseño del suelo. Habitualmente el suelo es el fondo musical de la sinfonía de los objetos y de la arquitectura en la habitación. Desconfíe de las imágenes transitorias de moda, la cual quedará rápidamente desfasada. Sobre todo en las habitaciones de gran tamaño, es importante reflexionar cuidadosamente antes de comprar: sea cual sea el material que compre, será caro si debe cubrir una superficie importante, por lo que debe sobrevivir a los cambios de uso o estilo de vida.

Considere también la relación entre la habitación y las estancias circundantes. Si hay vistas hacia otros espacios que tienen un revestimiento distinto en el suelo, ¿desea separar o unificar las habitaciones? El ladrillo y la piedra integran los interiores con el exterior, especialmente cuando resulta importante mantener una relación orgánica con el patio o el jardín. Los suelos simples y monocromáticos se extienden ininterrumpidamente de habitación a habitación, creando una sensación de espacio, unidad y clase, pero no debe olvidar las diferentes funciones de cada habitación: las rutas principales a través de la casa y las habitaciones —en particular la cocina— en las que se desarrolla una gran parte de la actividad necesitan un suelo que disimule la suciedad o sea de fácil limpieza. Las moquetas, en particular, deberían restringirse a las habitaciones destinadas al descanso.

3 Un suelo de hormigón colado cubierto con pintura para exteriores de color gris brilla cuando llueve; el clima de esta casa en la playa de California invita a vivir al aire libre. Al colocar el colchón sobre el suelo se aumenta la sensación de altura en esta habitación de techo bajo.

2

2 Las puertas esmeriladas, una pared semicircular y un techo de yeso con acabado rugoso dan a esta habitación un aspecto limpio y moderno. Las delgadas tablas de madera del suelo templan la impresionante arquitectura. Las ventanas de cristal opaco impiden la vista desde el exterior, al mismo tiempo que permiten el paso de una luz natural.

4 La pizarra se emplea tanto en el interior como en el exterior, lo que crea una relación orgánica entre la casa y el jardín. Los sofás de obra imitan los bancos del exterior para difuminar aún más la diferencia entre ambos espacios.

4

Suelos duros

LADRILLO

Los ladrillos son bloques de construcción básicos, no deslizantes e impermeables. Los ladrillos de suaves colores rojo anaranjado o marrón recuerdan lo acogedor y lo rústico; los de color azulado, liláceo y amarillo son más fríos, y los verdes y limas son extraños. Los ladrillos antiguos de segunda mano son los mejores, ya que han adquirido la pátina del tiempo. Al igual que las esponjas, los ladrillos son absorbentes. Quedarán marcados por cualquier mancha, cosa que no ocurre con los prensados a máquina, que se cuecen a mayor temperatura hasta que quedan vitrificados y carentes de absorbencia. **Colocación** Los ladrillos pueden colocarse de infinidad de formas sobre una base impermeable utilizando mortero. Los ladrillos sólo pueden colocarse sobre suelos con una alta capacidad de carga. En cualquier otro lugar de la casa puede considerar el empleo de baldosas finas de ladrillo. **Tratamiento** El sellado plastifica considerablemente el carácter del ladrillo y puede resultar difícil de aplicar.

BALDOSAS

Las baldosas son resistentes al calor y al uso, son fáciles de limpiar e inmunes al agua y a la mayoría de productos de limpieza domésticos. La instalación puede ser tan cara, o incluso más, que las propias baldosas. Teniendo en cuenta la superficie, los suelos embaldosados son más caros que el linóleo o el vinilo, pero de precio similar a las maderas duras.

Las baldosas no son recomendables si es habitual que los objetos cotidianos caigan al suelo, ya que se rompen con relativa facilidad. No absorben el ruido, son de tacto duro y frías —aunque en un suelo embaldosado puede instalarse una calefacción subterránea (radiante). Las baldosas para suelos deben ser antideslizantes, aunque el agua hace

que cualquier superficie se torne deslizante —ningún material es totalmente antideslizante. Las losetas sin vitrificar, la terracota y las baldosas de cemento son antideslizantes por naturaleza, no se esponjan, no se queman ni se decoloran, aunque pueden ser ligeramente absorbentes. Las baldosas hechas a mano, sin barnizar, las barnizadas con una superficie irregular u ondulada y las baldosas barnizadas fabricadas de forma industrial a las que se aplica un graneado por abrasión también son adecuadas. Las baldosas vitrificadas son demasiado resbalosas (incluso cuando se cubren con arena) y frágiles para el suelo, al igual que las baldosas de gran brillo con superficies muy lisas, que se ensucian con gran facilidad.

La baldosa de terracota bruñida es la más cálida para un suelo. Las baldosas de terracota hechas a mano son de arcilla natural, cocida en un horno (toba). La terracota nunca pierde su propensión a retener el calor, lo que la hace atractiva para quien gusta de ir descalzo. En aproximadamente un año, la terracota desarrolla una rica pátina con un brillo especial, aunque la arenilla o piedras adheridas al calzado actúan como papel de lija sobre la superficie.

Las baldosas cerámicas son frescas y de tacto liso. Las baldosas

decoradas (incrustadas) pueden ser muy hermosas, pero algunas reaccionan de forma indeseable ante mascotas y niños: la orina es ácida y tiende a manchar las baldosas decoradas si no están bien selladas. En el caso de las baldosas con relieve de fabricación industrial, las primeras que salen de un molde son claras y marcadas, mientras que en las últimas —varios cientos de vaciados después— el relieve es menos diferenciado y más borroso.

Las baldosas con espesores superiores a 18 mm son de un material extruido denso y duradero, y se emplean ampliamente. Se fabrican a partir de arcilla no refinada y de alto contenido en sílice, y tienen una apariencia sencilla adecuada para casas de campo. Se encuentran disponibles en una gama de colores semejantes a la de los ladrillos, pero son ligeramente menos duraderas que las baldosas de cerámica. **Colocación** Las baldosas pueden colocarse siguiendo una amplia gama de esquemas y con cenefas decorativas, aunque en una superficie extensa los tratamientos simples son los más efectivos. Las baldosas necesitan una base nivelada y rígida. Si dispone de una base de hormigón, puede aplicar las baldosas encima. Si tiene un suelo de vigas de madera, el movimiento de las tablas podría romper la unión con el adhesivo, provocando un levantamiento de las baldosas. Cubra los suelos de vigas de madera con tableros de aglomerado o utilice una cola maleable que mezclada con el adhesivo y aplicada sobre un suelo borneadizo permita el movimiento sin romper el adhesivo. Si sus suelos están fabricados de baldosas antiguas o de piedra de un encanto especial, pero el mortero es de mala calidad, puede levantar el suelo y recolocar las baldosas o losas en mortero fresco. Las baldosas gruesas o decoradas antiguas pueden sacarse de su suave base de mortero, limpiarse y volver a colocarse en mortero de cemento y arena.

La lechada se emplea para rellenar los huecos entre las baldosas. Es una mezcla de cemento Portland y arena, y se presenta en forma de polvo para mezclar con agua y preparar una pasta de secado rápido. Los nuevos aditivos de látex acrílico han mejorado las lechadas, evitando el agrietamiento, la disgregación y las manchas. Las lechadas de los suelos son más propensas a mancharse, por lo que debería optar por colores que disimularán el uso. (Recuerde que una lechada oscura hará destacar la disposición de las baldosas.) Si utiliza lechadas coloreadas, elija baldosas no porosas para que no se absorban los colorantes. Por razones estéticas, es recomendable hacer uniones finas.

La colocación de baldosas es un trabajo que requiere gran dedicación. Las baldosas son difíciles de cortar y espaciar. Unas baldosas mal colocadas pueden levantarse y provocar filtraciones de agua. **Tratamiento** Habitualmente se emplean selladores para proteger los suelos de baldosas, pero muchos oscurecen su color. Las resinas sellantes se encuentran disponibles en forma líquida que solidifica sobre el suelo como una cera, y es particularmente adecuada para la piedra y la terracota. Las siliconas,

similares a las que se emplean para impermeabilizar los zapatos, también dan mayor profundidad al color, que suele ser uniforme.

Tradicionalmente se sellan las baldosas sin barnizar con aceite de linaza y cera, un método que aumenta la intensidad del color y protege de las manchas, pero que requiere de reaplicaciones periódicas. Debido a que las baldosas son caras, pruebe antes los selladores sobre algunas baldosas de recambio para calibrar su efecto antes de cubrir la totalidad del suelo.

Las baldosas con un grosor superior a 18 mm no suelen barnizarse;

6

se dejan del color de la arcilla base. Aunque el suelo no se sella, es mejor cubrirlo con un aceite penetrante antes de colocarlas para lograr una cierta inmunidad a las manchas.

El agua y el jabón eliminan la mayor parte de la suciedad de los suelos embaldosados. Para las manchas de grasa y de aceite, utilice un detergente de pH neutro. Las manchas causadas por bayas se limpian con lejía diluida. La suciedad más resistente puede eliminarse con una mezcla diluida de ácido fosfórico, pero tenga cuidado, ya que los abrasivos fuertes pueden alterar el barnizado.

PIEDRA

La belleza imperfecta de la piedra es muy aceptada. Se encuentra disponible en colores que van desde la palidez del invierno hasta la verde exuberancia de la primavera, en baldosas cortadas a medida o en losas. Los suelos de piedra son más eficaces cuando el color, la textura y el peso de la piedra está en consonancia con la arquitectura, la decoración y el volumen de la habitación. Como regla general, cuanto mayor es la losa, mejor es el aspecto del suelo. Otras variedades incluyen el granito, el sulfato de cobre, la piedra de York y la piedra de cantera.

La piedra es tan resistente al uso como las baldosas, pero ostenta las irregularidades de lo natural. Vendida en losas, es más cara, fría, pesada y ruidosa que las baldosas de cerámica y de arcilla. Las baldosas o planchas de cemento con gravilla de piedra son una alternativa más barata. El coste varía según el tipo. Por ejemplo, la arenisca es más barata y resistente que la caliza, y no necesita sellante, lo que la hace más fácil de colocar.

Colocación La piedra es muy gruesa y extremadamente frágil durante la instalación, lo que convierte su colocación en una tarea hercúlea para una sola persona. La piedra debe colocarse en un lecho de cemento o en un subsuelo de hormigón con una

7

base húmeda. Para algunos tipos de piedra puede necesitar unos 100 mm de profundidad para el suelo; las losas de menos de 80 mm de grosor son bastante escasas. Calcule el peso de las losas de piedra y compruebe la capacidad de carga de su subsuelo con ayuda de un aparejador.

Tratamiento Algunas piedras son porosas y pueden sellarse, lo que no sucede con otras variedades menos porosas. Compruebe con el proveedor si el sellado es necesario. Un recubrimiento puede alterar las características propias de la piedra, cambiar su color o propiciar el desconchamiento. Una vez colocada deberá barrerla, lavarla y pulirla.

MÁRMOL

El mármol denota opulencia. Sus vetas engalanan el suelo y su rico color resulta atractivo. Pero el mármol es tan rico en precio como en apariencia; también es formal y resbaladizo. Puede maximizar su uso esmerilando su superficie, eligiendo colores más oscuros (el verde, el rojo y el marrón disimulan mejor las manchas) y utilizando un sellador mineral.

El mármol se puede adquirir en losas o en baldosas, y en una asombrosa selección de opciones asequibles, como las baldosas incrustadas.

8

Colocación Al igual que las baldosas, el mármol debe colocarse sobre un suelo sólido y nivelado, como un subsuelo de hormigón, con un renglón de cemento o arena, o cualquier subsuelo liso con un renglón de látex. Las baldosas finas con chapa de mármol suponen un menor peso a soportar por los subsuelos de madera.

Tratamiento El pulido puede constituir un problema y necesita realizarse con cierta frecuencia. El suelo de mármol debe fregarse con productos de limpieza no ácidos.

PIZARRA

La pizarra es fría, dura, impermeable, de larga vida y se corta con facilidad. Se puede pulir o dejar rugosa, cosa que evocaría las regiones montañosas de donde se obtiene. Los colores más oscuros, como el púrpura o el negro, evidencian la suciedad, el polvo o las rayaduras, y las huellas o manchas resultan más visibles que sobre el gris, el verde, el rojo, el siena o el moteado. La pizarra, una alternativa económica y no porosa para el mármol y el granito, es razonablemente resistente a las manchas; algunos proveedores desaconsejan su sellado.

Las baldosas de pizarra se presentan con acabados lisos o rugosos. Los cortes colocados en

9

forma abstracta resaltan las variaciones texturales de la piedra.

Colocación Instale la pizarra sobre una capa de hormigón, un renglón o un subsuelo de madera contrachapada. Para asegurar una deformación mínima del suelo y para reducir la posibilidad de combados o de agrietamiento de las juntas, coloque la pizarra sobre una base de madera contrachapada de 20 mm de grosor y una tabla de refuerzo de 12 mm sobre ella.

Tratamiento La pizarra ofrece un buen aspecto sin necesidad de tratamiento o puede pulirse con cera, aceite vegetal o aceite de oliva (todos ellos alteran ligeramente su apariencia). Las pizarras de la India, África y China tienden a ser más absorbentes, y con éstas probablemente merecería la pena experimentar con una capa protectora. Límpiela con un trapo húmedo. Las rayaduras y las manchas se eliminan con papel de lija.

TERRAZO

Este agregado de hormigón y gravilla de mármol tiene una belleza que perdura y que requiere poco mantenimiento. El terrazo es resistente y moderno, relativamente poco deslizante y disponible en cientos de colores. A pesar de parecer una versión pagana del mármol, no resulta mucho más barata.

Colocación El terrazo puede ser colocado por profesionales, en forma de losas o a modo de duraderas baldosas prensadas hidráulicamente. Los suelos de terrazo deben colocarse sobre un subsuelo con renglón y resultan ideales para paneles de unos 8 m con filetes divisorios de latón o de zinc. Debido a su resistencia, pueden tener un grosor de hasta 9 mm.

Tratamiento Debe sellarse igual que las baldosas. Para limpiarlo, basta con agua caliente con jabón.

1 Ladrillo sin tratar.
2 Ladrillo barnizado colocado alrededor de pequeñas baldosas decoradas.
3 Baldosa de terracota de fabricación industrial.
4 Baldosas de cerámica blancas y negras.
5 Baldosas de más de 18 mm de grosor. Gres.
6 Baldosas antiguas de piedra.
7 Baldosa de mármol con cenefa.
8 Terrazo.
9 Pizarra.
10 Baldosas de mosaico hechas a mano, tipo gresite, con un diseño de cenefa griega.

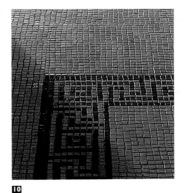

10

MOSAICO

Como punto focal con personalidad propia, el mosaico puede sumergir una habitación en un romance etéreo o darle el humilde encanto de una pared empedrada. El trabajo que se requiere para colocar los de sílice vitrificado, de arcilla o de mármol es mucho mayor que el coste de los materiales. Con un precio más razonable, las baldosas de cerámica hacen el mismo uso. Los suelos de mosaico son tan duraderos como las baldosas; su mantenimiento y colocación es semejante al de éstas y se presentan en una enorme gama de colores.

Suelos sintéticos

HORMIGÓN

Uno de los materiales de construcción básicos resulta ser la solución más simple y económica para conformar el suelo. Una mezcla de cemento en polvo, arena y agua, el hormigón es adaptable al entorno y al clima, y puede tomar cualquier forma o grosor. El hormigón posee una calidad austera en forma de losas, que disminuye en forma de baldosas o encerado o tintado. Puede guarnecerse como la arcilla, vetear o texturar con fragmentos de cristal o colorear con los pigmentos utilizados con el yeso. El hormigón crea un suelo frío, resistente al calor y a las rayaduras. Si se mezcla con aditivos, resulta menos

susceptible al desconchado y al agrietamiento que el cemento de las aceras.
Colocación Los suelos de hormigón son económicos para las casas nuevas, las reformas o cuando se necesita un renglón nuevo. Puede verterse sobre un suelo embaldosado y reforzar los suelos de un apartamento con vigas de acero. Necesita 28 días de reposo para fraguar correctamente.
Tratamiento El hormigón puede y debe sellarse para hacerlo impermeable a las grasas, a las manchas de alimentos y al agua. Pida a su proveedor que le recomiende el pigmento más adecuado al tipo de mezcla de hormigón utilizado. Una vez el sellante ha secado, la aplicación de varias capas densas de cera comercial seguida de un pulido a máquina dará al hormigón una textura cálida. Tratar un suelo de hormigón gris con un lavado ácido conserva su carácter, pero añade un acabado refinado más adecuado a un interior. Añadir sulfato de cobre, un mineral con un color verde saturado permanente, proporciona un acabado verdín (o cardenillo).

VINILO

El vinilo es práctico, de bajo coste, antialérgico y cómodo de pisar, además

de que es adecuado para la vida familiar. El vinilo se presenta en forma de baldosas y hojas (algunas lo suficientemente anchas como para colocar sin juntas) en una gama más limitada de color que el linóleo o el caucho. Cuanto más grueso sea el vinilo, más acolchado, duradero, caro y resistente a las manchas será el suelo.
Colocación El vinilo en hojas puede colocarse sobre un suelo previamente existente. Puede colocar las baldosas de vinilo usted mismo; además, son baratas y fáciles de colocar, aunque pueden moverse o levantarse si se colocan sobre madera o cerca de superficies constantemente húmedas

(como los fregaderos de la cocina o los lavamanos de los cuartos de baño).
Tratamiento Las ceras comerciales pueden producir un desagradable color amarillo. Los suelos deberán entonces pulirse a máquina.

CAUCHO

Fabricado a partir de la savia del gomero mezclada con tiza, polvo de pizarra, asfalto, cemento, corcho o gravilla de mármol, el caucho es resistente e impermeable. Aguanta bien los pesos, es flexible y duradero. El caucho se presenta en más de 25 texturas diferentes que van desde el liso hasta el esculpido.
   Las superficies texturadas son visualmente atractivas, pero hacen destacar las manchas, y los objetos calientes pueden quemarlas. Las baldosas de caucho, originalmente fabricadas para las salas deportivas y los suelos de los gimnasios, no necesitan adhesivos y pueden colocarse en seco, lo que las hace adecuadas para sótanos impermeabilizados, patios exteriores y habitaciones de juego para niños.
Colocación Debido a que las ondulaciones y el polvo interfieren en la adherencia del caucho a un suelo uniforme, aplique un adhesivo acrílico a

un renglón de látex sobre hormigón, y después coloque las baldosas. Como alternativa, coloque tablones de aglomerado y adhiera las baldosas en su lugar. El adhesivo acrílico se trabaja fácilmente. Las láminas requieren un remate metálico o de madera.
Tratamiento Puede limpiarse con detergentes no ácidos. Utilice un cepillo de cerdas naturales para eliminar la suciedad entre los salientes del diseño.

METALES

Aunque no resultan nada convencionales, el aluminio y el acero galvanizado y el inoxidable son materiales originales y resistentes. El aluminio (pida el calibre del aluminio que se utiliza en la fabricación de aviones) y el zinc pueden pulirse, oxidarse, esmerilarse o cepillarse (un acabado que disimula las rayaduras). El zinc consiste en un revestimiento aplicado al hierro al que no atacan el agua ni los aceites. El aluminio o el acero pulidos con un chorro de arena o estampados con dibujos romboidales o salientes curvos reflejan la luz de forma poco usual.
Colocación El metal se adquiere en láminas que deben soldarse y laminarse sobre una base de madera, de aglomerado o de contrachapado para que no suene como una lata vacía al caminar sobre él. Suelde las juntas entre las hojas.
Tratamiento Sellada con resina epoxi o poliuretano, una lámina de metal se convierte en una superficie antideslizante. Un frotado ocasional con una almohadilla metálica evitará la opacidad del zinc, del aluminio y de otros metales. No olvide que el zinc y el aluminio desarrollarán una pátina natural con el uso.

1

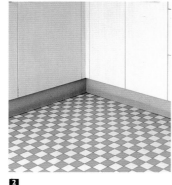

2

3

4

1 Hormigón teñido de blanco y barnizado.
2 Vinilo.
3 Acero inoxidable prensado con máquina.
4 Caucho con relieve.

Suelos naturales

LINÓLEO

El aceite de linaza, junto con virutas de corcho, madera, harina y resinas se cuecen lentamente a temperaturas elevadas y se prensan sobre un fondo de yute o arpillera. El linóleo no produce electricidad estática, resiste las quemaduras y está disponible en hojas o baldosas, en una amplia gama de colores y dibujos.

Colocación Adhiera las baldosas y las hojas a un suelo nivelado de madera o de aglomerado para obtener los mejores resultados. Un metro y una cuchilla es todo lo que necesita para colocar las baldosas; los cantos y las hojas necesitan herramientas profesionales.

Tratamiento Simplemente limpie el suelo de linóleo con una emulsión o un producto de limpieza a base de ceras.

CORCHO

El corcho natural se comprime con agentes aglutinantes y se hornea para formar baldosas. Cuanto más gruesas sean, mayor será su capacidad de aislamiento y resistencia.

Colocación Las baldosas de corcho son fáciles de cortar y de colocar sobre suelos lisos y secos (pero no sobre una calefacción de suelo radiante, ya que se levantarían). Si se sitúan sobre un suelo de hormigón, coloque una membrana aislante bajo el corcho; de lo contrario, los vapores que produce la plancha de hormigón expanderán el corcho y levantarán las baldosas. Cubra los suelos de madera con una madera contrachapada fina o un aglomerado. Utilice el adhesivo recomendado por el fabricante y una esparcidora dentada para aplicarlo hasta la profundidad adecuada.

Tratamiento Las baldosas de corcho sin tratar son adecuadas para los cuartos de baño, donde se apreciará su calidad absorbente. En cualquier otro lugar, se deberá sellar el corcho. Cuatro capas de un polímero de alto

brillo evitan que la superficie se desgaste y se torne mate. Lávelo y púlalo de forma ocasional.

SISAL

El sisal es antiestático, fácil de limpiar, resistente y versátil. Se adquiere con un reverso de látex, en tonos terrosos claros, y puede teñirse a voluntad. La luz solar fuerte llega a decolorar los colores más intensos.

Al sisal se le ha concedido la categoría de elemento de diseño por su sofisticación. El sisal se puede colocar igual que una moqueta o se pueden fabricar alfombras de tamaño más reducido.

Colocación Al igual que el resto de recubrimientos naturales para el suelo, el nivel de desgaste depende de la forma de instalación. Para asegurar un buen ajuste y evitar los abombamientos, corte 30 mm de más por cada lado y desenróllelo colocándolo en su lugar al menos 48 horas antes de fijarlo para que se ajuste a la temperatura y a la humedad. Se recomienda colocar un soporte previo si el subsuelo es desigual, o si se prevé un «tráfico doméstico» intenso por la zona. Puede ser necesario colocar una capa de caucho sobre el suelo y, a continuación, la capa adicional previa al revestimiento natural.

Fije los bordes con firmeza. Las

abrazaderas evitan que los bordes se deshilachen o se levanten, y también que el agua se filtre por debajo. Para unir los bordes entre sí, utilice un adhesivo de látex o una cinta de adhesivo termofusible para crear una unión rápida y resistente.

Tratamiento Utilice un aspirador y cuide el sisal como si se tratara de una moqueta. Trátelo con un repelente de manchas y recoja cualquier sustancia derramada con papel absorbente o una esponja. Recorte los nudos pequeños con tijeras, con precaución de no dañar la trama o urdimbre.

FIBRA DE COCO

Las técnicas modernas de producción han convertido la fibra de coco en una alternativa elegante a las moquetas. Más resistente y menos cara que el sisal, está disponible en forma de alfombras, baldosas o rollos largos, que se cosen entre sí. Un reverso de látex evita que penetre el polvo y aumenta la durabilidad. Es adecuada para las zonas donde se produce un movimiento intenso.

Colocación Es tan fácil de colocar y modelar como la moqueta. Una colocación de pared a pared implica coser los tramos entre sí y sellar los extremos con cinta de yute. Puede requerir una bajoalfombra en función de la uniformidad y de la calidad del suelo. La fibra de coco debe aclimatarse como el sisal, ya que también reacciona ante la humedad expandiéndose, doblándose, creando arrugas o encogiéndose cuando pierde humedad, lo que puede provocar una abertura en las juntas.

Tratamiento Aspire y cuide la fibra de coco igual que las moquetas. Elimine con un cepillo cualquier crecimiento fúngico debido a la humedad.

MUSGO MARINO

El musgo marino se cultiva en los arrozales. La fibra dura, casi impermeable, se hila formando hebras resistentes y después se utiliza para tejer un práctico revestimiento para suelos de color arena con atisbos de rojo o verde.

El musgo marino es suave, relativamente liso y más resistente a las manchas de alimentos y vino que los demás recubrimientos naturales. En cuanto al precio, también es una alternativa adecuada, y apta para cualquier habitación.

Colocación Incluso con un reverso de látex, necesita unas 48 horas para expandirse o encogerse antes de colocarlo de pared a pared. Pegue firmemente con un adhesivo que pueda volver a levantarse en caso necesario, o a una bajoalfombra. Para las escaleras, coloque el musgo marino con la cara de la trama (la fibra más visible) paralela a la huella para obtener la máxima tracción y durabilidad. Las escaleras de uso frecuente deberían llevar un borde protector saliente en cada escalón. Los revestimientos naturales, orgánicos, para el suelo se marchitan al igual que lo hacen las fibras de las plantas a partir de las cuales se fabrican, cuando se ven sujetas al desgaste provocado por el calzado.

Tratamiento Elija un tratamiento repelente a las manchas; habitualmente se trata de un producto químico no jabonoso, aplicado en la propia fábrica, que envuelve cada fibra con una protección invisible. Pase el aspirador con regularidad. Para la suciedad intensa o el barro, utilice un cepillo duro a lo largo de la fibra una vez esté seca, y después pase el aspirador.

YUTE

El yute es barato pero menos resistente. Durará siempre y cuando se trate con respeto. La combinación de yute tejido con algodón produce el mismo color natural del cáñamo mezclado con crema, azul o rojo, y es una alternativa a considerar para la inclusión de un color sin dibujos.

Colocación y tratamiento Mismo método que para otros revestimientos naturales para el suelo.

JUNCO

También conocido como estera medieval, está compuesto de tiras trenzadas a mano cosidas entre sí que llegan a alcanzar el tamaño de una habitación o sala. Tenga cuidado con los muebles (levántelos, y no arrastre el sofá), no lo coloque sobre escaleras y levante los pies si lleva tacones. No va recubierto por el reverso. Humedézcalo semanalmente con agua para mantenerlo fresco y evite las grietas, los desgarros y la descamación.

Colocación Normalmente no se fija al suelo, incluso cuando se emplea como revestimiento ajustado; la bajoalfombra es opcional.

Tratamiento Levante y quite el polvo periódicamente. Utilice una regadera para humedecerlo al menos una vez por semana.

1 Junco.
2 Linóleo.
3 Baldosa de corcho.
4 Fibra de coco.
5 Sisal.
6 Yute.

Suelos de madera

MADERA NUEVA

La madera es apreciada por su calidez y por su habilidad para enriquecer el ambiente. Puede ser cara, por lo que es importante que elija una especie que proporcione un suelo duradero. El roble satisface las expectativas tradicionalistas, y es la más resistente de las maderas europeas. La akoga es la más barata. El roble blanco tiene una fibra fina, es estable, más formal y considerablemente más denso. El roble francés, es la misma especie que el roble fresnal, es de un color ligeramente más pálido y tiene una fibra más recta.

En su día el olmo era de uso común, aunque actualmente es difícil de obtener;

es valorado por su resistencia y por su rico tono sombreado oscuro (aunque su fibra es propensa al encogimiento y a otros movimientos). El castaño es aún más resistente. Los museos prefieren emplear el arce norteamericano, famoso por su resistencia. El fresno, la haya, el sicomoro y el tilo proporcionan una madera excelente para los suelos, aunque requieren un mayor mantenimiento que el roble, que es menos perecedero y más impermeable al agua.

El mantenimiento y la reparación de la madera es relativamente sencillo, y ésta envejece con gracia, mejorando de hecho su aspecto con el paso del tiempo. Aunque la mayoría de los objetos rebotan cuando caen sobre madera, los triciclos y los cochecitos dejarán una profunda marca, los cigarrillos la quemarán, y los tacones de aguja la mellarán. Estas intrusiones rompen la capa protectora y dejan los suelos de madera expuestos al daño que produce el agua, que es más intenso si la chapa no es lo suficientemente gruesa o dura.

El aire seco puede provocar que el suelo de madera se contraiga, encoja o combe, por lo que debe realizar un seguimiento de los niveles de humedad; el agua y otros líquidos pueden filtrarse, provocando el alabeo del

suelo. Si se revienta una tubería, es probable que la madera se hinche con el agua y que todo el suelo se levante, alabee o tuerza. Las tablas ensambladas son particularmente susceptibles. En una casa con calefacción central, es importante almacenar la madera en el interior durante unos diez días para reducir el contenido de humedad y favorecer que la madera se encoja y atempere. Algunas especies requieren hasta dos meses de preparación.

Colocación La madera se comercializa en listones y planchas de varios grosores, en baldosas preselladas y en parqué (piezas colocadas de forma repetitiva y formal). Un suelo

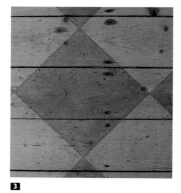

machihembrado no debe tener menos de 20 mm de grosor y las tablas deben encajar entre sí. Elija tablas cortadas con un perfil que oculte el clavo; la lengüeta cuenta con un ángulo para que al insertar el clavo éste quede oculto al colocar la siguiente tabla. Las planchas cortas y estrechas son la elección más económica; en el aserradero, a menudo las tablas estrechas y cortas se desechan, queman o convierten en virutas de madera. Tienen el mismo grosor que las machihembradas y, por la mitad de precio, puede colocar un suelo igualmente duradero y bello.

La colocación de tablas de longitudes y anchos variables requiere gran habilidad; para obtener los mejores resultados, las planchas deben clavarse en listones de roble. Los suelos de parqué y espiga ofrecen un aspecto menos uniforme; son prácticamente indestructibles, antideslizantes, y presentan un buen acabado semimate, aunque su colocación es muy laboriosa.

Coloque los bloques y los mosaicos de madera sobre un suelo de hormigón con renglones, aglomerado o contrachapado (sobre una capa hidrófuga en plantas bajas). Coloque el parqué sobre una base de hormigón y sujételo con adhesivo. Los suelos de

tablas de madera deberían suspenderse sobre listones o colocarse sobre madera nivelada, contrachapada o madera dura, sobre hormigón o viguetas. Coloque los paneles de parqué sobre una serie compleja de viguetas formando un entramado para sostener los paneles. Los suelos para instalar por su cuenta se colocan con clips de metal y cola, sin emplear clavos.

Una apreciación equivocada de la localización de las viguetas, y perforar los cables eléctricos o las tuberías de agua al colocar los clavos resulta frecuente, por lo que debería hacer un plano detallado de los servicios. Otro error común de los principiantes es comenzar a instalar el suelo en un hueco o en un nicho en cualquier lado de la chimenea o pared saliente. Como las paredes rara vez son rectas, al avanzar en la colocación las tablas no estarán rectas o alineadas. Los profesionales recomiendan tirar una cuerda a lo largo de la parte frontal de la chimenea o pared saliente y trabajar hacia los huecos o nichos, habiendo retirado previamente el zócalo para que el suelo nuevo quede debajo de éste; de esta forma también se cubre cualquier corte irregular en las tablas de los bordes.

Tratamiento Algunas especies cambian de color cuando se sellan; el roble adquiere un color más profundo simplemente con un acabado de aceite, mientras que el olmo se oscurece significativamente. Todos los suelos de madera requieren la aplicación de un sellante para proporcionarles impermeabilidad. Los compuestos de resinas alquídicas y las nuevas lacas de base acuosa son las más indicadas; resisten la humedad y los productos domésticos, se limpian con un trapo húmedo y no amarillean como el poliuretano. Ideales para aplicarlas usted mismo, las imprimaciones orgánicas (con una base de aceite de linaza y aceites cítricos como disolvente) y las lacas de base acuosa no irritan los ojos, son menos inflamables y se secan en unos treinta minutos. Los suelos cubiertos con estos sellantes más seguros deben pulirse con cera cada tres a seis meses, dependiendo de la utilización que se haga de ellos. Los sellantes de urea-formaldehído proporcionan una película incolora, muy adecuada para las maderas claras. Los acabados y los sellantes se desgastan y deben volver a aplicarse. Si el suelo no está sellado, púlalo o encérelo a conciencia de forma regular. Pase el aspirador o limpie con un trapo impregnado con un detergente suave.

MADERA TROPICAL

Las maderas tropicales obtenidas de proyectos forestales correctamente

explotados son duraderas y exóticas, y ecológicamente aceptables. Las especies menos conocidas son, por lo general, menos caras. Comprar maderas exóticas de plantaciones y bosques que se exploten de forma ética también repercute en la mejora en la calidad de vida de algunos pueblos indígenas con los cuales se comercia, ya que las plantaciones son gestionadas por comunidades, cooperativas o grupos locales cuyo objetivo es minimizar el daño al medio ambiente.

El chontaquiro de Perú tiene un tono rojizo y es extremadamente versátil. El vitex es semejante a la teca y puede adquirirse por un precio inferior al del fresno, con la ventaja de que no se decolorará como la teca. Sin embargo, ninguna madera es tan antideslizante como la teca, lo cual se atribuye a su oleosidad. Aunque es cara, la kwila (de intenso color marrón con manchas negras), de las islas Salomón, resiste bien las pisadas, los golpes e incluso la humedad. Las maderas de fibra lisa de Papúa Nueva Guinea son auténticas gangas y sustitutos ideales de la caoba. El turupay, que oscila entre el amarillo y el castaño a la luz del sol, es tan duro que se necesitan herramientas con puntas de carburo de tungsteno para tallarlo. El kamarere es una secuoya roja tropical, dura y de crecimiento rápido, original

de Papúa Nueva Guinea, que se seca y corta fácilmente.

Para un suelo elegante y oscuro, existen unas novedades densas y estables en tonos marrones tostados —el merbau rojo y la dillenia, una madera llamativa que se parece al palisandro. *Celtis* tiene el aspecto sencillo y abierto del pino, pero las características de trabajo de una madera dura. Es comparable al roble en cuanto a dureza, y a la haya en cuanto al coste.

Evite adquirir maderas en peligro de extinción y las procedentes de

4

1 Tablas de
longitudes irregulares.
2 Roble teñido con
un color rojo oscuro
de caoba.
3 Tablas pintadas y
barnizadas.
4 Tablas estrechas de
madera pulida.
5 Tablas viejas
renovadas.
6 Parqué.
7 Contrachapado.

pluviselvas mal explotadas. Contacte
con la Unidad Forestal (*Forest Unit*), la
Asociación para la Defensa de la
Naturaleza (*Worldwide Fund for Nature*)
o con la Campaña a favor de la
Pluviselva de los Amigos de la Tierra.

Estas asociaciones realizan
un seguimiento de la madera
certificada, sea de origen tropical,
doméstico o de importación,
procedente de explotaciones forestales
o plantaciones ecológicas. Desconfíe de
cualquier certificado que no lleve el
logotipo o el sello del Consejo de
Administración Forestal (*Forest
Stewardship Council*), un organismo
certificador internacional e
independiente que trabaja
conjuntamente con estas
organizaciones. Todas las maderas
nuevas deberían secarse en un horno
hasta alcanzar un 12 % de humedad;
esto es particularmente importante en
el caso de las maderas tropicales.
Colocación y tratamiento Coloque
y selle igual que las tablas
machihembradas. Elija la especie con la
suficiente antelación antes de colocar
el suelo. La madera se corta en
cualquier grosor o ancho posible a
partir de los árboles talados, y el
vendedor puede necesitar cierto
tiempo para acumular los metros
cuadrados necesarios para un suelo.

MADERA VIEJA

Antes de pulir, teñir o pintar tablas
viejas, éstas se deben volver a
acondicionar. Dejar a la vista la madera
desnuda antes de aplicar un acabado
requiere un trabajo intenso y a
menudo supone alquilar un equipo de
lijado que resulta caro. Las tablas
desnudas son ruidosas aunque
duraderas, pero pueden ensuciarse o
resultar dañadas o astilladas. Selle los
huecos entre las tablas con material de
relleno para evitar que se estiren; haga
una prueba previa con el material de
relleno antes de aplicarlo, ya que
algunos de ellos pueden cambiar de
color. Resista la tentación de aislar las
tablas bajo el nivel del suelo, o de

5

bloquear la ventilación del subsuelo.
Los sellantes o tintes únicamente
pueden oscurecer el color original de
la madera, y nunca aclararlo. Si desea
que el suelo de madera presente un
color claro, puede intentar raspar las
tablas y después encalarlas o frotarlas
con una solución de lejía. La otra
opción es emplear otras tablas.

Comprar tablas viejas de segunda
mano resulta una alternativa
económica; el gasto reside en la
recolocación. La mayoría de las tablas
de madera recicladas para suelos han
sido lijadas y rebarnizadas en varias
ocasiones, por lo que tienen grosores

6

variables, lo que dificulta su colocación.
La mejor compra son los bloques de
madera de parqué reciclados. Las tablas
finas de madera vieja son más caras
que el parqué, pero de colocación más
económica. Las tablas anchas y viejas
son las más caras.
Colocación Al restaurar tablas
desnudas, rellene las grietas con
madera vieja allí donde haya eliminado
tablas severamente dañadas. Para un
suelo con juntas a tope, asegúrese de
que el ajuste sea el más fino posible.
Hunda las cabezas de los clavos
hasta que queden bajo la superficie.

Para preservar la especial pátina
superficial de la madera vieja y
reciclada, coloque en primer lugar
la tabla más gruesa del lote. A
continuación añada filetes hasta igualar
el nivel de las tablas restantes,
trabajando en orden de grosor
decreciente. Como alternativa, puede
lijar las tablas hasta que todas tengan el
mismo grosor. Debido a que incluso la
fibra de roble del siglo XVI se moverá al
trasladarla del almacén a una casa con
calefacción central, almacene las tablas
viejas *in situ* durante al menos una
semana antes de su instalación.
Tratamiento Para refrescar las
tablas, primero límpielas
concienzudamente con un detergente
fuerte y agua caliente. Si las tablas
estaban cubiertas por alfombras o
moquetas, basta con pasarles papel de
lija o aguarrás. Si las tablas están
manchadas o tienen un recubrimiento
superficial, elimine las dañadas y
después utilice un cepillo de cerdas
naturales y una solución decapante.
Raspe los residuos y aclare la madera
con agua empleando una esponja. A
continuación alquile una lijadora
profesional. Lije las tablas en sentido
longitudinal siguiendo la fibra; lijar
transversalmente producirá unas
marcas poco estéticas. Vacíe
regularmente la bolsa que recoge el
polvo y utilice una mascarilla. Pase un
trapo húmedo sobre el suelo y después
límpielo con aguarrás. Deje que las tablas
se sequen completamente.
A continuación podrá sellar, teñir,
encalar, encerar, decolorar o pintar las
tablas.

A menos que aplique el tinte de
forma muy regular, aparecerán zonas
desiguales. Utilice un pincel de cerdas
naturales, aplicando el tinte con un
trapo siguiendo el sentido de la fibra.
Las pinturas de alto brillo o esmaltes de
porcelana proporcionan acabados muy
atractivos, pero son menos duraderas
que las pinturas sólo para suelos, que
habitualmente contienen resinas de
poliuretano, acrílicas o epoxi, y se secan
alcanzando una gran dureza. Los tintes
y la pintura pueden aplicarse formando
dibujos, y puede ayudarse de estarcidos,
cuadrados de cartón o las mismas
tablas como guía para dibujar líneas.

7

Los tintes no son suficientes para
proteger un suelo de madera, por lo
que debe aplicar un barniz u otro
sellante. Aplique tres capas de barniz
o poliuretano claro, mate, de brillo
medio o alto, empleando un pincel de
cerdas naturales. Para obtener los
mejores resultados, deje secar el suelo
durante la noche entre capa y capa,
y lije suavemente con un papel de
grano muy fino. Selle los suelos
de madera de segunda mano con
poliuretano o laca de base acuosa, o
bien pula con regularidad. Las manchas
causadas por líquidos marcarán el
tradicional acabado de cera.

CONTRACHAPADO

Aunque no se considera un
recubrimiento final, el contrachapado
de al menos 20 mm de grosor puede
cortarse en cuadros o comprarse
machihembrado para fabricar un suelo
poco caro. El contrachapado de abedul
de Escandinavia o de arce americano es
muy resistente y un candidato idóneo;
la mayoría de contrachapados proviene
de los trópicos y no toleran bien las
pisadas. Asegúrese antes con un
especialista. Con un buen acabado, este
suelo posee una gran presencia;
también puede dársela con pintura
o tinte. La fina chapa de madera del
contrachapado se daña con facilidad
y tiene tendencia a deslaminarse.
Colocación Al igual que cualquier
otra madera, coloque el contrachapado
sobre el entarimado de las casas más
viejas, directamente sobre las viguetas
si son lo suficientemente gruesas,
o fíjelas en alquitrán u hormigón
enrasado. Compruebe que la superficie
de la chapa se coloca siempre en la
misma dirección. El contrachapado es
difícil de cortar con formas precisas, y
tampoco resulta fácil clavarlo. Pruebe
con los clavos de cabeza acanalada para
madera dura.
Tratamiento Selle con cuidado
inmediatamente después de su
colocación. Una cera en emulsión
resulta adecuada. Limpie con un trapo
húmedo.

Moquetas

Una moqueta es suave, la esencia del lujo, un recubrimiento casi ingrávido de felpa, pelo o tejidos sin relieve que apenas roza el suelo. Las moquetas se ciñen a la filosofía de la mayor simplicidad en la decoración. Es como un cojín sobre el que reposar, y sobre el que no pueden dañarse ni siquiera las rodillas de los más pequeños.

La elección de la moqueta, únicamente en lo tocante a la textura y el color, es complicada. Lo fundamental es familiarizarse con los tipos principales y —una vez haya hecho una primera elección— empezar a mirar las muestras. No compre sólo por la marca; los grandes minoristas pueden proporcionarle moquetas de excelente calidad a precios bajos porque pueden garantizar un importante volumen de ventas.

Para evaluar la durabilidad, observe el grosor, resiliencia, composición y peso de la moqueta. Presione el pelo firmemente con el pulgar: cuanto más pronto recupere la forma, más densa y resiliente será la moqueta (a menos que sea de pelo largo). La densidad de una moqueta se determina por la distancia existente entre fibras individuales, y no por la altura de las mismas. Para evaluar la densidad de las moquetas tejidas, mire el reverso del material. Intente separar la trama. Si hay un gran espacio en la trama, el hilo se hundirá con el uso.

El peso debe aparecer en la etiqueta. Compruebe el peso por centímetro cuadrado y compare con otras similares, Bereber con Bereber, nailon con nailon. Generalmente las moquetas de fibras densas y cortas son las más duraderas. Las moquetas de hebras largas y grandes rizos tienen mayor presencia y volumen, pero pesan menos. El pelo aterciopelado recortado disimula la suciedad, pero es ligeramente más difícil de limpiar que el pelo rizado.

2

Evalúe la calidad de la moqueta para la utilización que le va a dar. Lea las etiquetas y aplique el sentido común. La vida media de una moqueta se sitúa entre los cinco y los siete años. Coloque las moquetas que vaya a utilizar poco, con un pelo ligero y plumoso, en las habitaciones y no en el recibidor o el salón. Si su intención es cubrir las escaleras y las zonas de tráfico intenso, elija una moqueta de tejido denso, apretado y de pelo corto. Los profesionales recomiendan que compre una cantidad adicional de la moqueta que destine a la escalera para que pueda remplazar la de los escalones que sufran un mayor desgaste. De esta forma también aprovechará mejor su presupuesto. Considere la posibilidad de comprar unos cuantos metros adicionales de una moqueta menos resistente y menos cara si su intención es emplearla en toda la casa y las escaleras, antes que una de tejido más resistente y de mayor durabilidad, que resistirá el desgaste en la escalera, pero cuya durabilidad no será bien aprovechada en las demás zonas.

Durante años se consideró que la mejor moqueta de uso general estaba compuesta por un 80 % de lana y un 20 % de nailon. Sin embargo, una moqueta con un 40 % de lana y un 60 % de acrílico puede tener la misma duración. Estas mezclas estándar son mucho menos caras que la lana pura, aunque son ligeramente más comerciales y no tan suaves.

Existe una inclinación natural a elegir colores neutros para los acabados a gran escala y de larga duración como las moquetas. Los colores oscuros son más indicados que los claros en lo tocante a tráfico y suciedad. Considere la posibilidad de elegir un color más intenso, que sea de su agrado, en las habitaciones más íntimas de su casa.

Antes de comprar, haga una estimación aproximada de los metros cuadrados que necesita, y compare precios. La mayoría de los minoristas de confianza proporcionan un servicio de medida e instalación para evitar un error común de sobreestimación. Compruebe los presupuestos, que deben ajustarse al centímetro, y asegúrese de que todo el recubrimiento del suelo esté bien planificado antes de que corten la moqueta en la fábrica o en la tienda. El proveedor de la moqueta también debería responsabilizarse de su colocación. Si divide ambas tareas y surge algún problema con la moqueta, el instalador culpará al fabricante, y viceversa.

Colocación La colocación de una moqueta es una labor manual que presenta un gran riesgo de padecer lesiones que van desde las molestias causadas por un corte o un golpe hasta las que requieren atención médica. Las manos y las rodillas son las más propensas a sufrir heridas. Para colocar moquetas ligeras o con revestimiento de espuma, o bien baldosines de moqueta, use guantes y rodilleras. Para cualquier otro tipo de moqueta, contrate a un instalador profesional, que dispondrá de todas las herramientas y habilidades necesarias. Una instalación correcta influye en un mayor o menor desgaste de la moqueta.

3

Tratamiento Las moquetas se manchan. Los tratamientos antimanchas son una especie de seguro, pero no son una poción mágica. Los tratamientos con productos con silicona facilitan la limpieza de las salpicaduras en el momento en el que ocurren y antes de que puedan asentarse en la superficie de la fibra. Los productos químicos repelentes de manchas se aplican normalmente en la fábrica o en el almacén con un cargo adicional por metro cuadrado. Algunas empresas le proporcionan un sellado de las fibras *in situ*, además de un servicio de mantenimiento. Los profesionales aplican un tratamiento a una moqueta recién colocada, hacen un seguimiento de la fijación del protector a la fibra, le proporcionan un equipo para eliminar manchas y le ofrecen un servicio telefónico para dar consejos o solicitar una limpieza. Este servicio suele ser caro, pero es una inversión que merece la pena hacer si tiene moquetas de colores pálidos, o si tiende a descubrir las manchas una vez se han secado y absorbido.

Las moquetas nuevas tienden a soltar pelusilla. Cepíllelas ligeramente con un cepillo de mano y pase el aspirador con regularidad para evitar que la suciedad se acumule en la base

1 Mezcla de lana y nailon.
2 Pura lana con dibujo en relieve.
3 Mezcla de lana y polipropileno.
4 Pura lana.
5 Moqueta Wilton con una combinación de pelo recortado y rizado.
6 Wilton de pelo rizado.

1

4

del pelo donde puede quebrarlos a causa de los rozamientos. Al limpiarlas, siga las instrucciones del fabricante.

BASE DE LA MOQUETA

Invierta en una buena base para la moqueta. Una muy resistente puede durar más que la propia moqueta. El mejor acolchado lo proporciona una capa de pelo y yute cubierta de fieltro o caucho. Esta fibra natural no se aplana, deshace o seca, es impermeable al mildiu y antimicrobiana. Los acolchados más gruesos o blandos pueden provocar la aparición de arrugas en la moqueta.

5

GLOSARIO DE MOQUETAS

Acrílica De aspecto casi idéntico a la lana, pero ligeramente menos resiliente y resistente a las manchas.
Algodón Las moquetas de algodón son excepcionalmente sedosas y muy finas. No se desgastan, pero se aplanan. Las moquetas con un reverso blando, en el que se sujetan los hilos de algodón, pueden lavarse en una lavadora doméstica.
Axminster Al igual que en una moqueta oriental, las fibras se tejen entrando y saliendo del tejido de fondo sobre una máquina Axminster. Este

6

telar inserta un mechón de haces en la trama desde arriba de forma que las hebras no deben pasar por el reverso, lo que permite el empleo de infinidad de colores. Es la elección habitual de hoteles y oficinas comerciales por su durabilidad y facilidad de limpieza. La superficie es de pelo recortado, que puede ser más o menos largo, suave o duro, liso o en relieve. Teniendo en cuenta el precio por metro, es comparativamente más cara que las moquetas fabricadas en las modernas máquinas de alta velocidad.
Baldosas de moqueta La gama incluye las de pelo rizado, aterciopelado o copetudo. Las baldosas pueden colocarse en un diseño cuadriculado o cualquier otro aleatorio.
Las baldosas no necesitan base de moqueta, son muy planas, finas y resistentes al desgaste, pero carecen de la «presencia» de la moqueta. Las baldosas manchadas o dañadas pueden levantarse para limpiarlas y cambiarlas. Se compran por cajas y son un buen proyecto para el bricolaje doméstico. Extienda el alquitrán sobre un subsuelo nivelado y coloque las baldosas aplicando una ligera presión.
Bereber Moqueta de nudos de pelo rizado fabricada con lana natural y sin teñir. Actualmente «Bereber» es el

nombre acuñado para definir un tipo de moqueta rizada fabricada con lana abigarrada o una mezcla de lanas cuya superficie no está fruncida. No es recomendable para escaleras.
Copetudas Moquetas convencionales que parecen estar recortadas. Cada fibra individual se introduce en un material base y se sella con un reverso impermeable. El pelo puede aparecer rizado o recortado (o ambos).
Cordoncillo Las fibras se tejen para producir un efecto similar a la pana de cordoncillo.
De fibras aglomeradas Los hilos se sujetan a una base adhesiva y no se tejen.
De telar ancho Moqueta con un ancho superior a 1,80 m.
Lana Como producto natural, la lana es un material ecológicamente aceptable. También es aislante, duradero y resistente. La lana está disponible en tiradas cortas y producciones limitadas, mientras que el nailon y los acrílicos se producen en grandes cantidades.
Lino Texturales y caras, las moquetas de lino tienen un aspecto enriquecedor e incluso menos convencional que el sisal, aunque también aportan una sensación de naturalidad al suelo. Se colocan con fines decorativos, más que por su durabilidad. El lino puede teñirse de cualquier color. Resulta más adecuado colocar debajo una capa de caucho de unos 5 mm de espesor.
Nailon Disponible en una gama de colores más extensa que la de la lana y con colores claros muy hermosos que no pueden reproducirse en estas últimas.
Las moquetas de nailon de buena calidad llevan un tratamiento repelente a las manchas y son bastante resistentes al desgaste (aunque éste no es comparable a las mezclas con lana). Las moquetas que incorporan fibras metálicas o recubiertas de carbono tienen menos electricidad estática. Si ésta supusiera un problema, intente solucionarlo con un humidificador

simple (un recipiente con agua, por ejemplo). El nailon es ignífugo y autoextinguible; sin embargo, las marcas dejadas por las quemaduras son permanentes.
Pelo lanudo Un pelo de 25 a 50 mm de longitud. Es peligroso para las escaleras; los tacones pueden enredarse en ellos. Es tan atractivo para los insectos y la suciedad como para las personas. Es susceptible a los nudos y al aplastamiento.
Pelo recortado Los filamentos de hilo se intercalan en la moqueta, y no se entrelazan.
Pelo rizado Con rizos continuos y sin cortar en la superficie. El pelo puede ser corto, como las Bereber, o lanoso.
Poliéster A menudo empleado para confeccionar moquetas lanudas y otras superficies texturadas. Las moquetas de poliéster son extraordinariamente suaves, duraderas y resistentes a las manchas, pero menos resilientes que el acrílico y la lana.
Polipropileno (olefina) Relativamente barato, este material sintético se mezcla con otras fibras para producir moquetas de excelente calidad. El polipropileno es relativamente fácil de limpiar. Es resistente al uso y disimula la suciedad, pero es inflamable y no autoextinguible.
Seda De las mejores fibras para tejer; el hilo de seda se teje a mano o a máquina para formar exóticas moquetas muy caras. Las moquetas de seda en colores no permanentes se decoloran con la luz de sol.
Torzal Moqueta con una única dirección del pelo. Es ideal para emplazamientos de gran desgaste, como un pasillo o una escalera.
Viscosa Fibra sintética utilizada en combinación con otras para confeccionar moquetas baratas. Es inflamable y se ensucia con facilidad.
Wilton Su nombre deriva del tipo de telar que teje el hilo en una hebra continua. Este método limita el número de colores que pueden utilizarse. Su superficie es suave y aterciopelada.

TEJIDOS DE MOQUETA

Axminster

Wilton

Copetudo

De fibra aglomerada

VENTANAS

1

La vestimenta de las ventanas se convierte en el equilibrio entre el mundo exterior y su hogar. De hecho, es un control personalizado de la luz. Las cortinas o cualquier drapeado pueden oscurecer las imperfecciones estructurales o eclipsar una vista indeseable. El vestido de las ventanas nos protege de los vecinos en zonas urbanas, nos guarda del ardiente sol en climas cálidos y mantiene alejado el frío durante las noches invernales. Sin embargo, recuerde siempre que las ventanas son un importante elemento arquitectónico en una habitación, y que quizá no desee cubrirlas sino convertirlas en un elemento destacado. Arreglar y adornar una ventana no consiste únicamente en enmarcar la vista del exterior o coordinar este esquema con los demás elementos de la habitación; si las ventanas por sí solas son poco usuales o dignas de realce, la forma de vestirlas no debe desmerecer sus cualidades intrínsecas.

Para dar a sus ventanas el tratamiento que se merecen, dé un impulso a la arquitectura de su hogar y complemente la estructura de la ventana. Equipe la ventana según la función de la habitación y la intensidad de la luz natural. Armonice o contraste conscientemente su estilo con las paredes, suelos y decoración, pero conviértala en una parte integral de su esquema decorativo global, y no deje que ello sea un objetivo tardío y casual. Base su elección en el entorno y el contexto, las necesidades personales y la intimidad. Un simple cambio de cortinas, de barras o del equipamiento de las ventanas, la elección de una tela poco usual o una guardamalleta más provocativa pueden no ser suficientes —quizá decida cambiar toda la ventana.

Conforme adquiera confianza en la selección del tratamiento adecuado para una ventana se sentirá inspirado para experimentar con combinaciones menos usuales. La mezcla de colores, diseños o texturas diferentes da buenos resultados. Los opuestos se atraen: coloque un lustroso drapeado de brocado al lado de una hogareña muselina, o un rico y grueso terciopelo al lado de las frescas y limpias líneas de un estor plegable. Los materiales pueden o no acabarse con una cenefa decorativa; las cortinas pueden ser simples y esculturales o con dibujos y plisadas; las guardamalletas y galerías pueden utilizarse discretamente para dirigir la atención hacia la vista exterior, o pueden constituir un elemento decorativo en una habitación con pocos detalles arquitectónicos. No olvide, sin embargo, que es mejor colocar pocos detalles. Demasiados elementos en una ventana pueden dar una sensación de opresión a la habitación —a menudo bastará con una sencilla persiana para vestir adecuadamente una ventana, con mucho menos trabajo y un coste inferior al de cualquier cortina de lujo.

1 Una ventana con cuarterones enmarca la vista exterior.
2 Pintar los marcos de estas pequeñas ventanas de guillotina con un color contrastante dirige la atención hacia la vista exterior, fuera de la habitación.

2

3 La luz invade este dormitorio a través de una gran ventana con parteluces abierta en el tejado inclinado. Las ventanas en el techo y las claraboyas se emplean a menudo para mejorar la iluminación de las habitaciones y para ampliar los espacios reducidos.

3

4 Las ventanas interiores toman luz, con gran elegancia, de las habitaciones contiguas. La mayoría de las ventanas de exterior pueden colocarse en un interior.

4

5 Las persianas venecianas regulan el calor, reducen el ruido y maximizan la intimidad sin escatimar el acceso de la luz natural. Sus líneas limpias y finas favorecen su integración en la ventana y se adaptan bien a los interiores modernos.

5

Formas

Las ventanas dan paso a la luz y al aire, impiden la entrada del frío y destacan como importante elemento arquitectónico. Una ventana adecuada puede marcar el toque de diferencia. En las construcciones de considerable valor arquitectónico, al igual que en las casas más sencillas, el tamaño, la forma y el material de las ventanas debe ser congruente, o estar en equilibrio, con la fachada original, de forma que toda la construcción goce de un orden visual. Las ventanas deben ser acordes al estilo de la construcción de la casa, así como a la estructura arquitectónica. Una de las formas más rápidas de devaluar una casa es reemplazar las

ventanas originales por otras nuevas de metal, madera o plástico.

Al añadir o rediseñar ventanas es importante no incorporar grandes ventanales o puertas traseras sin un sentido de la composición o del ritmo. Deje que los grandes ventanales hablen por sí mismos al enmarcar una vista excelente o constituir un impresionante punto focal. Pero utilícelos con discreción y no comprometa las proporciones existentes de la habitación: algunos excelentes ejemplos de arquitectura de los años cuarenta y cincuenta se han visto deteriorados a causa de los nuevos propietarios que han abierto grandes ventanales de madera.

Si desea reducir el tamaño de una ventana, los parteluces podrían contener una cierta extensión de vidrio y se convertirían en parte de la estructura visual, de forma que las grandes ventanas adquieran una proporción más doméstica. Los parteluces son especialmente adecuados en ventanas con una luz de más de un metro de cristal ininterrumpido.

Cuando las ventanas existentes no tengan arreglo posible, merece la pena encontrar recambios que sean lo más parecidos al original como sea posible.

Si su casa necesita luz, aumentar el tamaño de las ventanas existentes es una opción a considerar. Si no quiere modificar la fachada, puede añadir ventanas en los lados o la parte trasera, o construir tragaluces en el tejado. En el caso de una habitación de la planta alta puede eliminar el propio tejado, dejando las paredes medianeras y el parapeto frontal hacia la calle. La luz será muy abundante, mientras que la parte frontal de la casa permanecerá inalterada.

A menos que parta de cero, las ventanas nuevas deben parecerse a las instaladas por los propietarios originales de la casa. Iguale los tamaños de los cristales y sus proporciones. Alinee los dinteles y los antepechos con las antiguas. Si su casa tiene interés histórico o una ventana con cuarterones, estará en la obligación de continuar la tradición, sobre todo si contribuye a mantener el aspecto general de la comunidad o de la calle principal. No acepte imitaciones. Es mejor instalar una ventana simple pero bien hecha que una con cuarterones mediocres que restarán calidad a su casa.

Las ventanas representan una inversión económica importante y de larga duración, por lo que debe seleccionar lo mejor que pueda adquirir. Los marcos de hierro pintado son más caros que la madera, pero el reducido grosor de su perfil y su superficie lisa y fina los hace ideales para colocar cristales dobles. Una buena ventana llevará a cabo su función igual de bien hoy que dentro de treinta años.

Para lograr un decorado original, antes de llenar un interior con planos sólidos —paredes y puertas— considere la posibilidad de utilizar ventanas de exterior para llenar los huecos. El pavés permite el paso de la luz, pero no es totalmente transparente por lo que resulta adecuado para cerrar estancias más privadas. Su estética industrial es un buen complemento a los interiores modernos.

ENCRISTALADO
Cerca de un 15 % de la pérdida total de calor de una casa se produce a través de las ventanas. Aquéllas con cristales dobles minimizan la condensación y reducen la zona fría cercana a las ventanas. De esta forma, puede reducir a la mitad la factura de la calefacción, aunque este ahorro debe contrastarse con el alto coste de la instalación. Como aislante del calor, cuanto menor sea el espacio entre la ventana exterior y el segundo cristal, mayor será su efectividad.

El encristalado doble puede convertirse en una tarea de bricolaje doméstico o puede llevarlo a cabo un

profesional, aunque la primera opción resulta más económica. En cuanto a las ventanas de las casas antiguas y de interés histórico, asegúrese de que un doble cristal no deteriorará su integridad arquitectónica y que los marcos se asemejen a los de la ventana ya existente.

VESTIR LAS VENTANAS
Al igual que sucede con las personas y la ropa, el vestido de una ventana debe acentuar sus mejores atributos, dar calor y un cierto grado de intimidad. Las ventanas y su guardarropa deben ser elegantes, prácticos y flexibles, dentro de lo posible.

Las ventanas altas y estrechas son adecuadas para casi cualquier contexto. Los estores plegables acentúan el marco, las cortinas abundantes destacan su gracia; únicamente debe evitar las galerías muy pesadas. Los tratamientos que se extienden más allá del antepecho hasta el suelo actúan como extensión visual de las ventanas que terminan a la altura de un zócalo elevado o están centradas en una pared. Los estores plegables o las cortinas confeccionadas a partir de una tela translúcida filtran la luz pero la difuminan allí donde termina el antepecho.

1 Ventanas tradicionales de guillotina.
2 Ventana circular con claraboya en el techo.
3 Pequeña ventana de guillotina.
4 Ventana de dos hojas con cuarterones.
5 Ventanas de dos hojas con arco.
6 Cristal esmerilado.
7 Ventana de interior encristalada.

Cuando las ventanas están situadas demasiado bajas o son pequeñas en proporción a la habitación, colocar una persiana de bambú o un estor plegable en el techo extenderá visualmente la altura aparente de la ventana. Las guardamalletas simples que dirigen la vista hacia la zona sobre la ventana o una cornisa añadida a la parte superior del marco de la ventana también dan una mayor sensación de altura.

Con los techos bajos, las ventanas parecen golpear el tejado. Una cortina elegante o faldones y galerías que caen

4

hacia un punto más bajo a cada lado dirigirán la atención hacia abajo.

Si tiene situado un radiador bajo la ventana, mantenga la zona cubierta al mínimo para evitar la pérdida de calor —asegúrese de que hay otra fuente de calor a una distancia adecuada. Las cortinas largas o los biombos de tela funcionan bien como aislantes de calor adicionales. Ambos pueden retirarse cuando no sean necesarios. Las cortinas que caen frente a un radiador no deben llevar entretela ya que, si lo hacen, bloquearán el calor del radiador cuando estén cerradas.

5

VENTANAS PEQUEÑAS
Incluso una ventana pequeña parece más grande cuando se pinta el marco de blanco. Los postigos de tablillas o paneles dan mayor anchura a las ventanas estrechas. El aspecto ideal lo ofrecen cuando los postigos tienen cerca de la mitad del ancho de la ventana. Colocar una cortina muy impresionante en una ventana demasiado pequeña produce un cierto malestar visual. Una cortina de tela frente a una ventana pequeña la minimiza aún más. Los postigos, los

estores plegables o cualquier tratamiento liso dirigen menos la atención hacia las proporciones diminutas de una ventana. Una ventana en retranqueo únicamente permite la entrada de una cantidad limitada de luz, por lo que es mejor dejarla desnuda, utilizando quizás el antepecho para colocar una colección de objetos interesante.

VENTANAS GRANDES
Para las ventanas grandes lo ideal son los tratamientos decorativos sutiles y poco llamativos. Evite los dibujos pequeños y las persianas muy finas ya que crean una impresión borrosa cuando cubren una superficie grande. Si las ventanas son anchas, los pliegues horizontales de un gran estor plegable con un festón coloreado se convierten en una solución de muy buen gusto, que puede adecuarse totalmente a la decoración; los toldos confeccionados con malla metálica son semitransparentes y también ofrecen un buen aspecto.

Los ventanales se beneficiarán con postigos sencillos y lisos. Las telas texturadas, como la muselina y la blonda, difuminan la luz y reducen las vistas poco atractivas a un paisaje borroso y sedante. Las paredes que contienen las ventanas son menos dominantes cuando están unificadas bajo una guardamalleta o con cortinas finas y transparentes suspendidas de una barra de acero. Esmerilar algunos cristales para lograr un acabado opaco reduce el resplandor y filtra suavemente la luz.

Las grandes ventanas en la parte posterior de la casa pueden enmarcarse en una pérgola. Recuerde, sin embargo, que si la pérgola se cubre con plantas trepadoras, éstas disminuirán la cantidad de luz que entra en la casa. En la parte frontal de la casa, la colocación de rejillas hasta la altura de las ventanas para permitir el crecimiento de arbustos trepadores también disimulará y suavizará el aspecto de las ventanas. Si una ventana es un escaparate para los vecinos o permite que entre demasiada luz, puede colocar postigos de tablillas sobre una o más secciones y pintarlos en colores iguales o contrastantes con el marco de las ventanas.

Las ventanas en arco y las saledizas son difíciles de vestir debido a su forma y proporciones. Las persianas o cortinas curvadas hechas a medida, colgadas por encima del arco y en caída hasta el suelo, son muy hermosas. Para una ventana en arco, cuelgue las cortinas desde el techo.

VENTANAS DESIGUALES
Los decoradores interioristas profesionales generalmente

desaconsejan el empleo de más de un tratamiento decorativo para las ventanas en una habitación. Las ventanas desiguales presentan problemas de asimetría y proporción. Las habitaciones con ventanas pequeñas y puertaventanas, o con ventanas a la altura del friso y puertas demasiado grandes, no son raras, pero no se prestan tan fácilmente a una vestimenta uniforme. Utilice cortinas o persianas del mismo material o color como elemento de relación entre las ventanas de una habitación.

En el exterior, pintar de blanco las ventanas de formas y proporciones

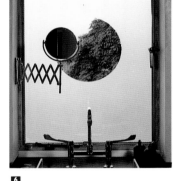

6

diferentes realza las diferencias entre ellas. Debido a que el cristal parece negro o gris oscuro desde lejos, puede pintar la estructura interna de negro o de gris para que el patrón de las ventanas desaparezca parcialmente.

LUZ NATURAL
La luz es un elemento maravilloso para una casa; es brillante, da luz, calor, y nunca permanece durante demasiado tiempo en un lugar, ya que proyecta sombras y cambia su intensidad en el transcurso del día. Sin embargo, puede llegar a tener demasiado sol en casa. En ese caso, utilice varios tratamientos a la vez —como cortinas forradas con un material opaco sobre persianas venecianas de madera para proporcionar varios niveles de control. La tela para toldos se fabrica en colores diferentes y varios niveles de opacidad. Los toldos enrollables confeccionados con un 50 % de lona no permiten ver desde el exterior, pero sí mirar hacia éste. La lona puede comprarse en un establecimiento de toldos o de cubiertas para patios y barcos.

El esmerilado de cristales para formar hojas opacas o con dibujos no perderá nunca el color, como ocurre con las telas. Las nuevas técnicas de

producción han permitido fabricar ventanas que regulan la luz —con un aspecto inmejorable comparado con los antepechos y las ventanas de guillotina desnudas— y otras con cargas eléctricas de bajo voltaje que se «hielan» al tocar un botón, difuminando la luz.

Otra opción se ha desarrollado en la industria del automóvil, para su empleo en los parabrisas. Consiste en un filamento de plástico centrado entre dos láminas de vidrio. La superficie blanca y lechosa permite el paso de la luz, pero evita que los transeúntes vean el interior. Al igual que el esmerilado, este tratamiento

7

oscurece la vista, hasta que la ventana se abre.

Las telas con tratamientos texturales, como la arpillera y las finas cortinas metálicas, así como las persianas venecianas, reducen la intensidad del sol matutino. Los tratamientos coloreados sobre las ventanas en tonos fucsia y azafrán, o liláceos, como el bermellón o el índigo, dan realce a los fríos tonos azules grisáceos de las ventanas situadas en zonas sombreadas.

ORDEN A SEGUIR AL PINTAR UNA VENTANA

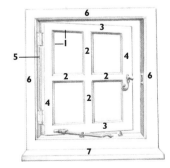

Siguiendo la dirección de la fibra de la madera, pinte una ventana de doble hoja en el siguiente orden: (1) masilla; (2) cuarterones; (3) travesaños superior e inferior; (4) listones verticales; (5) borde de las bisagras; (6) marco (parte superior, parte inferior y laterales); (7) antepecho.

Cortinas

Nunca escatime la tela. Las cortinas largas quedan favorecidas si la cantidad de tela es generosa. Elija un tejido menos caro para ahorrar dinero, añada una guardamalleta en la parte superior o coloque una cortina más fina debajo.

1

2

las costuras. También proporciona un acabado profesional a sus cortinas y prolonga su vida. Si es de algún color, ofrece una vista muy interesante desde la calle, pero debería comprobar primero el efecto que tiene sobre el aspecto de la tela de la cortina. Los forros opacos (no necesariamente negros) bloquean total o parcialmente la luz. Consiguen que el tejido sea opaco, pero disminuyen la belleza global. Los forros opacos son adecuados para los dormitorios.

ENTRETELA

Habitualmente se trata de una fina capa de acolchado entre la tela y el forro, que mejora la retención de calor en una habitación, aminora el movimiento y mejora el aspecto de la cortina, haciéndola parecer más llena, suavizando los pliegues en la caída. Se vende en varios grosores.

1 **Ganchos tipo pinza.**
2 **Visillos a media altura.**
3 **Algodón teñido resistente a la luz.**
4 **Estor plegable detrás de cortinas con remates plisados.**
5 **Guardapaños de tela.**
6 **Cortinas sujetas a un alambre de acero.**
7 **Cortinas de algodón sujetas a la barra con lazos.**
8 **Cortinas de algodón con remates en cartucho.**
9 **Cortinas con remates en copa.**

Cualquier material puede utilizarse para confeccionar una cortina, incluso la seda. El sol no deteriora la seda; es la suciedad que se acumula sobre la tela la que es deteriorada por el sol. Si pasa el aspirador por las cortinas con cierta regularidad, le durarán mucho más. Con el tiempo, la luz del sol, el polvo y el uso diario conducen a una decoloración general y a una eventual desintegración incluso de los materiales con colores más firmes.

Resulta muy sencillo: con ayuda de unos ganchos tipo pinza —que sujetan la tela como si de un pendiente se tratara—, un sari, un trozo viejo de encaje o un lienzo de arpillera y una barra puede confeccionar una cortina con la mayor facilidad y con un mínimo de gasto. Con la ecológica tela de saco (sin decolorar ni teñida) pueden obtenerse muy buenos acabados a un bajo precio. Otros materiales, concebidos para confeccionar ropa —como el tejido listado que se utiliza para forrar los chalecos masculinos, o el madrás indio que se emplea en la confección de camisas—, pueden emplearse para hacer una hermosa cortina. Una cortina fabricada con la tela de los pareos presentará una suave caída y dará un toque sensual a una simple habitación blanca.

Sin embargo, a menudo conviene invertir en una buena tela antes que vestir las ventanas con una variedad de estilos contrastantes y dispares. La arquitectura al igual que el esquema decorativo de la habitación deberían influir en la elección de la tela. El dril (lino con tejido no cruzado utilizado en la confección de velas pequeñas), la

3

lona y la muselina son ejemplos de tejidos que mantienen los pliegues y que dan profundidad a los toldos y las persianas. Los tejidos oscuros sobre un marco más claro delinean gráficamente la silueta escultórica de la ventana.

La tela debe tener un aspecto maravilloso tanto de día como de noche. Una pieza de muselina teñida en colores vibrantes, iluminada por detrás durante el día, tiene toda la luminiscencia de un vitral. De noche, cuando es hora de recogimiento y de descanso, las cortinas iluminadas de frente por la luz artificial se tornan opacas y oscurecen la habitación. Los colores sólidos pueden ser tanto vivos como suaves, creando efectos diferentes en función de los dibujos o diseños impresos.

CONFECCIÓN DE CORTINAS

Para calcular la cantidad de tela que necesita, multiplique la longitud de la

cortina acabada (recuerde contar con el dobladillo y la cresta) por el número de anchos. Para determinar el nivel de fruncido de las cortinas, la regla más sencilla consiste en dejar de dos a dos veces y media el ancho final para los remates simples estrechos y los remates plisados, y tres veces el ancho para los tejidos transparentes. Las colgaduras con una sola orla necesitan una o una vez y media el fruncido total. Añada otros 40 mm para el dobladillo de cada lado, así como para cada unión.

Emplee la ventana como guía. Es imprescindible tomar las medidas de forma correcta. Mida los dos lados verticales de la ventana; en ocasiones los asentamientos provocan que las ventanas se muevan. Si éste es el caso, la ligera acumulación de tela sobre el suelo evitará que tenga que coser cada cortina a una medida diferente. Si las cortinas van a estar recogidas la mayor parte del tiempo, necesita un ancho menor que si están continuamente suspendidas de la barra.

En el caso de materiales ligeros o transparentes, cuente con unos 150 o 250 mm adicionales para los dobladillos y las crestas, y unos 250 mm en el caso de telas más gruesas. En lo que respecta a las telas estampadas, pida un motivo del dibujo adicional para cada cortina. Si puede encoger la tela, lávela en casa o en la tintorería antes de cortar y coser las cortinas.

FORRO

El forro protege la tela de la luz, da peso y cuerpo adicionales, y disimula

4

5

ELEGIR UN ESTILO

Los tradicionalistas tienden a considerar las ventanas como objetos para envolver y adornar, colocar borlas y festones, alargar o atar. Los modernistas enarbolan el hecho de que vivimos en el siglo XX: al igual que

no llevamos ropa del siglo XIX, nuestras ventanas deben vestirse con cortinas que compartan la misma simplicidad, estilo y mantenimiento mínimo de la moda moderna.

Una ventana no debería ser un pretexto para exagerar con la zaraza. Al seleccionar una cortina debe considerar el control de la temperatura y la luz, la arquitectura de la habitación y el estilo y la proporción de las ventanas y su entorno, que son tan importantes como el color, el diseño y la textura del material para confeccionar la cortina. Éstas son las restricciones en la elección, que de otra forma sería ilimitada.

La máxima es mantener las cortinas a nivel del suelo o del antepecho, a menos que sobrepasen el marco de la ventana como forma de disimular una ventana mal proporcionada. Si es sencilla, la tela de la cortina o la arquitectura de la habitación hablarán por sí mismas. Si la habitación carece de elementos arquitectónicos, puede crearlos al elegir el «vestido» para sus ventanas. Las cortinas pueden ofrecer un aspecto muy rico desde el punto de vista de la medida y de la estructura, con galerías y guardamalletas o faldones transparentes. (Sin embargo, manténgase en un plano discreto —con cada elemento que añada a la luz disminuirá ligeramente.) Cuanto más alto sea el techo, más elegantes parecerán las cortinas. Una cortina muy abundante tiende a parecer achaparrada, sobreelaborada y desgarbada, particularmente en habitaciones con techos muy bajos.

Los ribetes coloreados dan mayor definición a las cortinas lisas. Las crestas pueden atarse a las barras con nudos marineros. Las cortinas lisas pueden rematarse con un ribete más sofisticado con un bies contrastante.

Una cortina larga puede utilizarse en lugar de una puerta para un aparador, para ocultar un espacio, para acordonar un vestíbulo o detrás de una puerta principal cerrada como medio para retener el calor. Los doseles vuelven a estar de moda, aunque sin el propósito original de crear una caja aislada de las corrientes de aire. Una simple muselina colgada sobre un marco simple evoca una asociación exótica y romántica.

CRESTAS

La tela aporta el efecto deseado, pero la cresta define el estilo de la cortina. Una cresta es la unión o fruncido de la parte superior de la cortina. La cinta que se cose al reverso de la cortina determina tanto la forma

como el tamaño de los pliegues o fruncidos, aunque la cresta también puede coserse a mano.

Los fruncidos plisados o franceses son pequeños grupos de tres pliegues unidos a intervalos regulares; son ideales para cortinas pesadas y largas. Los fruncidos simples estrechos son más densos y continuos a lo ancho de la cortina, por lo que son ideales para tejidos ligeros o transparentes.

Las crestas onduladas son una mezcla entre las plisadas y las simples, y resultan ideales para las cortinas cortas y ligeras, acompañadas de una galería o guardamalleta.

Los fruncidos en copa son elaborados y más bien formales, con vueltas rígidas rellenas con entretela y fibra de relleno. Las crestas adornadas con punto de nido de abeja parecen bordadas y deben coserse con paciencia.

GALERÍAS Y GUARDAMALLETAS

Éstas son diferentes piezas para vestir una ventana, distintas de las cortinas y colocadas en la parte superior de la ventana, sobre la cresta de la cortina. Las galerías se fabrican generalmente de madera, paneles de fibra de densidad media o bucarán, y se pintan o cubren con tela. Las guardamalletas se confeccionan enteramente de tela. Las suaves y profundas guardamalletas confieren lujo y tranquilidad a la estancia. Las sobrepuertas son básicamente galerías con brazos que se alargan a cada lado de la ventana. Habitualmente se fabrican de madera, paneles de fibra de densidad media o yeso para mantener su forma. Las tres definen el tratamiento de la ventana y lo relacionan con la estructura arquitectónica de la ventana.

BARRAS Y FLORONES

Las barras son otro elemento visual, disponible en varios diámetros y materiales incluyendo el latón, el hierro forjado, el acero, el pino y el bambú, aunque cualquier madera puede usarse para crear un gran efecto, mientras que los cables de acero son modernos y discretos. Asegúrese de que las anillas se deslizan suavemente sobre la barra para permitir una fácil abertura y cierre.

Los florones son la parte decorativa, que rematan cada extremo de la barra. Van desde lo discreto hasta lo llamativo. Puede encontrar florones de varias formas y diseños, y en materiales que van desde la madera hasta el metal, pasando por el yeso.

RIELES

Los rieles sujetan las cortinas y, habitualmente, quedan disimulados por la cresta de la cortina, una guardamalleta o galería, o bien quedan disfrazados por un festón. Los rieles se fabrican en plástico o con metales sofisticados. Los de aluminio pueden doblarse con cuidado a fin de ajustarlos a un arco de forma irregular, o a un vano para seguir el contorno exacto de la ventana. Para tratar una ventana que empieza a la altura del techo, y para aquéllas que emplean una tela pesada, es una buena idea utilizar un riel resistente sujeto al techo. Antes de colgar las cortinas, asegúrese de que el riel está firme y seguramente sujeto a la pared o al techo, y de que soportará el peso de las cortinas. Los rieles pueden acordonarse para que la tela de la cortina se manipule lo menos posible.

ALZAPAÑOS

Los alzapaños ayudan a una cortina a caer con gracia cuando está recogida y a aliviar el esfuerzo que el peso de las cortinas crea en el riel o en la barra. Son elementos decorativos que recogen las cortinas para dar paso a la luz que entra por la ventana. Un alzapaños puede confeccionarse a partir de cualquier material, pero habitualmente está constituido por un trozo recto de tela doble que se sujeta con un anillo a un gancho en el marco de la ventana o pared. Tanto los lazos, las borlas, los cordones como las cadenas de metal pueden utilizarse como alzapaños, y pueden encontrarse en toda una gama de acabados.

MEDICIÓN DE UNA CORTINA

A

B

C

D

Para calcular la cantidad de tela que necesitará para una cortina, mida el ancho del riel (A) —no de la ventana— y multiplíquelo por el número de veces que requiere la cresta. Añada una cantidad adicional para costuras y dobladillos. Para calcular la longitud, mida desde la parte inferior del riel o las anillas hasta el punto correspondiente: habitualmente el antepecho (B), unos 100 mm por debajo del antepecho (C), o hasta el suelo (D); después añada la parte correspondiente a la cresta y al dobladillo.

CRESTAS DE CORTINAS

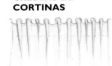

Fruncidos ondulados

Fruncidos simples

Fruncidos plisados o en grupos

Fruncidos en cartucho o en palas

Punto de nido de abeja

Drapeados

Los drapeados pueden ser personales e informales, o bien tradicionales y formales. Las guirnaldas y las caídas son un arreglo decorativo ostentoso compuesto por tela colgada en la parte superior de la ventana, que se emplean tanto en cortinas cosidas como en aquellas simplemente colocadas sobre una barra. Las guirnaldas se colocan de forma horizontal, y las caídas se sitúan a cada lado de la cortina.

El drapeado de una tela sobre una barra puede realizarse con una sola tela o empleando varias que armonicen o contrasten. La combinación adecuada de varias capas puede crear una

1 Algodón drapeado para formar una guardamalleta.
2 Muselina.
3 Visillos complementarios.
4 Sari de algodón.

2

1

sensación de lujo o de gran economía, en función del tejido que elija. Los drapeados pueden formar un festón, doblarse o rizarse, cortarse y coserse formalmente, o sencillamente enrollarse de forma artística sobre una barra. Un velo de algodón egipcio colocado sobre una barra de forma que ambos extremos se junten ligeramente al nivel del suelo resulta discretamente extravagante.

Puede crear un ambiente romántico clásico sin demasiados adornos sin un coste excesivo. La muselina, los materiales sintéticos translúcidos y las telas de peso medio son adecuados para drapear. Los tejidos con un forro contrastante pueden enrollarse alrededor de una barra para crear un efecto de volumen; la sección enrollada de tela debe tener el doble de longitud que la barra. La visión de una parte de la barra confiere un cierto aire de informalidad. Para lograr una belleza clásica, coloque un único trozo de tela sobre una barra sencilla y permita que cuelgue simétricamente a cada lado de la ventana.

Resístase a la tentación de emplear los drapeados como una forma rápida de crear una cortina muy elaborada. Un drapeado excesivo resulta

recargado y está mal considerado. Manténgase en una línea simple para lograr los mejores resultados.

VISILLOS

Tanto si desea incluir un toque de color para romper la fría luz invernal como si opta por un drapeado romántico, los visillos o las cortinas semitransparentes se encuentran entre las vestimentas más sencillas para una ventana. Los visillos más finos diluyen la luz, mientras que los estampados la motean. A menudo se emplean en combinación con unas cortinas; además proporcionan intimidad a la vez que constituyen un elemento para controlar la luz.

Debe prestarse una atención especial a la escala y a la línea, ya que los visillos no vienen habitualmente acompañados por adornos, guirnaldas o crestas elaboradas. Algunos visillos son brillantes —sedas, telas translúcidas sintéticas, organdí— y otros son mates y texturados —estopilla, gasas, muselina, batista. Cuando una brisa mueve los paneles o la luz se filtra a través de un visillo el efecto es semejante al de una fina y elaborada tela de araña. Los visillos también pueden ser especialmente económicos. Los saris de colores impactantes pueden sujetarse con clips a los rieles y las barras como simples drapeados etéreos. Una gasa rayada resulta totalmente indicada incluso para los ejemplos más severos de modernismo. El percal colgado sobre un alambre tenso y estirado en bandas horizontales sobre una claraboya crea un efecto semejante al de una tienda. El fino cambray de lino que se utiliza en los teatros se fabrica en anchos de hasta 4 m. Es ondulante y ligero, y puede lavarse en la lavadora.

ENCAJE

El encaje se fabrica en cientos de tonos blanquecinos, incluyendo el tiza, el cáscara de huevo, el marfil, el gardenia, el alabastro y el crema, así como en otros colores. El encaje no tiene por

qué parecer afeminado o florido. Sin gastarse demasiado dinero puede crear un tratamiento para las ventanas con muchas posibilidades.

Gran parte de los encajes disponibles hoy en día se basan en diseños del siglo XIX y principios del XX, incluyendo los paneles de las puertaventanas (más estrechos de lo habitual para cubrir únicamente el ancho de la ventana) y los paneles horizontales de la mitad del tamaño de la ventana, para cubrir la mitad inferior de ella. Pueden fabricarse persianas enrollables a partir de los encajes más resistentes, como el Nottingham o Madrás. Puede encontrar encajes antiguos en las tiendas de antigüedades y algunos mercadillos —aunque a un precio elevado. Los dibujos no tienen por qué coincidir. Las ventanas presentarán un aspecto original con un dibujo diferente en cada hoja, particularmente si se trata de paneles.

PANTALLAS

A diferencia de las cortinas, las pantallas no cubren la ventana con un material sólido. Por el contrario, recrean una vida nómada, dando a la ventana un potencial constante para cambiar y dirigiendo el enfoque a los contenidos de la habitación. Las pantallas son particularmente adecuadas si no piensa gastar mucho dinero en unas cortinas caras hechas a medida debido a que vive

3

en una casa de alquiler o tiene previsto mudarse pronto.

Un par de soportes, montados a ambos lados de una ventana, pueden sujetar varias capas de telas finas y opalescentes en una gran variedad de longitudes y anchuras. Los soportes móviles ayudan a maximizar la luz incidente o a conseguir su total opacidad.

Los diseñadores recurren a materiales industriales que adaptan y emplean como fondos neutros para las ventanas. Enmarcada en acero, una puerta enrollable de fibra de vidrio translúcida y corrugada puede dejar abierta una ventana o cerrarla totalmente si necesita más intimidad.

4

Los marcos tubulares de acero sobre ruedas, o los percheros comerciales con ruedas, pueden aislarle del mundo, permitir la entrada de todo un torrente de luz o bien se pueden retirar en cualquier momento para poder apreciar el paisaje sin obstrucciones.

Las mamparas de cristal esmerilado apoyadas en el antepecho y que alcanzan una altura media desvían el sol intenso, pero aún permiten la entrada de luz y la vista del exterior por encima del nivel de los ojos. Resulta más sencillo utilizar las celosías del jardín para oscurecer parcialmente la vista y filtrar la luz, generando mayor intimidad y sombra.

Persianas

1

2

Las persianas, los toldos y los postigos ayudan a regular el calor, reducir el ruido y asegurar la intimidad. Presentan líneas limpias y simples que dan un aspecto poco sobrecargado a cualquier tipo de ventana. Son como los «tejanos» de los tratamientos para ventanas —inmensamente prácticos y siempre adecuados. Menos abrumadores y más simples que las cortinas, constituyen una forma relativamente barata de vestir una ventana. Las persianas son particularmente indicadas para las ventanas pequeñas y aligeran la relativa penumbra de los espacios reducidos. En una ventana grande generalmente resulta más indicado colocar dos o tres persianas separadas antes que una sola que ocupe todo el ancho. Esto también le da una mayor flexibilidad en el control de las luces y las sombras en una habitación.

PERSIANAS ENROLLABLES

La persiana enrollable blanca que se estira de arriba hacia abajo es todo un clásico. Al estar compuestas de una sola pieza, las persianas enrollables pueden emplearse de forma independiente o como «sábanas» para dormir al acompañarlas de una cortina o un delicado visillo. La simplicidad de su técnica facilita su instalación; se fabrican a medida o en tamaños estándar. Las persianas enrollables que se abren de abajo hacia arriba son una gran solución urbana, ya que, al mismo tiempo que proporcionan intimidad, permiten el paso de la luz natural.

Los materiales no adecuados no se desenrollan uniformemente; los tejidos lisos y apretados son los más adecuados para un uso constante. Las persianas enrollables han comenzado a fabricarse en colores distintos al blanco y otros materiales naturales de la mayoría de los interiores contemporáneos; asimismo, adquieren un aspecto muy diferente cuando se fabrican de malla dorada o tafetán.

PERSIANAS VENECIANAS

Las persianas venecianas se encuentran disponibles en madera, metal, plástico y tela, con tablillas horizontales o verticales. De función estructural simple, parecen formar parte integral de la ventana con independencia del paso del tiempo. Las persianas venecianas dan a una ventana anodina una definición gráfica. Los cálidos tonos naturales de las persianas venecianas de madera resaltan con fuerza contra las cortinas de colores vivos o los marcos pintados, y de hecho suavizan la luz.

Las persianas venecianas verticales giran para abrirse o cerrarse, y habitualmente se fabrican en plástico

3

cubierto de tela o con tablillas de madera sujetas a una guía o suspendidas de un riel para cortinas. Las tablillas pueden sujetarse a una cadena continua, o lastrarse para colgar libremente. Las persianas verticales son muy indicadas para las ventanas con ángulos difíciles, ya que la altura de las tablillas puede graduarse; también pueden colgarse de un riel curvado en un vano o ventana curva. Los anchos de las varillas varían normalmente entre los 75 y los 125 mm.

ESTORES PLEGABLES

Los estores plegables tienen la gracia, la resistencia y la durabilidad de una vela. Funcionan con un simple sistema de cordaje y se recogen en una serie de amplios pliegues planos. Los listones, sujetos horizontalmente y escondidos dentro de unas bolsas cosidas en la misma tela, mantienen el estor tenso y sujeto. Desenrollados totalmente parecen un poco decepcionantes ya que parecen una persiana ordinaria. Son ideales para su empleo aislado o en combinación con una cortina; además, utilizan poca tela, por lo que resultan económicos en este aspecto. Forrar los estores plegables mejorará la caída de los pliegues y le protegerá más de la luz. Evite los dibujos grandes porque éstos

quedarán interrumpidos por los pliegues horizontales. Los listones pueden fabricarse de madera (los medios listones no destacarán frente a la tela) o de metacrilato en el caso de los tejidos ligeros y transparentes.

Los estores plegables pueden dar un giro diferente a la tela más sencilla. Uno de organdí, fino y transparente, con un ribete de lino, produce un efecto etéreo al filtrar la luz.

ESTORES FESTONEADOS Y AUSTRÍACOS

Los estores austríacos tienen una caída similar a la de las cortinas y terminan en una serie de volantes profundos y encañonados que necesitan unos 0,5 m adicionales de tela. Los estores festoneados están vistosamente encañonados de arriba hacia abajo y se recogen de lado a lado; se diferencian de los austríacos en que el volumen está distribuido en toda su longitud. Al calcular la cantidad de tela necesaria, incluya el doble de la longitud vertical del estor terminado para un estor festoneado.

Estos tratamientos para las cortinas combinan la tela de las cortinas con la economía de una persiana. Los cordeles sujetos por medio de una jareta en el reverso hacen subir el estor austríaco o festoneado produciendo un gran efecto de volumen. Al estar recogidos, ambos tipos de estor parecen estar demasiado sobrecargados. Habitualmente son los lazos, los rizos y los motivos florales excesivos los que los convierten en inadecuados para la mayoría de las habitaciones. Las telas lisas destacan mejor su forma. Contienen tanto material como las cortinas largas y —debido a su peso— resulta aconsejable elegir una tela ligera.

PERSIANAS DE OTROS MATERIALES

Las persianas pueden fabricarse con otros materiales distintos a la tela, como cañas, bambú, metal, madera,

4

plástico o papel rígido y plegado, que en ocasiones resulta barato y práctico. Compruebe que los mecanismos funcionen correctamente. Las persianas de *pinoleum* se fabrican con tablillas ultrafinas de madera —dándoles un color más oscuro o respetando su color original— entretejidas con algodón. Las persianas de madera y de bambú tienen un aspecto colonial especial. Los colores vistosos recuerdan a los primeros decorados modernistas y de la Bauhaus.

POSTIGOS

Los postigos pueden dar a una habitación una confortable sensación

5

6

de recogimiento. Montados a cada lado del marco, los postigos (o contraventanas) interiores dan mayor definición y presencia a una ventana. Su aspecto limpio no disminuye la calidad arquitectónica de la ventana ni la vista. No permiten que traspase la luz cuando no lo desee, al tiempo que dejan pasar el aire fresco (si están hechos de tablillas). Además se convierten en un elemento adicional de seguridad, así como en un aislante del ruido exterior.

Los postigos tradicionales se pliegan en forma de acordeón por medio de bisagras situadas a cada lado de la ventana. La mayoría de los postigos están hechos de tablillas para permitir el paso del aire fresco y filtrar parcialmente la luz, aunque algunos —especialmente en las casas más antiguas— cuentan con paneles sólidos de madera. Puede adquirir postigos baratos de segunda mano con objeto de reformarlos para que se adecuen a su ventana. Aunque algunas personas someten sus postigos a un elaborado tratamiento pictórico —por ejemplo, pintando escenas de *trompe l'oeil* (tampantojo) sobre la cara exterior—, lo ideal es pintarlos simplemente superponiendo unas cuantas capas de pintura brillante de color blanco.

1 Persiana enrollable hacia arriba montada sobre el zócalo, tipo pantalla.
2 Persianas enrollables.
3 Persianas venecianas.
4 Estores plegables.
5 Persiana de *pinoleum*.
6 Postigos.

MOBILIARIO

Amueblar una casa equivale a traducir sus ideas en habitaciones que le satisfagan. Nuestras casas deberían ser tan personales, eclécticas y llenas de carácter como nosotros mismos, y reflejar nuestro estilo de vida, conservar nuestros recuerdos y expresar nuestro gusto particular. Al mismo tiempo, la mayoría de las personas desean lograr una sensación de eternidad en el diseño —materiales de buena calidad y que no se desgasten en exceso, muebles cómodos, prácticos y agradables a la vista.

¿Cómo se debe realizar la elección correcta a partir de la enorme gama de mobiliario disponible? ¿Cómo se tienen que combinar los distintos elementos de forma que parezcan naturales e instintivos y no artificiales? Una de las mejores maneras consiste en tomarse el tiempo necesario para asimilar los objetos en el patrón de la vida diaria. La reconstrucción exacta de una habitación restringe la individualidad y no permite desarrollar los cambios creativos que mantienen vivo un hogar.

Resulta igualmente importante respetar lo que ya tiene. Fíjese en un suelo interesante, en una altura del techo adecuada o en los finos detalles arquitectónicos. Considere la calidad de la luz y los elementos espaciales generales de cada habitación: estos dos elementos pueden dictar o iniciar los esquemas de color y mobiliario. Intentar negar el carácter innato de una habitación es engañarse a sí mismo. Utilice el espacio, el volumen y la historia como punto inicial de sus ideas decorativas. Si su casa no presenta grandes detalles arquitectónicos, deberá enfatizar más el contenido. Si se nota intensamente la influencia de una época en la forma de las molduras, los paneles, las chimeneas y los arquitrabes, puede reflejar esos elementos básicos en un mobiliario que esté en consonancia, o bien con uno que contraste mediante un estilo más atrevido.

Siempre hay lugar para el ingenio y la reinterpretación. Confeccionar una mesa a partir de caballetes de constructor, utilizar sillas antiguas con una mesa moderna de superficie acristalada y yuxtaponer un viejo sofá con un par de sillas metálicas plegables consigue combinar lo viejo con lo nuevo, nuestros tesoros con lo ordinario. Los interiores carentes de un elemento sorpresa y que se ajustan a una noción prescrita de estilo no ofrecen ninguna sensación de vitalidad.

El último elemento es la practicidad. El placer visual queda rápidamente minado por una ejecución pobre. Las sillas demasiado incómodas para sentarse, la tapicería que se deteriora rápidamente con el uso o las mesas demasiado endebles para soportar el peso de una taza de café son fuente de frustración, sin importar los méritos superficiales de su apariencia.

1 Las espaciosas líneas de estas repisas de cristal son perfectas para las personas que consideran que menos es mejor. Las repisas de cristal refuerzan la idea de espacio y de luz, pero su prístina superficie requiere una limpieza regular.
2 Los edredones colocados sobre un par de grandes sofás junto con los grandes cojines generosamente llenos y los profundos sillones acolchados crean un aire de encanto y comodidad.

3 A menudo las sillas y las mesas modernas se clasifican según el diseñador o la década. Es menos probable que estas sillas Lloyd Loom dañen el suelo que otras más formales. La mesa Philippe Starck combina la funcionalidad con un diseño original.

4 Un lienzo suelto disimula la tapicería desgastada así como los muebles que no hacen juego, protege los acabados de la luz del sol y el polvo, además de actualizar y redefinir una habitación, aportando estilo con un coste mínimo.

4

5 El empleo del pasillo como espacio para una vasta colección de libros crea un «bosque» literario y un maravilloso espacio de transición entre el recibidor y el salón.

5

Tapicería

3

El precio de una pieza tapizada varía según la calidad. En una situación ideal, un mueble bien tapizado durará toda una vida, y requiere únicamente un retapizado cuando la tela se desgaste o su gusto cambie. Elija estructuras de maderas duras unidas con tornillos, cola y clavijas (no únicamente encoladas). Los muelles espirales dobles, sujetos a mano y anclados de tal forma que el borde frontal se halla separado de las espirales posteriores, indica que se trata de una pieza duradera y de gran calidad. Esta atención por los detalles es más costosa, pero le proporcionará un mueble más cómodo.

Los tapizados de gama media, más asequibles, a menudo consisten en construcciones trapezoidales y estructuras de acero. Resulta más fácil y menos costoso construir muebles de formas fluidas o a partir de una estructura de acero tubular con bridas internas de acero. Los sofás baratos se construyen con material laminado fino o con espuma de varias densidades. Un sofá cama es un elemento pobre, no es un buen sofá ni una buena cama. Son caros y la mayoría de las personas no los utiliza con la suficiente frecuencia como para amortizar el coste y la pérdida de comodidad.

MATERIALES

La calidad del relleno es una cuestión de preferencia personal que depende del aspecto final que quiera darle y de la textura deseada. La comodidad de un sofá o de una silla pueden medirse por su aspecto. Si únicamente contienen espuma, probablemente no tendrán un aspecto demasiado interesante, y tampoco invitarán a sentarse, aunque los cojines recuperarán su forma. Una mezcla de mitad pluma y mitad plumón es una elección más acertada que plumón puro. Una mezcla de fibras de plumón y un material sintético ofrece un equilibrio acertado entre el aspecto, la comodidad y el mantenimiento. Una mezcla de pelo de caballo y fibra de coco unidos con látex es un relleno innovador muy indicado. La espuma resistente a la intemperie es la indicada para los muebles de exterior.

Si la tapicería tiene un tacto suave pero firme, es muy probable que esté bien fabricada. El peso es una medida bastante adecuada de la calidad; las piezas pesadas contendrán componentes razonablemente buenos así como estructuras de maderas pesadas y no tablas de aglomerados o laminados. Evite las piezas en las que pueda sentir el travesaño trasero o en las que sus piernas rocen el borde frontal. Los cantos duros desgastan la tapicería y son una clara indicación de que los muelles son pobres y la manufactura de mala calidad.

ELEGIR EL ESTILO

Permítase un tiempo para acostumbrarse a las curvas y las dimensiones de una silla o de un sofá. Tradicionalmente los adultos jóvenes prefieren un sofá mullido y los adultos mayores una silla con respaldo que les mantenga en una posición más erguida. Si es probable que su familia utilice esa pieza para ver la televisión, preferirá que el respaldo sea lo suficientemente alto como para permitir una visión relajada al apoyar la cabeza y rodear a los ocupantes una vez están sentados. Las piezas bien adaptadas, con una buena altura inferior, favorecen una postura correcta. Los tapizados con un respaldo tenso o con un solo asiento ofrecen un aspecto más recogido que aquellos con cojines sueltos. Los sofás y las sillas con una proporción ligeramente exagerada —más profundos, más largos, más voluptuosos y bajos— favorecen posturas de descanso. Para crear una sensación de suavidad en un espacio cuadrado, emplee las piezas tapizadas con formas curvadas o en media luna.

RETAPIZAR

Merece la pena retapizar un mueble si es una antigüedad o si se siente cómodo en él y le gusta en demasía. Como regla general, las piezas

1

contemporáneas merecen ser retapizadas si la restauración y la renovación no le van a costar más del 50 % del precio de una pieza nueva. En el caso de piezas de anticuario, el retapizado mediante métodos tradicionales, cosido a mano y relleno con pelo de caballo, es generalmente una buena inversión, aunque puede resultar cara. Cuando retapice una pieza, puede rediseñarla. Puede o no acolcharla, cambiar la altura de un faldón o cojín, o entorchar o rematar con flecos los apoyabrazos o cantos.
Tratamiento Los tratamientos repelentes a las manchas pueden

aplicarse a la tela de tapicería antes de cortarla. Habitualmente los servicios de limpieza especializados eliminan las manchas de las piezas tapizadas.

FUNDAS

Las fundas son una forma práctica y elegante de vestir los muebles. Pueden emplearse para tapar la tapicería desgastada o la que no combina bien con el resto del mobiliario, para proteger de la luz y el polvo los acabados de la madera, o para actualizar y redefinir una habitación. Con las fundas puede crear, de forma relativamente informal, nuevas texturas, diseños y colores en una habitación sin llegar al gasto excesivo que supone el cambio de todo el esquema decorativo.

Las fundas pueden utilizarse para realizar cambios de corte estacional o para alargar la vida de la tela original, posponiendo así un retapizado a mayor escala. Los faldones fruncidos y alargados que llegan hasta el suelo mejoran el aspecto de los sofás deslucidos.

Empleados como guardarropa flexible, las fundas actúan como una protección adicional de sus muebles. Puede dejarlas puestas durante el día, mientras permanecen expuestas a niños y a mascotas, y retirarlas por la noche, si tiene invitados a cenar.
Tratamiento Aunque las fundas ofrecen el acabado preciso de la tapicería por menos dinero, es el ahorro en lavandería lo que las hace sustancialmente menos caras. Las fundas fabricadas con una tela sencilla y de colores resistentes (sin forros ni festones), con una confección sencilla que no se deshará cuando estén húmedas, pueden lavarse a máquina. Un lavado previo de la tela (en casa o en la tintorería) antes de coserla evitará que se encoja después. Algunas telas como la lona, el percal grueso y el lino pueden comprarse ya prelavadas.

LA CONFECCIÓN DE FUNDAS

Las fundas deben confeccionarse a medida para que se ajusten de la misma forma que un traje se adapta al cuerpo. Si las confecciona usted mismo, comience cortando un molde a partir de percal prelavado para emplearlo como guía. De esta forma se ahorrará costosos errores de corte, se asegurará un buen ajuste final y podrá emplearlo más tarde como forro o reutilizarlo cuando sea tiempo de volver a reemplazar la funda. A menos que quiera obtener un aspecto translúcido, es recomendable forrar las telas finas con muselina, percal o acolchado. Las fundas forradas tienen una mejor caída, más cuerpo y duran más que las que no lo están. En muchos casos, forrar únicamente los apoyabrazos, los respaldos y los faldones resulta menos caro y consume menos tiempo que forrar la funda completa, aunque el resultado es igualmente efectivo.

Las fundas deben ser sencillas, las costuras deben estar ocultas o ser de canutillo. Una cubierta libre de costuras y detalles en los bordes destaca el dibujo de la tela y la forma del mueble. Los canutillos o vivos contrastantes dan a la cubierta un aspecto fresco.

ELEGIR LA TELA

Antes de decidirse por una tela, calcule la cantidad que va a necesitar. El coste de las fundas y de las tapicerías variará drásticamente en función de su elección del tejido. La reglamentación sobre la seguridad y la combustibilidad restringen la elección del material; la inflamabilidad y las pruebas que deben superar varían en cada país.

Para la tapicería necesitará un material resistente. El «peso de la tela» hace referencia a su durabilidad. Los fabricantes deben someter las telas a una prueba de frotación, durante la que se frota mecánicamente una muestra cientos de veces. Cualquier buen fabricante de telas debería ser capaz de proporcionarle esta información.

1 Sillón de acero tubular y piel.
2 Funda para sofá.
3 Funda para sillón con tirantes.
4 Sillón tapizado con *kilims*.
5 Tapizado ajustado.
6 Sillas con asientos tapizados.
7 Tapizado ajustado.
8 Cojín travesero.

2

4

Aunque puede emplearse casi cualquier tela, es aconsejable comenzar con una tela neutra resistente que pueda incorporarse fácilmente en cualquier esquema decorativo, o que sea adaptable si cambia de domicilio.

Las rayas —en gris claro y gris oscuro, o beige y crema— combinarán bien con casi cualquier decorado. Para evitar tener una habitación insulsa, considere el empleo de rayas gruesas de unos 75 mm de ancho. Las rayas cambian radicalmente la forma de la tapicería. Las rayas verticales alargan los muebles achaparrados, mientras que las rayas horizontales añaden cuerpo y alargan la pieza. Los tejidos sólidos y los estampados ofrecen un mejor aspecto si son sencillos. Los canutillos o vivos y los botones forrados añaden estructura y enfatizan las curvas.

Si su intención es mover el mismo mueble de una habitación a otra, elija colores como el paja, el marrón neutro, el gris, el beige y otros colores neutros con tono. El blanco puede parecer demasiado fresco y atrevido. Los *jacquards*, damasquinados y pequeños dibujos geométricos también son elecciones flexibles. Proporcionan interés visual y tienen carácter, pero carecen de la fuerte personalidad que podría contrastar con otros esquemas de mobiliario.

Al elegir la tela para la tapicería resulta tentador elegir el dibujo más oscuro y denso con la esperanza de que pueda disimular la suciedad. Lo hará, pero será un falso ahorro, ya que necesita una mayor cantidad de tela para asegurar que los dibujos encajen.

Para lograr una mayor longevidad, elija viscosa sintética mezclada con lino y algodón. Los *kilims* son fundas muy resistentes, pero son gruesos y difíciles de trabajar —también son inflamables, un riesgo que debe evaluar cuidadosamente. La zaraza y la seda no son materiales duraderos para emplear como tapicería. Cuando la zaraza pierde el viso que le da su

aspecto tan característico, aumenta su tendencia a desgarrarse, al igual que ocurre con la seda.

El mahón cepillado, los algodones indios y el vibrante terciopelo de algodón son tejidos cómodos, resistentes, con una asombrosa suavidad y ligeramente asargados. El terciopelo va perdiendo gradualmente sus antiguas connotaciones de clubes mal ventilados o habitaciones insulsas. El efecto que provoca este tejido simple y lujoso a la tapicería con formas poco usuales es a la vez evocador y sumamente indulgente.

El algodón mediano o el lino, una mezcla de lino y algodón o una lana ligera resistentes al uso diario son ideales para confeccionar fundas. Estos tejidos naturales, lavables y más resistentes a la decoloración que los sintéticos, son suaves, cómodos y manejables, aunque lo suficientemente recios y sustanciales como para conformar una funda duradera. Cuanto más tupido es el tejido, mayor es la durabilidad de la funda. Los tartanes escoceses y algunos diseños florales pueden provocar un efecto impresionante y contemporáneo al emplearlos en un sofá con líneas relativamente limpias y modernas en una habitación decorada con sencillez.

5

ADORNOS

Al cubrir una silla o un sofá con un color sólido utilice una tela rayada para los vivos a fin de impartirle una nota fresca y gráfica. Puede añadir una orla en la parte inferior de la funda, cosida o pegada con un adhesivo especial, para darle un aspecto más formal y elegante y así cubrir el hueco entre la parte inferior de la estructura y el suelo. En un entorno contemporáneo, este rico detalle es una yuxtaposición particularmente agradable. Un adorno también puede resultar indicado para acentuar las líneas de unas patas con formas especiales.

COJINES

Los cojines son la forma más fácil de personalizar y vestir una silla o un sofá gracias a la multitud de formas, tamaños y diseños que pueden adoptar. Puede añadir dramatismo y variedad a una habitación seleccionando tejidos coloridos y de diseños originales para los cojines; ello no cargaría la estancia de la forma que lo haría una cortina o toda una tapicería del mismo tejido. Un grupo de cojines tiene la tendencia a moverse de una silla a otra, incluso de una habitación a otra, lo que cambia la impresión de toda la casa.

El tamaño y la forma de los cojines debería ser una combinación del gusto personal y las proporciones de la habitación y su mobiliario. Los cojines cuadrados y rectangulares son los más populares, así como los más versátiles. Una otomana puede variar su tamaño desde el de un escabel hasta un tamaño lo suficientemente grande como para recostarse en ella. Los almohadones grandes —un lujo para algunos y una necesidad para otros— invitan al descanso. Los cabezales y los travesaños hacen que las camas sean más cómodas y añaden un toque de lujo a los sofás.

6

Dos fundas iguales para cojines o coordinadas con las cortinas son muy adecuadas, pero para generar un poco de contraste puede emplear un tono más claro de un color que no tenga nada en común con la habitación. No descarte utilizar retales de cualquier tela para confeccionar cojines; incluso los trozos más pequeños pueden emplearse para hacer un trabajo de *patchwork*. Tampoco debe olvidar los galones, canutillos o vivos, orlas o flecos para lograr un gran efecto —aunque cuando se trata de adornos, a menudo es mejor poco que un exceso.

7

SILLAS FORMALES

Las fundas para sillas de comedor se colocan directamente sobre la estructura de la silla, sobre los muelles o bien sobre un cojín rígido que se ajusta o embute en la estructura del asiento. Estos últimos hacen que la reparación y el reemplazo de la tapicería sea relativamente fácil —si lo hace usted mismo, debería experimentar previamente con un patrón guía confeccionado con percal para asegurarse de que las dimensiones y el ajuste son correctos.

Debido a que las sillas son un elemento decorativo con las que la gente está más dispuesta a ser moderna y ecléctica en el gusto, puede elegir entre una gama muy amplia si busca un nuevo grupo de sillas para la cocina o el comedor. La combinación de varias sillas diferentes alrededor de una mesa puede propiciar un ambiente relajado e informal a la hora de la cena. No sólo puede adquirir sillas en las tiendas de muebles, sino que puede encargarlas a un artista, comprarlas en subastas locales o en tiendas de artículos de segunda mano. Algunos talleres se especializan en la copia de sillas antiguas con tal precisión que resulta difícil distinguir entre la reproducción y el original.

8

Iluminación

2

Elija la iluminación de acuerdo a la calidad de luz precisa para las funciones de la habitación. Aunque las lámparas constituyen una alternativa de iluminación versátil —ya que son portátiles— únicamente se obtendrá el máximo beneficio de ellas si se emplean para complementar la iluminación fija, que debe planificarse cuidadosamente desde el principio (*véanse* páginas 74-79).

La iluminación artificial se emplea para crear varios efectos y necesitará algunos elementos para proporcionar una luz suave, relajante y general, y otros para desarrollar una función específica —una combinación de iluminación decorativa y eficaz. Por ejemplo, si la mesa del comedor se utiliza para hacer los deberes y llevar la contabilidad doméstica, la luz brillante de una lámpara halógena le dará un nivel de iluminación que le permitirá concentrarse sin forzar la vista. Pero si la mesa se emplea principalmente para comer, no debería resistirse al hechizo de la luz de las velas o de los candelabros de pared, que son más evocadores y apropiados.

Si al entrar en una habitación lo primero que percibe es la iluminación, o si mira de reojo hacia ella, quiere decir que la habitación está iluminada en exceso. Distribúyala en estratos

1

para lograr un efecto óptimo y una flexibilidad máxima. Las lámparas colgantes proporcionan una buena luz de fondo general. Las lámparas de pie y de sobremesa son fuentes de luz secundaria que se utilizan para proyectar luz en zonas específicas o iluminar el material de lectura. Las linestras con tubos fluorescentes o de tungsteno son ideales para iluminar una zona de la cocina o para hacer destacar un cuadro o un elemento arquitectónico.

Durante los últimos años ha aparecido la iluminación «de diseño».

Pero iluminar mediante un proyector un grupo de objetos o un cuenco situado en el centro de una mesa no ofrecerá mayor interés que el del objeto iluminado. Este tipo de iluminación puede parecer melodramático y tiende a dar a la decoración un aspecto estático; a menudo supone una gran distracción del ambiente general de una habitación. Las lámparas para cuadros son ideales para zonas como los pasillos, donde quizá quiera destacar una fotografía familiar o una colección de arte.

Al seleccionar los apliques de pared o las lámparas de sobremesa para flanquear el sofá, la mayoría de las personas las eligen a pares, pero un par desigual ofrece el encanto de la imperfección. Un enfoque más individualizado de la iluminación considera que cada elemento puede ser tan diferente como las personas que lo contemplan. Sin embargo, demasiada ingenuidad o ingenio pueden resultar incómodos.

LA CALIDAD DE LA LUZ
Cada tipo de bombilla crea una calidad de luz diferente, cosa que influirá directamente en el aspecto de una habitación, particularmente de noche, ya que cambiará los colores de las cortinas, de la tapicería y de los acabados de las paredes.

Las bombillas incandescentes (de tungsteno) son las más comunes, generalmente tienen fijaciones de rosca o en bayoneta. El filamento de tungsteno da una luz cálida y amarilla cuya intensidad depende de la potencia (en vatios). Las bombillas tienen una vida media más corta y son más caras que los fluorescentes, pero emiten una luz de mayor calidad. Se emplean mayoritariamente en lámparas de mesa y en fijaciones para colgar. La parte superior de algunas bombillas se recubre interiormente de plata para reflejar la luz hacia la lámpara y reducir el deslumbramiento.

Las bombillas halógenas proporcionan una luz blanca y clara con un efecto mínimamente perceptible sobre el color. De hecho, son una combinación de gas halógeno y un filamento de tungsteno. Las lámparas halógenas proporcionan una luz controlable y enfocable gracias a los reflectores incluidos en ellas. Generan un haz de luz específica o un punto de luz que, debido a la potencia de la bombilla, se emplea con un excelente efecto en la iluminación indirecta, ya que la luz se dirige hacia la pared o el techo donde se refleja nuevamente hacia la parte baja de la habitación.

Las bombillas halógenas de bajo voltaje se desarrollaron originalmente para uso comercial y pueden empotrarse o montarse sobre rieles en

un contexto doméstico. El principal atractivo de las bombillas halógenas de bajo voltaje es la calidad prístina de la luz que crean, combinado con la reducida escala de las lámparas en sí. Pero la brillante calidad que atrae a los consumidores desde la calle y les induce a entrar en una tienda puede ser demasiado brillante y concentrada en casa. La instalación de estas luces de bajo voltaje en una situación doméstica debería planificarse con extremo cuidado. Para reducir el deslumbramiento de las lámparas de bajo voltaje coloque las bombillas en la parte más interna de la lámpara o utilice un difusor o rejilla para amortiguar la luz.

Los fluorescentes tienen una larga vida media, un bajo consumo energético y una forma tubular. Se utilizan en un soporte generalmente cerrado que difunde la luz sobre una zona amplia, pero producen un tono verdoso muy artificial. Las lámparas fluorescentes evocan los recuerdos desagradables de las oficinas y los colegios. Además, se consideran poco recomendables para la salud; una planta colocada bajo una luz fluorescente no tiene grandes posibilidades de sobrevivir.

Las nuevas lámparas fluorescentes compactas de larga duración son tubos delgados (de 10 mm de diámetro) enrollados sobre sí mismos. Se utilizan en lugar de las tradicionales bombillas de tungsteno y tienen una vida considerablemente larga (aunque son más caras). Estas lámparas fluorescentes compactas distribuyen la luz con una uniformidad ligeramente menor que el tungsteno o las halógenas, y no pueden utilizarse con reductores.

ILUMINACIÓN VERTICAL
La iluminación vertical crea una ilusión de espacio y proporciona una buena iluminación general. Sin embargo, el problema de toda iluminación vertical es el control del deslumbramiento. Un exceso de iluminación vertical produce distracciones y reduce el

potencial de creación de sombras y contrastes.

Añadir un reductor de luz a la iluminación vertical mejora significativamente su potencial, al mismo tiempo que permite reducir el deslumbramiento en función del tipo de pantalla. La iluminación vertical resulta indicada para los recibidores, pasillos y escaleras, donde es indispensable saber por dónde se pisa; en las habitaciones en las que desee tener un mayor control sobre el ambiente, las lámparas colgantes (*véase* a continuación) ofrecen mayor flexibilidad.

3

LÁMPARAS COLGANTES
Las lámparas colgantes, como su nombre indica, cuelgan desde el techo. Tanto la calidad como la cantidad de la luz producida dependen del tipo de bombilla y pantalla utilizadas. Elija las lámparas con extremo cuidado; en ocasiones no resulta agradable que la luz incida directamente sobre su cabeza. Generalmente, la luz es más atractiva cuando tiene una altura adecuada a la estatura humana. Suspenda la lámpara a unos 2,5-3 m por encima del suelo sobre una mesa

4

de comedor, para que los adultos puedan permanecer de pie en la habitación sin quedar deslumbrados por las luces al nivel de los ojos; a la hora de las comidas, resulta conveniente que la lámpara sea ajustable para que la luz pueda acercarse a la mesa y así dar un enfoque más íntimo a la habitación.

A menudo se emplea una fuente de luz central desde el techo para formar un eje, o frontera, entre dos fuentes de luz predominantes externas. Una lámpara colgante con una bombilla central es a menudo una pieza heredada. Es un error intentar organizar toda la iluminación de una habitación a partir de este punto central. La desventaja de éstas es el deslumbramiento. Antes de intentar basar la iluminación en una sola fuente de luz situada en una posición fija, varíe las fuentes. Utilice lámparas colgantes centradas para conseguir el ambiente que desea e impartir una luz general.

Si tiene un rosetón en el techo, la pantalla de la lámpara puede proporcionarle un foco complementario. Las pantallas translúcidas —un globo de cristal y papel marrón, por ejemplo— dispersan la luz. Un cilindro de papel arrugado es una elección limpia y moderna. Una pantalla opaca que encierra la bombilla llama más la atención.

Una pantalla de metal, abierta por encima y por debajo, da una buena luz general sobre un escritorio.

LÁMPARAS DE LUZ DESCENDENTE

Son versátiles y compactas, montadas sobre una superficie o empotradas en el techo. En función de la bombilla y de la fijación, las lámparas de luz empotradas crean toda una gama de efectos que van desde el fino haz enfocable de una bombilla halógena de bajo voltaje hasta el amplio y suave haz de una bombilla de tungsteno.

Las lámparas de luz empotradas pueden proporcionar iluminación general, de ambiente o de trabajo. Al igual que ocurre con la mayoría de tipos de luz, su versatilidad se incrementa si se conectan a un reductor, aunque esto no resulta indicado para la iluminación de trabajo. Las lámparas modernas son pequeñas y manejables, ideales para las habitaciones con techos bajos y aquellas en las que los muebles se cambian de lugar con cierta frecuencia.

Las luces empotradas en el techo son completamente anónimas. El consumo energético de los fluorescentes compactos empotrados es reducido y la calidad de la luz es de un color más agradable que el que proporcionan los fluorescentes. Las luces empotradas se instalan practicando un agujero en el techo y colocando el cableado como si se tratara de una lámpara colgante simple. Este tipo de iluminación empotrada no puede utilizarse en un apartamento o en una casa que cuente con viviendas en el piso superior.

Las luces de bajo voltaje pueden emplearse únicamente con un transformador especial, que requiere los servicios de un profesional.

La iluminación sobre guías le permite colocar las luces en cualquier posición a lo largo de ellas, y moverlas a su gusto. Sin embargo, esta versatilidad debe contrastarse con el aspecto relativamente poco agradable

LÁMPARAS DE LUZ ASCENDENTE

Con una luz ascendente, el techo actúa como reflector. La luz se refleja en él y se dispersa de tal forma que las sombras y resplandores se reducen casi totalmente. Otras ventajas son que las luces bañadoras de pared son más económicas y no requieren de un electricista para su instalación. Como apliques, las lámparas de luz ascendente son menos casuales que las luces descendentes o las lámparas. La forma

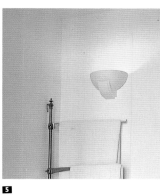

5

de la pantalla o del aplique influirá significativamente en la zona iluminada y la intensidad de la luz, aunque esto también quedará afectado, por supuesto, por el tipo de bombilla empleado. No podrá realizar algunos trabajos con una luz indirecta, pero ésta proporciona una excelente iluminación general de fondo. Debido a que las luces indirectas inundan el techo con luz, resultan las más adecuadas si tienen molduras de yeso o cornisas en el techo, pero también destacarán cualquier defecto poco atractivo. Si se utilizan a una altura

de numerosos sistema de rieles. Las guías de las luces halógenas de baja energía son finas y modernas.

menor sobre una pared, las luces indirectas pueden utilizarse para proyectar sombras detrás de las plantas o de un objeto decorativo aislado.

REDUCTORES

Los reductores ofrecen la máxima flexibilidad y control de la luz. Ajustados a un nivel bajo, crean un suave resplandor romántico; a un nivel alto, producen una brillante luz fría. También pueden conectarse a las luces colgantes o a las lámparas de sobremesa. Si va a emplear el reductor en pocas ocasiones, evite el gasto adicional que supone.

BOMBILLAS

Tungsteno

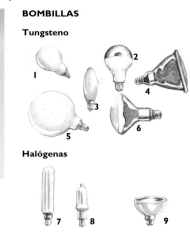

Halógenas

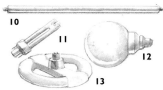

Fluorescentes

BOMBILLAS
(1) Filamento de tungsteno estándar.
(2) Reflector de tungsteno con corona de plata.
(3) Vela de tungsteno.
(4) Reflector parabólico aluminizado.
(5) Globo de tungsteno.
(6) Reflector.
(7) y (8) Halógena de voltaje estándar.
(9) Reflector halógeno de bajo voltaje.
(10) Fluorescente estándar.
(11), (12) y (13) Fluorescentes compactos de bajo consumo.

SISTEMAS DE ILUMINACIÓN
(14) Globo de fijación al techo.
(15) Focos para jardín.
(16) Bañador de pared.
(17) y (18) Colgantes.
(19) Foco con pinza.
(20) Luz para cuadros.
(21) Aplique de pared.
(22) Focos montados sobre guías.
(23) Luz empotrada.
(24) Ojo de buey descendente.
(25) Luz semiempotrada.
(26) Luces de bajo voltaje sobre guías.
(27) Linestra.

SISTEMAS DE ILUMINACIÓN

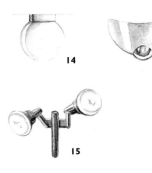

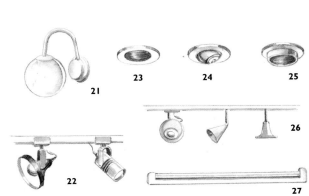

Lámparas

1 Flexo.
2 Candelabro con bombilla en forma de vela.
3 Lámpara de mesa con pinza.
4 Lámpara de sobremesa con pantalla de papel.
5 Lámpara de mesa con bombilla halógena.

Las lámparas de mesa y de pie se emplean tanto para la iluminación de trabajo como para un alumbrado local. Considere la función de la lámpara y su forma, color e impacto sobre una habitación. ¿La lámpara debe ser muy potente y su iluminación llegar hasta el techo, o prefiere algo suave y cálido para proporcionar una luz ambiental de fondo suave? Otros criterios a considerar incluyen la calidad de la luz (y así la elección de la bombilla), el mantenimiento, la esperanza de vida de la lámpara y su consumo energético.

Las lámparas de pie pueden emplearse como iluminación general o para iluminar un rincón de la habitación; las lámparas de mesa dan una luz adecuada para la lectura, para coser y para realizar otros trabajos similares —siempre y cuando tengan la pantalla adecuada. Numerosas lámparas de pie modernas, en particular las que utilizan cápsulas halógenas, tienen cabezas ajustables, por lo que pueden utilizarse como iluminación general pero, cuando sea necesario, la cabeza puede girarse y dirigirse hacia abajo para proporcionar una iluminación de trabajo, para la lectura por ejemplo. La lámpara de pie tradicional es aún una pieza muy valiosa en un esquema de iluminación, aunque su emplazamiento debe estudiarse cuidadosamente para evitar que obstruyan zonas de paso en una habitación.

LÁMPARAS
(1) y (2) Lámparas de sobremesa.
(3) y (4) Lámparas de escritorio.
(5) Lámpara de pie.
(6) Focos montados sobre un eje vertical.
(7) y (8) Luces indirectas de pie.

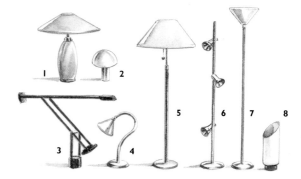

Las lámparas de mesa funcionan a menudo como elemento decorativo de la habitación; ello no implica necesariamente que las pantallas deban coordinarse con los demás elementos suaves. A lo largo de este siglo, el diseño de las lámparas de mesa ha cambiado drásticamente, aunque los principales estilos aún tienen defensores: desde el aspecto modernista de una lámpara Tiffany (o una reproducción) hasta las lámparas de plástico de los años cincuenta y sesenta, pasando por las piezas escultóricas de Philippe Starck y muchos otros diseñadores italianos.

Si la elección le parece imposible, puede considerar el contexto en el que colocará la lámpara —lo que parece correcto y moderno en un estudio o despacho en casa puede parecer totalmente inadecuado y chocante en un dormitorio o salón de estar.

Generalmente resulta práctico distinguir entre lámparas de mesa y lámparas de escritorio. Las primeras son principalmente «herramientas» decorativas que proporcionan una luz ambiental general, mientras que las segundas ofrecen una iluminación de trabajo específica. La historia del diseño de la lámpara de escritorio sigue estrictamente la regla que dicta: «la forma se adapta a la función», resumida en un flexo clásico. Las versiones modernas de flexo incluyen la ventaja de una luz nítida de las bombillas halógenas.

Si desea que las lámparas proporcionen una sensación sutil de calor, elija aquéllas con bases de porcelana texturada o terracota. Existe una amplia gama en cuanto a formas, tamaños y colores de pies para las lámparas de mesa: el color quedará determinado por el esquema general de la habitación; la forma y el tamaño deberían reflejar las proporciones de la

habitación y la localización de la lámpara en ella. Las bases de cristal transparente y coloreado brillan y refractan la luz de la bombilla. Las luces pequeñas, como las lámparas en forma de velas sobre una chimenea o las lámparas en las estanterías, imprimen un aire de misterio y encanto. Las lámparas comerciales de estudio y las lámparas de pie estilo «estudio» son prácticas y pasan casi inadvertidas.

PANTALLAS
La pantalla ejerce una función de control. Permite que la luz atraviese la pantalla, en cuyo caso actúa como difusor, o es opaca y permite la salida de la luz por la parte superior o la inferior. Las pantallas deben presentar un aspecto agradable tanto si la luz está encendida como si no lo está. Una pantalla da color a la calidad de la luz. Al iluminarla desde atrás, una pantalla no debería parecer demasiado texturada ni adquirir un tono chillón.

Acerque un retal de la tela elegida para la pantalla a unos cuantos centímetros de una bombilla encendida para hacerse una idea bastante ajustada del efecto que producirá sobre la luz. Busque materiales o telas que cedan para que puedan estirarse al colocarlas sobre el bastidor. Cualquier material que no sea demasiado rígido, grueso o abultado será adecuado. El lino de textura fina, el algodón fino y la seda son elecciones muy adecuadas.

Rematar una pantalla con un aro dorado proporciona mayor calidez a la luz y le da un brillo especialmente rico. Un forro azul pálido enfría ligeramente el color de la luz; un forro rosa o melocotón le da mayor calor. Forrar el interior de una pantalla con seda en color carne da a la habitación un encantador brillo amelocotonado, lo que resulta particularmente indicado para un dormitorio.

Las lámparas y sus correspondientes pantallas, acordes con la decoración, son comparables

en estilo, forma, tamaño y tipo a cualquier otro elemento decorativo, y todos están sujetos al gusto personal. Un principio básico indica que el diámetro inferior de la pantalla debe ser igual a la altura de la base de la lámpara. Esto puede variar según la forma de la lámpara. Si la base de una lámpara se estrecha en algún punto, o es alta y fina con un pie abombado, cambie la pantalla para que se adecue a la regla. El aspecto en conjunto de la habitación es más importante que la base de la lámpara cuando elige una pantalla.

Generalmente, cuanto más formal es la lámpara más rico debería ser el material de la pantalla. El latón acepta tanto el cartón como la seda. La seda y el lino fino son elecciones adecuadas para bases de porcelana o doradas. Los materiales texturados como el pergamino, la rafia, el metal o el algodón indio se combinan bien con bases de lámparas sencillas y modernas.

Habitualmente las pantallas siguen la geometría y la forma de la base de la lámpara. Las lámparas redondeadas requieren una pantalla redondeada, las ovales una pantalla ovalada y las cuadradas o rectangulares una pantalla con paneles. Una pantalla también debe ser lo suficientemente ancha como para dejar un espacio de al menos 25 mm alrededor de la bombilla; y de 50 a 75 mm en el caso de bombillas de 100 vatios o más. En principio, una pantalla debería ser lo suficientemente alta como para cubrir los accesorios eléctricos y acabar justo sobre la base de la lámpara cuando se mira al nivel de los ojos; debe ser un poco más baja en el caso de lámparas fabricadas a partir de jarrones chinos cuyos largos y esbeltos cuellos requieren una mayor cobertura. Las pantallas estrechas y finas resultan idóneas para las bombillas en forma de vela.

Alfombras

Hay un gran esnobismo relacionado con la compra de una alfombra, pero éste no está siempre justificado. Los *kilims* antiguos y algunos diseños hechos por encargo pueden costar una fortuna, pero algunas alternativas perfectamente aceptables —y más baratas— pueden producir el mismo efecto. Como regla general, las alfombras que se adquieren para que combinen con el decorado son menos eficaces que las consideradas una obra de arte sobre el suelo.

Una alfombra puede ser tan indiferente como una simple camiseta blanca, y tener como única función la de permitir mantener los pies calientes, ofrecer a los gatos soñolientos un lugar para enroscarse y a los amigos una superficie para tumbarse. Las alfombras para los pasillos eliminan el frío de un suelo empedrado y resaltan el pie de una escalera, o hacen que un recibidor sea más acogedor. Una alfombra puede asumir el papel central en su diseño sin producir ningún agobio. Los suelos de los invernaderos o de los sótanos, propensos a sufrir humedades, se benefician con una alfombra, que puede retirarse y airearse de vez en cuando. Otro punto a su favor es que pueden llevarlas consigo en una mudanza.

Los recubrimientos naturales para el suelo —como el sisal o el yute— y las moquetas ofrecen en ocasiones un mejor aspecto si se colocan en forma de esteras o alfombras para pasillos. Los tejidos de lino y de algodón son casi inasequibles si desean colocarse de pared a pared, pero resultan más económicos a menor escala.

Las alfombras son una buena inversión. El coste de una alfombra tejida y teñida a mano, que le durará toda la vida, equivale al precio de un traje de diseño o de unos neumáticos nuevos para su coche. Si no puede pagar un *kilim* perfecto o una alfombra oriental, considere la posibilidad de comprar fibra de coco y tejerla usted mismo. Antes de decidirse por una reproducción con menor integridad que una antigüedad, elija entre la amplia gama de posibilidades modernas, algunas de las cuales son la auténtica y libre expresión de un artesano.

Si coloca la alfombra sobre un suelo de madera debería incluir una capa de bajoalfombra a modo de protección. Es importante que una alfombra se coloque totalmente plana sobre el suelo, no sólo para ofrecer un buen aspecto, sino para evitar que la gente tropiece. Las alfombras ligeras y aquellas colocadas sobre una superficie resbalosa deberían sujetarse.

TIPOS DE ALFOMBRA

Bujara o Turkmena Presentan dibujos geométricos pequeños y

repetidos, y habitualmente son de buena calidad. Los motivos conocidos como pie de elefante y «gul» octogonal tienden a ofrecer un mejor aspecto en tamaños pequeños porque resaltan al máximo el intrincado diseño. No son las más resistentes, y se recomiendan para fines decorativos antes que para una zona de tráfico intenso. Se tejen en Turkmenistán, Uzbekistán, Kazajastán, Afganistán y Pakistán, siendo los ejemplares rusos los que generan un mayor interés en los círculos de inversores.

Caucásica Con sus distintivos colores vivos, sus estilizadas figuras infantiles y sus cenefas elaboradamente decoradas, las alfombras caucásicas son atractivas y simples. Son igualmente efectivas tanto en entornos tradicionales como en contemporáneos, y son lo suficientemente flexibles como para colocarlas en una casa nueva o antigua. La simplicidad de sus diseños las hace fáciles de combinar, aunque únicamente puedan emplearse de forma dispersa: resulta difícil encontrar un ejemplar que supere los 2 x 3 m. La apertura de Europa oriental ha permitido descubrir algunos excelentes *kilims* caucásicos.

De trapos Las alfombras de trapos, con un linaje que se remonta al siglo XVII, son trozos de tela sujetos o cosidos entre sí. También pueden hacerse por encargo a partir de tela que haga juego con las cortinas o la tapicería. Son bastante resistentes. Su aspecto recuerda al arte popular escandinavo o alemán.

Dhurry Término indio que define tejido plano (el término persa es *kilim*). Relativamente baratos, reversibles, casuales y versátiles, los *dhurries* se encuentran en una amplia gama de tamaños y colores, así como en acabados a la piedra. Confeccionados en algodón tejido a mano, no son recomendables como aislantes en invierno. Aunque están fabricados de algodón y son lavables, los colores fuertes perderán intensidad si los lava en la lavadora; un lavado suave a mano

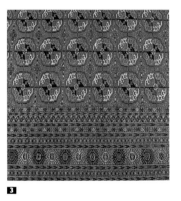

debería minimizar el riesgo de encogimiento.

Flokati Fabricadas en Grecia, son alfombras pesadas y peludas, de lana, en colores blancos o blancuzcos con un rizo muy largo. Éste tiende a aplanarse.

Kilim Alfombra tejida con una lana relativamente áspera y gruesa. El contenido artístico es elevado en relación al precio, y la variedad de diseños es fantástica. Las mejores piezas se presentan en ejemplares largos y estrechos, y no en las de gran superficie. Debido a que el tejido es plano, no son tan prácticas como otras alfombras y tienen tendencia a

fruncirse. Son confeccionadas por los pueblos nómadas en Turquía, Irán, Iraq, Rusia, China, Pakistán, India y Marruecos. La función original de los *kilims* era servir como alfombra plegable que proporcionase calor, que se pudiera extender sobre el suelo arenoso en el desierto y que fuera fácil de recoger y cargar sobre un camello o caballo. Los diseños de los *kilims* representan las diferentes tribus y regiones. Las versiones kurdas son más brillantes, en ocasiones mezcladas con bordados, y generalmente más baratas. Los *kilims* turcos incluyen colores mediterráneos como los dorados, anaranjados y turquesas. En los iraníes predomina el borgoña, el color de orín y los azules y los verdes profundos.

Oriental Gruesas y ricas, con un alto contenido artístico, a menudo con dibujos multicolores, o con diseños representacionales. La típica gama de color incluye el negro, el amarillo pálido, el rosa pastel, el melocotón, el albaricoque y el azul. Originalmente tejidas a mano en China, las alfombras orientales se fabrican hoy en día en Rumanía, Irán y la India. Los precios son asequibles porque los costes de mano de obra son muy bajos. Las alfombras más caras se tejen

1 **Dhurry de algodón.**
2 **Kilim.**
3 **Alfombra persa.**
4 **Kilim.**
5 **Alfombra contemporánea.**

con seda, y las más baratas con lana.

Persa La principal ventaja de las alfombras persas es que su aspecto mejora con el tiempo. Son alfombras de gran calidad de lana anudada que alcanzan su mejor aspecto a los treinta o cuarenta años. La variedad disponible es muy amplia: algunas son de lana suave y otras son más recias. De forma habitualmente rectangular o alargada se fabrican en colores vivos con dibujos estilizados. El rojo profundo y el azul son los colores de fondo más populares.

Rya Alfombras de pelo largo de Dinamarca y Finlandia, con un efecto de flecos de los años sesenta, que vuelven a estar de moda. Se encuentran disponibles en colores intensos que se adaptan a los diseños contemporáneos y abstractos, y a menudo en formas poco convencionales como círculos y óvalos.

Sarape Mantas tejidas de forma basta, con extremos orlados de flecos, que se producen en México y en el sudoeste norteamericano. Los sarapes viejos con diseños de los indios navajos son caros y muy apreciados por los coleccionistas.

Turca Los turcos han invertido el reloj de la Revolución Industrial y vuelven a las costumbres antiguas de hilar la lana a mano y teñir con tintes vegetales. Son una buena inversión considerando que se hacen a mano. Cada región produce ejemplares de aspecto distinto, aunque los motivos religiosos se encuentran con facilidad en el diseño.

Estanterías

Las estanterías tienen dos funciones: proporcionar un modo de almacenamiento, ya sea abierto hacia la habitación u oculto detrás de las puertas de un aparador; y ofrecer una superficie sobre la cual exponer objetos. Evidentemente, ambas funciones no son mutuamente excluyentes. Si, por ejemplo, tiene una gran afición por sus libros y se refiere a ellos a menudo, merece la pena mostrarlos sobre estanterías abiertas: serán fácilmente accesibles, estarán protegidos de daños accidentales y añadirán un interés visual y una nota personal a la habitación.

3

1

4

5

Las estanterías no deben aparecer alineadas en una pared ni fabricarse a partir de tablas finas de madera. Sin embargo, es importante que tengan las proporciones adecuadas —si la estantería es demasiado fina, no sólo ofrecerá un aspecto débil, sino que se doblará bajo el peso de los objetos que soporta. Utilice las estanterías para añadir interés a la arquitectura de una habitación poco expresiva: encástrelas en una ventana, coloque estanterías de baja altura alrededor del perímetro de una habitación o continúelas de una habitación a otra.

2

Las estanterías pueden fabricarse a partir de casi cualquier material. El material más tradicional es la madera, pero una pared de estanterías de madera será cara y muchas personas eligen tablas fabricadas —como paneles de fibras de madera de densidad media— que son considerablemente más baratas, y una elección adecuada si su intención es pintar las estanterías (tiraría el dinero si pinta la madera). Las estanterías de melamina se fabrican a partir de tablas cubiertas con una superficie laminada y lavable. Las uniones en los cantos pueden ser poco atractivas, pero la melamina es una buena elección para los armarios de las cocinas o de las habitaciones infantiles, en las que los aspectos prácticos dominan sobre los estéticos.

Las estanterías de madera rara vez dejan de gustar incluso a aquéllos con poca formación estética, pero deben sellarse para protegerlas del polvo y de la suciedad. Si elige la madera para instalar estanterías nuevas, no desvirtúe el material y no las sobrecargue con una exposición excesiva. Las estanterías de cristal añaden profundidad y una ilusión de espacio, pero su superficie reflejante es difícil de mantener limpia. Las estanterías de rejilla industrial permiten que el aire circule

6

7

libremente pero son complicadas de limpiar.

Sea cual sea el material que elija, es importante que las estanterías estén bien sujetas y firmemente ancladas a la pared. Como guía general, las estanterías deben tener un soporte en cada extremo y a intervalos de 900 mm en toda su longitud. El método tradicional de soporte consiste en clavar un listón en la pared para sujetar la estantería, y listones o escuadras en cada extremo. También encontrará métodos más sofisticados, aunque probablemente deberá solicitar

la ayuda de un carpintero. Las escuadras angulares que se atornillan a la estantería y a la pared (o que se sujetan a unas guías verticales especiales) son baratas y eficaces, pero no demasiado atractivas.

Puede dar a las estanterías finas una ilusión de mayor profundidad añadiendo un «reborde» al borde frontal, que también ayudará a disimular los listones de soporte. Añadir un astrágalo o molduras decorativas a la parte frontal de la estantería también mejora el aspecto visual a un coste adicional mínimo.

1 Estanterías de madera contrachapada.
2 Cristal.
3 Metal cubierto de plástico.
4 Repisa de madera «empotrada».
5 Conjunto de estanterías independiente.
6 Estanterías empotradas en el marco de una puerta cancelada.
7 Estanterías tipo nicho hechas a medida.

Cuadros

Los dibujos y las pinturas pueden afectar de forma fundamental a la forma en que percibimos una habitación. Un gran cuadro en una pared atraerá la atención, y un conjunto de grabados mal alineados molestarán y distraerán. Como cualquier otro elemento en el esquema decorativo, los cuadros pueden utilizarse en un primer plano o en el fondo. Situar los cuadros al nivel de los ojos le anima a analizarlos. Colocar un espejo bien enmarcado o un cuadro destacable como motivo central en una habitación aumentará sus proporciones clásicas.

1

La gente tiende a estar muy satisfecha de los cuadros que expone. Cualquier cuadro que permanezca demasiado tiempo en un lugar llega a pasar desapercibido. La rotación de los trabajos artísticos de una habitación a otra revitaliza una habitación, celebra la calidad de la pieza y le invita a apreciarla desde un punto de vista diferente. A modo de contraste, apoye sus objetos favoritos en la pared o en repisas. Colocadas lado a lado, las obras de arte y los libros proclaman su diversidad de intereses. Apoyar las obras de arte en una repisa o en una mesa evita que los objetos tomen demasiado valor; además, es mucho menos serio que colocarlos en un lugar fijo. Esto también le permite la libertad de comprar algo sin preocuparse por dónde colocarlo. Si no está muy convencido de hacer agujeros en la pared, puede colocar molduras para colgar cuadros sobre una chimenea o a lo largo de una pared desnuda, añadir un saliente, o emplear las molduras tradicionales para los cuadros y colgar sus cuadros de ganchos.

En un espacio poco expresivo, merece la pena ser decisivo y organizar un punto focal gráfico. Puede diseñar el suyo propio mezclando diferentes formas, tamaños y estilos artísticos. Los enfoques convencionales disponen

los cuadros con la simetría como guía; la alternativa no convencional renuncia a la lógica lineal y se inclina por la extravagancia. Decídase por cualquier arreglo que sea agradable a la vista. Antes de hacer agujeros y colocarlo definitivamente, disponga su diseño sobre el suelo.

Probablemente las cosas que aprecia —las expresiones de su gusto— se complementen entre sí y ofrezcan un buen aspecto juntas. A menudo el más agradable de los interiores está formado por una colección inmensa de dibujos y artes de diferentes siglos y culturas, arreglado y dispuesto por instinto. Los grupos temáticos también atraen la atención, como ocurre en una habitación llena de grabados arquitectónicos. Una colección de grabados botánicos de la misma fruta o vegetal transformará una zona en una habitación de grabados del siglo XVIII, que puede tener su atractivo, pero que inhibirá las actividades generales. El pedigrí no es importante, pero el ambiente sí lo es.

Se pueden enmarcar telas antiguas, fotografías, postales viejas o dibujos de la infancia, ya que todo puede calificarse como «arte». Lo que resulta limitador es elegir una pieza de arte basándose en la decoración, esto es, elegir un cuadro verde para una habitación verde. Ya sea que tenga un

2

solo cuadro o una gran colección, deje que la habitación crezca alrededor de ella. Aunque la compra de objetos de arte puede ser una inversión, debe comprar con convencimiento. Dejar una pared desnuda durante una temporada no debe considerarse incorrecto. Ante la duda, un espejo puede proporcionarle la magia necesaria. Los espejos dan libertad a las habitaciones pequeñas abriendo e iluminando los espacios reducidos. La gama disponible es maravillosa, e incluye marcos para montar en casa.

3

MARCOS

Si un cuadro vale más que mil palabras, también merece la pena mostrarlo destacando todas sus cualidades. Esto no solo implica la elección de un lugar adecuado para colgarlo, sino elegir también el marco adecuado. Los marcos medianos y grandes ayudan a ampliar los espacios añadiendo una sensación de proporción y profundidad. Los marcos pequeños enfocan la vista en el detalle.

Es importante adecuar el estilo del marco a su contenido. Merece la pena invertir en los marcos de sus obras de arte así como en fondos de algodón o de papel de lino. Asegúrese de que los fondos de papel están libres de ácido, o se arriesga a dañar irreparablemente sus cuadros o grabados. La madera oxida las imágenes y produce manchas a menos que interponga una capa protectora entre ésta y su obra de arte. No aplique nunca cola o cinta adhesiva al reverso de un grabado o dibujo valioso.

En lo tocante a enmarcar los cuadros, las opciones van desde el más sencillo y económico hasta el ornamentado con gran elaboración. El marco de «clip» está compuesto por dos placas —una de cristal y la otra de tabla— y un «clip» en la parte superior e inferior. Es un marco sin contorno definido, diseñado de forma simple y elegante para permitir que lo que contiene se convierta en el elemento principal.

Los marcos antiguos vacíos pueden colgarse con gran efecto artístico en la pared para saborear su mérito intrínseco, o convirtiéndolos en espejos. Acuda a mercadillos y casas de subastas para encontrar marcos de gran carácter y reemplace los detalles y las pequeñas roturas con arcilla de modelar y escayola artística. Sin embargo, asegúrese de que lo que coloca en ese marco es adecuado para él: una humilde acuarela comprada durante las vacaciones parecerá pretenciosa y perderá su encanto al colocarla en un marco elaborado.

4

Los marcos tallados y dorados estilo Luis XIV y Luis XVI, los estriados del siglo XIX francés y los marcos calados y dorados (roble con dorado mate) fueron diseñados para ser vistos a la luz de las velas. Estos marcos son muy indicados para espejos y pueden adquirirse por un precio considerablemente inferior al de un espejo nuevo de tamaño y escala similares.

Confeccionar sus propios marcos también es una tarea que merece la pena emprender. Las molduras se pueden adquirir en las carpinterías locales, proveedores de yesos decorativos o tiendas de grabados, que también venden monturas. Puede dorar los marcos pintándolos con una pintura dorada de buena calidad o abrillantando marcos craquelados sucios con ceras metálicas que puede adquirir en tiendas de material para bellas artes.

1 Cuadro de gran tamaño como punto focal.
2 Colección temática.
3 Cuadros apoyados en repisas.
4 Bocetos colgados de un cable tensado.
5 Marco vacío colgado delante de una estantería de libros.

5

Acabados finales

Conforme la vida se torna más compleja tendemos a exigir una mayor simplicidad en el hogar. Acabar una habitación no quiere decir que deba llenarla de objetos o adornarla con orlas y lazos. Los interiores delicadamente cómodos y sencillos nos relajan y satisfacen nuestras necesidades de forma mucho más eficaz que un decorado temático o un paquete estilístico prefabricado. En lugar de preocuparse por los contenidos de una habitación, busque unos cuantos artículos bien elegidos que reflejen su estilo personal y su forma de vida.

Resulta de gran ayuda pensar en los acabados finales de un contexto más amplio que no abarque únicamente la sala de estar. Los accesorios necesarios para la vida diaria ofrecen la oportunidad de expresar nuestra forma de ser. Alinear una serie de toallas de baño en brillantes tonos de amarillo azafrán, azul marino o fucsia es ya una nota artística. Las líneas onduladas de un cuenco de cristal acanalado y la simetría de unas jarras de leche dispuestas en tamaño ascendente sobre una repisa en la cocina poseen una simplicidad y una belleza sutil que es fácilmente apreciable. Los cazos y las sartenes colgadas cerca del horno, un aparador con puertas de cristal lleno de platos y vasos o una brillante batería de cocina combinan el atractivo estético con los objetivos prácticos.

En el salón, las exposiciones son más efectivas si se basan en un interés o una afición particular. Un microscopio empleado en su infancia, un atril de latón o un viejo maniquí pueden constituir la base de la exhibición. En ocasiones, cuanto más idiosincrática sea la combinación de objetos, mejor resultado tendrá. El error consiste en exhibir objetos que considere que le otorgarán un cierto estatus ante los ojos de sus invitados. Una exhibición no sirve para alardear, sino para compartir sus auténticos entusiasmos y aficiones.

La discreción es fundamental en una exhibición. Esto significa que debe tener en cuenta los elementos ordinarios aunque esenciales —como papeleras, interruptores de luz y accesorios para puertas— para asegurarse de que los detalles poco agradables o mal diseñados no se conviertan en una nota destacable.

COLECCIONES

El hogar es un refugio natural para las colecciones. Hay un elemento orgánico y un toque de locura en una colección auténtica, que desafía a la lógica e ignora el valor de mercado. La mayoría de los coleccionistas natos no pueden evitar adquirir los objetos deseados mucho después de haber agotado todos los espacios disponibles en casa. Las teteras, los teléfonos antiguos, los juguetes de latón, los saleros y pimenteros y muchos otros artefactos efímeros han inspirado grandes pasiones coleccionistas. Para la mayoría de nosotros una colección nunca alcanza tales grados de obsesión. Pero todos tenemos una vena adquisitiva y la exhibición de nuestras cosas favoritas dan vida y humor a nuestro entorno diario. La madera envejecida, las conchas y las piedras recogidas en la playa, los fragmentos de cerámicas decoradas desenterradas en el jardín, las postales y las fotografías no tienen ningún propósito especial, pero se atesoran como recuerdo de unas vacaciones perfectas, la emoción de un descubrimiento o el simple atractivo del color o la forma. No hay reglas para este impulso instintivo sino el puro placer personal, pero puede realzar sus objetos expuestos clasificándolos en grupos cuya semejanza se base en un color, en una forma o en una procedencia común.

MESAS AUXILIARES

En los años veinte, la mesa auxiliar se convirtió en parte de la vida doméstica. Una mesa de baja altura era la superficie rígida próxima al diván en la que se colocaban una copa de cóctel y la pitillera. La «mesa de café» hizo su debut en 1939 en un catálogo americano de muebles que la mostraba como una mesa que alcanzaba la altura de la rodilla, sobre la que se situaba una cafetera. Aunque no es del agrado de todos, para la mayoría la mesa auxiliar es un accesorio indispensable en el salón. Quizá desee iluminar su superficie con lámparas de lectura o de mesa y poder apoyar un vaso en ella sin pensárselo demasiado. En este aspecto, la altura y las dimensiones son puntos importantes a tener en cuenta. No querrá que estas mesas auxiliares bloqueen una ruta de tráfico importante, pero tampoco deseará realizar una maniobra extraña al intentar alcanzar su taza de café.

Una gran mesa de café puede dominar una habitación. Situar varias mesas pequeñas cerca de un sofá es igualmente funcional, pero resulta menos imponente. Los escabeles, siempre y cuando no estén excesivamente tapizados, pueden convertirse en mesas auxiliares muy

útiles. Una mesa de mimbre evoca un clima más exótico. Un tablero de color paja proporciona un fondo neutro sobre el que disponer lámparas y objetos con gran efecto. Si busca algo ligeramente diferente a la mesa auxiliar central, los baúles antiguos pueden realizar la misma función, al tiempo que le proporcionan un lugar adicional para el almacenamiento.

BIOMBOS

Un biombo le permite prescindir de las puertas, aunque define los límites de un espacio. Los biombos pueden cubrirse con tela, papel pintado, postales, tarjetas de felicitación o bocetos, acolcharse con un único trozo de tela lujosa o con retales sobrantes de diferentes calidades, y acabarse con cintas, guingán o cuerda.

Puede utilizar un biombo para aislar una sección, disimular objetos detrás de él, crear un lugar de descanso o el comedor. Un biombo puede fabricarse a partir de trozos de panel de fibras de madera de densidad media o tableros de aglomerado unidos con bisagras, tela tensada sobre paneles acolchados o papel pintado adherido a tableros de contrachapado. Las estructuras de cristal unidas con bisagras forman una barrera a través de la que puede mirar. Las mallas de latón o de aluminio dividen una habitación de la misma forma. En lugar de puertas de aparador, puede emplear cortinas de lino o paneles de cristal esmerilado para crear las particiones correspondientes.

POMOS Y TIRADORES

Los contactos, pomos y bisagras de una puerta, siempre y cuando sean originales e ingeniosos, son un importante punto de reforma. Son una forma rápida y asequible de cambiar incluso la superficie más humilde. Estos accesorios pueden contrarrestar las características negativas y la edad de cualquier casa, puerta o mobiliario.

Tradicionalmente los aparadores tenían un tirador de cristal, la puerta del salón o del comedor tenía un pomo de bronce o de latón, y las puertas principales una gran aldaba o contacto. Los accesorios fabricados a partir de resina relativamente barata y aluminio fundido visten las puertas y los aparadores con un espíritu y vigor renovados.

Una antigua cómoda puede arreglarse con un nuevo juego de tiradores que se sujetan fácilmente con ayuda de un destornillador. La gama disponible incluye estrellas y flores de bronce, ramitas recogidas en una salida al campo o conchas de la playa. Puede adecuar el pomo de la puerta a la función de la habitación —abra la puerta del baño con un pez o vieira y la puerta a la habitación infantil con un dinosaurio de plástico. Los tiradores no tienen por qué ser todos iguales; los diseñadores a menudo emplean accesorios complementarios, aunque no idénticos, para los cajones de un escritorio o las puertas superiores e inferiores de un aparador; ello añade un detalle que da vida a una habitación sin ser un elemento que destaque demasiado.

1 Jarrón con flores.
2 Accesorios para el baño.
3 Colección temática.
4 Mesas auxiliares.
5 Biombo plegable.
6 Tirador y bisagras de una puerta.
7 Aldaba.

4

Como regla general, resulta más recomendable establecer relaciones entre los accesorios de una puerta y el espacio entre aquéllos y el mobiliario. Las cerraduras silenciosas e invisibles y las puertas desnudas que se abren al tacto son muy modernas. Nada perturba o se adentra en el espacio abierto, ni siquiera un pomo.

Los accesorios antiguos para las puertas no cuestan más que los nuevos, sólo necesita la determinación para encontrarlos. Acuda a los mercadillos y las tiendas de segunda

mano para encontrar cerraduras antiguas de hierro forjado o de latón, tiradores del siglo XVIII o bisagras de cola de rata.

La forma en que se abre una manija es muy importante. Las bisagras deben permitir que una puerta gire correctamente y sin ruido; los pomos y las manijas deben ser agradables al tacto y fáciles de manejar. Si el contacto de una puerta de madera se mueve significa que está mal sujeto y que se desprenderá en cualquier momento. Los accesorios de madera deben estar encolados y atornillados en su lugar. Los pomos de cerámica se fijan en el reverso por medio de un perno. Los de porcelana deberían llevar una arandela de plástico o caucho para separar la pieza de porcelana del contacto; dos piezas de porcelana que se rozan continuamente producen una tensión elevada que puede conducir a la rotura de la placa trasera.

Si no lo recubre, el latón debe pulirse con regularidad; de lo contrario, la humedad del aire y de sus manos lo mancharán. Las manijas y los pomos de latón sólido son muy resistentes y no se abollan con facilidad. Los accesorios de latón hueco no lo son tanto, y si un pomo choca con el de otra puerta es probable que se abollen.

5

6

Los accesorios de acero inoxidable o hierro no presentan problema alguno. El hierro colado se produce en las fundiciones y el acero inoxidable en las fábricas. Las manijas más adecuadas, desde la perspectiva del diseño multigeneracional, tienen un asidero de tamaño generoso fácil de manipular por los enfermos artríticos y los niños mayores.

FLORES

Las flores son la quintaesencia de los acabados, en cualquier lugar de la casa. Aportan color, vida y la dimensión vigorizante de la fragancia a una habitación, reflejando las estaciones cambiantes y proporcionando un poderoso recuerdo del mundo natural. Si tiene un jardín, las plantas en macetas o las flores cortadas se convierten en una forma de introducir el exterior en casa; si vive en la ciudad, las flores le proporcionarán una brisa de aire campestre.

Puede decidirse por un color dominante en un esquema decorativo con la elección de flores del mismo tono, o bien inyectar una nota de vivo contraste. En habitaciones escuetas, mínimas, las formas esculturales de las ramas y ramitas contorsionadas tienen una calidad que recuerda al «Zen». Los arreglos formales de los floristas siempre son rígidos y artificiales; un generoso ramo de sencillas flores de jardín en un jarrón tiene un atractivo natural difícil de superar.

Mantener su casa provista de flores frescas no le supondrá un gasto excesivo. Las flores de temporada tienden a ser más baratas que los especímenes exóticos o los que se compran de forma temprana de los invernaderos. Si tiene un jardín, puede cultivar flores especialmente para su corte y mantenimiento en el interior, y complementar las flores con follaje, rama o bayas. Durante los meses de invierno, cuando las flores son escasas, los arreglos estacionales con vainas, ramas de plantas perennes, hojas secas o bayas brillantes resulta más que satisfactorio.

Las posibles variaciones son infinitas. Una única flor en un tubo de ensayo, brillantes cabezas florales flotando en un cuenco plano a modo de centro de mesa y flores silvestres en una antigua regadera son arreglos curiosos que deben su efecto tanto al recipiente que los contiene como a las flores. También puede colocar las flores en viejos tarros de mermelada llenos de agua y esconder éstos dentro de recipientes —como cestas— que no son estrictamente impermeables.

Al igual que ocurre con cualquier arreglo decorativo, el tamaño y la masificación crean un cierto impacto.

7

Un grupo de pequeños jarrones con flores distribuidos en la habitación despiertan una fracción del interés que proporciona un único arreglo suntuoso en un lugar clave.

El encanto de los invernaderos nos demuestra que las plantas de interior son más eficaces en grupos, cosa que tiene un cierto sentido práctico ya que, generalmente, sólo un número reducido de lugares en una casa proporcionan las condiciones adecuadas para el crecimiento. Las macetas con hierbas aromáticas alineadas en el antepecho de una ventana le proporcionan un jardín culinario; los helechos crecen bien en la atmósfera húmeda de un baño. Adquiera varios especímenes de su variedad preferida para conseguir el máximo impacto; la dispersión de especies diferentes adolece de una falta de coherencia.

Durante los últimos treinta años ha aumentado, de forma increíble, la popularidad del «hágalo usted mismo» como una manera de llevar a cabo una serie de habilidades manuales en el hogar; no obstante, ello ha conducido a una tendencia preocupante por alterar, remodelar y «mejorar» las cosas por el puro placer de hacerlo. No importa lo poco materialista que le parezca ser: una casa o un apartamento es una máquina que trabaja. Al igual que un coche, necesita de un servicio regular y de combustible, pero mientras funcione bien, déjelo en paz. Si no lo hace, puede acabar con el delicado equilibrio que a menudo existe entre el funcionamiento y la avería. También creará problemas que suelen tener soluciones extremadamente caras, y que reflejan el desagrado de los profesionales que se ven obligados a arreglar el trabajo chapucero de un aficionado.

Por supuesto que es capaz de construir un *jacuzzi* en el terrado o una extensión en el desván, y seguramente lo hará muy bien. Pero no lo haga antes de arreglar la gotera en el techo, o, lo que es más importante, tomar precauciones para que no se produzca. Casi todo lo que presentamos en esta sección es factible y realizable, incluso sin que se rompa el cuello, se dispare su presupuesto y sin crear un caos doméstico que incluso el gato abandone la casa.

Sin embargo, todo tiene su precio. El tiempo, incluso su propio tiempo libre, es dinero que podría emplearse de mejor manera. Habitualmente, el único recurso que necesita es el tiempo, pero ésta es una valoración que únicamente usted puede hacer con sinceridad. Así que no caiga en la sencilla trampa de hacerlo todo a menos que esté absolutamente seguro de que posee las habilidades necesarias. Y lo que es más importante, de que está seguro de que realmente quiere realizar ese trabajo. De esta forma se interesará por ello, se involucrará en la tarea y disfrutará con la experiencia. Si emprende un proyecto con miedo o aversión, el fracaso está prácticamente asegurado.

Convertir su casa en un lugar que refleja su propio estilo y en el que las situaciones potencialmente peligrosas se minimizan es sólo cuestión de sentido común. En este caso, el freno al pie de la escalera la sujeta firmemente al suelo.

1

1 Muchos accidentes domésticos afectan a los niños en la cocina. Si mantiene las superficies lo más libres posible podrá preparar la comida de forma eficaz al mismo tiempo que reduce el riesgo de accidente.
2 Las escaleras son un peligro potencial, en particular para los más jóvenes, los más viejos y los minusválidos. Asegúrese de que los pasillos y las escaleras están bien iluminados y de que hay un pasamanos o barandilla a lo largo de la escalera al cual asirse.

2

La planificación y el seguimiento de un programa de trabajo es difícil; siempre surgen obstáculos inesperados que ocasionan retrasos. Instalar un nuevo marco para la ventana, por ejemplo, puede revelar que éste presenta una pudrición seca (de origen fúngico) que debe erradicarse totalmente antes de proceder con el proyecto original. De este modo, se verá obligado a vivir con un gran agujero en la pared, cubierto con una lámina de polietileno, hasta finalizar la tarea. Sin embargo, desde el punto de vista positivo, habrá diagnosticado, analizado y curado un defecto extremadamente serio que podría haber sido ignorado en el pasado. Como regla general, no comience ninguna tarea el sábado, y que no pueda acabar el domingo por la noche. Recuerde que el lunes por la mañana comienza otra vida.

Sea organizado, haga listas de trabajo, asigne prioridades a los trabajos y pida los materiales con antelación. Si le gusta escribir las cosas, lleve un diario de trabajo, anote las lecciones aprendidas, los problemas a los que ha hecho frente, los errores cometidos o los «atajos» que ha descubierto. Toda esta información podría ser de gran valor en el futuro. Con las prisas resulta fácil olvidar qué madera ha sido imprimada y cuál requiere una capa base. Ambas tienen un aspecto similar, por lo que podría perder tiempo repitiendo el trabajo para asegurarse. Si tiene la sensación de que va a enfrentarse a lo imposible, convénzase de que existe una forma más fácil de hacer las cosas si se sienta con una ta-za de café y dedica media hora a reflexionar sobre el problema.

Tenga cuidado con su persona y tómese un tiempo para fijar medidas de seguridad. Vístase para la ocasión con un mono o cualquier ropa cómoda y práctica. Los tejanos, camisas de cuello abierto y zapatillas pueden parecer adecuados en los anuncios de televisión, pero ofrecen escasa protección en un entorno lleno de polvo y potencialmente peligroso.

Lleve guantes y gafas de trabajo siempre que sea posible; utilice mascarillas y tapones para los oídos en entornos ruidosos o con mucho polvo, incluso si no parecen convenientes, o incluso irrelevantes.

Puede parecer embarazoso tener que llevar un casco en su propia casa, hasta que una madera, una tubería o un trozo de pared le caigan encima. Si ve un clavo herrumbroso en una pared, deténgase y sáquelo inmediatamente. Infórmese sobre los primeros auxilios básicos y sepa dónde se guarda el botiquín.

Las precauciones referentes a la seguridad son principalmente cuestión de sentido común, pero algunas son aplicables a la mayoría de trabajos de bricolaje doméstico. No trabaje con herramientas o utilice escaleras cuando esté cansado. Cerciórese de que cualquier cosa en la que trabaje está segura. Nunca se estire para alcanzar algo si está subido en una escalera —baje y muévala.

Lea cuidadosamente todas las instrucciones de las herramientas y los productos químicos antes de utilizarlos, y archívelas como referencia para el futuro. Guarde todas las herramientas y los productos químicos fuera del alcance de los niños.

No es posible realizar un trabajo en condiciones sin las herramientas adecuadas. Hacer las cosas usted mismo debería permitirle ahorrar dinero suficiente como para comprarse la mejor herramienta para un trabajo en particular, ya se trate de cortar, de alisar o de taladrar. Alquilar herramientas es caro y consume mucho tiempo, a menos que esté seguro de que no va a volver a necesitar la herramienta nunca más o de que el precio de compra está totalmente fuera de sus posibilidades.

Evite convertirse en un coleccionista de artilugios. No existe una herramienta para todo uso. La precisión de una herramienta fabricada para un trabajo específico le ayudará a compensar la falta de habilidad. No obstante, recuerde que cualquier herramienta, incluso un destornillador inofensivo, es potencialmente peligrosa si no se emplea correctamente. Lea y comprenda las instrucciones y practique el uso de la herramienta de forma relajada, aunque manteniéndose alerta.

Pocos aforismos son más importantes que el que dice: «mide dos veces, corta sólo una». Una medición y unos marcajes bien hechos resultan vitales; de lo contrario, las cosas no encajarán. Las cintas de medir enrollables pueden tomar medidas de hasta 5 m y pueden fijarse en cualquier posición. Compre una cinta con una anchura de 16 mm para que se mantenga rígida incluso al medir una gran longitud. (Considere las

3

3 Un cobertizo
o aparador
especialmente
construido para las
herramientas le
proporciona el espacio
ideal para guardar los
utensilios para trabajar
la madera, los muebles
de jardín, la máquina
cortacésped y otros
accesorios similares.
4 Si es usted un
aficionado a las labores
de bricolaje resulta
lógico que quiera
cuidar sus
herramientas. Un
aparador para ellas
proporciona un
espacio concreto para
cada una, lo que le
invita a volver a
colocarla en su lugar
cuando ha finalizado su
uso, y le permite que
las herramientas no se
dañen o desgasten
innecesariamente
debido a la falta de
cuidados. Cerciórese
de que el aparador o
mueble tiene una
cerradura y que está
fuera del alcance de
los niños.
5 El atractivo de una
chimenea debe
contraponerse a sus
peligros potenciales.
Una rejilla evita que el
material combustible
caiga al suelo,
mientras que la
pequeña leñera
adyacente permite
almacenar los troncos
de forma discreta.

ventajas cuando no hay otra persona que le
ayude a sujetar la cinta contra la pared.)

Un buen nivel de unos 60 cm también
es fundamental; con él podrá asegurarse
de que las cosas son convenientemente
horizontales o verticales. También es imprescindible una escuadra de acero. De esta forma tendrá un ángulo de 90°, uno de
45° (para los ingletes) y una hoja deslizante aunque fijable de hasta 30 cm, de gran
utilidad para marcar y transferir motivos
repetitivos. Adquiera una con las marcas
de medición claramente grabadas en la
hoja. En las escuadras baratas únicamente
aparecen impresas y se borran con el roce.

Parece ser que la lista de cosas a comprar es interminable, incluso antes de
comenzar un proyecto. No puede tenerlo
siempre todo en existencia, pero lo que
debe tener siempre a mano es una buena
provisión de los componentes más básicos
—los tornillos. Resulta más económico
comprar cajas de cien o doscientos a los
distribuidores por correo, quienes generalmente ofrecen un descuento por pedidos
importantes. Salir a comprar tornillos conforme los necesita resulta caro y tedioso.

Una gran parte del trabajo de bricolaje
doméstico implica levantar objetos pesados;
una bolsa de cemento siempre parece estar
anclada al suelo. Mantenga la espalda recta
y utilice sus rodillas para impulsar el levantamiento.

Tenga mucho cuidado con los trabajos
de demolición; no se arriesgue con los elementos estructurales como los testeros
de las chimeneas o las paredes de carga
—llame a un profesional.

4

5

La seguridad en casa

PROTECCIÓN CONTRA INCENDIOS

Los incendios no sólo ocurren en las casas de otros. Un descuido con las cerillas, las freidoras, los fuegos en la chimenea y las colillas son causas habituales de incendios domésticos.

- Muchos incendios ocurren por la noche. Si huele el humo, puede que sólo tenga unos cuantos segundos para escapar.
- Olvide sus objetos de valor, despierte a todas las personas, y si determina rápidamente dónde está el fuego, cierre la puerta de esa zona. De hecho, todas las puertas deberían permanecer cerradas, ya que evitan que el fuego se extienda al resto del edificio.
- Salga rápidamente y pida que los vecinos llamen a los bomberos.
- Si la escalera está bloqueada, entre en un dormitorio, cierre la puerta y selle su contorno con ropa de cama o ropa. Sólo entonces debe abrir la ventana y pedir ayuda.
- Salte desde una ventana de un piso superior únicamente como último recurso; atenúe la caída descolgándose desde el pretil.
- Las llaves de las cerraduras de las ventanas deben guardarse cerca de las ventanas, pero no sobre el propio marco.
- Practique un simulacro de incendio; ante todo, no pierda la calma.
- Recuerde cómo tratar los distintos tipos de fuego. Los fuegos que se inician en la cocina, generalmente cuando se inflama el aceite, son espontáneos. Nunca vierta agua sobre ellos, ni emplee un extintor. No intente mover la sartén. Si puede alcanzar los mandos de la cocina, apague el gas. Cubra la sartén con una tapa, una toalla humedecida o la tabla de madera. Mejor aún, tenga siempre a mano en la cocina una manta ignífuga. Déjela sobre la sartén durante al menos 30 minutos, o el fuego podría rebrotar.
- El humo y los vapores que produce el poliuretano empleado en los muebles es tóxico, y aunque la fabricación y venta de rellenos de espuma sin tratar está prohibida desde 1989, cualquier mobiliario que haya sido comprado antes de esa fecha debería tratarse con un pirorretardante que puede aplicar usted

mismo y que ofrece una protección parcial. Si los muebles se incendian, salga de la habitación, cierre la puerta y llame a los bomberos.

- Utilice un extintor únicamente sobre los electrodomésticos después de desenchufarlos o de desconectar la corriente general. Nunca utilice agua para apagar un fuego de la televisión o del ordenador.
- Desconecte la corriente general y cubra los electrodomésticos con una manta ignífuga o una sábana húmeda.
- Recuerde que, incluso en una habitación llena de humo, los 50 a 75 mm de espacio sobre el suelo estarán libres de él.

PREVENCIÓN

- Instale alarmas de humo en las habitaciones en las que exista un riesgo de incendio —excepto en los cuartos de baño y en las cocinas donde el vapor del agua caliente o el humo de la cocción pueden accionarlas accidentalmente. Incluso la casa más pequeña debería tener como mínimo dos alarmas —una al pie de las escaleras y otra en el rellano. Compruebe las alarmas con regularidad y cambie las pilas cada año.
- Si tiene cristales dobles o rejas de seguridad en las ventanas, cerciórese de que todas ellas se abrirán en caso de emergencia.
- Es indispensable una manta ignífuga para la cocina; la mayoría de los extintores domésticos, debido a su tamaño, únicamente sirven para apagar fuegos pequeños. Debido a que las mantas ignífugas son distintas según el tipo de fuego, sería poco recomendable invertir en comprarlas todas, a menos que viva lejos de una estación de bomberos; cerciórese de saber cómo funcionan y de revisarlas regularmente.
- Los extintores de agua únicamente son efectivos sobre materiales como la madera o la tela, y no deben utilizarse sobre líquidos inflamables o fuegos eléctricos. Los extintores de espuma y polvo seco son adecuados para líquidos como grasas, aceites y alcoholes, y ocasionan mucha suciedad.
- Los extintores de dióxido de carbono o polvo seco sirven para apagar fuegos eléctricos. Deben usarse con gran cuida-

do ya que apagan el fuego con gases que a su vez son tóxicos o asfixiantes.
- No almacene materiales combustibles, como pinturas, dentro de casa; no deje desatendida una freidora ni seque la ropa frente a un fuego o calentador eléctrico. También estará más seguro y más sano si deja de fumar.

GAS

- Incluso una pequeña fuga de gas puede producir una gran cantidad de vapor altamente inflamable que podría provocar un fuego o una explosión. Si huele a gas en su casa, cierre la entrada principal cercana al contador, abra todas las puertas y ventanas, y apague todas las luces y fuegos eléctricos. No accione ningún otro interruptor y no fume.
- Si no es capaz de detectar una causa obvia, como un piloto apagado en el calentador, o en la cocina, llame a la compañía de gas.
- El gas natural es de uso popular. Los accidentes ocurren cuando hay fugas de las bombonas o en los cartuchos en el momento de sustituirlos o conectarlos. Esta operación debe realizarse al aire libre. Nunca fume ni acerque una llama a una bombona de gas en el momento de cambiarla. Compruebe regularmente las mangueras y las conexiones; puede localizar las fugas aplicando una solución jabonosa alrededor del punto sospechoso. Se formarán burbujas alrededor de cualquier fuga de gas. Almacene las bombonas de recambio de forma vertical, fuera de casa, aunque convenientemente aseguradas.
- Únicamente compre aparatos aprobados u homologados por la compañía de gas.
- Cualquier instalación, y el servicio anual de revisión, deben ser llevados a cabo por un servicio autorizado.
- Las revisiones también deben incluir las comprobaciones de la ventilación, lo cual implica que debe existir un sistema de ventilación sobre las ventanas y un ladrillo hueco dentro de un muro exterior para permitir la circulación del aire. Sólo los aparatos como los calentadores de gas con campana extractora que aspiran el aire necesario del exterior están exentos de esta estricta medida de seguridad.

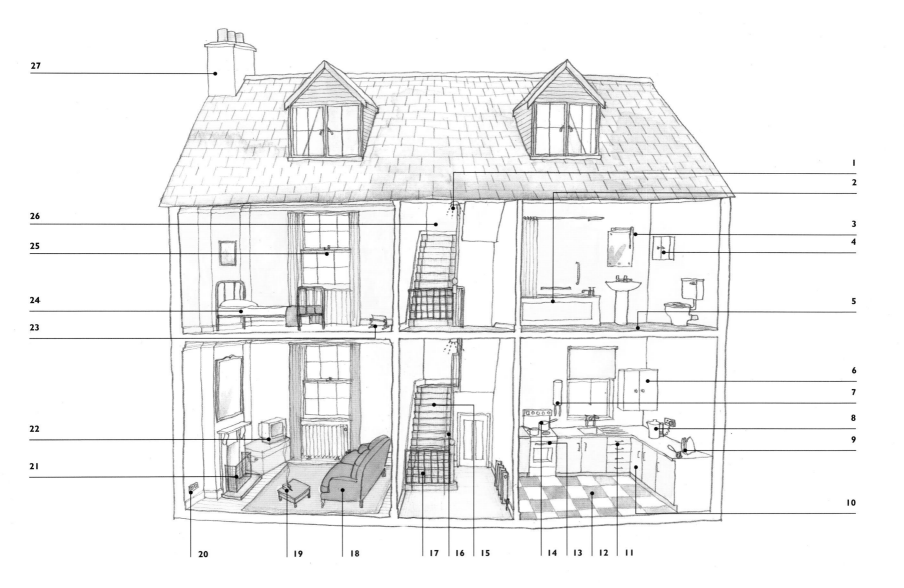

1 Instale al menos una alarma de incendio en cada planta: le proporcionará los minutos vitales para escapar, son baratas y fáciles de instalar. Compruebe las pilas regularmente y cámbielas cada año.

2 La bañera debe contar con un fondo antideslizante. Los asideros adicionales son una buena idea.

3 Los interruptores de cuerda son esenciales en el cuarto de baño. Cualquier equipamiento eléctrico en el cuarto de baño es potencialmente peligroso.

4 Mantenga los medicamentos fuera del alcance de los niños. Asegúrese de que el armario del cuarto de baño está provisto de una cerradura.

5 Instale un suelo antideslizante.

6 Guarde los productos de limpieza domésticos fuera del alcance de los niños.

7 Mantenga una manta ignífuga cerca del horno o de la repisa de la chimenea.

8 Los hervidores deben tener un flexible en espiral o ser inalámbricos.

9 Apague la plancha inmediatamente

después de su uso y colóquela en un lugar seguro para que se enfríe.

10 Instale cerraduras de seguridad en los armarios de baja altura que contengan equipo potencialmente peligroso.

11 Guarde los cuchillos afilados en un cajón o soporte especial para cuchillos, fuera del alcance de los niños.

12 Limpie cualquier derrame o mancha inmediatamente.

13 Lo ideal es mantener a los niños pequeños alejados de la zona donde se cocina.

14 Gire las asas de los cazos hacia dentro; y nunca deje una sartén o una freidora desatendida.

15 Mantenga las escaleras limpias de obstáculos y en buenas condiciones.

16 Compruebe que la barandilla está firmemente sujeta.

17 Si tiene hijos pequeños, instale puertas de seguridad en la parte superior e inferior de las escaleras.

18 Las telas y los elementos decorativos deben ser ignífugos; cerciórese de que han sido vueltos a tratar después de lavarlos.

19 Apague los cigarrillos correctamente; mejor aún, deje de fumar.

20 Instale tapones de seguridad sobre las tomas de corriente situadas a baja altura si tiene hijos pequeños; nunca sobrecargue una sola toma de corriente.

21 Todos los fuegos y los calentadores deben tener una rejilla de protección (guardafuegos); compruebe que los fuegos están controlados y son seguros antes de abandonar la casa o irse a dormir.

22 Apague cualquier electrodoméstico después de usarlo; para mayor seguridad, desenchúfelo de la red, en particular durante la noche o antes de marcharse de vacaciones.

23 Las estufas y los calentadores portátiles deben mantenerse alejados de los muebles, camas y cortinas; nunca seque la ropa cerca o encima de ellos, y apáguelos y desenchúfelos de la red antes de salir o irse a dormir.

24 Si tiene una manta eléctrica, siga con precisión las

instrucciones del fabricante.

25 Instale cerraduras de seguridad en las ventanas, pero compruebe que puede abrirlas rápidamente en caso de emergencia.

26 Las escaleras deben estar bien iluminadas; la iluminación artificial en las escaleras debe ser practicable desde arriba o desde abajo con conmutadores.

27 Si tiene una chimenea, limpie el tiro con regularidad.

LA ELECTRICIDAD

Muchas personas no emprenden trabajos eléctricos porque creen que se trata de una tarea complicada y potencialmente peligrosa. Es relativamente sencillo; una gran parte del trabajo supone levantar las tablas del suelo y seguir cuidadosamente el cableado. Es perfectamente seguro, interesante y productivo siempre y cuando sea cuidadoso y entienda totalmente lo que está haciendo. Sin embargo, en algunos países —como en Australia— es ilegal que cualquiera, salvo un electricista cualificado, emprenda un trabajo eléctrico.

- Apague la corriente general antes de comenzar a trabajar y nunca, bajo ninguna circunstancia, dé por hecho que un cable o parte eléctrica con la que va a trabajar está desconectado.
- Si cree que no es capaz de hacer un arreglo, deténgase y llame a un electricista cualificado.
- Nunca realice arreglos temporales. Solicite una comprobación de la instalación antes de conectarla si no dispone del equipo adecuado para hacerla usted mismo.
- Si prueba y comprueba todos los cables y componentes antes de comenzar a trabajar, estará seguro.
- Las comprobaciones sencillas del cableado doméstico se realizan fácilmente con un aparato de pruebas o «téster». Por ejemplo, puede comprobar que un circuito nuevo, o una extensión del mismo, están correctamente conectados. Pero los «testers» no sustituyen a la inspección adecuada de un instalador eléctrico. Por ejemplo, no son capaces de demostrar si una instalación tiene una buena toma de tierra ni si las modernas instalaciones de protección (magnetotérmico y diferencial) funcionan correctamente.
- Puede encontrar una amplia gama de aparatos de prueba o «testers» adecuados a sus necesidades. Todos ellos están provistos de instrucciones claras y disponen de dos sondas convenientemente aisladas, un indicador de aguja y/o luces, así como un interruptor para corriente alterna; son capaces de trabajar con voltajes de hasta 240 V. Los mejores se conocen como multímetros y pueden utilizarse para comprobar la continuidad y el voltaje de la corriente principal. No los confunda con un destornillador comprobador de neón, que contiene una luz de neón dentro del mango. Tome la precaución adicional de comprobar el «téster» antes de comenzar a trabajar.

- Cualquier aparato eléctrico que pretenda conectar a una toma de corriente tendrá al menos dos cables —uno marrón y otro azul. Muchos tendrán un tercero a rayas amarillas y verdes. Si los suyos son de cualquier otro color —rojo y negro, por ejemplo— el aparato será viejo y puede ser potencialmente peligroso, o podría ser importado y no cumplir con las especificaciones reglamentarias.
- Los aparatos fabricados totalmente de plástico o marcados con un símbolo de doble aislamiento —un cuadrado dentro de otro— son modernos y seguros. No necesitan una toma de tierra. Los enchufes que no estén sujetos con fuerza son muy peligrosos.
- La cantidad de aislante que debe retirar del cable varía de un enchufe a otro. Algunos fabricantes de aparatos los dejan libres, pero la longitud necesaria rara vez es la necesaria.
- Pocas personas tienen buen conocimiento del funcionamiento y estado de su instalación eléctrica; consecuentemente, no son conscientes de los problemas hasta que éstos aparecen. Los fusibles saltan por algún motivo. Puede ser que se trate de un envejecimiento, pero es más probable que haya un defecto en el circuito al que el fusible protege. Así pues, no se limite a reponer el fusible y a accionar nuevamente el interruptor, como hace la mayoría de la gente.

COMPROBAR EL SISTEMA

Puede llevar a cabo una comprobación sencilla de su sistema eléctrico. Comience por la unidad de consumo; en el caso de instalaciones viejas, en la caja de fusibles. Desconecte la corriente en el interruptor principal y con una linterna asegúrese de que la unidad está colocada con seguridad sobre un soporte ignífugo y de que la caja no está dañada. Compruebe los cables de entrada y salida. Los revestimientos deben entrar directamente en la unidad. Si encuentra cables con revestimiento de goma o de plomo, debe reemplazarlos a la mayor brevedad posible.

Sin accionar nuevamente la corriente, abra la unidad y busque cualquier grieta o signos de sobrecalentamiento. Retire los fusibles, si los tiene, uno por uno, y busque signos de daño o carbonilla. Compruebe que los fusibles con tapones de repuesto llevan un hilo del calibre correcto —simplemente compárelo con el hilo nuevo— y compruebe que éste está convenientemente sujeto por los tornillos terminales, pero que queda ligeramente suelto en el soporte; un hilo demasiado tenso se quema más fácilmente.

Una instalación eléctrica caduca extremadamente peligrosa estaría constituida por cajas de fusibles independientes para cada circuito individual, fusibles con tapones de repuesto, cables recubiertos de caucho, enchufes con agujeros redondos, interruptores de luz montados sobre bloques de madera, carece de medidor de continuidad en los circuitos de luz y no tiene tomas de tierra. Si su instalación tiene una o varias de estas características, sería conveniente cambiarla completamente; para ello debe solicitar la ayuda de un electricista cualificado.

TRATAMIENTO DE UNA DESCARGA ELÉCTRICA

Siempre que la trate con sentido común y respeto, la electricidad es relativamente segura. Los aparatos modernos están convenientemente revisados y tienen una toma de tierra, pero las descargas ocurren, especialmente si se produce una peligrosa combinación de agua y electricidad.

- Si alguien sufre una descarga eléctrica, interrumpa la corriente desenchufando o apagando el aparato. Si no puede hacerlo, no toque a la persona —ella podría transmitirle la corriente. Libere a la víctima con ayuda de una toalla seca, una cuerda o algo similar. Si es posible, libérela de la fuente eléctrica con un trozo de madera; como último recurso, utilice su ropa suelta para liberarle.
- Las personas que además hayan sufrido una caída pueden sufrir otras heridas; envuélvalas en una manta o abrigo para que conserven el calor y solicite ayuda médica.
- Las quemaduras causadas por descarga eléctrica deben tratarse como cualquier otra quemadura. Reduzca el calor de la herida con agua corriente fría y solicite ayuda médica.

INUNDACIONES

Las inundaciones más importantes ocurren cuando se rompe una tubería principal de agua o un río sale de su cauce. Sin embargo, a nivel doméstico, las inundaciones son con frecuencia el resultado de un descuido humano o de un error mecánico —una bañera que se desborda, una cañería de desagüe que se atasca o una fuga en la lavadora o en el lavavajillas. Puede tomar las precauciones adecuadas si vive en un lugar en el que las inundaciones por causas naturales se producen con asiduidad. El sentido común y un mantenimiento regular le ayudarán a proteger su hogar de las pequeñas inundaciones.

- Si vive en una zona en la que haya riesgos de inundaciones, tenga siempre preparados sacos de plástico grueso con arena o tierra. Éstos pueden colocarse en el exterior de las puertas y contra los ladrillos huecos en los muros de la parte inferior de las paredes. Si se presenta una inundación repentina, las puertas pueden hincharse, impidiendo su apertura, por lo que se vería obligado a romper una ventana como acceso.
- El agua de las inundaciones está con frecuencia contaminada con aguas residuales, por lo que las paredes y los suelos se deben limpiar a fondo utilizando una fuerte solución desinfectante.
- Cierre las tomas generales de gas y de electricidad y, cuando la inundación haya bajado, retire todos los muebles que pueda, levante las moquetas y otros recubrimientos del suelo y séquelo. Si la inundación ha sido grave, levante algunas de las tablas de soporte del suelo para bombear el agua atrapada con una bomba de gasolina (o bien eléctrica).
- En situaciones menos drásticas, saque el agua con cubos y seque el suelo en la medida de lo posible. Algunos aspiradores especiales le ayudarán a secar las moquetas; puede alquilar un deshumidificador para secar una habitación. Éstos también son muy indicados para eliminar las condensaciones y acelerar el proceso de secado del yeso antes de decorar. Tenga cuidado y no emplee los deshumidificadores con demasiado entusiasmo, ya que también pueden producir grietas importantes.

LA SEGURIDAD DE LOS NIÑOS

La mayoría de los padres han vivido auténticas historias de horror que afortunadamente no se han convertido en tragedias y que han ocurrido a los niños en casa. ¿Cómo se consigue que una casa sea segura para los niños? No resulta fácil averiguar lo que va a hacer un pequeño de dos años que en cualquier momento puede trepar a los lugares más peligrosos, y con una destreza asombrosa puede abrir una ventana y salir al pretil. En ocasiones ocurre, y es mejor estar preparado.

Algunas de las zonas peligrosas son bastante obvias; las escaleras y las ventanas parecen ejercer una fuerte atracción sobre los niños pequeños, al igual que los armarios donde se guardan los medicamentos o los productos de limpieza.

- Si tiene un bebé o un niño pequeño, compre rejillas de seguridad para las escaleras —elija un modelo que un adulto pueda abrir con una sola mano.
- Piense cuántas cosas de cristal están al alcance de un niño, no sólo las cristaleras, sino también los muebles, como los aparadores o las librerías con puertas de cristal. Los cristales rotos pueden, y de hecho, matan, por lo que todos los cristales de puertas y ventanas deberían sustituirse por vidrio laminado o bien recubrirse con una película especial (de acuerdo con UNE 43-301-74).
- Existe alguna confusión con respecto a los tipos de cristales de «seguridad»: el cristal laminado se agrieta con un impacto, pero se mantiene en su lugar gracias a la fuerte capa intermedia transparente; el vidrio endurecido se rompe en pequeños trozos, de la misma forma que el parabrisas de un automóvil.
- Nunca coloque objetos a los que un niño pueda trepar cerca de una ventana; decore los paneles grandes y de baja altura con adhesivos para enfatizar su existencia.
- Si utiliza mobiliario pintado de segunda mano en la habitación de un niño, lo más seguro es decaparla completamente y volverla a pintar, en caso de que la pintura original contuviera plomo. El contenido de plomo de la pintura y el barniz está actualmente regulado por ley, aunque la pintura que se utiliza en el mobiliario de metal aún tiene un contenido

relativamente alto de plomo. Busque las pinturas que no contengan plomo (llevan la etiqueta de «no-tóxica»).

- Si compra artículos de segunda mano, una cuna por ejemplo, compruebe que se ajustan a los estándares de seguridad, en particular con respecto a detalles como el espaciado de las barras.
- Cuando su hijo pasa a una cama para adultos, coloque una barandilla de seguridad en un lado; las mejores versiones forman un entramado tubular relleno con una suave malla. La necesidad de esta barandilla es imperiosa si el niño duerme en litera.
- Antes de decorar la habitación de su hijo, compruebe si ésta tiene suficientes tomas de corriente convenientemente colocadas. Asegúrese de que cada una de ellas tiene un tapón de seguridad y que no hay necesidad de colocar alargadores.
- Coloque protectores que recubran totalmente los radiadores de la habitación de los niños o compruebe que tengan una válvula controlada termostáticamente para modificar la temperatura del radiador a un nivel seguro.
- Un niño de tres años tiene la suficiente fuerza como para tirar una librería llena, por lo que debe sujetar cualquier mobiliario de este tipo a la pared.
- Coloque cerraduras de seguridad en todas las ventanas —compre cerraduras que permitan abrir la ventana ligeramente para poder ventilar las habitaciones. Compruebe que las ventanas pueden abrirse rápidamente en situaciones de emergencia.
- La cocina es, potencialmente, la estancia más peligrosa de una casa —incluso media taza de agua caliente puede provocar una quemadura. Disminuya el riesgo de derrames cocinando en los quemadores traseros de la cocina, lejos del alcance de los niños.
- Los aparadores y cajones de la cocina, de la nevera y del congelador pueden cerrarse con una serie de dispositivos sencillos y baratos, pero merece la pena comprar un protector de portazos para evitar que los más pequeños se pillen los dedos.
- Mantenga los cuchillos afilados fuera del alcance de los niños colocándolos en un soporte especial o en un cajón dotado con una cerradura de seguridad.

Fontanería de emergencia

Las tuberías revientan cuando el agua que contienen se encuentra a una temperatura inferior a los 0 °C, por lo que aumenta su volumen y las agrieta. Puede no llegar a darse cuenta hasta que el agua se descongela y se vuelve a establecer el flujo. Sin embargo, si durante una ola de frío el agua deja de salir de un grifo o no desagua correctamente, es muy probable que se haya congelado.

Una casa habitada y con calefacción tiene pocas posibilidades de sufrir una avería de este tipo, siempre y cuando las tuberías colocadas en lugares vulnerables, bajo las viguetas del suelo o en el desván, estén correctamente aisladas. La forma más sencilla consiste en revestirlas de espuma y tubos de plástico. De este modo, si sale fuera durante el fin de semana, o incluso una noche durante el invierno, evitará apagar la calefacción central durante el tiempo que permanezca ausente. Algunos sistemas de calefacción de instalación reciente están provistos de un termostato, pero como se sabe que en ocasiones no funcionan, es más seguro instalar un reloj.

Existen algunos sistemas de calefacción de tuberías que evitan la congelación —habitualmente se trata de un cable eléctrico de bajo consumo envuelto alrededor de los tubos y conectado a una salida eléctrica de 13 amperios. Algunos están conectados a un termostato que se acciona cuando la temperatura llega a un nivel bajo, mientras que otros tienen un control que aumenta progresivamente el calor producido conforme la temperatura del aire disminuye.

Si deja una casa vacía durante un tiempo prolongado en invierno, la única medida segura consiste en vaciar los sistemas de agua fría y caliente, aunque no el sistema de calefacción central, si éste contiene un anticongelante, como debería tener.

Después de apagar el calentador, sea del tipo que sea, cierre la entrada principal de agua y deje salir el agua por todos los grifos de agua fría y caliente. Si dispone de un grifo de purga en la entrada principal, evacúe también el agua que queda en la tubería a partir de ese punto. Drene también el depósito de agua caliente y accione todos los inodoros.

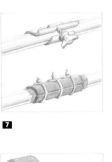

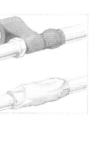

7 Si tiene una fuga en una tubería realice un arreglo temporal con un equipo de reparación de tipo abrazadera o grapa (superior); o improvisar con un trozo de manguera reforzada con alambre y cinta aislante (inferior).
8 Si tiene una fuga en una unión, emplee cinta de dos componentes (superior): aplique la primera cinta alrededor de la tubería; cubra ésta con la segunda cinta; haga un tercer recubrimiento con la tercera. También puede aplicar plastilina en la fuga (inferior).

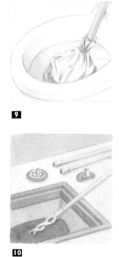

No olvide volver a llenar la instalación antes de conectar el calentador, sea eléctrico o de inmersión.

Los elementos mínimos que necesita para emprender una reparación de emergencia en fontanería es un manguito de unión y un compuesto obturador de fugas, un par de mordazas de fontanero o una llave inglesa, una llave de tuercas grande, un desatascador, aceite penetrante, una llave para los radiadores, una sierra para metales pequeña, un trozo de manguera con una abrazadera, un recipiente poco profundo para recoger el agua que gotea en lugares inaccesibles y una linterna hermética con pilas alcalinas.

9 Si el inodoro está atascado, intente desembozarlo utilizando una fregona vieja cubierta con una bolsa de plástico. Realice movimientos ascendentes y descendentes para deshacer el atasco. Puede resultar una tarea sucia, pero es sorprendentemente efectiva.
10 Si el inodoro continúa atascado, utilice varillas especiales para limpiar tuberías, y trabaje a partir de la arqueta más cercana. Puede ser necesario llamar a un especialista para realizar este trabajo.

QUÉ HACER EN CASO DE EMERGENCIA

A pesar de tomar todas las precauciones necesarias, puede llegar a tener una gotera o fuga. Una vez haya secado el suelo lo mejor posible, dedíquese a reparar el daño (o a detener la fuga hasta que llegue un fontanero). Puede realizar fácilmente una reparación semipermanente utilizando selladores para pequeñas fugas y abrazaderas y manguitos para los reventones.

Algunos selladores tienen dos componentes; debe mezclar los contenidos de dos tubos y aplicarlos a una tubería limpia y seca. Se endurecen en un día, pero puede acortar este tiempo echando aire caliente sobre ellos. Algunas personas recomiendan reforzar la reparación con fibra de vidrio especial o cintas autoadhesivas de PVC para obtener mayor seguridad.

1 Una válvula de compuerta regula el flujo de agua en algunas tuberías de baja presión. Cuando la manivela de metal (rueda) está abierta, el flujo de agua no está restringido; gire la manivela para cerrar el agua.
2 La llave de paso principal está conectada a la cañería ascendente principal y controla el flujo del agua. Gire la llave en el sentido de las agujas del reloj para cerrar el suministro de agua.
3 Sustituya la arandela de un grifo que gotea: cierre el suministro de agua y abra el grifo; retire la cubierta (puede estar sujeta a presión o mediante un tornillo) y desenrosque el cabezal (la tuerca encima del vástago, A); retire el vástago y sustituya la arandela (B); engrase las uniones y roscas y vuelva a montar el grifo.

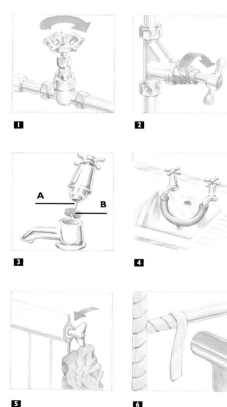

A   B

4 Para eliminar una burbuja de aire en un grifo, conecte el extremo de una manguera al grifo afectado y el otro a un grifo alimentado por la cañería ascendente principal. Abra ambos grifos al máximo: la presión de agua eliminará la burbuja.
5 Para eliminar una burbuja de aire en un radiador debe purgarlo: hágase con una llave especial de purga e insértela en la válvula de purga en el extremo del radiador; gire la llave en sentido contrario al de las agujas del reloj; sujete un paño bajo la válvula para recoger cualquier fuga de agua, vuelva a cerrar la válvula cuando el aire ha sido eliminado.
6 Las tuberías congeladas pueden descongelarse utilizando un secador de pelo; deshaga el aislante y aplique el aire caliente sobre la tubería.

11 Un desatascador de caucho puede ser todo lo necesario para desatascar un lavabo. Cubra firmemente el rebosadero con un trapo húmedo y realice movimientos ascendentes y descendentes sobre el desagüe atascado. **12** Si lo anterior no funciona, puede intentar eliminar el bloqueo en la tubería bajo el lavabo con un trozo de alambre que se impulsa a través del desagüe (no aparece en la ilustración). Si esto fallara, sería preciso acceder al sifón de forma más directa. Si el sifón es viejo y de plomo, coloque un cubo debajo de él y desmonte el sifón con una llave de tuercas. Las tuberías de plomo se doblan fácilmente, por lo que se deben sujetar firmemente mientras trabaja ayudándose de un trozo de madera. **13** Con las nuevas tuberías de plástico puede sencillamente desenroscar las juntas para desconectar el sifón. Esto puede crear un poco de suciedad, por lo que debe llevar guantes y un mono. **14** Si el atasco se ha producido dentro de la cañería de desagüe, puede ser suficiente emplear un alambre flexible para limpiar cañerías. Coloque un cubo u otro recipiente debajo de la tubería para recoger los desechos. **15** Si la alcantarilla exterior está bloqueada, utilice un paletín pequeño o un palo para romper los sedimentos en el sifón y después retírelos (use un par de guantes de goma gruesos). Finalmente, termine de limpiar la alcantarilla con el agua de una manguera.

Las abrazaderas rodean la tubería envolviendo una sección con una fuga. Generalmente se fabrican a partir de juntas revestidas de caucho envueltas en una funda de acero inoxidable. Se ajustan sobre la sección reventada por medio de una tuerca de palomilla o hexagonal. La reparación con un manguito corredero es la más permanente, aunque es ligeramente más complicada. Elimine la sección reventada y reemplácela por un manguito corredero que puede deslizarse sobre una parte de la tubería y después sobre la otra.

Volver a llenar las tuberías de agua a menudo crea burbujas de aire. Éstas son evidentes cuando aparece un flujo errático en los grifos, acompañado con frecuencia de silbidos y de chisporroteos. Las burbujas de aire pueden eliminarse conectando una manguera entre un grifo alimentado por la cañería principal ascendente y el grifo afectado, asegurando ambos extremos. Abra el grifo de la cañería ascendente. La presión del agua debería eliminar la burbuja de aire. Si las burbujas se producen con frecuencia, la cisterna de agua fría podría ser demasiado pequeña, o la válvula esférica que la alimenta podría estar bloqueada.

Los inodoros con fugas también constituyen un problema. El agua puede proceder de la junta de salida, que conduce a las cañerías cuando se descarga el agua. Esto ocurre a menudo en un inodoro de una planta alta porque la atmósfera más cálida seca la masilla entre la taza y el ramal a la cañería. Limpie la masilla seca con un destornillador o cuchilla y recubra la salida de la taza con unas cuantas vueltas de cinta aislante alrededor de la salida de la taza, cubriendo firmemente el empalme hacia la cañería. Rellene los espacios libres con masilla y aplique unas cuantas vueltas más de la cinta sobre la reparación para darle mayor firmeza. Esto debería tapar la fuga de forma semipermanente, pero debería prever la instalación de una nueva junta en un futuro próximo.

El único punto restante en el que puede gotear un inodoro es en la unión interior hacia la taza. Normalmente está hecha a base de masilla y puede sustituirse con facilidad por un conector de goma.

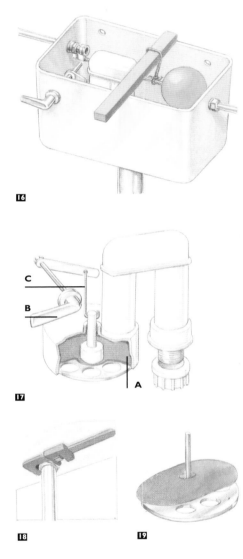

16 Para hacer reparaciones en la cisterna del inodoro lo primero que debe hacer es vaciar el agua. Retire la tapa de la cisterna y ate el brazo del flotador a un listón de madera apoyado transversalmente sobre el borde. Esto detendrá el flujo de agua. A continuación descargue la cisterna y seque cualquier agua restante. **17** Si es preciso hacer varios intentos para descargar la cisterna, debe reemplazar la válvula de mariposa (**A**) en el sifón. En primer lugar vacíe la cisterna (*véase* paso 16). Después siga el procedimiento indicado a continuación. **18** Utilice una llave inglesa para abrir la tuerca que se encuentra inmediatamente bajo la cisterna, así como la que sujeta el dispositivo del sifón en su lugar dentro de la cisterna (no aparece en la ilustración). **19** Desconecte la maneta de accionamiento (**B**) del brazo de metal (**C**) sujeto a la válvula de mariposa (**A**, *véase* paso 17). Levante el sifón, sustituya la válvula por una nueva, vuelva a montar el sifón y llene la cisterna.

Reparaciones sencillas en el tejado

Las goteras en el tejado y los canalones son una fuente constante de preocupación. Su reparación no supone mayores dificultades, aunque es un trabajo potencialmente peligroso. Un acceso seguro es sumamente importante, incluso para llevar a cabo las reparaciones más pequeñas. Considere imperativa la instalación de un andamio por parte de un profesional para realizar cualquier labor más complicada que la limpieza rutinaria de los canalones. Un andamio le dará la seguridad suficiente para efectuar cualquier reparación. Si no puede disponer de un medio seguro de subir y bajar del tejado, ni siquiera considere la posibilidad de emprender cualquier arreglo.

Casi con toda seguridad se verá obligado a alquilar una escalera para tejados con un gancho de caballete. Ésta se desliza por el tejado sobre unas ruedas para posteriormente girarla de forma que el gancho se sujete sobre el vértice del tejado. Únicamente necesita unas cuantas herramientas básicas, un par de zapatos flexibles y buen tiempo.

Probablemente no tendrá una idea concreta sobre el tamaño y el tipo de recubri-

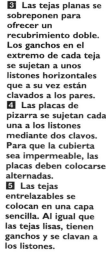

1 Una escalera para el tejado se desliza sobre él por medio de ruedas.
2 Cuando las ruedas llegan al caballete, gire la escalera de forma que el gancho se apoye sobre el caballete.

3 Las tejas planas se sobreponen para ofrecer un recubrimiento doble. Los ganchos en el extremo de cada teja se sujetan a unos listones horizontales que a su vez están clavados a los pares.
4 Las placas de pizarra se sujetan cada una a los listones mediante dos clavos. Para que la cubierta sea impermeable, las placas deben colocarse alternadas.
5 Las tejas entrelazables se colocan en una capa sencilla. Al igual que las tejas lisas, tienen ganchos y se clavan a los listones.

miento de pizarra, arcilla u hormigón, ni sobre cuántas tejas necesitará para reparar el tejado hasta que suba. Compruebe que sabe dónde conseguir recambios y que las piezas que necesita están en existencia.

En la mayoría de los tejados será precisa la sustitución de una teja en algún momento. Si cree que hay una gotera, el lugar exacto del daño no será obvio desde el interior de la casa a menos que suba al altillo mientras llueve. Entonces puede seguir la gotera hasta su punto de entrada, que puede estar a cierta distancia de donde cae al suelo. Utilice prismáticos para realizar una inspección externa del tejado. Pida al vecino que le deje mirar desde la ventana de una planta superior.

Las goteras pueden producirse en los contrafuertes, es decir, la parte superior de una extensión a un agua, o alrededor del tiro de una chimenea, donde los finos filetes de mortero se agrietan o se rompen. Éstas pueden cerrarse de forma económica, al menos a corto plazo, mediante una tira asfáltica autoadhesiva. Las tiras de plomo instaladas por un profesional duran más, pero son mucho más caras y difíciles de colocar. No intente reparar las tejas o pizarra agrietadas —sustitúyalas. Sin embargo puede utilizar una masilla sellante para llevar a cabo una reparación de emergencia.

Sustituir una teja simple es sencillo, ya que habitualmente están apoyadas una sobre otra y sujetas sólo por dos ganchos que se sujetan sobre listones o varetas. Utilice cuñas de madera para levantar las tejas de la fila inmediatamente superior a la teja dañada y deslice un paletín bajo la teja rota. Verá con qué sencillez está sujeta cuando retire la que está rota, con lo que la colocación de una nueva es igualmente sencillo. Sujete la teja nueva con el paletín y deslícela hacia el lugar en el que deben sujetarla los ganchos.

Las tejas de hormigón son más difíciles de reemplazar porque disponen de surcos entrelazables en un lado. Algunos tipos de teja disponen de clips de alambre o están clavadas de forma individual, aunque un ligero movimiento lateral soltará cualquier teja que se deba sustituir.

6 Sustituir una teja rota es relativamente sencillo. Coloque unas cuñas para levantar las tejas de la fila inmediatamente superior y levante la teja rota: podrá realizar esta operación a mano, pero será más fácil si emplea un paletín.
7 Deslice la teja de reemplazo hacia su lugar, colocando el gancho sobre el listón. Sin embargo, no podrá clavar la teja. Retire las cuñas de la fila inmediatamente superior, teniendo cuidado de no romper las tejas adyacentes.

8 Las tejas de barro se fijan sobre los aleros de un tejado inclinado. El gancho de barro en el extremo debe quedar atornillado a la cumbrera antes de colocar las tejas de barro: de esta forma se evitará que las tejas sueltas caigan del tejado.
9 Si se daña una teja del caballete (que impermeabiliza el ápice del tejado) o de la cumbrera, ésta puede reemplazarse fácilmente colocando una de recambio sobre un lecho de mortero nuevo. Deje un hueco debajo de la teja como aparece en la ilustración para permitir que el aire fluya libremente.

Las tejas de caballete (o de cumbrera) se emplean para impermeabilizar el ápice del tejado, mientras que las tejas de lima sellan las uniones externas donde se juntan dos tejados. Éstas pueden soltarse bajo la acción de los vientos fuertes porque el mortero con el que están sujetas es simplemente un material de relleno carente de resistencia suficiente.

Las tejas de caballete (o de cumbrera) se deben levantar con mucho cuidado, sumergir en un cubo de agua y volver a colocar con un lecho de mortero (una parte de cemento por cuatro de arena). Antes deberá limpiar el mortero viejo e impermeabilizar todos los extremos y bordes de la teja de reemplazo, aunque recuerde dejar su parte inferior limpia y abierta para permitir la circulación de aire y evitar que la madera del tejado se pudra.

Como alternativa, los distribuidores de materiales venden unos clips que dan a las tejas de caballete y de barro un agarre mucho mejor sobre el tejado. Las tejas de barro de las puntas finales se sujetan con unos hierros de extremo curvado que se atornilla directamente sobre el par. Si el mortero que se halla entre las tejas de lima o de caballete está agrietado ligeramente, utilice una pistola de sellar para inyectar una masilla no porosa.

Una placa de pizarra debe sustituirse de forma diferente. Los techos viejos de pizarra sufren corrosión —los clavos de cobre que las sujetan se pudren, provocando el deslizamiento y la caída de la placa de pizarra.

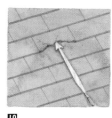

10 Para sustituir una placa de pizarra rota necesita un sacaclavos especial. Colóquelo bajo la placa rota y deslícela hacia un lado hasta que toque uno de los clavos que la sujetan. Tire del sacaclavos hacia abajo para que la punta saque o corte el clavo. Repita la operación con el clavo del otro lado. Una vez que ambos clavos estén rotos, saque la placa rota.

11 A continuación clave una tira de plomo de unos 200 mm de longitud y 25 mm de ancho a los listones del tejado en la posición indicada, utilizando clavos galvanizados.

12 Deslice la nueva placa a su lugar y doble la parte inferior de la tira de plomo para que sujete el borde inferior de la placa, doblándola hacia atrás para sujetarla firmemente.

Si la placa está dañada y suelta, se podrá extraer con facilidad.

Si está sujeta firmemente deberá alquilar una herramienta especial denominada sacaclavos —que se parece a una espada—, la cual se desliza bajo la placa rota, se mueve lateralmente hacia el clavo y después se tira de ella para que lo corte. Si tiene la oportunidad de volver a clavar las placas, utilice clavos de cobre o aluminio. No utilice otro tipo de material (tampoco galvanizado).

Las placas del tejado se sustituyen utilizando chapas especiales. Éstas son tiras de plomo de unos 20 cm de longitud y 25 mm de ancho, cuyo extremo superior se clava a un listón de sujeción. La nueva placa se coloca en su lugar y el extremo inferior de la chapa se dobla hacia arriba para sujetarla. Se trata de una reparación sencilla pero que puede venirse abajo si, por ejemplo, una carga importante de nieve que se derrite se desliza tejado abajo y desdobla la chapa.

Las olas de calor causan estragos en los tejados, ya que expanden y contraen continuamente la madera y las tejas, y agrietan las juntas de cemento que rodean la chimenea y, en las azoteas, desplazan y provocan ampollas en la tela asfáltica. El primer indicador de problemas puede ser una mancha húmeda que aparece en el techo. La mayoría de las azoteas se construyen a partir de tres capas de tela asfáltica colocadas sobre una base especial y unidas entre sí gracias a un adhesivo bituminoso. A diferencia de los tejados de tejas o pizarra, construidos a partir de varias partes diseñadas para moverse de forma independiente, la tela asfáltica depende de su elasticidad para expandirse o contraerse en respuesta a los cambios atmosféricos.

Las azoteas deben inspeccionarse al menos una vez al año. Su mantenimiento implica un cuidado mínimo: únicamente la limpieza ocasional de basura; una inspección cuidadosa de los puntos en los que la tela llega al tiro de la chimenea, rodea el conducto de humos de la calefacción central, algún desagüe o una ventana de buhardilla; y la limpieza de los canalones de gravilla u otros desechos antes de que lleguen a atascar los bajantes.

Busque las zonas en las que haya desconchaduras: en ellas es más probable que encuentre grietas, ampollas o burbujas. Trate una grieta eliminando en primer

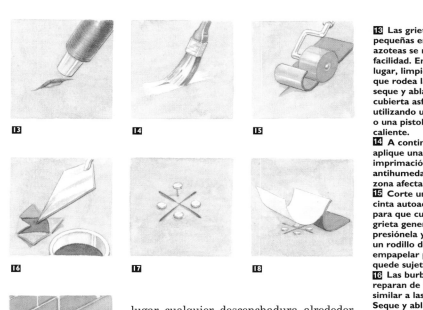

19 La cinta tapajuntas de plomo sella las uniones entre un tejado y una pared. Las grietas finas pueden repararse aplicando una capa generosa de masilla bituminosa para rellenar la grieta e impermeabilizarla.

20 Puede sustituir la cinta tapajuntas por una tira autoadhesiva. Limpie y prepare la superficie, después aplique una tira de cinta sobre el techo y la pared. Aplique una segunda tira superpuesta a la primera.

lugar cualquier desconchadura alrededor de ella. Utilice una pistola de aire caliente para secar la zona y ablandar la tela asfáltica. Utilice un soplete como alternativa.

Cuando la zona esté seca, límpiela con un cepillo, reaplique el soplete para fundir el asfalto y presiónelo con un rodillo de empapelar de madera. Finalmente cúbralo con una imprimación tapajuntas y aplique a continuación una cinta autoadhesiva cubrejuntas a lo largo de la grieta. Si ésta fuese muy ancha, rellénela en primer lugar con masilla bituminosa antes de aplicar la cinta cubrejuntas de plomo. Si encuentra una grieta en una cinta cubrejuntas en el punto en el que recubre una junta en un edificio (por ejemplo, donde un tejado toca una pared) puede sellarla con masilla bituminosa.

Las ampollas y las burbujas son producidas por el agua de lluvia que se filtra entre las capas de tela, y que después «hierve» a causa del sol. Repárelas de la misma forma que una grieta, salvo que debe hacer en primer lugar un corte en forma de X sobre la burbuja, retirando las puntas hacia atrás mientras se seca la tela que hay debajo. Las zonas desprendidas se sellan con un compuesto bituminoso frío antes de que se vuelvan a presionar con un rodillo de empapelar en su lugar. La reparación se remata adhiriendo un trozo de tapajuntas de plomo sobre ella. Cubra todas las reparaciones con una buena capa de gravilla para aumentar la protección.

13 Las grietas pequeñas en las azoteas se reparan con facilidad. En primer lugar, limpie la zona que rodea la grieta, seque y ablande la cubierta asfáltica utilizando un soplete o una pistola de aire caliente.

14 A continuación, aplique una capa de imprimación antihumedad sobre la zona afectada.

15 Corte un trozo de cinta autoadhesiva para que cubra la grieta generosamente, presiónela y séllela con un rodillo de empapelar para que quede sujeta.

16 Las burbujas se reparan de forma similar a las grietas. Seque y ablande la zona que rodea la burbuja, y después, con un cuchillo afilado, haga dos cortes en forma de cruz sobre la burbuja. Aplique una capa generosa de masilla bituminosa.

17 Presione las zonas levantadas hacia la capa de masilla y fíjelas en su lugar utilizando tachas galvanizadas. Aplique una capa de imprimación antihumedad sobre la reparación para sellarla e impermeabilizarla.

18 Retire el papel protector de un trozo de cinta autoadhesiva y aplíquelo sobre la reparación. Compruebe que la cinta está firmemente adherida utilizando un rodillo de empapelar.

Humedad y putrefacción

HUMEDAD ASCENDENTE

Si no se comprueba de forma regular, la humedad ascendente puede, en unos cuantos meses, provocar putrefacción húmeda, muy perjudicial, o putrefacción seca, que resulta catastrófica. Transformará su hermosa casa en algo sobre lo que incluso los agentes inmobiliarios tendrían dificultad en decir que «necesita algún arreglo», el eufemismo utilizado para describir un derribo. Incluso si encuentra *Merulius lacrymans*, el hongo de la putrefacción seca, en el sótano, existe una buena posibilidad de que pueda erradicarlo. En caso contrario, llame a un especialista.

Si su casa ha sido construida antes de 1875, es poco probable que las paredes tengan una hilada de aislante hidrófugo. La humedad ascendente penetrará en ellas a través de la pintura desconchada, el papel pintado despegado o el yeso deteriorado.

Existen varios remedios, todos ellos tediosos y prolongados, por lo que en primer lugar debería comprobar si la humedad está causada por una tubería o bajante roto, un enlucido dañado, una tela asfáltica porosa o rasgada, una fuga en un desagüe, o un pretil roto. Todos ellos pueden provocar los mismos síntomas que la humedad ascendente, lo mismo que una acumulación de tierra del jardín contra una pared exterior, que salva de forma eficaz la hilada de aislante hidrófugo.

Algunas humedades están provocadas por una ventilación deficiente bajo el entarimado. Ésta puede erradicarse instalando un ladrillo hueco más grande. Merece la pena alquilar un higrómetro, que cuenta con dos sondas que se introducen suavemente en el yeso, con luces que indican la presencia de humedad; estos higrómetros deben calibrarse cuidadosamente.

El remedio más efectivo también es el más difícil —instalar una nueva hilada de aislante hidrófugo. Retire una fila de ladrillos —un metro cada vez— e inserte ladrillos resistentes prensados a máquina e impermeables con mortero mezclado con un compuesto hidrófugo. La hilada de aislante hidrófugo debe situarse a unos 15 cm del suelo.

Resulta tentador arreglar únicamente la zona con la humedad, pero es más recomendable hacer toda la pared. Como alternativa, puede alquilar una muela angular y cortar un tramo horizontal de mortero entre los ladrillos, nuevamente 1 m cada vez.

Después insertará una nueva tira membranosa especial para este propósito en el hueco y lo sellará con mortero. La solución más sencilla consiste en inyectar un repelente de agua a base de silicona que actúa como barrera para toda la pared. Puede alquilar el equipo completo: una bomba eléctrica con media docena de boquillas.

La eficacia de este método depende de lo bien que el líquido impregne la pared. Supone taladrar agujeros de unos 2 cm de diámetro y separados por unos 10 a 15 cm, preferiblemente desde el interior de la casa, aunque es más fácil y ocasiona menos desperfectos trabajar en el exterior.

Los suelos y las paredes de los sótanos y bodegas están por debajo de la hilada normal de aislante hidrófugo y, por lo tanto, son particularmente propensos a humedecerse si la membrana que los protege se ha roto —pero también puede deberse a una avería obvia y de fácil reparación, como un desagüe roto.

El método tradicional de «aislar» las paredes con cuatro capas de enlucido de cemento y arena que contenga un compuesto hidrófugo es aún el más fiable, aunque el más difícil para un aficionado. Los suelos pueden tratarse fácilmente con un compuesto hidrófugo cubierto con un renglón de arena y de cemento. Pero si la humedad es realmente intensa, la única solución es abrir el suelo y recolocarlo sobre una gruesa membrana de plástico impermeable —labor indicada para los más atrevidos y los que estén en buena forma. Pida consejo a un profesional.

PODREDUMBRE

Las casas son increíblemente resistentes. Pueden aguantar una enorme cantidad de asaltos y malos tratos a manos de los menos habilidosos, pero capitularán rápidamente frente a un ataque de podredumbre, sobre todo si ésta ataca a la madera estructural del suelo o del tejado. No crea que está a salvo porque se ha comprado una casa nueva. Las prácticas incorrectas de los constructores, que almacenan la madera de forma inadecuada exponiéndola a la humedad durante meses antes de su utilización, implican que algunas casas se construyan con podredumbre seca incluida.

Si descubre podredumbre húmeda o seca en su casa, puede estar seguro de una cosa: el daño es peor de lo que parece. Resulta vital tomar algunas medidas inmediatas y elementales de cara a una reparación, pero primero debe identificar de qué tipo de afección se trata. La podredumbre aparece cuando la madera absorbe más de un 20 % de su masa y permanece húmeda durante un tiempo considerable.

La incorrectamente denominada podredumbre seca, mucho más dañina porque se extiende de forma muy rápida, precisa de la humedad para acumularse en lugares como los huecos del tejado, los baños y las cocinas. Su efecto sobre la madera consiste en producir un polvo de esporas de color rojo óxido sobre la superficie, mientras que el cuerpo de la madera se encoge, se astilla con un patrón cúbico, además de que aparecen grietas a lo largo de la fibra de la madera. Unas hebras de color gris, por las que se extiende el hongo, pueden ser el primer síntoma del ataque; otro síntoma son las manchas algodonosas sobre la madera. La forma más severa de ataque presenta la forma de una tortita suave.

La podredumbre húmeda se encuentra en lugares húmedos como sótanos y tejados. La madera se oscurece y presenta profundas grietas en el sentido de la fibra.

El tratamiento de la podredumbre seca implica llevar a cabo una reforma drástica: se debe eliminar la madera podrida incluyendo un margen de seguridad de al menos 1 m a cada lado de la porción dañada; se debe reemplazar por madera sana tratada con un líquido especial para matar el hongo que produce la podredumbre seca. Este líquido también debe pulverizarse sobre la madera circundante. El mejor método de sujetar la madera nueva es clavando pares de placas conectoras de acero sobre ésta y la madera sana antigua. Aleje y queme la madera infectada lo más pronto posible.

También se debe eliminar el yeso infectado dejando un margen de seguridad de 1 m; asimismo será necesario frotar las paredes con un cepillo de alambre y esterilizarlas con un líquido especial para matar la podredumbre seca. El tratamiento de la podredumbre húmeda es igualmente tedioso. En ambos casos resulta vital descubrir la fuente original de humedad que provoca la podredumbre para erradicarla.

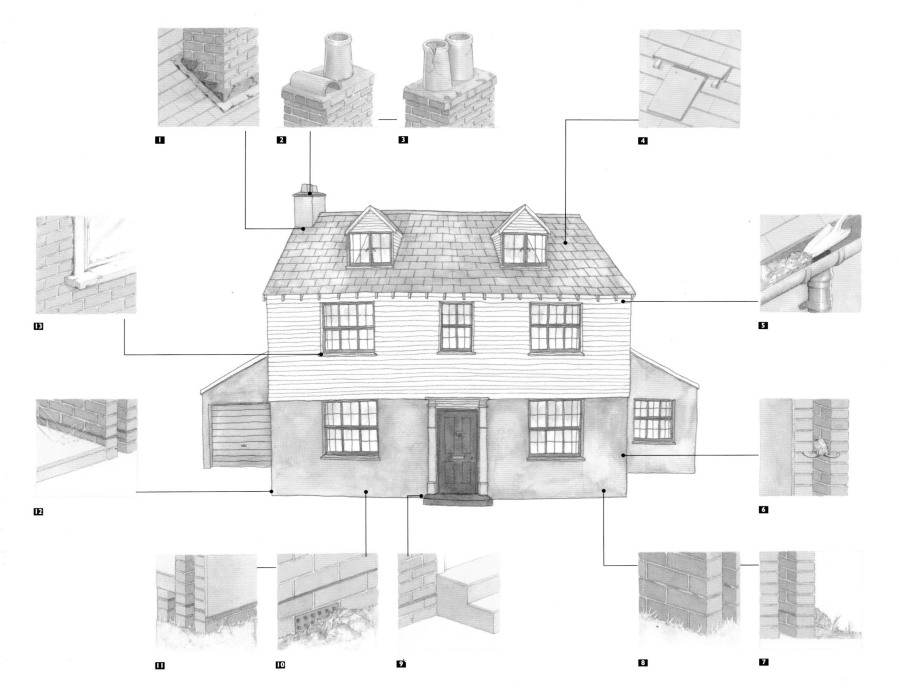

1 Compruebe que los tapajuntas de plomo que rodean la chimenea no estén sueltos ni dañados. Usted mismo puede llevar a cabo una reparación sencilla (*véase* pág. 247).

2 La lluvia que cae por la chimenea puede provocar humedades si el hogar ha sido bloqueado y carece de ventilación. Ventile la chimenea con un ladrillo hueco e instale una cumbrera o teja de caballete fijada con mortero sobre la parte superior.

3 Sustituya cualquier caperuza de chimenea rota o agrietada.

4 Sustituya cualquier teja suelta, dañada o faltante en el tejado (*véanse* págs. 246-247).

5 Elimine la suciedad y despojos de los canalones alejándose de los bajantes. Si los bajantes se atascan, utilice varillas para desatascar tuberías con objeto de eliminar los tapones; trabaje desde arriba.

6 Cerciórese de que no se atasca la suciedad en las cavidades de las paredes.

7 Una causa común de humedad ascendente es la tierra apilada por encima de la hilada de aislante hidrófugo. Compruebe que ésta no está bloqueada.

8 Los asentamientos pueden fracturar el aislante hidrófugo. En caso necesario, haga que un profesional instale uno nuevo.

9 Los escalones de hormigón construidos por encima o cruzando la hilada de aislante hidrófugo permitirán que la humedad ascienda hacia las paredes y acelerarán la expansión de la podredumbre de la puerta y de su marco.

10 Los ladrillos huecos proporcionan una ventilación esencial: manténgalos limpios y evite que se tapen.

11 Compruebe que el revoco exterior de la casa no se extienda por debajo del nivel de la hilada de aislante hidrófugo.

12 Un sendero construido a lo largo de la pared de la casa debería ser de menor altura que la hilada de aislante hidrófugo; es más, debe ser tan bajo que, durante una lluvia intensa, el agua no llegue a salpicar la pared por encima del nivel del aislante, ya que podría provocar humedades.

13 Proporcione un mantenimiento adecuado a los marcos de las puertas y las ventanas. Rellene cualquier grieta y hueco que pudieran tener. Mantenga limpios los canales de goteo de los pretiles de las ventanas y sustituya la masilla agrietada.

Aislamiento y asiento de la construcción

AISLAMIENTO

Aislar un desván no es un trabajo difícil, aunque provocará suciedad y polvo —lleve una protección adecuada para los ojos, una mascarilla para el polvo y guantes de goma. Recuerde que una vez aislado, el espacio situado bajo el tejado será probablemente uno de los lugares más fríos de toda la casa. Consecuentemente, debe colocar una manta aislante alrededor del depósito de agua fría. Acondicione una cubierta para él con una lámina de madera contrachapada y aíslela también. No hace falta que sea atractiva a la vista, sino únicamente cálida. Sin embargo, no coloque aislante en la parte inferior del depósito —el calor ascendente evitará que el agua se congele cuando hace más frío.

Todas las tuberías del desván pueden revestirse con un termoaislante utilizando tubos de espuma diseñados especialmente para adaptarse a ellas. También puede instalar un calentador de luz negra en el desván. El calentador puede permanecer encendido durante los meses de invierno. Simplemente calienta un poco el aire; su calor es prácticamente imperceptible.

Si utiliza el desván como almacén, debería colocar el aislante entre las viguetas y las tablas que las recubren. Si puede ver la cara inferior de las tejas de su tejado, grape una hoja de polietileno recia a la cara inferior de los pares, dejando libre la ventilación de los aleros. Pero si no hace nada más, compruebe que el depósito de agua caliente tenga una camisa aislante adecuada (para cumplir con la normativa UNE-53310781R). La amortizará en un par de semanas.

ASENTAMIENTOS DE LA CONSTRUCCIÓN

Las grietas que aparecen de forma repentina en techos y paredes pueden infundir un auténtico terror en el propietario más valiente. No se asuste, pero tampoco las ignore. Aunque es poco frecuente que una propiedad quede tan dañada por los asentamientos que sea necesario derruirla, las grietas constituyen un aviso inequívoco de que hay que hacer algo. Esto puede no ser más grave que una redecoración.

Los asentamientos ocurren cuando el suelo que se halla bajo los cimientos de un edificio se seca y comienza a desmoronar-se. Los suelos arcillosos son especialmente propensos a ello. Los asentamientos se presentan después de un verano especialmente largo y cálido, pero se atribuye con mayor frecuencia a los árboles plantados demasiado cerca de una casa que han absorbido la humedad del suelo. Los sauces, los álamos y los robles son particularmente «sedientos».

Si un árbol maduro crece cerca de su casa, no lo corte sólo para evitar las grietas. El hacerlo podría provocar un levantamiento del suelo a causa del hinchamiento de la arcilla por el retorno del agua y el aumento del nivel freático. Puede afectar a los cimientos muy profundos, levantándolos y agrietando las paredes por debajo del suelo, o debajo del piso y las repisas. Las raíces de un árbol pueden extenderse a lo largo de una distancia considerable, y como primera estimación, si la distancia entre el árbol y la casa es inferior a la altura del árbol, es muy probable que éste cause las grietas.

No hay reglas establecidas con respecto a los árboles, pero recuerde que desempeñan un papel muy importante en la estabilización del nivel hidrostático, por tanto, si el árbol estaba allí antes que la casa, en particular si es una especie madura, no lo toque, aunque sí puede podarlo un poco. A principios de la primavera rellene las grietas en las paredes que sospeche que ha provocado el árbol. No deberían reabrirse.

Si el árbol ha sido plantado más recientemente, lo mejor es retirarlo. Es posible que más adelante aparezcan grietas en las paredes; debe rellenarlas la primavera siguiente.

El suelo se encoge tanto vertical como horizontalmente, pero como la casa en sí protege al suelo que hay debajo, esta parte permanece relativamente estable. Más allá de la casa el suelo tiende a encogerse hacia abajo y hacia lo lejos, lo que provoca grietas diagonales en puertas y ventanas.

Si después de unas fuertes lluvias en invierno el suelo se encharca y las grietas parecen cerrarse de nuevo, esto indica que aquéllas se producen a causa del encogimiento de la arcilla.

Una parte de los asentamientos pueden ser debidos a una sobrecarga de los cimientos, que podría estar provocada por alteraciones en la propiedad. Aunque habitualmente las casas conforman una carga relativamente uniforme sobre todos los cimientos, en ocasiones —sobre todo cuando se hace un agujero grande en la pared para instalar un ventanal o una puerta de cristal— el dintel que soporta la carga del edificio ejerce demasiada presión sobre las pilastras a cada extremo del hueco, y los cimientos se hunden más en el suelo. Los suelos arcillosos, en particular, exageran este efecto.

Unos cimientos inadecuados para los porches o los invernaderos pueden producir grietas en los puntos en los que éstos se unen a la pared principal de la casa; estas grietas tienen tendencia a cerrarse durante las temporadas de tiempo húmedo.

Los problemas también son frecuentes si las casas han sido construidas sobre el suelo de una antigua zanja, estanque o incluso cráteres producidos por bombas. En estos lugares «blandos» merecen una especial atención los tipos de cimiento empleados en su construcción, pero si aparecen grandes grietas en creciente progresión debería preguntar en el departamento de urbanismo si hay mapas de la parcela en la que se ha construido la casa; si existen, compruebe si el suelo ha sido ganado al agua.

Los asentamientos causados por un suelo blando casi siempre requerirán un apuntalamiento. Es posible que tenga que ampliar los cimientos a lo ancho antes que en profundidad para extender la carga, o quizá deba realizar un recalzo con pilotes. Si es necesario profundizar los cimientos, debe llevarlo a cabo cerca de la pared, actividad que tiene que realizarse a mano —y, por lo tanto, es costosa.

Dentro de casa es común que aparezcan grietas en la unión de los techos con las paredes. Éste es el punto más débil de la estructura y las grietas se abren debido al movimiento estacional habitual. Rellenar las grietas con yeso sólo resolverá la situación a corto plazo; la solución permanente consiste en colocar dovelas que se harán cargo del problema de forma permanente.

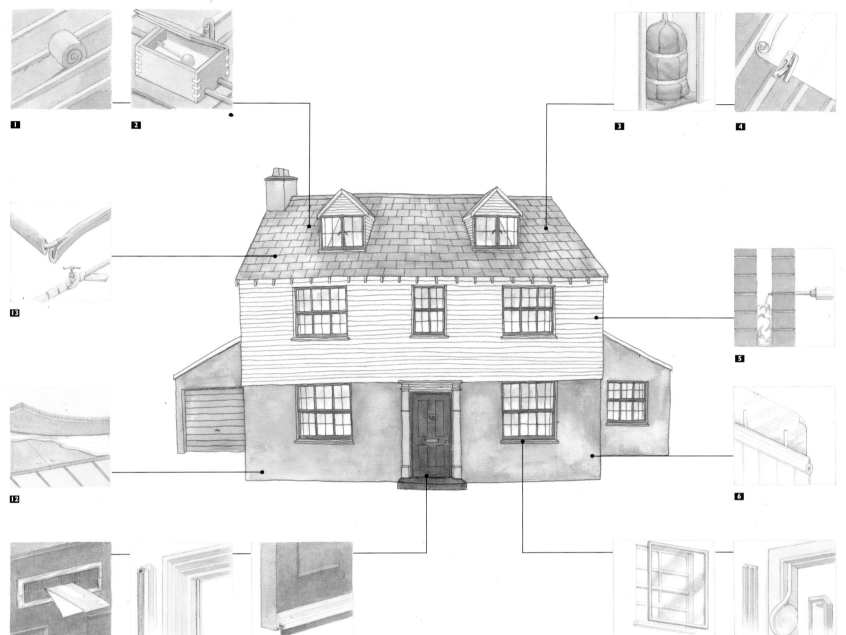

1 Coloque un aislante entre las viguetas del desván. Si está aislado, compruebe que el aislamiento es adecuado: debe tener al menos 150 mm de grosor.

2 Debe aislar su depósito de agua con una manta aislante, placas de poliestireno o una camisa aislante especial. Deje los huecos para los tubos e instale una tapa. Sin embargo, la parte inferior del depósito no se debe aislar.

3 El depósito de agua caliente debe estar provisto de una camisa de 75 mm de grosor.

4 Forre el tejado con una hoja de polietileno gruesa grapada debajo de las viguetas.

5 Rellenar las paredes huecas con aislante puede reducir la pérdida de calor. Se inyecta desde las paredes exteriores; este trabajo deberá realizarlo con la ayuda de un profesional.

6 Puede colocar un papel metalizado especial detrás de los radiadores para reflejar el calor nuevamente hacia la habitación.

7 Aísle las ventanas utilizando burletes en forma de cepillo para las ventanas de guillotina, y tiras de plástico en forma de V o tiras autoadhesivas de espuma de PVC para las ventanas de hoja.

8 El doble acristalado es caro, pero merece la pena instalarlo como forma de aislamiento, en particular en las ventanas que se abren pocas veces. También dificultan el acceso a los intrusos.

9 Instale un burlete a modo de cepillo en la parte inferior de la puerta principal.

10 Coloque burletes tubulares alrededor del marco de la puerta.

11 Coloque un burlete a modo de cepillo en el buzón, o instale una segunda tapa en la parte inferior de la puerta.

12 Rellene también cualquier hueco en el entarimado con listones de madera o de masilla especial. Cubra el entarimado con aglomerado y coloque una base de moqueta de espuma metalizada reflectante debajo de las moquetas. Puede mejorar el aislamiento bajo el entarimado utilizando el mismo material para aislar el tejado o bien láminas de poliestireno.

13 Cubra las tuberías de agua caliente con un aislante de espuma especial preformado, que se abre de forma longitudinal. Para tuberías más complejas utilice aislantes que puedan ser atados o pegados sobre éstas.

Sistemas de seguridad

Los robos en las casas son cada día más frecuentes por lo que se ha creado una auténtica paranoia con respecto a los sistemas de seguridad doméstica; hay personas que han llegado a convertir una casa en un auténtico fortín. Cada casa requiere un sistema de seguridad diferente. Si vive en el campo y su casa está alejada de los vecinos, sus prioridades en términos de cómo proteger su propiedad serán diferentes de los de alguien que vive en el centro de una gran ciudad. Tome las precauciones que sea, ninguna le protegerá de un ladrón decidido a entrar en su casa, pero no olvide seguir las siguientes medidas, sencillas, pero de sentido común.

Nunca deje dinero u objetos valiosos a la vista, y no lleve las llaves en un bolsillo o bolso de mano que también contenga su dirección o su identificación. En muchas ocasiones nos parece conveniente esconder la llave bajo el felpudo, en un tiesto o dentro del buzón, pero los ladrones buscarán en todos esos lugares: es mucho mejor dejar un juego de llaves a un amigo o vecino.

Una póliza de seguros que cubra el contenido de su casa nunca le asegurará el valor sentimental de una joya robada, por ejemplo, pero le permitirá reemplazar los bienes a su coste real. Lleve un inventario y anote los números de serie de los electrodomésticos. La póliza puede requerir que existan unos ciertos elementos de seguridad: ajústese a ellos o quedará expuesto a no hacerla efectiva.

ASEGURE SU CASA

- Con un gasto mínimo puede hacer que resulte difícil —aunque no imposible— acceder a su casa a través de la ventana, el punto de entrada preferido de dos de cada tres ladrones. Las ventanas traseras de la planta baja o del sótano son las más vulnerables. Las cerraduras en las ventanas funcionan, pero no cuelgue las llaves en el marco.
- Ya sea que viva en una casa o en un piso, la puerta principal de madera es la primera y la más pobre línea defensiva. Las puertas de cristal deben protegerse

1 Compruebe que el exterior de su casa está adecuadamente iluminado. Instale una luz que se encienda automáticamente cuando alguien se acerca. Existen modelos que se encienden de forma automática cuando anochece y se apagan al amanecer.
2 Las puertas a cualquier edificio exterior, como un cobertizo, deberían cerrarse con un candado. Si debe dejar fuera una escalera aségurela a un elemento fijo.

con rejillas de hierro forjado, y los finos paneles de madera contrachapada deben reforzarse con otros más fuertes. Lo ideal es sustituir esa puerta por completo. La puerta más eficaz está hecha de madera maciza y dura, o tiene un núcleo de madera dura y maciza de un grosor superior a 45 mm.

3 Si tiene puertas traseras al jardín o al patio, coloque cerraduras especiales en su parte superior e inferior. Guarde la llave cerca, pero no a la vista, de forma que pueda salir rápidamente en caso de emergencia.
4 Si tiene puertas de cristal, instale un pestillo en la parte superior e inferior de cada hoja, así como una cerradura de pestillo a media altura.

5 Una mirilla le permite identificar a las personas antes de abrir la puerta.
6 Los pestillos de bisagra ayudan a reforzar el marco en el lado de las bisagras de la puerta, lo que reduce la posibilidad de que la puerta «ceda» ante la presión.
7 Un cesto recogedor detrás del buzón dificulta el acceso a la cerradura pasando la mano a través de él.
8 Las cerraduras de caja se cierran automáticamente desde el exterior, pero pueden abrirse sin llave desde el interior.
9 Una cadena de seguridad en la puerta le permite comprobar la identidad de una persona.
10 Una cerradura de pestillo sólo puede abrirse con una llave, lo que dificulta la entrada.

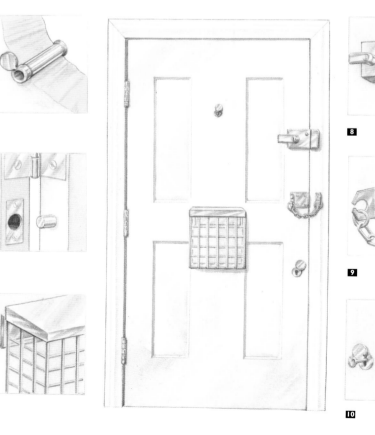

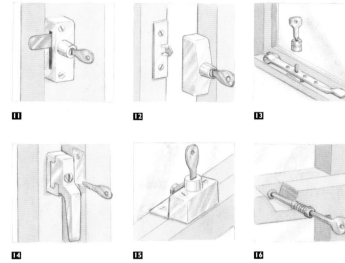

11 **12** **13**

14 **15** **16**

Debe instalar cerraduras en todas las ventanas practicables, especialmente en las de la planta baja y en las de los niveles superiores a los que el acceso resulte fácil. Dispone de una amplia gama de cerraduras.
Para ventanas de bisagras
11 Un cerrojo pivotante evita que se puedan forzar las ventanas que se abren hacia dentro.
12 Un cerrojo de resorte se instala en el borde de la ventana y el marco.
13 Un cerrojo de anclaje sujeta el travesaño al marco de la ventana cuando ésta se cierra.
14 Una maneta con cerrojo para instalar en la superficie de la ventana.
Para ventanas de guillotina
15 Un cerrojo de guillotina se ajusta a la mayoría de marcos de madera. El cerrojo en la unidad superior se cierra hacia una placa fijada en el marco inferior.
16 Un tornillo doble se introduce en los marcos, asegurándolos cuando se cierra.

• Sustituya las cerraduras de caja por cerraduras de pestillo (requisito indispensable de muchas compañías aseguradoras). Las cerraduras de pestillo tienen un punto débil, ya que al cortar el agujero en la puerta para instalarlas se debilita ésta en el punto en el que debería ser más fuerte. Este inconveniente se soluciona reforzando la puerta en el punto de la cerradura con una placa metálica.
• A excepción de la puerta frontal, todas las puertas deben reforzarse con dos pestillos fuertes, en la parte superior e inferior, que preferentemente se accionen con una llave. Los pestillos de bisagra o mechas proporcionan un elemento de seguridad adicional, y evitan que las puertas sean arrancadas del marco. No tiene mucho sentido colocar una cerradura muy resistente si el marco de la puerta no está en buenas condiciones. Si este último es débil, tanto el marco como la puerta pueden sacarse con una palanca en cuestión de segundos.
• Si aún considera que su casa es vulnerable, considere la instalación de una alarma. Si no puede instalarla usted mismo, consulte a las empresas de seguridad, y pida varios presupuestos.
Se ahorrará dinero si instala la alarma usted mismo, pero cómprela con atención. Los sistemas de seguridad deben cumplir la normativa vigente. Algunos sistemas fallan porque utilizan componentes bara-

tos y poco fiables. No se limite a comprar una caja falsa —los ladrones la identificarían enseguida.
Los contactos en la puerta (como parte de un circuito cerrado) instalados de forma superficial pueden ser de fácil montaje, aunque no ofrecen la misma fiabilidad que los que se esconden en el borde de la puerta. Elija un sistema con un cable de cuatro conductores, de doble polarización en lugar del cable de dos conductores que se ofrece más comúnmente. Algunos equipos tienen la posibilidad de añadir otros elementos como detectores de movimiento, pero el factor más significativo es la inviolabilidad del sistema, de forma que cualquier interferencia criminal dispare la alarma.
Los contactos en las puertas pueden ser reforzados con gran eficacia por sensores pasivos infrarrojos, que reaccionan ante los rápidos cambios en temperatura causados por el calor corporal de un intruso. Pueden ser muy eficaces para disparar luces exteriores de seguridad, pero deben posicionarse con extremo cuidado para evitar asustar a los visitantes inocentes.
Los mejores sensores para el interior de una casa son las unidades duales que incorporan sensores infrarrojos y ultrasonidos o microondas. Ambos elementos deben ser activados para disparar una alarma. Algunos sistemas están conectados con una empresa de seguridad o al teléfono de un amigo, quien a su vez alertará a la

19 **20**

19 Las alarmas antirrobo son caras pero efectivas. Merece la pena adquirirlas si se siente inseguro o si ya le han robado en ocasiones anteriores.
20 Los temporizadores automáticos le permiten programar las luces que se enciendan y se apaguen a diferentes horas cuando se encuentre ausente.

17

18

17 Las puertas exteriores laterales y traseras deberían contar con cerraduras de seguridad tanto en la parte superior como en la inferior.
18 Una cerradura de pestillo proporciona una línea de seguridad prácticamente inexpugnable.

policía sobre un allanamiento. A veces es obligado pagar una multa si se trata de una falsa alarma.
El panel de control, que proporciona la energía, controla el sistema y dispara la alarma, está conectado a la red eléctrica por medio de un ramal protegido con fusibles. Contiene una batería alternativa en caso de que se produzca un fallo en la corriente. Debe instalarse en la ruta principal de entrada/salida, pero no a la vista de cualquiera que atisbe a través del buzón.
• Los interruptores con temporizadores programados para encenderse y apagarse de forma aleatoria dentro de un horario preestablecido son preferibles a aquellos que se encienden a la misma hora cada día. Deje las cortinas a medio abrir en las habitaciones que cuenten con estos interruptores.
• Antes de marchar de vacaciones —y una vez que ha anulado la entrega del periódico y de la leche, y ha avisado a un vecino de confianza— deposite sus objetos de valor en un banco. Esconda artículos como televisores portátiles y cámaras de vídeo en el altillo; los ladrones rara vez miran allí. Habitualmente tampoco se molestan en mirar debajo de las alfombras, por lo que puede levantar una sección del entarimado, colocar allí una caja con los objetos de valor y volverlo a atornillar.

Diseño multigeneracional

El diseño multigeneracional o universal enfoca el diseño y la distribución de un hogar con la idea de encontrar soluciones que funcionen independientemente de la edad o de una minusvalía. A lo largo de los años hemos aprendido a luchar contra la timidez de llamar a alguien «minusválido»: la pérdida de la vista o la falta de movilidad se ven a menudo compensadas con un aumento en otras facultades. Un diseño que se preocupa por las necesidades especiales de las personas mayores o con impedimentos físicos se utiliza a menudo para subrayar la disparidad entre ellos y el resto de la población; sin embargo, la lógica reconoce que un diseño que busca incrementar las habilidades y no poner trabas a los menos capacitados funciona mejor para todos.

El diseño de hogares para personas con disfunciones físicas es un asunto complejo, difícil, aunque no imposible de resolver de forma sencilla: las necesidades de un adulto joven, fuerte y parapléjico en una silla de ruedas serán bastante diferentes de las de una persona mayor y débil. Cada disfunción es diferente, y las necesidades de los individuos —y sus soluciones— son necesariamente una cuestión de consulta detallada en la etapa de planificación. Es importante que las necesidades, los requisitos y las sugerencias del individuo se encaminen hacia el objetivo de mejorar su independencia; el hecho de que un hogar rediseñado funcionará de modo más eficaz para todos sus usuarios no es un objetivo fortuito, sino positivo.

Los cuartos de baño y las cocinas son estancias importantes en cualquier casa, y deben diseñarse con un cuidado especial. Los médicos especializados, los terapeutas ocupacionales y otro tipo de voluntarios oficiales pueden ofrecer consejos muy valiosos sobre los requisitos generales.

Transformar una cocina para que se ajuste a los criterios del diseño universal es probablemente el reto más grande porque, en un contexto familiar, la cocina no es un lugar adecuado ni para los niños ni para los usuarios de una silla de ruedas. Sin embargo, muchos de los elementos de diseño en las cocinas modernas permiten una cierta flexibilidad en los aparatos y en su disposición.

La separación y la yuxtaposición de la cocina encimera y el horno resulta esencial:

El diseño de una cocina para que la utilicen personas con diferentes grados de movilidad requiere una planificación cuidadosa. El plano que aquí se muestra incorpora una serie de características que pueden ayudar a los menos capacitados, incorporando una gran cantidad de espacio debajo de los lugares de trabajo, de manera que estas personas puedan sentarse cómodamente mientras trabajan. En una cocina pequeña como ésta, el almacenamiento es un problema, y las unidades montadas en la pared no son accesibles a un usuario de una silla de ruedas: debe comprobar el punto al que llega una persona tanto hacia arriba como hacia abajo y a los lados.

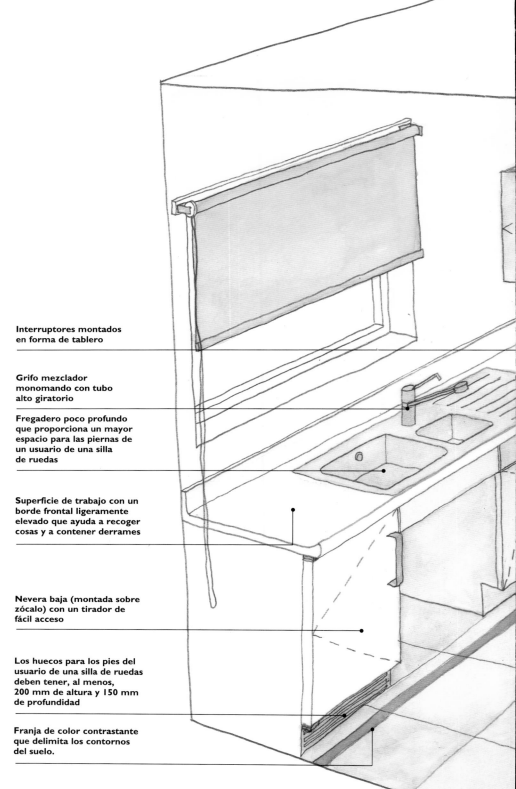

Interruptores montados en forma de tablero

Grifo mezclador monomando con tubo alto giratorio

Fregadero poco profundo que proporciona un mayor espacio para las piernas de un usuario de una silla de ruedas

Superficie de trabajo con un borde frontal ligeramente elevado que ayuda a recoger cosas y a contener derrames

Nevera baja (montada sobre zócalo) con un tirador de fácil acceso

Los huecos para los pies del usuario de una silla de ruedas deben tener, al menos, 200 mm de altura y 150 mm de profundidad

Franja de color contrastante que delimita los contornos del suelo.

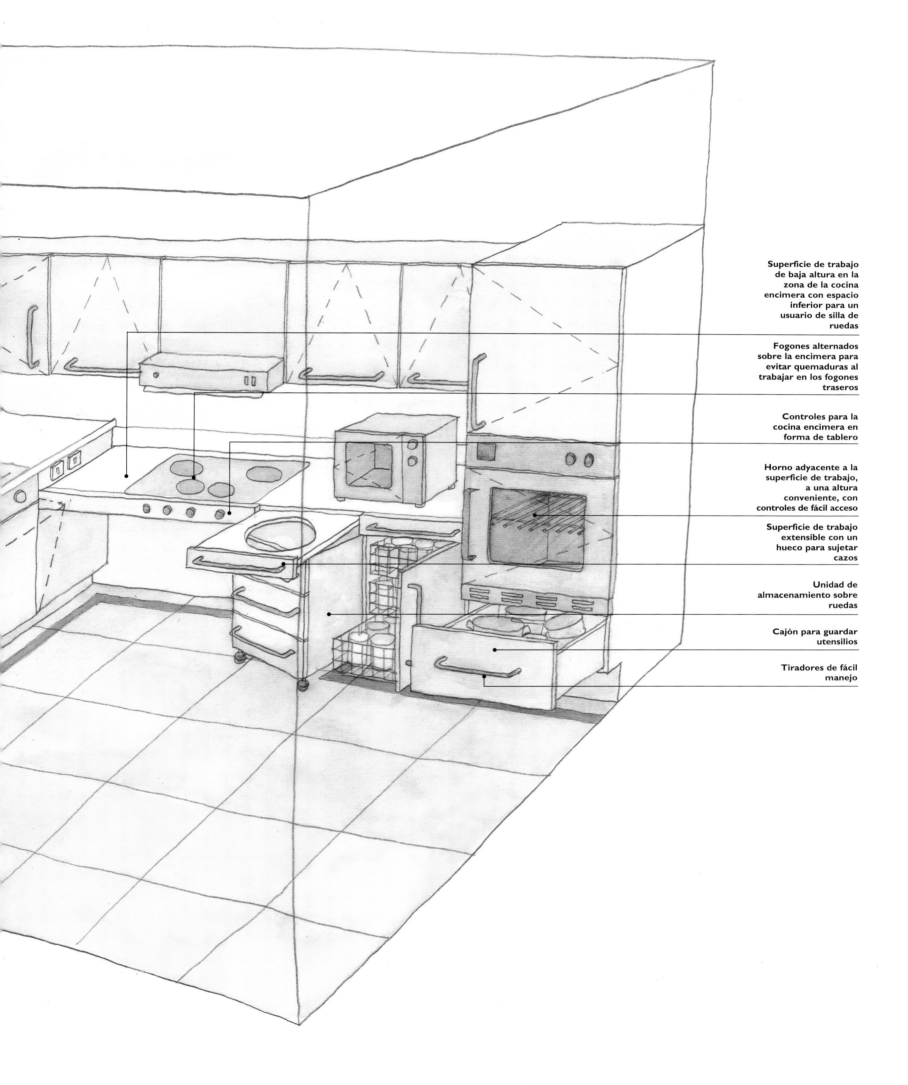

Superficie de trabajo de baja altura en la zona de la cocina encimera con espacio inferior para un usuario de silla de ruedas

Fogones alternados sobre la encimera para evitar quemaduras al trabajar en los fogones traseros

Controles para la cocina encimera en forma de tablero

Horno adyacente a la superficie de trabajo, a una altura conveniente, con controles de fácil acceso

Superficie de trabajo extensible con un hueco para sujetar cazos

Unidad de almacenamiento sobre ruedas

Cajón para guardar utensilios

Tiradores de fácil manejo

1 Un asiento para bañeras debe ajustarse a la mayoría de ellas. Se sujeta en posición cerca de las agarraderas para facilitar la entrada y la salida del baño a las personas mayores o inválidas.
2 Un asiento abatible para la ducha con bisagras y una agarradera permiten tomar una ducha a las personas inválidas. Tanto el asiento como la agarradera deben posicionarse con cuidado; preferiblemente consulte a la persona a quien van destinados.

1

2

la separación de estos aparatos debería permitir colocarlos a una altura que facilitara el cocinar y lo hiciera más seguro, aunque la presencia de niños pequeños debe, obviamente, tenerse en cuenta.

Las cocinas encimeras pueden instalarse lado a lado, en pares, de modo que no haya riesgo de quemarse en un fogón delantero al alcanzar uno trasero. Los controles instalados en el borde de la superficie de trabajo, frente a la cocina, son más fáciles de alcanzar y manejar con seguridad. Los hornos con puertas abatibles o de abertura lateral pueden instalarse a cualquier altura, según las necesidades. Ambos aparatos deben colocarse cerca de una superficie de trabajo grande.

La disposición de la cocina en forma de U o de L es la más conveniente para los usuarios minusválidos, en particular para los que se hallan confinados a sillas de ruedas que no se mueven hacia los lados con facilidad. Esta configuración permite llevar a cabo una serie de actividades desde casi la misma zona siempre y cuando haya suficiente espacio para colocar la silla debajo de las superficies de trabajo de menor altura. Los fabricantes de cocinas incluyen, en su gama de accesorios especiales, tablas extensibles, algunas con huecos tallados para colocar cuencos o cazos, y aparadores con repisas extraibles que pueden sujetar utensilios pesados. Un reborde ligeramente elevado en la cara externa de las superficies de trabajo facilita la recogida de objetos y contiene los derrames.

Resulta esencial que todos los enseres de la cocina estén instalados de forma resistente, ya que una persona que presente una movilidad reducida podría utilizarlos para sujetarse. Los cajones deben abrirse con suavidad, y su diseño debe incluir topes para evitar que se saquen totalmente por descuido.

Los enchufes deberían extenderse hacia la parte frontal o inferior de las superficies de trabajo para facilitar el acceso. La parte frontal de la superficie de trabajo debe redondearse para evitar cualquier posible herida.

Unas baldosas de cerámica adecuadas ofrecerán un suelo firme, nivelado y antideslizante, así como fácilmente lavable. Sin embargo, a menos que las baldosas estén perfectamente colocadas, pueden hacer que las personas tropiecen o limitar la movilidad de una persona en silla de ruedas; cualquier objeto que pueda romperse lo hará en mil pedazos si se cae. Las baldosas de corcho, o incluso las de moqueta, son alternativas a considerar.

CUARTOS DE BAÑO

Los cuartos de baño requieren una planificación cuidadosa; para las personas en silla de ruedas, en particular, deben ser de un tamaño generoso. Si su casa tiene más de una planta, debe prever al menos un baño en cada planta. Una ducha puede ser una buena alternativa a una bañera, ya que permite asearse de forma independiente a muchas personas incapacitadas. La colocación de asideros cerca del inodoro y de la bañera es más segura, menos

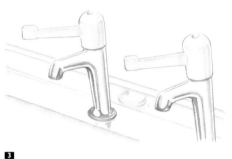

3

4

5

3 Puede comprar grifos especiales que puedan ser utilizados por las personas mayores o que sufran artritis. También puede transformar los grifos existentes colocando cubiertas especiales para los mandos. Ambas soluciones permiten a los usuarios abrir y cerrar los grifos con gran facilidad.
4 Puede instalar una agarradera al pie de la escalera para proporcionar un punto adicional de soporte. Las versiones mejor diseñadas se pueden colocar a mano derecha o bien a mano izquierda; no son intercambiables y deben comprarse según la colocación de la barandilla de la escalera.
5 Los enchufes con agarraderas, que permiten asirlos fácilmente, ayudan a que los electrodomésticos sean más sencillos de utilizar por las personas mayores y artríticas.

antiestética y más barata, en comparación con la instalación de un elevador encima de la bañera.

Las zonas de ducha también se pueden diseñar de forma que incluyan un inodoro y un lavamanos, agarraderas cuidadosamente colocadas e interruptores de cordón. Una unidad integrada de este tipo evitaría problemas si incluye un suministro de agua y otros servicios de fontanería, y si mantiene seco el resto del cuarto de baño.

El acceso a la ducha debe presentar pocas dificultades para las personas que padezcan trastornos motores, aunque sí puede haber problemas para los usuarios de las sillas de ruedas. Un emplazamiento cuidadoso podría incluir una ducha sobre la bañera.

Si una invalidez progresiva convierte en imperativa la instalación de guías elevadoras en el techo, planifique cuidadosamente su distribución, junto con el refuerzo de las viguetas del techo, para evitar gastos y trastornos innecesarios. Aunque una bañera puede instalarse a nivel del suelo, es una obra complicada y, en consecuencia, cara.

Las baldosas antideslizantes son un requisito indispensable, siempre y cuando su superficie no dificulte la limpieza.

El que las puertas del cuarto de baño se abran hacia dentro o hacia afuera depende del espacio disponible; merece la pena considerar la instalación de una puerta corredera. Sea cual sea el tipo de puerta, debe prever la posibilidad de abrirla desde dentro o desde fuera en caso de emergencia.

FACILITAR LA MOVILIDAD

Aunque la mayor parte de los espacios públicos ofrecen facilidades de aparcamiento dedicadas a los minusválidos, es igualmente importante que una persona pueda aparcar con la misma facilidad fuera de su propia casa. Debe identificarse claramente que la plaza de aparcamiento corresponde a un conductor o pasajero minusválido, y debe estar lo más cerca de casa posible, con una anchura suficiente como para permitir abrir las puertas y pasar a una silla de ruedas. La zona de aparcamiento debe ser uniforme y los bordillos entre ésta y la casa deben adaptarse para permitir el paso de una silla de ruedas.

Los usuarios de una silla de ruedas necesitan rampas en el exterior de su casa; una pendiente de 1:15 se considera nor-

mal, y 1:12 el máximo. Las rampas portátiles son una alternativa posible, siempre y cuando tengan un acabado antideslizante.

Algunas personas que padecen incapacidad motora prefieren los escalones a las rampas. La huella no debe tener menos de 28 cm y, el escalón, un máximo de 15 cm. Resulta esencial instalar agarraderas de materiales «cálidos» y antideslizantes como la madera dura o el acero recubierto de material plástico, preferiblemente coloreadas para que sean fácilmente distinguibles.

Las entradas protegidas, en forma de porches o de toldos, proporcionan protección a las personas que pueden requerir un mayor tiempo para entrar en casa.

Las puertas para los usuarios de sillas de ruedas deberían tener una abertura mínima de 80 cm. Las puertas deben presentar una construcción sólida por motivos de seguridad y para proporcionar un buen soporte a las agarraderas y a otros accesorios; no obstante, se recomienda instalar un cierto acristalamiento laminado lo suficientemente bajo como para que un usuario de silla de ruedas sea visto y pueda mirar hacia dentro o hacia afuera.

Las cerraduras en las puertas son importantes, tanto en lo que respecta a su facilidad de manejo por parte de un minusválido como a los casos de emergencia, cuando las personas que acuden en su ayuda deban acceder a ellas.

La selección de materiales y acabados superficiales es fundamental para las personas con impedimentos visuales o auditivos. Las superficies duras son más reverberantes que las blandas, y pueden confundir a las personas con dificultades auditivas. Las paredes y los suelos brillantes reflejan la luz, y pueden deslumbrar a las personas con una capacidad visual reducida.

Las sillas de ruedas se mueven con mayor facilidad sobre suelos firmes; si éstos son de moqueta, los nudos deben ser densos. Las uniones entre los diferentes recubrimientos del suelo deben realizarse cuidadosamente para no impedir el paso de las ruedas, o hacer tropezar a los minusválidos o a las personas de visión reducida.

Las paredes y los suelos ligeramente texturados proporcionan una información importante sobre su situación a las personas con una visión nula o escasa, pero los suelos con dibujos destacados pueden con-

fundirlas. Las superficies del suelo deben ser antideslizantes, particularmente en las zonas que pueden llegar a mojarse, como el recibidor, la cocina o el baño.

Aunque una buena iluminación es esencial para todos, las personas con una visión parcial necesitan niveles mayores para lograr un nivel de iluminación satisfactorio. Quizá el criterio principal es que la iluminación debe poder controlarse y ajustarse para satisfacer las necesidades individuales. Los sensores infrarrojos pasivos podrían activar la iluminación, pero mantener las ventanas, las persianas y las lámparas limpias también maximizará la cantidad de luz disponible.

Las luces deben colocarse de tal forma que no produzcan reflejos o sombras confusas. Las lámparas de luz ascendente fijadas a más de 2 m de altura proporcionan un buen nivel de iluminación, cómodo y libre de reflejos.

Los componentes de la iluminación fluorescente pueden producir un zumbido intenso en los audífonos; del mismo modo, el ruido provocado por los aparatos de calefacción o de aire acondicionado pueden distraer o cansar. Los radiadores y otros elementos de calefacción deben empotrarse en la medida de lo posible para evitar salientes que provoquen accidentes.

Si no se planifican las ventanas con atención, éstas pueden producir problemas de reflejos y pérdida de intimidad, así como dificultades con la limpieza. Su tamaño no es tan importante como su posición. Las ventanas pequeñas son más fáciles de abrir y de limpiar, y la solución ideal puede ser una combinación de una ventana grande que proporcione iluminación general a una habitación y una pequeña para que las personas postradas disfruten de una vista al exterior. Las tolerancias al frío y al calor, así como otras incomodidades, se deben tener en cuenta cuando se convive con personas minusválidas.

Una mala distribución de las ventanas puede producir deslumbramientos a una persona confinada a una cama; también puede producir demasiada luz que se refleja en un suelo claro al ocupante de una silla de ruedas. También debe considerar una ventilación adecuada, variable y de fácil accionamiento sin necesidad de abrir la ventana principal.

Direcciones útiles

ALFOMBRAS Y MOQUETAS

Trama
Plaza San Miguel, 11
33202 Gijón (Asturias)

Expo Alfombra Irán
c/ Laforja, 109
08006 Barcelona

La Mallorquina
Plaza Universidad, 6
08007 Barcelona

Nani Marquina
c/ Bonavista, 3
08012 Barcelona

Turkestán
Rambla de Catalunya, 76
08008 Barcelona

Tapicerías Francisco
c/ Arrabal, 16
39003 Santander (Cantabria)

Carrillo
c/ Gaztambide, 74 y 76
28003 Madrid

Compañía de Alfombras de Europa y Asia
Avda. Doctor Calero, 64
28220 Majadahonda (Madrid)

Diseño Textil
c/ Claudio Coello, 112
28006 Madrid

Indalo Tapicerías
c/ Hernani, 21
28020 Madrid

Missoni
c/ Villanueva, 27
28001 Madrid

Urtama
c/ Villanueva, 20
28001 Madrid

Hamid
c/ Arrieta, 19, entlo. izqda.
31002 Pamplona (Navarra)

Estudio
c/ Ecuador, 81
36204 Vigo (Pontevedra)

Marta de Oriol
c/ Virgen de Regla, 3
41011 Sevilla

Besarabian
c/ Cirilo Amorós, 86
46004 Valencia

Flodec
c/ Marqués del Puerto, 14-16
48008 Bilbao (Vizcaya)

Gambara D
c/ Máximo Aguirre, 1
48011 Bilbao (Vizcaya)

Kentya
Plaza de las Mercedes, s/n
48930 Las Arenas (Vizcaya)

Gastón y Daniela
c/ San Ignacio de Loyola, 5
50008 Zaragoza

COCINAS

Kieros
c/ Beato Tomás de Zumárraga, 18
01008 Vitoria (Álava)

Líder
Pl. Amarica, 2
01005 Vitoria (Álava)

Cuinart-3
c/ Travesera de Gracia, 34
08021 Barcelona

Estudi Metro
c/ Séneca, 17, pral.
08006 Barcelona

La Cuineta
c/ París, 142
08036 Barcelona

Elite
c/ Alfonso X el Sabio, 50
09005 Burgos

Larcoa
c/ Castilla, 77
39009 Santander (Cantabria)

Moisés
c/ Gral. Camilo Alonso Vega, 20
39007 Santander (Cantabria)

Cabanes
Ctra. de Carrión, 4
13004 Ciudad Real

Coop Cocinas
c/ San Martín, 2
20005 San Sebastián (Guipúzcoa)

Decoramara
c/ Corsarios Vascos, 4
20011 San Sebastián (Guipúzcoa)

Daviña
c/ Rafael Alberti, 11
15008 La Coruña

Diseño Cocina
Avda. Finisterre, 211-213
15010 La Coruña

Alatri
c/ Dr. Esquerdo, 183
28007 Madrid

Cristina de Rueda
c/ Príncipe de Vergara, 60
28006 Madrid

Luche, S. L.
c/ Puerto Rico, 37
28016 Madrid

Alta Cocina
c/ Virgen de Luján, 1
41011 Sevilla

Santa & Cole
c/ Raval Sta. Anna, 76
43201 Reus (Tarragona)

Cocilandia
Ctra. San Luis, 10
46006 Valencia

Francisco Llorens
c/ Tenor Alonso, 95
46110 Godella (Valencia)

Miguel Pons
c/ Historiador Diago, 5-11
46007 Valencia

Fogón
c/ Muro, 22
47004 Valladolid

Akelarre
c/ Rodríguez Arias, 2
48008 Bilbao (Vizcaya)

Bagatti
c/ Iparraguirre, 19
48009 Bilbao (Vizcaya)

Cocina Estudio
Avda. Recalde, 45
48002 Bilbao (Vizcaya)

Studio Orban
c/ Candelaria Ruiz del Árbol, 2
49001 Zamora

Relancio
c/ Fernando el Católico, 21
50006 Zaragoza

COMPLEMENTOS

Azcoaga
c/ Gral. Álava, 32
01005 Vitoria (Álava)

Casa Cómoda
c/ Mayor, 2
02001 Albacete

Anchela
c/ López Torregrosa, 10
03002 Alicante

La Oca
Ctra. Alicante - Valencia, km 88,8
03700 San Juan (Alicante)

Mariana
c/ Diecisiete de Agosto, 3
33205 Gijón (Asturias)

Ajardinat
c/ Laforja, 15-17
08006 Barcelona

Contrast
c/ Consell de Cent, 281
08011 Barcelona

L'Ànec Groc
c/ Santaló, 83
08021 Barcelona

Yerba
c/ Cardenal Segura, 5
09003 Burgos

Abolengo
c/ Rafalafena, 19
12003 Castellón

La Trastienda
c/ Cuchillería, 3. Nuevo Centro
13001 Ciudad Real

Boom
c/ Recogidas, 1
18005 Granada

Kefrén
c/ Duque de Mandas, 27-29
20012 San Sebastián (Guipúzcoa)

Muguet
c/ Trueba, 11
20001 San Sebastián (Guipúzcoa)

Living
Plaza San Antonio, 9
22002 Huesca

Delba
Plaza Coca de la Piñera, 9
23001 Jaen

Cheers
c/ Francisco Mariño, 2
15004 La Coruña

La Carretilla
Doctores Castroviejo, 23
26003 Logroño (La Rioja)

Charo del Castillo
c/ Cano, 34
35002 Las Palmas

Balta
c/ Gral. Sanjurjo, 11
24001 León

Resina
c/ Galerías Villamor, 3
27001 Lugo

Carme Ulier Interiors
Avda. Blendel, 13
24002 Lérida

Guindas
c/ Serrano, 98
28006 Madrid

Kumquat
c/ Hermosilla, 44
28001 Madrid

Nájera
Plaza de la Independencia, 4
28001 Madrid

La Tartana II
c/ Miguel Rubiales, 10, La Heredia
29670 San Pedro de Alcántara
(Málaga)

Cocina Divina
c/ González Adalid, 12
30001 Murcia

Bártulos
c/ Olite, 43
31004 Pamplona (Navarra)

La Casa de Isabel
c/ Manuel Pereira, 25
32003 Orense

Megino
c/ Don Sancho, 1
34001 Palencia

La Ideal
c/ Príncipe, 28
36202 Vigo (Pontevedra)

Fronda
c/ Sol Oriente, 15
37002 Salamanca

De Natura
c/ De la Calzada, s/n
40172 Pedraza de la Sierra
(Segovia)

B.D. Sevilla
c/ Gracia Fernández Palacios, 3
41001 Sevilla

Ikea
Autopista Sta. Cruz - La Laguna,
km 4,5
38108 Taco (Tenerife)

La Provisoría
c/ Colombia, 10
45004 Toledo

Domo Interiorismo
Avda. Reial de Madrid, 146
46017 Valencia

Jacobo
c/ Miguel Iscar, 2
47001 Valladolid

Borelli
c/ María Díaz de Haro, 34
48010 Bilbao (Vizcaya)

Guerra San Martín
c/ Rodríguez Arias, 8-10
48011 Bilbao (Vizcaya)

La Flor y la Canela
c/ Ercilla, 34
48011 Bilbao (Vizcaya)

Mayado Diseño
Avda. Víctor Gallego, 6
49008 Zamora

Arte y Artesanos
c/ León XIII, 18
50008 Zaragoza

Bazán
c/ San Ignacio de Loyola, 10
50008 Zaragoza

CORTINAS Y ESTORES

Cortinas Gregorio
Ctra. Vera-Garrucha, km.1
04620 Vera (Almería)

Textil Corbicar
c/ Muntaner, 142
08036 Barcelona

Herpal
c/ Magallanes, 48
39010 Santander (Cantabria)

Lumóber
c/ Calatrava, 4
13001 Ciudad Real

Segura Alta Decoración
Avda. Jorge Vigón, 9
26003 Logroño (La Rioja)

Balmen
c/ Totana, 6
28033 Madrid

Bertaud
c/ Hermosilla, 90
28006 Madrid

Canterano
c/ Blasco de Garay, 57
28015 Madrid

Fernández Carrión
c/ Ulises, 97
28043 Madrid

La Compañía de la India
c/ José Ortega y Gasset, 26
28006 Madrid

Framboyan
c/ Peregrina, 56
36003 Pontevedra

Ana Rosa Decoraciones
c/ Espinosa y Cárcel, 16
41005 Sevilla

Etamin
c/ Pintor Benedito, 4 (pasaje)
46007 Valencia

Gatopardo
c/ Caballeros, 20
46001 Valencia

CUARTOS DE BAÑO

Eurocasa
Ctra. Alicante - Valencia, km 88,8
03010 Alicante

Vigil - Escalera, S. A.
c/ Cabo Noval, 9
33007 Oviedo (Asturias)

Alberch
Vía Augusta, 110
08006 Barcelona

Bagno
Gran Via de les Corts
Catalanes, 494
08015 Barcelona

Comalex
c/ Londres, 22
08029 Barcelona

Moisés
c/ Gral. Camilo Alonso Vega, 20
39007 Santander (Cantabria)

Expo Baño
c/ San Marcial, 37
20005 San Sebastián (Guipúzcoa)

Figueiral
c/ Juan Flórez, 42
15004 La Coruña

Syros
Plaza Alférez Provisional, 5
26001 Logroño (La Rioja)

Altaray
c/ Raimundo Lulio, 7
28010 Madrid

Cristina Maura
c/ D. Ramón de la Cruz, 69
28001 Madrid

Todo Construcción
Ctra. Cártama, km. 11,4
29590 Campanillas (Málaga)

Salinas Selección y Diseño
Avda. de Zaragoza, 55
31005 Pamplona (Navarra)

Sanihogar
c/ Jesús, 61
46007 Valencia

Arbiotxan
c/ Monte Urquiola, 2
48990 Algorta (Vizcaya)

Bilbao Interiores
c/ Manuel Allende, 23
48010 Bilbao (Vizcaya)

Saneamientos Archanda
c/ Huertas de la Villa, 5-7
48007 Bilbao (Vizcaya)

Salinas Selección y Diseño
Avda. de Valencia, 41
50005 Zaragoza

DISEÑO Y MOBILIARIO ECOLÓGICO
(de fibras naturales)

Madera y Junco
c/ Marqués de Casa Valdés, 41
33202 Gijón (Asturias)

La Encina
Parque Castelar, 5
06001 Badajoz

Arguments Naturals
c/ Asturies, 10
08012 Barcelona

Mimbre's
c/ Mallorca, 156
08036 Barcelona

Susana Crafts Decoración
c/ Muntaner, 270
08021 Barcelona

Jiménez, Antonio
c/ Guarnidos, 1
11401 Jerez de la Frontera
(Cádiz)

Pardo Muebles
c/ Castilla, 39
39009 Santander (Cantabria)

Estévez López, Rafael
c/ San Pablo, 5
14002 Córdoba

Un jardín... en plus
c/ Fuenterrabía, 23
20005 San Sebastián (Guipúzcoa)

Nenúfar
c/ Federico de Mendizábal, 6
23001 Jaén

Barros y Cañas
Plaza Cascorro, 9 y 12
28005 Madrid

Solano
c/ Alcalá, 632-636
28022 Madrid

Tan Jual
c/ Sebastián Souvirón, 5
29005 Málaga

Violeta Vila
c/ Zamora, 94
36211 Vigo

Alemany Cesterías
c/ Liñán, 8
46001 Valencia

ILUMINACIÓN

Ibáñez Arana
c/ Rioja, 25
01005 Vitoria (Álava)

Nieto
c/ Avendaño, 37
01004 Vitoria (Álava)

La Casa de las Lámparas
c/ Juan Sebastián Elcano, 16
02005 Albacete

Efe H
c/ Teatro, 48
03001 Alicante

Mobi Lamp
c/ Alcalde Muñoz, 43
04004 Almería

Metalux
c/ Argüelles, 7-9
33003 Oviedo (Asturias)

Zeolum
Plaza de la Soledad, 16
06001 Badajoz

Ikea
Camí Fondo, s/n Vía Cintura
07007 Palma de Mallorca

Biosca y Botey
Rambla de Catalunya, 129
08008 Barcelona

Clivia
c/ Brasil, 57
08028 Barcelona

Interiors
c/ Cardenal Vives i Tutó, 37
08034 Barcelona

Yerba
c/ Cardenal Segura, 5
09003 Burgos

Triágono
c/ Hernán Cortés, 33
39003 Santander (Cantabria)

Tecni-luz
c/ Fola, 34
12002 Castellón

Interluz
c/ Mª. Auxiliadora, 2
14002 Córdoba

Comercial Iluminación Granada
Plaza del Humilladero, s/n
18005 Granada

Arkiluz
c/ Manuel Páez Xaramillo, 6
19002 Guadalajara

Luz Iluminación
c/ Zubieta, 42
20007 San Sebastián (Guipúzcoa)

Lámparas Maury
Avda. Alcalde Federico Molina, 53
21006 Huelva

Iluminación Gracia
Avda. Juan XXIII, 23
22003 Huesca

Tecnilum
Avda. de Granada, 45
23001 Jaen

Esturri
c/ Fernández Latorre, 4
15006 La Coruña

Osaba
Avda. Jorge Vigón, 26
26003 Logroño (La Rioja)

Joha Lámparas
c/ León y Castillo, 141
35007 Las Palmas

Centro luz
c/ Conde Pallares, 4
27001 Lugo

Esteve Il.luminació
c/ Sant Antoni, 39
25002 Lérida

Liberty Luz
c/ Claudio Coello, 43
28001 Madrid

Luz y Espacio
c/ Gral. Oraá, 50
28006 Madrid

Rastroluz
Plaza de Cascorro, 17
28005 Madrid

Flaba
Plaza Mitjana, 1
29013 Málaga

Pagola Iluminación
c/ Bergamín, 12
31003 Pamplona (Navarra)

Santiago Vidal Moreno
c/ Elduayen, 30
36202 Vigo (Pontevedra)

Zobalux
Puerta de San Pablo, 2
37008 Salamanca

Noche Iluminación
c/ Miño, 16
41011 Sevilla

Ayuso
c/ Mesta, 1
42001 Soria

Lámparas Palau
c/ Prat de la Riba, 20
43001 Tarragona

La Casa de las Lámparas
c/ Luis de la Cruz, 12
38007 Tenerife

Estudio de Iluminación
Plaza de España, 6
46007 Valencia

Lledó Iluminación
Avda. Gijón, 63
47009 Valladolid

Fanelli
c/ Rodríguez Arias, 24
48011 Bilbao (Vizcaya)

Galiluz
c/ José Zaldúa, 33-35
48920 Portugalete (Vizcaya)

Arte Luz
Plaza Reina Sofía, 1
50013 Zaragoza

MUEBLES

Cabos
c/ Vicente Goikoetxea, 6
01008 Vitoria (Álava)

Casa del Pintor
c/ Blasco Ibáñez, 9
02004 Albacete

La Casa Vieja
c/ Blasco Ibáñez, 9
02004 Albacete

Gala
Avda. Maissonnave, 33
03003 Alicante

Galván
Avda. Catedrático Soler, 40
03007 Alicante

Muebles Candela
c/ Cardenal Belluga, 12
03005 Alicante

Zeta
c/ Castaños, 9
03001 Alicante

Muebles Mago
Rambla Alfareros, 22 y 23
04003 Almería

Difer Decoración
c/ San Bernardo, 19-21
33201 Gijón (Asturias)

El 30 de Campoamor
c/ Campoamor, 30
33001 Oviedo (Asturias)

Sauder
c/ Casimiro Velasco, 10
33201 Gijón (Asturias)

Muebles Daniel González
Arco de Ávila, 9
05200 Arévalo (Ávila)

Galería Maura
c/ Gabriel Maura, 7
07004 Palma de Mallorca (Baleares)

Acana
c/ Milà i Fontanals, 42
08012 Barcelona

Antoni Felip Mobles
Ctra. de Barcelona, 87
08290 Cerdanyola del Vallès (Barcelona)

Fusta Massissa
c/ Rec, 23 bis
08400 Granollers (Barcelona)

Gandhãra
c/ Madrazo, 137
08006 Barcelona

Hábitat
Avda. Diagonal, 514
08006 Barcelona

**Marés Arquitectura
d'interiors**
c/ Ramón Turró, 5
08380 Malgrat de Mar
(Barcelona)

Montse Sanabra
c/ Córcega, 365
08037 Barcelona

Pilma
c/ Valencia, 1
08015 Barcelona

Vinçon
Paseo de Gracia, 96
08008 Barcelona

Santa Anna
c/ Santa Anna, 6
08400 Granollers (Barcelona)

Yerba
c/ Cardenal Segura, 5
09003 Burgos

Artespaña
c/ Cuesta, 7
39002 Santander (Cantabria)

**Élite Mobiliario
y Decoración**
c/ San Fernando, 78
39010 Santander (Cantabria)

Muebles Fibla
c/ Benasal, 6
21005 Castellón

Albahaca
c/ Palma, 8
13001 Ciudad Real

Taray
c/ Tinte, 15
13001 Ciudad Real

Muebles Triconfort
c/ Alvargómez de Ciudad Real, 16
19002 Guadalajara

Ámbito
c/ Chofre, 11
20001 San Sebastián
(Guipúzcoa)

Arín y Embil
c/ Sancho el Sabio, 19
20010 San Sebastián (Guipúzcoa)

Azurki
c/ Secundino Esnaola, 9
20001 San Sebastián (Guipúzcoa)

Stokke
Avda. Vizcaya, 67
20800 Zarautz (Guipúzcoa)

Gaudí
c/ José Nogales, 10
21001 Huelva

**Hábitat y Decoración
Osca Mobel**
c/ Menéndez Pidal, 15
22002 Huesca

Tiffany's
c/ Correa Weligson
23001 Jaen

Muebles San Miguel
c/ Barcelona, 60-62
15010 La Coruña

Pilar Páramo Hábitat
c/ Rey Abdullach, 6 bajo
15004 La Coruña

Ikea
Autopista Las Palmas - Gando,
km.12
35219 Teide (Las Palmas)

Alvarado
c/ Lope de Vega, 12
24002 León

Amelia Crespo
c/ Gral. Sanjurjo, 23
24002 León

Carme Ulier Interiors
Avda. Blondel, 13
24002 Lérida

Aguado
Avda. Virgen de Loreto, 45
28850 Torrejón de Ardoz
(Madrid)

Ananás
c/ Goya, 5
28001 Madrid

Isabel G. Tapia
c/ Alberto Alcocer, 32
28036 Madrid

Santillana
c/ Velázquez, 47
28001 Madrid

Carmen Romero
Ctra. Cádiz-Málaga, km.156 -
Hipersol
29680 Estepona (Málaga)

Pérgola Mobiliario
Avda. de la Constitución, 3
29120 Alhaurín el Grande
(Málaga)

Muebles Mendoza
Ctra. Mazarrón, bda. San José
Obrero
30394 Cartagena (Murcia)

Apesteguía
c/ Mayor, 14
31001 Pamplona (Navarra)

Gorricho
c/ Castillo de Maya, 38
31004 Pamplona (Navarra)

Ópera
c/ Juan XXIII, 17
32003 Orense

Toscana
c/ Manuel Quiroga, 11
36002 Pontevedra

Waldo Escrivá
c/ Asunción, 16
41011 Sevilla

Coval
Pol. Ind. Cabañares, s/n
42157 Covaleda (Soria)

La Provisoría
c/ Colombia, 10
45004 Toledo

Entorno
c/ Joaquín Costa, 10-12
46005 Valencia

Hábitat
c/ Colón, 38
46004 Valencia

Marta Olmos
c/ Cirilo Amorós, 28
46004 Valencia

Martina Glück
c/ Comte de Salvatierra, 34
46004 Valencia

Galerías Aspa
c/ Miguel Iscar, 15
47001 Valladolid

Atrium
c/ Cecilia Gallartzagostia, 2
48340 Amorebieta (Vizcaya)

Bell House
c/ Amistad, 9
48930 Las Arenas (Vizcaya)

Gorostidi
c/ Gral. Concha, 10
48008 Bilbao (Vizcaya)

Muro-Malumbres
c/ Máximo Aguirre, 19
48011 Bilbao (Vizcaya)

Carmen Izuzquiza
c/ Zurita, 8
50001 Zaragoza

El Biombo
c/ Don Jaime I, 32
50003 Zaragoza

REFRIGERACIÓN Y CALEFACCIÓN

Conibisa
c/ Joan Planells, 13
07800 Ibiza (Baleares)

Iberclima
c/ Josep Tarradellas, 131
08029 Barcelona

Cabanes
Ctra. de Carrión, 4
13004 Ciudad Real

Clima Girona
Travessera de la Creu, 5
17002 Gerona

Cligasa
Plaza Valcuerna, 4-6
26005 Logroño (La Rioja)

Climanox
c/ Néstor de la Torre, 11
35006 Las Palmas

Otero Miranda
Avda. José Antonio, 18
24009 León

Tecni - Fred
c/ Vallcalent, 32
25006 Lérida

Belair
c/ Modesto Lafuente, 63
28003 Madrid

Zabaleta
c/ Artica, 2 bis
31014 Pamplona (Navarra)

Clima Ambient
c/ Barceloneta, 15
43201 Reus (Tarragona)

Martínez
c/ Valentín Sanz, 37
38002 Santa Cruz (Tenerife)

REVESTIMIENTOS Y PAVIMENTOS

General

Casanova
Crta. Manresa-Berga, km 1,
Pol. Ind. Casanova, nave 2-7
08272 Sant Fruitós de Bages
(Barcelona)

Vda. de A. Puig Roca
c/ Motors, 151-157
08038 Barcelona

Domingo Decoraciones
Pol. Ind. Nueva Montaña,
parcela 3
39011 Santander (Cantabria)

Sánchez Pla
c/ Guitarrista Tárrega, 20
12003 Castellón

Segura Alta Decoración
Avda. Jorge Vigón, 9
26003 Logroño (La Rioja)

Campanelli
Emilio Ferrari, 34
28017 Madrid

Cover Difusión
c/ Crevillente, 1
28036 Madrid

Hispapel
c/ Pastor y Landero, 33
41001 Sevilla

Parsur
c/ Génova, 10
41010 Sevilla

Antonio Miranda
c/ Ercilla, 11
48009 Bilbao (Vizcaya)

Arbiotxan
c/ Rodríguez Arias, 2
48008 Bilbao (Vizcaya)

Muguru Dekorazioak
c/ Muguru, 6
48960 Galdakao (Vizcaya)

Cerámicas

Porcelanosa
Avda. Maissonnave, 36
03003 Alicante

Porceastur
Avda. de la Constitución, 2
33207 Gijón (Asturias)

Casa Coral
Gran Via de les Corts
Catalanes, 549
08011 Barcelona

Comalex
c/ Londres, 22
08029 Barcelona

Gaya
c/ Bailén, 199
08037 Barcelona

Gres de Breda
c/ Mosen Jaume Sola, 4
08302 Mataró (Barcelona)

Gresite
c/ París, 204
08008 Barcelona

Rodó
c/ Rius i Taulet, 6
08190 Sant Cugat del Vallès
(Barcelona)

Royal Flame
c/ Mayor de Sarriá, 148
08017 Barcelona

Cerabur
Pol. Pentasa 3, nave 237 A
09004 Burgos

Rossi
Avda. de Portugal, 56
11012 Cádiz

Ladislao del Barrio
c/ Madrid, 8
39009 Santander (Cantabria)

Batimat
c/ Asensi, 9
12002 Castellón

Azualca Cerámicas
Avda. de la Torrecilla, s/n
14003 Córdoba

Larogei
c/ San Martín, 4
20005 San Sebastián (Guipúzcoa)

Syros
Plaza Alférez Provisional, 5
26001 Logroño (La Rioja)

Ana Llopis
Avda. Ciudad de Barcelona, 130
28007 Madrid

Azulejos Peña
c/ José Abascal, 4
28003 Madrid

Benaki
c/ Dr. Esquerdo, 183
28007 Madrid

Pavimarsa
c/ Apolo, 6
28695 Navas del Rey (Madrid)

Sánchez Calvo
Avda. Palomeras, 58
28018 Madrid

Trentino
c/ Claudio Coello, 3
28001 Madrid

Ingadia
c/ Bodegueros, 18
29006 Málaga

Salinas Selección y Diseño
Avda. de Zaragoza, 55
31005 Pamplona (Navarra)

Porcelanosa
Plaza del Duque, 2
41002 Sevilla

Afelsa
Avda. Tres de Mayo, 18
38003 Santa Cruz de Tenerife
(Tenerife)

Talabricense
c/ Marqués de Mirasol, 16 y 30
45600 Talavera de la Reina
(Toledo)

Amado Salvador
c/ Tirso de Molina, 1
46009 Valencia

Neri
c/ Poeta Querol, 1
46002 Valencia

Bil-bu
Alameda Mazarredo, 65
48009 Bilbao (Vizcaya)

Madera, corcho y plásticos

San Gregorio Decoración
c/ Tinte, 12
02001 Albacete

Taxor
Avda. de Salamanca, 9
03005 Alicante

Maryan Decoración
c/ La Esperanza, 2
33211 Tremañes-Gijón (Asturias)

Detarima
Plaza Puente, 3
07014 Palma de Mallorca
(Baleares)

Kährs Ibérica
c/ Trabajo, 32 Pol. Ind. Alameda
08940 Cornellà de Llobregat
(Barcelona)

Madertec
Avda. Diagonal, 358
08037 Barcelona

Parquets Robledor
c/ Ganduxer, 38
08021 Barcelona

Parquet Deschamps
Plaza Viudas, 17
11003 Cádiz

Stilparquet
Ctra. Olot, 22
17600 Figueres (Girona)

**Ripoll Comercial
Distribuidora**
Pol. Pocomaco, parcela C-13
15190 Mesoiro (La Coruña)

Cerpisa
Avda. República Argentina, 36
24004 León

Madrid Forest
c/ Juan Montalvo, 5
28040 Madrid

Newfloor
c/ Don Ramón de la Cruz, 77
28006 Madrid

Todo Suelo
c/ Escosura, 2
28015 Madrid

Suelos
Pol. Ind. Canraso, s/n
31500 Tudela (Navarra)

Decobric
Avda. Buenos Aires, 12
32004 Orense

Puertas y ventanas
Paseo de Canalejas, 144
37003 Salamanca

Alejandro Reina
c/ Génova, 10
41010 Sevilla

Parquets de Tenerife
Avda. de Bélgica, 30
38007 Santa Cruz de Tenerife

José Pla
c/ Dr. Marañón, 18, bajo
46920 Mislata (Valencia)

Domingo Decoraciones
c/ Juan de Garay, 1
48003 Bilbao (Vizcaya)

Emilio Relancio
c/ Corona de Aragón, 46
50009 Zaragoza

Papeles y pinturas

Elisa Maurolagorbia
Plaza Urrutia, 5
04001 Almería

Tapicerías Gancedo
c/ Melquíades Álvarez, 16
33002 Oviedo (Asturias)

Estudi Metro
c/ Séneca, 17
08006 Barcelona

Gastón y Daniela
c/ Pau Claris, 171
08037 Barcelona

Pipsa
c/ Balmes, 266
08006 Barcelona

**Manuel Martín-
Arroyo Moreno**
c/ Cruces, 82
11500 Cádiz

Decotek
Plaza Lasala, 5
20003 San Sebastián (Guipúzcoa)

Palmcolor
c/ Mas de Gaminde, 25
35000 Las Palmas

Casa & Jardín
c/ Padilla, 21
28006 Madrid

Ferche
Avda. Manzanares, 82
28019 Madrid

Pinturas Uvi
c/ Hortaliza, 50
28004 Madrid

AMG
c/ Club, 7
48930 Las Arenas (Vizcaya)

Argiñe
c/ Licenciado Poza, 67
48013 Bilbao (Vizcaya)

Belaustegi
c/ Hurtado de Amézaga, 27,
16.º 9
48008 Bilbao (Vizcaya)

**SERVICIOS DE LIMPIEZA
Y MANTENIMIENTO**

Set Net
c/ Carme Karr, 13-15
08034 Barcelona

Servicios extremeños de limpieza Servex
c/ República Argentina, 2, 2° K
10001 Cáceres

Limpiezas Gaditanas
c/ Los Barrios, s/n Zona Franca
11011 Cádiz

Limpiezas Cantabria
39680 Boo de Guarnizo
(Cantabria)

Limpieza Kasa
c/ Iberia, 9
17005 Gerona

Crisol
c/ Dr. López Font, local 5
18004 Granada

Gureag
c/ Escritor José Arteche, 80
20009 San Sebastián (Guipúzcoa)

Macasa
c/ Curva, 16
35004 Las Palmas

Lleser
c/ Vallcalent, 24
25003 Lérida

Telyma
Avda. Dr. Gálvez Ginachero, 27
29009 Málaga

Atienza
c/ Rayo de Luna, 1
41009 Sevilla

Limpiezas Bonavista
c/ Dos, 19
43100 Tarragona

Sherlimp
c/ Periodista Gil Sumbida, 18
46025 Valencia

Limpiezas TAP
c/ Magnesio, 102 R, Pol. Ind. San
Cristóbal, Nave A
47012 Valladolid

Sortzen Proyectos
c/ Virgen de Begoña, 18
48006 Bilbao (Vizcaya)

DISEÑADORES, INTERIORISTAS, ARQUITECTOS QUE LE PUEDEN OFRECER ASESORAMIENTO

Núria Robert i Valls
c/ Lirio, 14
Urbanización Alba Rosa
08840 Viladecans (Barcelona)

Enric Rubio
Plaza Adriano, 4
08021 Barcelona

Judith Sala Gamero
c/ Manila, 43
08034 Barcelona

Carlos Juan Tejada Gómez de Segura
c/ Valencia, 28
08015 Barcelona

José Luis Velasco
c/ Diputación, 89
08015 Barcelona

Índice

Agradecimientos

El editor da las gracias a los siguientes fotógrafos y organizaciones por permitirnos reproducir las fotografías que aparecen en este libro:

1 Geoffrey Frosh;
2-3 Paul Ryan / Conran Octopus; arquitectos: Deborah Weintraub y Scott Lane; diseñador: Richard Lavenstein (Ronald K. Smith);
5 Camera Press / Peo Eriksson;
6-7 **superior izquierda:** Arcaid / Richard Bryant; arquitectos: Chapus / Domaine de Sperone; **inferior izquierda:** Studio Brackrock; arquitecto: Richard J. Neutra; Estilista: Luis Ortega; **superior centro:** Arcaid / Richard Bryant; arquitecto: Gabriel Poole; **inferior centro:** Paul Ryan / Conran Octopus; arquitectos: Deborah Weintraub y Scott Lane; diseñador: Richard Lavenstein (Ronald K. Smith); **superior derecha:** Eric Morin; diseñador: Christian Liaigre; **inferior derecha:** Esto / Scott Frances;
10 Stylograph / *Côté Sud* / Bernard Touillon;
12-13 1 *World of Interiors* / Simon Upton; 2 Ianthe Ruthven; 3 Ianthe Ruthven, Conran Octopus (Gene Garthwaite); 4 Jean-Pierre Godeaut;
14-15 1 Geoffrey Frosh; 2 Michael Freeman; 3 Henry Bourne; diseñador: Sue Skeen; machihembrado proporcionado por Charles Hurst; 4 JB Visual Press / Paul Ryan;
16-17 1 Francis Hammond; diseñadores: Giuseppe y Ada Tolla; 2 Cookie Kinkead; diseñador / propietario: Melanie Martin; 3 Arcaid / Richard Bryant; arquitectos: GEA / Domaine de Sperone; 4 Gross and Daley; 5 Paul Warchol; arquitectos: Agrest y Gandelsonas; Construcción metálica: Robert Sillman (Villa Armore);
18-19 1 Arcaid / Richard Bryant; diseñador: Gian Franco Brignone; 2 Hotze Eisma, estilista: Hugo Kostevo; 3 Henry Bourne; arquitecto: Jonathan Woolf (Patricia Ijaz-Ul-Haque);
20-21 1 Peter Cook / Conran Octopus; arquitecto: Jonathan Woolf (Brian Mindel); 2 Dominique Vorillon cortesía de *Elle Decor*; arquitecto: Tom Bosworth; 3 Studio Barckrock; diseñador: Gustav Lange; 4 Elizabeth Whiting and Associates / Rodney Hyett; arquitecto: McGuaran Soon;
22-23 1 *Marie Claire Maison* / Gilles de Chabaneix; estilista: Catherine Ardouin; 2-3 *Marie Claire Maison* / Christophe Dugied; estilista: J. Postic; 4 Dominique Vorillon cortesía de *Elle Decor*; arquitecto: Robert Hull; 5 Deidi von Schaewen; arquitecto: Claudio Silvestrin; diseñador: Monica Donati (Chantal Scaler);
24-25 1 Elizabeth Whiting and Associates / Rodney Hyett; 2 Jonathan Pilkington; 3 Elizabeth Whiting and Associates / Di Lewis; 4-5 Esto / Scott Francis; 6 Elizabeth Whiting and Associates / Neil Lorimer; 7 Jerome Darblay; 8 Marijke Heuff (Maria de Haan); 9 Eric Morin;
26-27 1 Paul Warchol; arquitectos: John Randolph y Bruce Tomb; 2 Christian Sarramon / Conran Octopus; diseñadores: Olivier Gagnières y Yyoyyo Maeght; 3 Eric Morin; diseñador: Vincent Strebell; 4 Robert Harding Picture Library / Joanne Cowie; 5 Stylograph / John Hall; 6 Dominique Vorillon cortesía de *Home Magazine*; arquitecto: Bruce Davis;
28-29 1 Stylograph / Christian Sarramon; 2 Archipress / Luc Boegly; arquitecto: Godivier; 3 *Elle Decoration* / Christophe Kischerer; diseñador: Ted Muehling;
30 International Interiors / Paul Ryan;
32-33 1 Arcaid / Julie Phipps; 2 Arcaid / Richard Bryant; arquitecto: David Chipperfield; 3 Paul Warchol; arquitecto: François DeMenil; 4 Arcaid / Richard Bryant; arquitecto: Grose Bradley; 5 Arcaid / Richard Bryant; diseñador: Brian Murphy;
34-35 1 Peter Cook; 2 Eric Morin; diseñador: Christian Liaigre; 3 Hotze Eisma; estilista: Hugo Kostevo (David Seeler y Ngare Macray); 4 Peter Cook / Conran Octopus; arquitecto: Paxton Locher; 5 Todd Eberle; arquitectos: John Randolph y Bruce Tomb (Larry Sultan);
36-37 1 Esto / Mark Darley; arquitectos: Chase Architects;

38-39 2 Archipress / S. Couturier; arquitecto: M. Bokura; 3 Todd Eberle; arquitectos: John Randolph y Bruce Tomb (Lewis Baltz);
1 Antoine Bootz / Conran Octopus; arquitectos: Anderson y Schwartz Associates (John Newman); 2 Antonio Garbasso (Giorgio Vigna); 3 Esto Scott Frances; 4 Archipress / Alain Goustard; arquitecto: Y. Tsiomis;
40-41 1 *Vogue Living* / Ken Israel; 2 Aki Furudate; arquitecto: Massimiliano Fuksas (Yvan y Marzia); 3-4 Michael Moran; arquitectos: Anderson y Schwartz Associates;
42-43 2, 4-5 Paul Ryan / Conran Octopus; arquitectos: Deborah Weintraub y Scott Lane; diseñador: Richard Lavenstein (Ronald K. Smith);
44-45 1-7 Paul Ryan / Conran Octopus; arquitectos: Deborah Weintraub y Scott Lane; diseñador: Richard Lavenstein (Ronald K. Smith);
46-47 1-2 Jerome Darblay; 3 Arcaid / Alberto Piovano; diseñador: Lustig; 4 Peter Cook; diseñadores: Surgeon and Bates; 5 Paul Warchol; diseñador: Jay Smith (Dente, apartamento);
48-49 1 Christian Sarramon / Conran Octopus; arquitecto: Philippe Gazeau; 2 Kari Haavisto;
50-51 1 Todd Eberle; arquitectos: John Randolph y Bruce Tomb; artista: Lewis Baltz; 2 *Marie Claire Maison* / Jean Pierre Godeaut; estilista: Valentine de Ganay; 3 Peter Cook / Conran Octopus; arquitecto: Paxton Locher;
52-53 1 JB Visual Press / Paul Ryan; arquitectos: Stamberg y Aferiat; 2 Arcaid / Alberto Piovano; diseñador: Jeff del Salle; 3 Fritz von der Schulenburg (Sophie Hicks); 4 *Marie Claire Maison* / Alexander Bailhache; estilista: Catherine Ardouin;
54-55 1 *Marie Claire Maison* / Nicolas Tosi; estilista: Catherine Ardouin; 2 Tim Street-Porter; diseñador: Russ Leland; 3 Reiner Blunck; arquitecto: Alberto Ponis;
56-57 1 Elizabeth Whiting and Associates / June Buck; 2 Peter Cook; 3 Paul Warchol; arquitecto: Richard Rice;
58-59 2 Peter Cook;
60-61 1 Arcaid / Richard Bryant; diseñador: Steve Lyman; 2 *Eigenhuis & Interieur* / John van Groenendaal; arquitecto: Kris van Zeebroeck;
62-63 1 Bridgeman Art Library / National Gallery, Londres; 2 Dennis Gilbert; arquitectos: Allford, Hall, Monaghan, Morris;
64-65 1 Paul Ryan / Conran Octopus; arquitectos: Deborah Weintraub y Scott Lane; diseñador: Richard Lavenstein (Ronald K. Smith); 2 Reiner Blunck; arquitecto: Manfred Koratsch; 3 Reiner Blunck; diseñador: William Stout; 4 Elizabeth Whiting and Associates / Tom Leighton; 5 Antoine Bootz / Conran Octopus; arquitectos: Anderson and Schwartz Associates (John Newman);
66-67 1 Peter Cook / Conran Octopus; arquitecto: Domenico D. Rensch;
68-69 1 Michael Garland; diseñador: Lena Raymond; 2 Esto / Scott Frances; arquitecto: Turner Brooks; 3 Elizabeth Whiting and Associates / Ed Ironside; diseñador: Trevor Horne;
70-71 2 François Roche; 3 Todd Eberle; arquitectos: John Randolph y Bruce Tomb (Tom Bonauro); 4 Arcaid / Richard Bryant; diseñador: Bulter Redice;
72-73 1 Tim Street-Porter; arquitecto: Brian Murphy; 2 Christian Sarramon; arquitecto: Christine Menjaud; 3 Antoine Bootz cortesía de *Metropolitan Home* (A. Freime);
74-75 1 Todd Eberle; arquitectos: John Randolph y Bruce Tomb (Tom Bonauro); 2 Peter Cook / Conran Octopus; arquitecto: Domenico D. Rensch; 3 *Residence* / Sigurd Kranendock; 4 Geoffrey Frosh; arquitecto: David Chipperfield 5 Paul Ryan / Conran Octopus; arquitectos: Deborah Weintraub y Scott Lane; diseñador: Richard Lavenstein (Ronald K. Smith); 6 Mick Hales; arquitecto: Turner Brooks;
76-77 1 Christian Sarramon (Terence Conran); 3 Christian Sarramon; arquitecto: Erik Vene (Brigitte Forgeur); 4 Christian Sarramon / Conran Octopus; arquitecto: Philippe Gazeau; 5 Peter Cook / Conran Octopus; arquitectos: Munkenbeck & Marshall;

78-79 2 Esto / Scott Frances; 3 Peter Cook;
80-81 1-2 Andy Glass; arquitectos: Gaïa Architects (Peter y Marjorie Bourne); 3 David Spiro;
82-83 1-2 Arcaid / Richard Bryant; arquitecto: Gabriel Poole; 3-5 Lars Hallen; arquitecto: Sverre Fehn (The Eco-House); 6 Arcaid / Richard Bryant; arquitecto: Gabriel Poole; 7 Lars Hallen; arquitecto: Sverre Fehn; diseñador de mobiliario: Alvar Aalto, proporcionado por Artek (The Eco-House);
84-85 1 Deidi von Schaewen; 2 Arcaid / Richard Bryant; arquitecto: Rick Mather; 3 Arcaid / Alberto Piovano; diseñador: Jeff del Salle; 4 International Interiors / Paul Ryan; 5 Claudio Silvestrin;
86-87 1 Arcaid / Richard Bryant; arquitecto: Ron Brinks; 2 Peter Cook; 3 Camera Press / Thurman; 4 Antonio Garbasso; diseñador: Oscar Turco;
88-89 1 Aldo Ballo; arquitectos: Tomaso Gagliardi y Stefano Turi; 2 Archipress / S. Couturier; arquitecto: M. Bokura; 3 Dawson-Brown and Ackert; 4 Todd Eberle; arquitectos: John Randolph y Bruce Tomb (Larry Sultan);
90-91 1 Arcaid / Richard Bryant; arquitecto: GEA / Domaine de Sperone; 2 Jean-François Jaussaud; arquitecto / diseñador: Antti Lovag; 3 Arcaid / Richard Bryant; arquitectos: Pawson and Silvestrin; 4 *Vogue Living* / Gerald Jenkins (Greg y Patricia Anderson);
92-93 1-2 Peter Cook / Conran Octopus; arquitectos: Munkenbeck & Marshall;
94-95 1-4 Peter Cook / Conran Octopus; arquitectos: Munkenbeck & Marshall; 5 Dennis Gilbert; arquitectos: Munkenbeck & Marshall;
96-97 1 Nadia Mackenzie / Conran Octopus; diseñador: Kate Fontana; 2 Camera Press / Peo Eriksson; 3 C. David Livingston;
98-99 1 Peter Cook / Conran Octopus; arquitecto: Domenico D. Rensch; 2 Tim Street-Porter; arquitecto: Mark Mack; 3 Jerome Darblay; 4 Paul Ryan / Conran Octopus; arquitecto: Yanni Petsopoulos;
100-101 1 Camera Press; 2 Elliot Kaufman; arquitecto: Anderson and Schwartz Associates (Ross Anderson); 3 Eric Morin; 4 JB Visual Press / Paul Ryan;
102-103 1 *Marie Claire Maison* / Roland Beauffre; estilista: Billaud; 2 Todd Eberle (Joe U'Urso); 3 Deidi von Schaewen (Chantal Scaler); 4 Antoine Bootz cortesía de *Metropolitan Home*; 5 Peter Cook / Conran Octopus; arquitecto: Domenico D. Rensch;
104-105 1 Christian Sarramon / Conran Octopus; diseñadores: Olivier Gagnières y Yyoyyo Maeght; 2 David Phelps; diseñador: Paul Dierkes; 3 International Interiors / Paul Ryan; diseñador: Lee Mindel; 4 Reiner Blunck; arquitecto: Marck Mack Summers; 5 Nadia Mackenzie / Conran Octopus; diseñador: David Benson-Bunch;
106-107 1 Esto / Mark Darley; diseñador: Christopher Alexander; 2 Esto / Scott Frances; diseñador: Jeff Cole; 3 Paul Warchol; arquitectos: Claire Weisz y Ursula Warchol (Bismuth Residence); 4 Richard Davies; arquitecto: John Pawson; 5 Peter Cook; 6 Elizabeth Whiting and Associates / Graham Henderson; arquitecto: John Pawson;
108-109 1 Elizabeth Whiting y Associates / SIP / W. Waldron (Smith); 2 Antoine and Bootz / Conran Octopus; arquitectos: Anderson and Schwartz Associates;
110-111 5 Antoine Bootz cortesía de Neotu Gallery; 8 *Marie Claire Maison* / Christophe Dugied; estilista: Catherine Ardouin; 9 Paul Ryan / Conran Octopus; (Meryl Lloyd y John Lakin); 10-11 Ianthe Ruthven / Conran Octopus; arquitecto: Kevin Waltz (Jade Albert);
112-113 1 Peter Cook / Conran Octopus; arquitectos: Munkenbeck & Marshall; 2 Nadia Mackenzie / Conran Octopus; diseñador: Kate Fontana; 3 Reiner Blunck; 4 Paul Ryan / Conran Octopus; arquitecto: Yanni Petsopoulos; 5 Tim Goffe / Conran Octopus; diseñador: Justin Meath-Baker para Study Products Ltd; 6 Richard Davies; arquitecto: Peter Wilson; 7 Nadia Mackenzie / Conran Octopus; diseñador: Kate Fontana;

114 Peter Cook; arquitecto: Tony Fretton;
116-117 1 Peter Cook / Conran Octopus; arquitecto: Domenico D. Rensch; 2 Eric Morin; diseñador: Christian Liaigre; 3 Peter Cook / Conran Octopus; arquitecto: Domenico D. Rensch; 4 Arcaid / Julie Phipps; 5 David Phelps; diseñador: Barbara LeVin Interiors;
118-119 1 Peter Cook; arquitectos: Levin Berstein Associates; 2 Elizabeth Whiting and Associates / Tim Street-Porter; 3 Elizabeth Whiting and Associates / David Giles; 4 Robert O'Dea; 5 Dominique Vorillon cortesía de *Elle Decor*; arquitecto: Tom Bosworth; 6 Geoffrey Frosh; arquitecto: John Knepler de Survey and Design Partnership; 7 Robert O'Dea; 8 Peter Cook / Conran Octopus; arquitecto: Jonathan Woolf (Brian Mindel); 9 Robert O'Dea; 10 Peter Cook / Conran Octopus; arquitecto: Jonathan Woolf (Brian Mindel);
120-121 1 Archipress / Peter Cook; arquitectos: Tugman Design Partnership; 2 Arcaid / Richard Bryant; arquitecto: David Wild; 3 Dominique Vorillon cortesía de *Elle Decor*; arquitecto: Tom Bosworth; 4 Antoine Bootz; arquitectos: Dennis Wedlick; 5 Arcaid / Julie Phipps; 6 International Interiors / Paul Ryan; arquitecto: Charles Rutherfoord;
122 Peter Cook; diseñadores: Surgeson y Bates;
124-125 1 Elizabeth Whiting and Associates / Rodney Hyett; diseñador: John Morgan; 2 Christian Sarramon; 3 *Residence* / Sigurd Kranendock; 4 Hotze Eisma; estilista: Hugo Kosters (Jeremy Switzer y Mario Montes); 5 Christian Sarramon (Terence Conran); 6 Jean-François Jaussaud (Jane Birkin); 7 Mick Hales; arquitecto: Lee Skolnick (Suzanne Slesin y Michael Steinberg);
126-127 1 Nadia Mackenzie / Conran Octopus; diseñador: David Benson-Bunch; 2 Gross and Daley (Paul y Rebecca Rotherdam); 3 Archipress / S. Couturier; arquitecto: D. Colomb; 4 Elizabeth Whiting and Associates / Rodney Hyett; arquitecto: Robert Troup; 5 Elizabeth Whiting and Associates / Rodney Hyett; 6 Gabriele Basilico cortesía de *Domus*; arquitecto: Colin Glennie; 7 Camera Press; 8 Geoffrey Frosh; arquitecto: Munkenbeck & Marshall; 9 Kari Haavisto; diseñador: Valerie Boom (Mimi y Mal MacDougall);
128-129 1 Peter Cook / Conran Octopus; arquitectos: Paxton Locher; 2 Tim Street-Porter; diseñador: Laurie Franks; 3 Reiner Blunck; arquitecto: Helmut Raff; 4 *Eigenhuis & Interieur* / Verne Fotografie bvba; 5 Ianthe Ruthven/Conran Octopus; arquitecto: Kevin Waltz (Chris Calles y Lisa Jenck);
130-131 1 Simon Brown; 2 Ornella Sancassani cortesía de *Elle Decor*; arquitecto: Piero Castellini; 3 Esto / Scott Frances; diseñador: Gwathmey Siegel; 4 Jonathan Pilkington; 5 C. David Livingston; 6 Esto / Mark Darley; 7 Elizabeth Whiting and Associates / Rodney Hyett; arquitecto: Craig Jones; 8 Kari Haavisto; diseñador: Susan Ratcliff; 9-10 Nadia Mackenzie / Conran Octopus; diseñador: Kate Fontana; 11 Kari Haavisto; 12 Ianthe Ruthven / Conran Octopus; arquitecto: Kevin Waltz (Jade Albert); 13 Kari Haavisto;
132 Christian Sarramon (Anne Delhougne);
134-135 1 Derry Moore (Jasper Conran); 2 Arcaid / Richard Bryant; arquitectos: GEA / Domaine de Spirone (Pochy); 3 Michael Mundy; arquitectos: Bentley, La Rosa Salaski (Nisselson); 4 Ianthe Ruthven / Conran Octopus; arquitecto: Kevin Waltz (Jade Albert); 5 JB Visual Press / Paul Ryan; diseñador: Raymond Waites; 6 International Interiors / Paul Ryan; 7 Simon Brown (Polly Dickens y Mark Gilbey);
136-137 1 Jean-Paul Bonhommet; 2 Dominique Vorillon, cortesía de *Elle Decor*; arquitecto: Robert Hull; 3 Deidi von Schaewen (Nicole de Vesian); 4 Dominique Vorillon; arquitecto: Koenig-Heigenberg; 5 Camera Press; 6 Paul Ryan / Conran Octopus; arquitectos: Munkenbeck & Marshall (Ben Richardson); 7 Antonio Garbasso; 8 Esto / Scott Frances; diseñador: Weiss Manfredi;
138-139 1 Jerome Darblay; 2 Gross and Daley (Michael Smith); 3 Reiner Blunck; diseñador: Geoffrey Pie; 4 Guy Bouchet; 5 Elizabeth Whiting and Associates

/ Tom Leighton; 6 *Residence* / Sigurd Kranendock; 7 Elizabeth Whiting and Associates / Tom Leighton; 8 Kari Haavisto; diseñador: Kerstin Enbom (Kerstin & Sten Enbom); 9 Yves Duronsoy;
140-141 1 C. David Livingston; 2 Tom Leighton; diseñador: Charles Rutherfoord; 3 Hotze Eisma 4 International Interiors / Paul Ryan; 5 Belle / Earl Carter; arquitecto: Nicholas Gioia; diseñador de mobiliario: Mark Douglass; 6 Arcaid / Richard Bryant; arquitectos: Grose Bradley; 7 Bill Stites;
142 1 Camera Press;
144-145 1 Jean-François Jaussaud (Michel Klein); 2 Arcaid / Richard Bryant; arquitectos: GEA / Domaine de Sperone; 3 Jean Pierre Godeaut; 4 Elizabeth Whiting and Associates / Simon Upton; diseñador: Lucianna Martine; 5 Dominique Vorillon, cortesía de *Elle Decor*; arquitecto: Tom Bosworth; 6 Jean-François Jaussaud (Harry Sigle); 7 JB Visual Press / Paul Ryan; 8 Arcaid / Richard Bryant; arquitectos: GEA / Domaine de Sperone (Roux);
146-147 1 Mick Hales; arquitecto: Ted Smith; 2 Peter Cook; arquitecto: Tony Fretton; 3 Christian Sarramon; diseñador: Axel Vervoort; 4 Arcaid / Richard Bryant; diseñadores: Ada Dewes y Sergio Puente; estilista: Catherine Ardouin; 6 Guy Bouchet; 7 Eric Morin; arquitecto: Bougon;
148-149 1 Antoine Bootz; arquitectos: Morsa; 2 Christian Sarramon; 3 Cookie Kinkead; diseñador / propietario: Melanie Martin; 4 Hotze Eisma; estilista: Hugo Kosters (Jeremy Switzer y Mario Montes); 5 U.S. Conran's Habitat / James Merrell; 6 Trevor Richards; 7 Arcaid / Richard Bryant; arquitectos: GEA / Domaine de Sperone;
150-151 1 Elizabeth Whiting and Associates / Tom Leighton; diseñadores: Wilson y Gough; 2 Arcaid / Richard Bryant; arquitecto: David Chipperfield; 3 Esto / Scott Frances; arquitecto: Steve Harris; 4 *Maison et Jardin* / Françoise Lemarchand; 5 C. David Livingston (Brown Residence); 6 Peter Cook; diseñadores: Sergesson and Bates; 7 Michael Moran; arquitectos: 1100 Architects;
152-153 1 *Eigenhuis & Interieur* / Verne Fotografie bvba; 2 Peter Cook / Conran Octopus; arquitectos: Paxton Locher; 3 Esto / Mark Darley; diseñador: Richardson Bulter Associates; 4 Peter Cook / Conran Octopus; arquitecto: Domenico D. Rensch; 5 Eduard Hueber; arquitecto: Zaroni Architekten; 6 Peter Cook / Conran Octopus; arquitecto: Jonathan Woolf (Brian Mindel);
154-155 1 Mick Hales; arquitecto: Bobby McAlpine; 2 John Hall; arquitecto: Mark Kaminski (Robert Wilson); 3 JB Visual Press / Paul Ryan; 4 Jean Paul Bonhommet; 5 V.T. Wonen / Hotze Eisma; 6 Paul Ryan / Conran Octopus; arquitecto: Munkenbeck & Marshall (Ben Richardson); 7 John Hall; arquitecto: Mark Kaminski; 8 *Marie Claire Maison* / Jean Pierre Godeaut; estilista: Marie-France Boyé;
156-157 1 JB Visual Press / Paul Ryan; 2 Tim Street-Porter; arquitecto: Brian Murphy; 3 Jacques Dirand; diseñador: Christian Liaigre; 4 Elizabeth Whiting and Associates / Tom Leighton; 5 Tim Street-Porter; arquitecto: Mark Mack; 6 Simon Brown (Polly Dickens y Mark Gilbey) 7 *Eigenhuis & Interieur* / John van Groenedael; 8 Christian Sarramon / Conran Octopus; diseñadores: Olivier Gagnières y Yyoyyo Maeght;
158-159 1 Tim Street-Porter; arquitecto: Richard Meier; 2 Christian Sarramon; 3 Fritz von der Schulenburg; diseñador: Chicita Astor; 4 Dominique Vorillon cortesía de *Elle Decor*; arquitecto: Tom Bosworth; 5 Arcaid / Richard Bryant; arquitectos: GEA / Domaine de Sperone; 6 International Interiors / Paul Ryan; 7 Elizabeth Whiting and Associates / Tim Street-Porter; arquitecto: John Chase; 8 Jean-Pierre Godeaut;
160 1 Arcaid / Richard Bryant; arquitecto: David Wild;
162-163 1 Arcaid / Richard Bryant cortesía *Senor Brignone* (arquitecto: Gian Franco Brignone); 2 Arcaid / Richard Bryant; arquitectos: GEA / Domaine de Sperone; 3 Jerome Darblay; 4 Simon McBride; 5 *Elle Decoration* / Christophe Kischerer; diseñador: Ted

Muehling (taburete y banco africanos de Craft Caravan, 63 Greene St., Nueva York);
164-165 1 Guy Bouchet; 2 Paul Warchol; arquitectos: Henry Smith-Miller y Laurie Hawkinson (Moss Apartment); 3 Elizabeth Whiting and Associates / Peter Woloszynski; 4 Stylograph / *Côté Sud* / Bernard Touillon; 5 Jean Pierre Godeaut cortesía de *Elle Decor*; diseñador: Patrick Naggar; 6 Michel Fernin; 7 International Interiors / Paul Ryan; 8 Paul Warchol; arquitectos: Henry Smith-Miller y Laurie Hawkinson; 9 Reiner Blunck; diseñador: Albert Dietz;
166-167 1 Deidi von Schaewen; arquitectos: Ecart / Andrée Putman (Bartos); 2 JB Visual Press / Paul Ryan; 3 Arcaid / Richard Bryant; diseñadores: Ada Dewes y Sergio Puente; 4 Jonathan Pilkington; diseñador: Hazel Gomez; 5 Elizabeth Whiting and Associates / SIP / W. Waldron; 6 Arcaid / Richard Bryant; arquitectos: GEA / Domaine de Sperone; 7 Jean Pierre Godeaut; 8 Jean Pierre Godeaut; estilista: J.P. Billaud; 9 Hotze Eisma; estilista: Hugo Kosters (Jeremy Switzer y Mario Montes);
168-169 1 Richard Davies; arquitecto: John Pawson; 2 Abitare / Fregoso (Basalto); 3 JB Visual Press / Paul Ryan; 4 Tim Street-Porter; diseñador: Mick Haggerty; 5 Arcaid / Alberto Piovano; arquitecto: Annig C. Sarian; 6 *Vogue Living* / Ashley Barber (Luigi Rosselli); 7 Nadia Mackenzie / Conran Octopus; diseñador: Kate Fontana; 8 Fritz von der Schulenburg; diseñador: Sophie Hicks; 9 Simon Brown; 10 JB Visual Press / Paul Ryan;
170-171 1 Jerome Darblay; 2 Richard Waite; diseñadores: Robert Sakvla y Lany Ash; 3 Jean Pierre Godeaut; 4 Elizabeth Whiting and Associates / SIP / W. Waldron; 5 Elizabeth Whiting and Associates / Shona Wood; 6 Christian Sarramon; diseñador: Jean de Meulder; 7 Peter Cook / Conran Octopus; arquitectos: Paxton Locher; 8 Camera Press; 9 Paul Ryan / Conran Octopus (Meryl Lloyd y John Lakin);
172 Richard Davies; arquitecto: John Pawson;
174-175 2 Camera Press; 3 Jean-Paul Bonhommet; 5 Aldo Ballo; arquitecto: Antonia Astori; 8 Reiner Blunck; diseñador: Mike Dolinski; 9 Elizabeth Whiting and Associates / Graham Henderson; 10 Guy Bouchet;
176-177 1 Jean-Pierre Godeaut; diseñador: Patrick Naggar; 2 Nadia Mackenzie / Conran Octopus; diseñador: Kate Fontana; 3 *Residence* / Sigurd Kranendonk (Wolterinck Bloemen); 4 Simon Brown (Polly Dickens y Mark Gilbey); 5 Elizabeth Whiting and Associates / Neil Lorimer; 6 Jean-Paul Bonhommet; 7 Geoffrey Frosh; arquitecto: John Pawson; 8 Arcaid / Richard Bryant; arquitecto: John Pawson; 9 Richard Davies; 10 Elizabeth Whiting and Associates / Rodney Hyett; arquitecto: Bruce Kirkman; 11 Paul Warchol; arquitectos: John Randolph y Bruce Tomb; 12 Peter Cook; arquitecto: Tony Fretton;
178-179 1 *Marie Claire Maison* / Gilles de Chabaneix; 2 Deidi von Schaewen (Nicole de Vesian); 3 Paul Warchol; arquitectos: John Randolph y Bruce Tomb; 4 Archipress / Peter Cook; arquitecto: M.C. Ajlan; 5 Fritz von der Schulenburg; diseñador: Richard Mudditt; 6 François Roche (Odile Filion); 7 Claudio Silvestrin;
180-181 1 Camera Press; 2 Archipress / Luc Boegly; arquitecto: Godivier; 3 Elizabeth Whiting and Associates / Marie O'Hara; 4 Ianthe Ruthven / Conran Octopus; arquitecto: Kevin Waltz (Jade Albert); 5 *Marie Claire Maison* / Alexandre Baihache; estilista: Jean Pascal Billaud; 6 Fritz von der Schulenburg; diseñador: A. Wadsworth; 7 Arcaid / Richard Bryant; arquitectos: Pawson y Silvestrin; 8 Cookie Kinkead; arquitecto: Don Chappel (Chuck Winslow); 9 Christian Sarramon (Terence Conran); 10 Ianthe Ruthven;
182-183 1 Peter Cook; diseñador: Tugman Design Partnership; 2 Eduard Hueber; arquitecto: Ming Wu; 3 Gross and Daley (Ryan Gainey); 4 Elizabeth Whiting and Associates / Tim Street-Porter; 5 Antoine Bootz cortesía de *Metropolitan Home*; 6 Peter Cook; arquitecto: Stanton Williams; 7 Tim Street-Porter; diseñador: Russ Leland; 8 Stylograph

/ *Côté Sud* / Christophe Dugied; diseñador: Alberto Pinto; **9** Elizabeth Whiting and Associates / Neil Lorimer; **10** Deidi von Schaewen; arquitectos: Ecart / Andrée Putman;

184 Henry Bourne; arquitecto: Jonathan Woolf (Patricia Ijaz-Ul-Haque);

186-187 **1** Elizabeth Whiting and Associates / Dennis Stone; diseñador: Robert Budwig; **2** Studio Brackrock; diseñador: Gustav Lange; **3** *Eigenhuis & Interieur* / Paul Wiering; **4** Camera Press; **5** Gabriele Basilico cortesía de *Domus*; arquitecto: Colin Glennie; **6** Aldo Ballo; arquitecto: Flavio Albanese; **7** Todd Eberle; arquitecto: John Randolph y Bruce Tomb (Tom Bonauro); **8** Antoine Bootz; arquitecto: Dennis Wedlick;

188-189 **2** Elizabeth Whiting and Associates / Tim Street-Porter, diseñador: Dan Benjamin; **3** Antonio Garbasso; **4** Eduard Hueber; arquitecto: Resolution 4 Architecture; **5** Christian Sarramon / Conran Octopus; diseñadores: Olivier Gagnière y Yyoyyo Maeght; **6** Elizabeth Whiting and Associates / Dennis Stone; **7** Esto / Mark Darley; diseñador: Christopher Alexander;

190-191 **1** Jean François Jaussaud (J.C. Nicolas); **2** Jean-François Jaussaud (Christian Audigier); **3** Michel Fernin; diseñador: Pascal Maingourd; estilista: Catherine Cornille; **4** Aldo Ballo; arquitecto: Glenn Murcutt; **5** Camera Press;

192 Antonio Garbasso; arquitecto: Carlo Nepi;

194-195 **1** Christian Sarramon; **2** Arcaid / Alberto Piovano; arquitecto: David Chipperfield; **3** Tim Street-Porter; arquitecto: Barton Phelps; **4** Tim Street-Porter; arquitecto: Mark Mack; **5** Arcaid / Richard Bryant; diseñador: Michael Carapetian;

196-197 **1** Elizabeth Whiting and Associates / Rodney Hyett; **2** *Eigenhuis & Interieur* / Verne Fotografie bvba; **3** Todd Eberle; diseñador: J. Michele Oka Doner; **4** Amparo Garrido; arquitecto: Joseph Lembo;

198-199 **1** Tim Street-Porter (Kelly-Low); **2** Arcaid / Richard Bryant; diseñador: Bulter Redice; **3** Fritz von der Schulenburg; diseñador: Richard Mudditt; **5** Eric Morin; **6** Eric Morin; diseñador: Christian Liaigre; **7** Elizabeth Whiting and Associates / Rodney Hyett;

200-201 **1** Donghia; diseñador: John Hutton; **2-3** The Nursery Window / Kim Sayer; **4** International Interiors / Paul Ryan; diseñador: Sasha Waddell; **5** Christian Sarramon / Conran Octopus; diseñadores: Olivier Gagnière y Yyoyyo Maeght; **6** Peter Cook / Conran Octopus; arquitecto: Jonathan Woolf (Brian Mindel); **7** Fired Earth; **8** Deidi von Schaewen;

202 **1** *Eigenhuis & Interieur* / Verne Fotografie bvba; **2** John Miller; **3** Arcaid / Richard Bryant; arquitecto: Grose Bradley; **4** Jean-Pierre Codeaut;

203 **1** Paul Ryan / Conran Octopus; arquitectos: Munkenbeck & Marshall (Ben Richardson); **2** Abitare; **3** Deidi von Schaewen (Silvie Blanchet); **4** Edifice / Philippa Lewis;

204-205 **1** Studio Brackrock; diseñadores: Peter Ibens y Claire Bataille; **2** Peter Cook; arquitecto: Tony Fretton; **3** Antoine Bootz cortesía de *Metropolitan Home*; **4** Paul Ryan / Conran Octopus; arquitectos: Deborah Weintraub y Scott Lane; diseñador: Richard Lavenstein (Ronald K. Smith); **5** Deidi von Schaewen; arquitectos: Ecart / Andrée Putman;

206-207 **1** Reiner Blunck; diseñador: Alberto Ponis; **2** Arcaid / Richard Bryant (Ron Brinkers); **3** Michael Garland; diseñador: Alice Copeland; **4** Deidi von Schaewen; arquitecto: Franco Bombelli;

208-209 **1** Nadia Mackenzie / Conran Octopus; diseñador: Kate Fontana; **2** Fired Earth; **3** Reiner Blunck; **4** Elizabeth Whiting and Associates / Michael Dunne; **5** Paul Ryan / Conran Octopus; arquitecto: Yanni Petsopoulos; **6** Simon McBride; **7** David Phelps; **8** Peter Cook / Conran Octopus; arquitectos: Paxton Locher; **9** Elizabeth Whiting and Associates / Tim Street-Porter; **10** Paris Ceramics / David George;

210 **1** David Massey; **2** *Eigenhuis & Interieur* / John van Groenedaal; **3** *Eigenhuis & Interieur* / Henk Schuurmans; **4** JB Visual Press / Horst Newmann;

211 **1** Crucial Trading / Richard Holt; **2** David Parmiter; estilista: Martin Bass; proveedor: Sinclair Till;

3 Antoine Bootz / Conran Octopus; arquitectos: Anderson y Schwartz; **4-6** Fired Earth;

212-213 **1** Elizabeth Whiting y Associates / Rodney Hyett; arquitecto: Angela Carlton; **2** Arcaid / Richard Bryant; diseñador: Colin Gold; **3** John Miller; **4** *Belle Magazine* / Earl Carter; arquitecto: Steve Whitford; **5** *Houses and Interiors*; **6** Tim Goffe; diseñador de mobiliario: Christopher Nevile para Study Products Ltd.; **7** Peter Cook / Conran Octopus; arquitecto: Domenico D. Rensch;

214-215 **1** Arcaid / Richard Bryant; arquitecto: Rick Mather; **2** Michael Mundy; diseño; Dialogica; **3** Sr. Tomkinson; **4** Archipress / Peter Cook; arquitectos: Greenberg y Hawkes; **5-6** Steeles Carpets Ltd.;

216-217 **1** Elizabeth Whiting and Associates / Jerry Harpur; **2** Bill Stites; **3** *Marie Claire Maison* / Gilles de Chabaneix; estilista: Catherine Ardouin; **4** Stylograph / Le Toureur; **5** Richard Davies; arquitecto: John Pawson;

218-219 **1** Elizabeth Whiting and Associates / SIP / W. Waldron; **2** Tim Street-Porter; arquitecto: Brian Murphy; **3** Studio Brackrock; **4** Elizabeth Whiting and Associates / Neil Lorimer; **5** Camera Press; **6** Arcaid / Richard Bryant; arquitectos: Munkenbeck & Marshall; **7** Paul Warchol; arquitecto: François DeMenil;

220-221 **1** Peter Cook / Conran Octopus; arquitecto: Domenico D. Rensch; **2** Antoine Bootz; **3** Manuel Canovas; **4** Jean-Paul Bonhommet; **5** John Miller; **6** Stylograph / *Maison Française* / Nicolas Millet; **7** Christian Sarramon / Conran Octopus; diseñadores: Olivier Gagnières y Yyoyyo Maeght; **8** Deidi von Schaewen; **9** David Parmiter; estilista: Martin Bass;

222 **1** Ianthe Ruthven (Mandy Baird); **2** Christian Sarramon; diseñador: Yvonne Hulst; **3** John Miller; **4** International Interiors / Paul Ryan (Charles Rutherfoord);

223 **1** Peter Cook / Conran Octopus; arquitecto: Domenico D. Rensch; **2** Peter Cook / Conran Octopus; arquitectos: Munkenbeck & Marshall; **3** JB Visual Press / Paul Ryan; **4** Deidi von Schaewen; arquitectos: Ecart / Andrée Putman (Dr. W. Felten); **5** Elizabeth Whiting and Associates / Spike Powell; diseñador: Dagny Duckett; **6** Nadia Mackenzie / Conran Octopus; diseñador: David Benson-Bunch;

224-225 **1** Arcaid / Richard Bryant; arquitectos: Munkenbeck & Marshall; **2** Christian Sarramon (Terence Conran); **3** Esto / Mark Darley; diseñador: Bauer Design; **4** Habitat R.U.; **5** JB Visual Press / Paul Ryan (Bernardo Urquieta);

226-227 **1** Martin Trelawney / Conran Octopus; proveedor: Authentics Shop; **2** Eric Morin; **3** Christian Liaigre; **4** International Interiors / Paul Ryan; **5** Donghia; diseñador: John Hutton; **6** *Marie Claire Maison* / Gilles de Chabaneix; estilista: Catherine Ardouin; **7** U.S. Conran's Habitat / James Merrell; **8** Stylograph / *Maison Française* / Nicolas Millet;

228-229 **1** Arcaid / Richard Bryant; diseñadores: Butler Redice; **2** Peter Cook / Conran Octopus; arquitectos: Paxton Locher; **3** Paul Ryan / Conran Octopus; arquitectos: Munkenbeck & Marshall (Ben Richardson); **4** *Elle Decoration* / Rory Carnegie; diseñador: Michael Rainsford; **5** Elizabeth Whiting and Associates / Peter Woloszynski;

230 **1** Christian Sarramon (Terence Conran); **2** Christian Sarramon cortesía de Neotu Gallery; **3** U.S. Conran's Habitat / James Merrell; **4** Antoine Bootz / Conran Octopus; arquitectos: Anderson y Schwartz (John Newman); **5** U.S. Conran's Habitat / James Merrell;

231 **1** Christian Sarramon (Terence Conran); **2** International Interiors / Paul Ryan; **3** Elizabeth Whiting and Associates / Anaya; **4** Jerome Darblay; **5** Christopher Farr, alfombras hechas a mano; diseñador: Michael Rainsford;

232 **1** Antoine Bootz / Conran Octopus; arquitectos: Anderson y Schwartz (John Newman); **2** Antoine Bootz cortesía de *Metropolitan Home* (A. Freime); **3** Reiner Blunck; arquitecto: Helmut Raff; **4** Deidi von Schaewen (Silvie Blanchet); **5** Gross and Daley (Paul Smart); **6** Paul Ryan / Conran

Octopus; arquitecto: Yanni Petsopoulos; **7** Elizabeth Whiting and Associates / Rodney Hyett;

233 **1** Jean-François Jaussaud (André Dubreuil); **2** David Phelps cortesía de *Food and Wine Magazine*, EE.UU.; **3** Deidi von Schaewen; **4** Abitare / Gabriele Basilico; arquitecto: Paolo Nova; **5** Cookie Kinkead; diseñadores / propietarios: Scott Waterman y Brett Landenberger;

234-235 **1** Tim Soar (Sres. J. Myers); **2** Peter Cook / Conran Octopus; arquitectos: Paxton Locher; **3** Todd Eberle (Jack Lenor Larsen); **4** Antoine Bootz; diseñador: Bob Patino; **5** Christian Sarramon / Conran Octopus; diseñadores: Olivier Gagnières y Yyoyyo Maeght; **6** François Roche; **7** John Miller;

236 Antoine Bootz; arquitecto: Dennis Wedlick;

238-239 **1** Camera Press; **2** Michael Freeman; arquitectos: Carroll, Dempsey y Thirkell; **3** Paul Ryan / Conran Octopus; arquitectos: Deborah Weintraub y Scott Lane; diseñador: Richard Lavenstein (Ronald K. Smith); **4** Hugh Johnson / Conran Octopus; **5** Stylograph / John Hall.

Se han llevado a cabo todos los esfuerzos posibles para mencionar a los propietarios de los derechos, a los arquitectos y a los diseñadores; pedimos disculpas por anticipado si hemos realizado cualquier omisión y estaremos encantados de insertar la mención correspondiente en una futura edición.

ILUSTRACIONES
El editor desea dar las gracias a los siguientes dibujantes cuyo trabajo aparece en este libro:
Brian Ma Siy: 8-9; 42-45 (arquitectos: Deborah Weintraub y Scott Frances; plano provisional de Kiss + Zwigard); 122-123; 125 (mesa esculpida, Benchmark); 132-133; 135 (silla de comedor Jake, Ryan and Co); 137; 141 (silla Barcino, Indecasa); 142-143; 145 (sofá, Jasper Morrison); 147 (mesa de café Papu, Punt Mobles); 150 (silla Adorno, Conran Shop); 153 (revistero Revista, Piersons Wireworks); 154 (estanterías Wave, Aero); 156 (jarrones Kronso); 160-161; 165 (mesita de noche Bandera, Conran Shop); 171 (vestidor Cabina, Evoluzione); 172-173; 184-185; 186 (lámpara Bernice, Luceplan); 189 (escritorio, Ricardo Bofill); 191 (cerámica, Despaul-Halez).
Angus Shepherd: 48-49; 78-79 (habitaciones); 95; 97; 129; 174-175; 188; 241; 249 (casa); 251 (casa); 254-255.
Paul Bryant: 51; 66; 70-72; 76-77; 78-79 (excepto las habitaciones); 81; 91; 109-111; 199; 219; 229-230; 243-244; 245; 246-247; 249 (detalles); 251 (detalles); 252-253; 256.

PLANOS
Los planos que aparecen en este libro son propiedad de los arquitectos que se detallan a continuación, y se ilustran gracias a su generosa autorización:
42 **(superior)** Deborah Weintraub, A.I.A. y Scott Lane
42 **(inferior)** Kiss + Zwigard Architects
45 Deborah Weintraub, A.I.A. y Scott Lane
95 Munkenbeck & Marshall Architects